电动汽车的电磁兼容原理、仿真模型及建模技术

Electromagnetic Compatibility Principle, Simulation Model and Modeling Technique of Electric Vehicle

汪泉弟　郑亚利　著

科 学 出 版 社

北 京

内 容 简 介

本书全面系统地讲述了电动汽车电磁兼容的理论、方法及其应用。本书涉及的电磁兼容相关理论、数值计算方法是成熟的，仿真软件也是工程上最常用的，其目的是帮助使用本书的读者容易掌握书中的内容，并能应用于工程实践中。全书共分 8 章，从第 3 章开始按汽车各子系统的电磁兼容问题进行撰写，每章内容相对独立自成体系。书中针对汽车各子系统电磁兼容问题的研究所采用的理论、建模方法和抑制技术并不局限于该系统，这些研究方法在各系统之间是可以通用的。

本书适用于汽车电磁兼容、汽车电子电器设计以及相关领域的工程技术人员及科研人员，也可供高等院校相关专业的本科高年级学生、研究生使用。

图书在版编目（CIP）数据

电动汽车的电磁兼容原理、仿真模型及建模技术= Electromagnetic Compatibility Principle, Simulation Model and Modeling Technique of Electric Vehicle /汪泉弟，郑亚利著.—北京：科学出版社，2017.5

ISBN 978-7-03-053108-7

Ⅰ. ①电…　Ⅱ. ①汪…　②郑…　Ⅲ. ①电动汽车-电磁兼容性-研究　Ⅳ. ①U469.72

中国版本图书馆CIP数据核字（2017）第107488号

责任编辑：范运年 / 责任校对：郭瑞芝
责任印制：吴兆东 / 封面设计：铭轩堂

科 学 出 版 社 出版
北京东黄城根北街 16 号
邮政编码：100717
http://www.sciencep.com
北京中石油彩色印刷有限责任公司 印刷
科学出版社发行　各地新华书店经销
*
2017 年 5 月第　一　版　开本：720 × 1000　1/16
2023 年 1 月第五次印刷　印张：22 1/4
字数：448 000

定价：138.00 元

（如有印装质量问题，我社负责调换）

前　言

世界各国政府及汽车产业界对发展新能源汽车的态度从来没有像今天这样统一，对发展新能源汽车的创新从来没有像今天这样强烈，同样，新能源汽车的产业化进程，也没有像今天这样不断在提速。这是因为世界汽车产业(包括中国汽车产业)可持续发展正面临三大挑战：能源供应和能源安全、区域性的空气质量及全球性的气候变暖。有数据表明：2009 年我国的原油对外依存度已经达到 52%，城市空气污染的 50%来自汽车，毫无疑问，这种状况在最近若干年内会进一步恶化。在石油能源危机和环境污染的双重压力下，各国政府几乎一致选择电动汽车作为汽车工业的发展方向，并将电动汽车列为战略性新兴产业，给予了前所未有的资金和政策支持。

电动汽车是针对燃油车辆提出的概念，至少一种动力源为车载电源、全部或部分由电动机驱动、符合道路交通安全法规的汽车。因此，电动汽车是“电气化”和“汽车”的融合产物，集成了机械、能源、材料、电子、信息、计算机等高新技术，是典型的高新技术产品。电动汽车与燃油车辆相比具有能耗低、排放少等典型特征，但随之而来的还有汽车中日趋复杂的电磁环境。电动汽车采用了动力驱动电机、DC/DC 电源变换系统、高压动力电缆以及大量的大功率电力电子器件，这些都会使汽车的电磁噪声水平大幅增加，因此限制电磁干扰水平，减小对车内及车外电磁敏感设备的影响显得尤为重要。

本书是一部论述电动汽车电磁兼容理论、方法及应用的学术著作，是重庆大学电气工程学院电磁兼容技术课题组开始涉及汽车的电磁兼容后，在汽车电磁兼容领域近十余年的研究成果。前后参与汽车电磁兼容研究工作的教师和学生近 30 余人。在这期间，参与该领域研究工作按先后次序进入的教师有：俞集辉教授、汪泉弟教授、李永明副教授、郑亚利讲师、高峰教授、杨永明教授；学生主要有：李旭博士、周尚华硕士、贾晋博士、刘庆升硕士、秦传明硕士、尹华平硕士、梁凌红硕士、安宗裕博士、彭河蒙博士、孙宏硕士、李铁鼎硕士、张飞硕士、马羚媛硕士、顾龙硕士等，研究成果最后由汪泉弟教授和洛阳师范学院郑亚利讲师整理撰写成书。

本书涉及的电磁兼容相关理论、数值计算方法是成熟的，仿真软件也是工程上最常用的，其目的是帮助使用该书的读者容易掌握书中的内容，并能应用于工程实践中。全书共分 8 章，分别是绪论、电磁兼容基础知识、点火系统传导电磁干扰的仿真建模与抑制、雨刮系统的电磁干扰分析、直流电源变换系统的传导电磁干扰、电机驱动系统的电磁干扰仿真建模与实验、线束的电磁兼容性研究、汽车电磁辐射多软件联合仿真建模技术。从第 3 章开始按汽车各子系统的电磁兼容问题进行撰写，因此，每章内容相对独立自成体系，这是本书的一大特色。书中针对汽车各子系统电磁兼容问题的研究所采用的理论、建模方法和抑制技术并不局限于该系统，这些研究方法在各系统之间是可以通用的。

在汽车电磁兼容的研究过程中，得到了国家自然科学基金委、重庆市科委、重庆长安汽车股份有限公司以及重庆车辆检测研究院有限公司的大力支持和资助；本书的出版得到了重庆大学输配电装备及系统安全与新技术国家重点实验室的资助，在此，我们一并表示衷心的感谢。

由于作者水平有限，不当与疏漏之处在所难免，恳请读者提出宝贵意见。

作　者

2016 年 11 月

目　　录

第1章 绪 论

1.1 汽车电磁兼容

1.1.1 电磁兼容含义及三要素

电磁兼容(electromagnetic compatibility，EMC)是一门与电磁环境和频谱资源有着密切关系的新兴学科，它是研究在有限的空间、时间和频谱资源等条件下，各种用电设备(广义的还包括生物体)可以共存，并不致引起降级的一门科学。根据GB/T 4365-2003《电工术语电磁兼容》中给出的电磁兼容的定义为：“设备或系统在其电磁环境中能正常工作且不对该环境中任何事物构成不能承受的电磁骚扰的能力”。从电磁兼容的观点出发，在设计电子设备、系统时，除按要求进行功能设计外，还必须基于电子设备、系统所处的电磁环境进行电磁兼容的分析和设计，一方面使它具有规定的抗电磁干扰能力，另一方面使它不产生超过限值的电磁干扰。

研究电磁兼容问题应从电磁干扰的形成方面着手。根据电磁干扰产生机理的不同，一般可将电磁干扰划分为自然电磁干扰和人为电磁干扰两类。在自然电磁干扰现象中，静电、雷电和自然辐射是一种最重要的干扰源；人为电磁干扰可以分为功能性发射和非功能性发射两大类，其产生的根本原因是导体中有电压或电流的变化能够使导体产生电磁发射。无论是哪种方式产生的电磁干扰都将以传导或辐射的方式传播到敏感设备上，所谓敏感设备既可以是各式各样的电气设备及元件，也可以是人体。因此，但凡电磁干扰问题必然存在三个方面的要素：干扰源、耦合途径及敏感设备，三者相辅相成，缺一不可。

1.1.2 汽车电磁兼容的定义

在EEC指令72/245/EEC(现修改为2004/104/EC)中，汽车电磁兼容(automotive electromagnetic compatibility)定义为：“车辆或零部件或独立技术单元在其电磁环境中能令人满意的工作，又不对该环境中任何事物造成不应有的电磁骚扰的能力”。也就是，汽车的电磁兼容问题就是研究在汽车及其周围的空间中，在一定的时间内(运行的时间)，在可用的频谱资源条件下汽车本身及其周围的用电设备可以共存，不致引起其功能发生降级。对汽车电磁兼容问题的研究则是围绕形成电磁干扰的三要素以及如何抑制干扰的发射而进行的，即研究干扰产生的机理、干扰源的发射特性、干扰以何种方式、通过什么途径传播以及如何抑制干扰或切断传播通道。同时也需要研究敏感设备对干扰产生何种响应及如何降低其干扰敏感度，增强抗干扰能力。

根据 GB/T19596-2004《电动汽车术语》的定义，电动汽车包括混合动力汽车(hybrid electric vehicle，HEV)、纯电动汽车(blade electric vehicles，BEV)和燃料电池汽车(fuel cell electric vehicle，FCEV)。与传统燃油汽车相比，电动汽车的驱动系统有很大的不同，均集成了大功率的电力电子装置构成的电气动力系统，因此，电动汽车的电磁兼容问题既具有传统燃油汽车电磁兼容的共性，又有其特殊性。

1.2 汽车电磁兼容预测分析的必要性

当前，我国汽车产业正处在空前快速的增长时期，按照我国汽车产业发展的战略目标，到 2020 年，中国将由汽车消费大国发展成为汽车产业强国。汽车工业的快速发展和汽车市场的激烈竞争极大地促进了电子设备在汽车上的应用，对于今天的汽车产业，应用电子技术的程度已成为提升汽车技术水平的重要标志之一，汽车上 70%的创新来源于汽车电子。

目前，电子设备广泛应用于汽车发动机控制系统、自动变速系统、制动系统、调节系统以及行驶系统中，对汽车的安全性、可靠性、舒适性起着决定性作用。随着汽车电子设备应用的不断增加，由此产生的电磁干扰已成为除排放、噪声之后的第三大污染。车内电磁干扰不仅影响汽车电子设备的工作特性，严重时可能引起车内控制系统失灵、通信中断等事故，直接影响到汽车的安全行驶。当安全防盗控制(聪明钥匙、指纹识别)、人身安全控制(碰撞警告、夜视系统、安全制动)、远程通信系统(数字/蜂窝技术)、卫星导航控制(巡航控制、智能交通、紧急救护)等再应用于汽车时，电子设备的相互干扰将愈加严重，汽车运行的电磁环境也更加恶劣。

与传统燃油汽车相比，电动汽车的电磁环境更复杂。电动汽车(以混合动力汽车为例)有高低压两套电气系统，如图 1.2.1 所示。低压电气系统与传统燃油汽车的作用相同，为照明系统、雨刮系统、点火系统、控制设备等提供电能；高压电气系统则是电动汽车的核心装置，为电动汽车提供动力能源。从图 1.2.2 可以看到，电动汽车动力驱动系统的电压已超过 500V，由于对效率和续驶里程的更高要求，动力驱动系统电压增高的趋势是显而易见的。这种高电压、大电流、大功率系统会严重恶化汽车狭小空间的电磁环境，尤其是高压系统中功率器件的高 dv/dt、di/dt 开关特性、驱动电机的速度或转矩变化等都将产生高幅值和宽频带的电磁干扰。

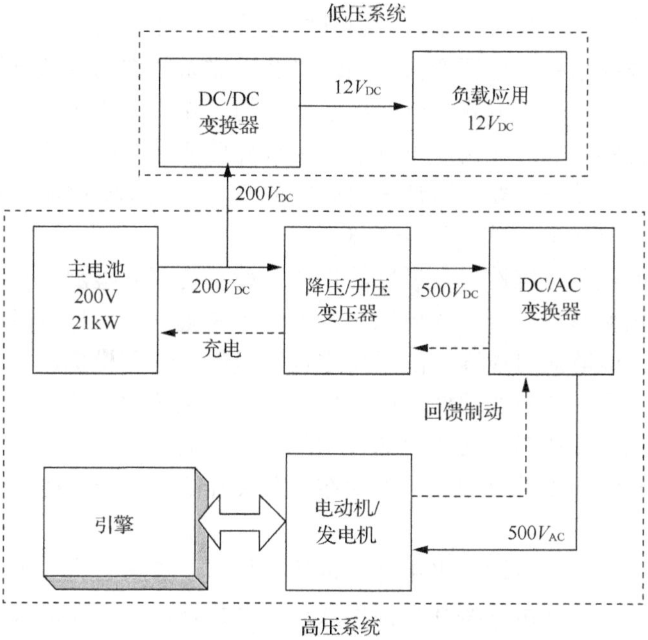

图 1.2.1　混动汽车电气系统构成

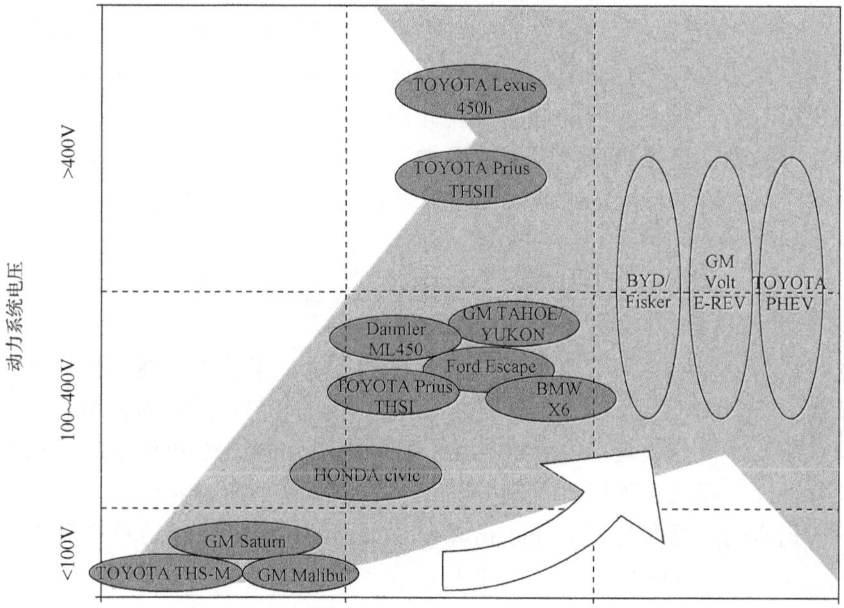

图 1.2.2　混动汽车动力系统电压

汽车电磁环境是指汽车在行驶过程中，车上电子设备承受来自车内、车外各种各样的电磁干扰，以及汽车电子设备向外界辐射的电磁干扰。对于汽车的安全行驶来说，电磁干扰源主要是指汽车内部的干扰源，如来自发动机点火系统、电机驱动系统、雨刮系统、电源变换器系统以及控制系统中的各种执行机构，干扰信号通过传导或空间辐射方式给汽车电子设备的工作带来影响，特别是对汽车内的敏感设备如传感器等造成性能下降甚至永久性破坏。因此，汽车电子设备的电磁兼容问题是一个非常重要和迫切需要解决的问题，汽车电磁兼容技术与汽车排放技术、汽车安全技术同为汽车共性技术。

汽车良好的电磁兼容性来自良好的设计，而不是事后检测，在汽车设计阶段进行电磁兼容预测是进行合理的电磁兼容设计的基础。在设计阶段通过对汽车电磁干扰的预测，能够对可能存在的干扰进行定量的估计和模拟，以避免采用过高的防护措施，造成不应有的浪费，同时也可以避免系统建成后才发现不兼容而带来的难题。在系统建成后再修改设计，重新调整布局，即使花费很大的代价，有时也未必能彻底解决不兼容问题，因此在汽车设计阶段开展电磁兼容预测是十分必要的。

电磁兼容预测分析方法是采用计算机仿真技术，将各种汽车电器设备的电磁干扰特性、传输函数和敏感特性全都用数学模型描述，并编制成程序，然后根据预测对象的具体状态，运行预测程序来获得潜在的电磁干扰计算结果。预测分析的关键在于数学模型的建立和计算机分析程序的编制。数学模型包括根据实际设备的电路、布线和相关参数建立的所有干扰源、传播途径和敏感设备的模型，应用仿真软件计算所有干扰源通过可能的传播途径对每个敏感设备的影响，并判断这些综合影响是否符合相应的标准和设计要求。目前真正能够对汽车电磁兼容进行预测分析的软件至今尚未出现，其根本原因在于，汽车电磁兼容是一个大系统的复杂电路与电磁场问题，很难用简单模型描述和一般方法求解。

1.3 国内外汽车电磁兼容研究概况

针对汽车电磁兼容的研究率先在美国开始，1932 年美国广播工程师协会论文集上登载了一篇关于汽车接收机干扰的文章，1947 年 11 月美国公布了第一个关于减少汽车发动机点火噪声的标准(SAE J551)。20 世纪 60 年代以后，汽车电气设备大量增加，美国、德国、英国、法国、日本等许多国家和国际性组织针对汽车推出了相应的产品骚扰发射(electromagnetic sensitivity，EMS)标准和电磁敏感度(electromagnetic interference，EMI)标准。

除此之外，各大汽车厂商也都投入资金建立了相应的电磁兼容研究中心。早从 1965 年起，德国大众便着手开始建立露天的汽车防无线电干扰试验台，之后于 1987 年成立了自己的汽车电磁兼容中心，对其车载电子零部件进行检测并对整车电磁环境进行分析，提升了企业内部整车电气系统和汽车电子产品电磁兼容性设计的技术要求。但在20世纪80年代以前，国外发达国家主要通过反复试验的方法来改善汽车EMC问题，因此，除德国大众汽车公司外，宝马汽车公司、法国U-TAC、英国MIRA、意大利的菲亚特公司，美国的通用汽车公司、福特汽车公司、戴姆勒－克莱斯勒汽车公司，日本的丰田汽车公司、三菱公司、韩国的三星、现代、大宇等公司拥有大型或超大型EMC实验室。这些汽车公司的EMC实验室不但规模大而且试验设备先进、装备齐全，能模拟非常恶劣、特殊的电磁现象，能进行汽车EMI和EMS的各类试验。

但是，汽车EMC试验费用是昂贵的，而且通过事后检测改善汽车EMC的方式增加了新产品的开发周期和成本，因此，20世纪80年代初期国外有学者开始对汽车点火系统干扰进行仿真研究，在早期仿真研究中主要采用高频电路模型来模拟汽车电子设备产生的无线电噪声。随着计算机功能的不断增强和电磁场数值计算方法的进步，从20世纪90年代以来国外研究者采用多种数值计算方法研究汽车EMC，如有限元法(FEM)、矩量法(MoM)、时域有限差分法(FDTD)以及传输线法(TLM)等，已从单个汽车电子电器部件的电磁兼容性研究进入到整车电气系统级的研究，并强调电磁兼容预测分析，提出了汽车电磁兼容专家系统。

目前，汽车发达国家对汽车电磁兼容研究取得一些成果，形成了一套汽车电磁兼容体系。主要体现在：①具有较为完善的汽车电磁兼容测试标准和规范；②具有有效的对汽车整车和零部件进行电磁兼容检测、管理和认证的机构；③具有高精度的汽车电磁兼容测试系统；④研制出了汽车电磁兼容预测、分析和设计软件；⑤第三方测试认证机构、汽车研究机构等也都开展了汽车电磁兼容方面的研究，并相继建立了自己的电磁兼容实验室。

我国汽车工业过去长期处于落后地位，汽车EMC问题一直未受到足够的重视，直到20世纪80年代初，有关机构才开始对汽车电磁干扰特性进行摸底测量试验。1992年我国颁布了GB14023—92《车辆、机动船和火花点火发动机驱动装置无线电干扰特性的测试方法及允许值》强制性国家标准，两年后，中国汽车技术研究中心在国内开展了对汽车无线电干扰特性的测量，并对全国各型汽车(新车)进行了摸底普查。普查统计结果显示合格率仅为24%，相当部分不合格的车辆属于严重超标。2003年按当年3月1日起执行的GB 18655-2002标准对我国生产的汽车进行了一次较全面的摸底，其结果见表1.3.1，可见当时我国车载电气设备EMC的合格率是非常低的。

针对严重的汽车电磁兼容问题，国内汽车行业加强了对电磁兼容性能的要求和控制，经过二十多年的努力，目前，我国的整车EMC合格率已大大提高。特别是进入21世纪后，汽车产业成为我国的支柱产业，汽车电磁兼容问题日益受到

表 1.3.1　车内骚扰测量结果(2003 年)

产品名称	数量	评定原则	测量结果		
			合格	不合格	合格率/%
整车发动机	71	整车限值	2	69	2.82
暖风电机	96	部件传导/辐射 1 级	20	76	20.83
闪光继电器	85	部件传导/辐射 1 级	24	61	28.24
雨刮器电机	85	部件传导/辐射 1 级	5	80	5.88

汽车生产厂家、汽车研究机构和大学科研团队的重视。如上海汽车集团、天津一汽、重庆长安汽车集团等，拥有了自己的研发人员，可以从事汽车电磁兼容的整改工作；还成立了第三方认证机构，如天津汽车检测中心、重庆车辆检测研究院、上海机动车检测中心等，可以对汽车整车和零部件进行电磁兼容检测；高校从事汽车 EMC 研究的则有同济大学、清华大学、吉林大学、中科院、重庆大学等。但是总的来说，我国的汽车电磁兼容水平与发达国家相比还存在很大的差距，尤其在制定汽车电磁兼容标准方面，相比 ISO(International Organization for Standardization)、IEC(International Electrotechnical Commission)等国际先进标准，我国汽车电子标准化工作总体相对于电子技术的应用程度和水平明显滞后。

1.4　汽车电磁兼容标准

汽车电磁兼容标准分为国际标准、地区标准、国家标准和企业标准。国际上制定电磁兼容标准的组织有国际标准化组织(ISO)、国际电工委员会(IEC)、国际电工委员会无线电干扰特别委员会(International Special Committee on Radio Interference，CISPR)。有代表性的地区标准主要是欧洲 ECE 法规和 EEC 指令。国家性标准协会有美国国家标准协会(American National Standards Institute，ANSI)、美国联邦通讯委员会(Federal Communications Commission，FCC)、美国汽车工程师协会(Society of Automotive Engineers，SAE)、德国邮电部(Fernmeldecechnisches Zentralamt，FTZ)、德国电气工程师协会(Verband Deutscher Elektrotechniker，VDE)、英国标准协会(British Standard Institution，BSI)、日本民间干扰控制委员会(Voluntary Control Council for Interference，VCCI)，上述国家性标准协会的作用是与国际标准组织协调，并且制定各自国家的标准。我国的汽车电磁兼容标准化组织为“汽车电子与电磁兼容分技术委员会(SAC/TC114/SC29)”，其任务是组织行业进行汽车 EMC 标准的研究与制定。

国际上几乎所有大型汽车公司都设有企业内部的电磁干扰标准或技术要求，

其制定的技术要求往往高于国际通用标准。如：美国福特公司、通用公司，德国大众、宝马、梅塞德斯-奔驰公司，法国的标致-雪铁龙公司等，其企业标准比国际标准要严格很多，例如国际标准对汽车抗扰度的要求通常为24V/m，而一些汽车公司则规定该数值为100~200V/m。

国际标准化组织在所有电工标准化方面与国际电工委员会按照共同协商确定的条件密切合作。在汽车电磁兼容标准方面，ISO/TC22主要制定汽车整车和零部件的电磁抗扰度标准，如ISO 11451、ISO 11452、ISO 7637和ISO 10605这四个标准都是由ISO/TC 22道路车辆技术委员会、SC3电气和电子设备分技术委员会制定的。而IEC/CISPR则负责制定汽车整车和零部件的无线电骚扰特性标准。CISPR的汽车电磁兼容标准CISPR 12和CISPR 25是关于汽车和车载电子骚扰特性的测量规范，内容涵盖了辐射及传导测试以及各项测试的方法要求、测试布置、极限等，这两项标准都是由CISPR D分会(关于机动车辆和内燃发动机的干扰)制定的。我国汽车电磁兼容标准与对应的国际标准见表1.4.1。

表1.4.1 中国汽车EMC标准

标准名称	实验类型	对应国际标准	适用范围
GB 14023《车辆、船和由内燃机驱动的装置无线电骚扰特性 限值和测量方法》	骚扰测试	CISPR 12	整车、零部件
GB 18655《用于保护车载接收机的无线电骚扰特性的限值和测量方法》	骚扰测试	CISPR 25	整车、零部件
GB/T 18387《电动车辆的电磁场发射强度的限值和测量方法，9kHz ~ 30MHz》	骚扰测试	SAE 551-5	整车
GB/T 21437《道路车辆由传导和耦合引起的电骚扰》系列	抗扰性测试	ISO 7637系列	零部件
GB/T 19951《道路车辆 静电放电产生的电骚扰试验方法》	抗扰性测试	ISO 10605	整车、零部件
GB/T 17619《机动车电子电器组件的电磁辐射抗扰限值和测量方法》	抗扰性测试	95/54/EC中零部件的内容	零部件

电动汽车属于汽车范畴，仍须执行传统燃油车的EMC测试标准。针对其特殊性，还必须增加新的测试内容，制定专门的测试项目或标准，通常均要求被测车辆(设备)在典型的或最严酷的工作状态下进行测试。表1.4.1中，GB/T 18387-2008是专门针对电动汽车而制定的EMC测试标准，其他标准则可与传统燃油车通用。

第 2 章　电磁兼容基础知识

2.1　电磁兼容常用术语与分贝制单位

2.1.1　常用术语

电磁兼容常用术语有以下这些：

(1) 电磁兼容性 (electromagnetic compatibility)：在不损失有用信号所包含的信息条件下，信号和干扰共存的能力。

(2) 电磁环境 (electromagnetic environment)：存在于给定场所的所有电磁现象的总和。“给定场所”即“空间”，“所有电磁现象”包括了全部“时间”与全部“频谱”。

(3) 电磁噪声 (electromagnetic noise)：由电磁场交替变化而引起某些机械部件或空间容积震动而产生的噪声，称为电磁噪声。它可能与有用信号叠加或组合。电磁噪声通常是脉动和随机的，但也可能是周期的。

(4) 电磁骚扰 (electromagnetic disturbance)：任何可能引起装置、设备系统性能降低及对生命或无生命物质产生损害作用的电磁现象。电磁骚扰仅仅是电磁现象，即指客观存在的一种物理现象，它可能引起降级或损害，但不一定形成后果。

(5) 电磁干扰 (electromagnetic interference)：电磁干扰是由电磁骚扰引起的后果。

以前在术语上并未将物理现象与其造成的后果明确划分，故统称为干扰 (interference)。进入 20 世纪 90 年代，IEC60050 (161) 发布后，才明确引入了“骚扰”(disturbance)这个术语，与过去惯用的“干扰”一词明确分开。

(6) 传导干扰 (conducted interference)：沿着导体传播的电磁干扰。

(7) 辐射干扰 (radiated interference)：通过空间以电磁波形式传播的电磁干扰。

(8) 干扰源 (interference source)：任何产生电磁干扰的元件、器件、装置、设备、系统或自然现象。

(9) 电磁发射 (electromagnetic emission)：从源向外发出电磁能的现象，即以辐射和传导形式从源发出的电磁能量。

此处“发射”与通信工程学中常用的“发射”含义并不完全相同。电磁兼容中的发射既包含传导发射，也包括辐射发射，而通信中的发射主要指辐射发射。

电磁兼容中的发射常常是无意的，因而常常并不存在有意制作的发射部分，一些本用做其他用途的部件(如电线、电缆等)充当了发射源的角色，而通信中则是由精心设计与制作的发射部件(如天线、探头等)，在无线发射台发射的。通信中的发射英文多使用 transmission。

(10) 电磁辐射(electromagnetic radiation)：是将能量以电磁波的形式由源发射到空间，并且以电磁波的形式在空间传播。

(11) 辐射发射(radiation emission)：通过空间传播的、有用的或不希望有的电磁能量。

(12) 传导发射(conducted emission)：沿电源线、控制线或信号线传输的电磁发射。

(13) 对骚扰的抗扰度(immunity to a disturbance)：装置、设备或系统面临电磁骚扰不降低运行性能的能力。

(14) 电磁敏感性(electromagnetic susceptibility，EMS)：在存在电磁骚扰的情况下，装置、设备或系统不能避免性能降低的能力。敏感性越高，抗扰度越低。实际上，抗扰度与敏感性都反映的是装置、设备或系统的抗干扰的能力，仅仅是从不同的角度描述而言。军用标准体系常用敏感性这一术语，而民用标准体系惯用抗扰度一词。

(15) 差模电流(differential mode current)：差模电流是电路工作所需要的电流。

从路径上定义，对于信号而言，差模电流就是在信号线与信号地线(回流线)之间流动的电流。对于直流电流而言，差模电流就是在电源线与电源地线之间流动的电流；对于交流电流而言，差模电流就是在相线之间，或者在相线与中性线之间流动的电流。差模电流也可以由外界因素导致，例如，当外界电磁场在电缆中的差模电流回路中感应出噪声电压时，会在回路中形成差模电流，这种噪声差模电流对电路会造成电磁干扰。

(16) 共模电流(common mode current)：共模电流泛指差模电流以外的电流。

在电缆中通过回流线返回源的电流以外的电流都属于共模电流。共模电流可以流经电缆附近的金属物体，甚至直接通过空间以位移电流的形式流回源端，所以，共模电流的传播途径是很复杂的。

共模电流形成的一种机理如图 2.1.1 所示。在图中，信号源通过一对导线与负载连接起来，这时会形成一个回路电流 I_d，这就是我们熟悉的差模电流。但是除了差模电流回路以外，实际上由于回路周围杂散电容的存在，还会有另一个回路电流 I_c，

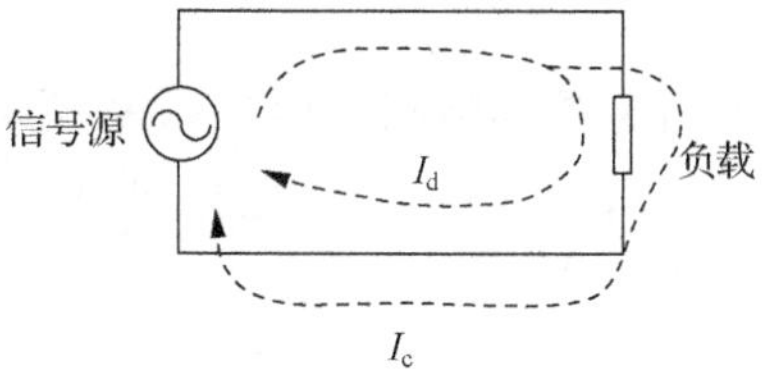

图 2.1.1　共模电流形成的一种机理

这个 I_c 就是共模电流，它是通过杂散电容形成的通路流回到信号源。

2.1.2 分贝制单位及换算关系

1) 分贝

在电磁兼容分析中，很多物理量都与分贝(dB)有关，例如对辐射发射的限制值为 dBμV/m，对传导发射的限值为 dBμV 或者 dBμA，屏蔽体的屏蔽效能和滤波器的插入损耗都用 dB 度量等等。并且，频谱分析仪的幅度显示刻度一般也是按照 dB 标示的。在实际工程中，许多错误是由于对 dB 的误解导致的，因此对于 dB 有一个正确的理解十分重要。

分贝的定义为

$$\text{分贝数}=10\lg(P_2/P_1)\,(\text{dB}) \tag{2.1.1}$$

式中，P_2 和 P_1 表示进行比较的两个功率值，如果 $P_2>P_1$，分贝数为正，表示有功率增益，如果 $P_2<P_1$，分贝数为负，表示发生功率损耗。

从定义中可知，分贝的实质是两个数值的比值，分贝数只表示两个数值的比值的大小，并没有绝对数量的概念，也就是，30dB 仅表示两个物理量的数值相差 1000 倍，并没有给出数值具体是多少。记住这一点在电磁兼容实践中十分重要。

2) 功率

电磁兼容测量中，干扰的幅度可用功率来表述。功率的基本单位为瓦(W)，即焦耳/秒(J/s)。功率用分贝表示为

$$P_{\text{dB}}=10\lg\frac{P_2}{P_1} \tag{2.1.2}$$

式中，P_1 和 P_2 应采用相同的单位。随着 dB 表示式中的基准参考量的单位不同，dB 在形式上也带有某种量纲。比如基准参考量 P_1 为 1W，则 P_2 是相对于 1W 的比值，即以 1W 为 0dB。此时是以带有功率量纲的分贝 dBW 表示 P_2，所以

$$P_{\text{dBW}}=10\lg\frac{P_{\text{W}}}{1\text{W}}=10\lg P_{\text{W}} \tag{2.1.3}$$

式中，P_{W} 是实际测量值，以 W 为单位；P_{dBW} 是用 dBW 表示的测量值。

功率测量单位通常用分贝毫瓦(dBmW)。它是以 1mW 为基准参考量，表示 0dBmW，即

$$P_{\text{dBmW}}=10\lg\frac{P_{\text{mW}}}{1\text{mW}} \tag{2.1.4}$$

显然

$$0\ \text{dBmW} = -30\ \text{dBW} \tag{2.1.5}$$

类似地，以 1μW 作为基准参考量，表示 0dBμW，称为分贝微瓦。dBW、dBmW、dBμW 与 W 的换算关系为

$$P_{\text{dBW}} = 10\lg P_{\text{W}} \tag{2.1.6a}$$

$$P_{\text{dBmW}} = 10\lg P_{\text{W}} + 30 \tag{2.1.6b}$$

$$P_{\text{dB}\mu\text{W}} = 10\lg P_{\text{W}} + 60 \tag{2.1.6c}$$

电磁兼容工程中，除了功率习惯用分贝单位表示外，电压、电流和场强也都常用分贝单位表示。

3) 电压

电压分贝表示为

$$U_{\text{dBV}} = 20\lg\frac{U_{\text{V}}}{1\text{V}} = 20\lg U \tag{2.1.7a}$$

$$U_{\text{dBmV}} = 20\lg\frac{U_{\text{mV}}}{1\text{mV}} \tag{2.1.7b}$$

$$U_{\text{dB}\mu\text{V}} = 20\lg\frac{U_{\mu\text{V}}}{1\mu\text{V}} \tag{2.1.7c}$$

电压以 V 为单位和以 dBV、dBmV、dBμV 为单位的换算关系为

$$U_{\text{dBmV}} = 20\lg\frac{U_{\text{V}}}{10^{-3}} = 20\lg U + 60 \tag{2.1.8a}$$

$$U_{\text{dB}\mu\text{V}} = 20\lg\frac{U_{\text{V}}}{10^{-6}} = 20\lg U + 120 \tag{2.1.8b}$$

功率与电压间的单位换算需要考虑测量设备的输入阻抗，对于纯电阻，有

$$P = \frac{U^2}{R} \tag{2.1.9}$$

式中，P 表示功率，单位为 W；U 表示电压，单位为 V；R 表示电阻，单位为Ω。若以分贝表示，上式可以写为

$$P_{\mathrm{dBW}}=10\lg\frac{P_2}{P_1}=20\lg\frac{U_2}{U_1}-10\lg\frac{R_2}{R_1} \tag{2.1.10}$$

式中，右端的第一项为电压分贝值，通常以 dBμV 为单位。显然，0dBμV= −120dBV，考虑式(2.1.10)，则式(2.1.6b)有如下关系：

$$P_{\mathrm{dBmW}}-30=U_{\mathrm{dB\mu V}}-120-10\lg\frac{R_\Omega}{1\,\Omega} \tag{2.1.11}$$

式中，R_Ω 表示以Ω为单位的电阻值。对于 50Ω的系统，则满足下式：

$$P_{\mathrm{dBmW}}=U_{\mathrm{dB\mu V}}-120+30-10\lg\frac{50}{1\,\Omega}=U_{\mathrm{dB\mu V}}-107 \tag{2.1.12}$$

4) 电流

电流常以 dBμA 为单位，即

$$I_{\mathrm{dB\mu A}}=20\lg\frac{I_{\mathrm{\mu A}}}{1\mathrm{\mu A}} \tag{2.1.13}$$

式中，$I_{\mathrm{\mu A}}$ 表示以 μA 为单位的电流；$I_{\mathrm{dB\mu A}}$ 表示以 dBμA 为单位的电流。

5) 电场强度、磁场强度

电场强度 $\boldsymbol{E}$ 的单位有 V/m、mV/m、μV/m，采用分贝表示时，有

$$E_{\mathrm{dB(\mu V/m)}}=20\lg\frac{E_{\mathrm{\mu V/m}}}{1\mathrm{\mu V/m}} \tag{2.1.14}$$

显然

1V/m=0dB (V/m) =60dB (mV/m) =120dB (μV/m)

磁场强度 $\boldsymbol{H}$ 以 A/m 为单位，还有 mA/m、μA/m，采用分贝表示时，有

$$H_{\mathrm{dB(\mu A/m)}}=20\lg\frac{H_{\mathrm{\mu A/m}}}{1\mathrm{\mu A/m}} \tag{2.1.15}$$

显然

1A/m=0dB (A/m) =60dB (mA/m) =120dB (μA/m)

空间任意一点的电场强度与磁场强度的幅度关系可用波阻抗描述，即

$$Z = \frac{E}{H} \tag{2.1.16}$$

式中，Z 表示波阻抗，单位为Ω。对于满足远场条件的平面波，电场强度矢量与磁场强度矢量在空间上相互垂直，其波阻抗在自由空间为

$$Z_0 = 120\pi\Omega \approx 377\,\Omega \tag{2.1.17}$$

如表 2.1.1 所示为用 dB 表示的部分物理量及其换算关系。

表 2.1.1　用 dB 表示的物理量

物理量	单位	参考值
功率	dBm	1mW
电压	dBV	1V
	dBmV	1mV
	dBμV	1μV
电流	dBA	1A
	dBm	1mA
	dBμA	1μA
电场强度	dBV/m	1V/m
	dBmV/m	1mV/m
	dBμV/m	1μV/m
磁场强度	dBA/m	1A/m
	dBm/m	1mA/m
	dBμA/m	1μA/m
电阻	dBΩ	1Ω

6)分贝在电磁兼容中的应用

dB 实际上表示的是相对值，因此会产生一些误导，下面通过一个例子来说明这种情况。

电缆是导致辐射骚扰发射的主要原因，假设一个设备有三条引出电缆，由于电缆没有采取共模电流控制措施，产生了辐射骚扰发射。设电缆产生的辐射占总辐射量的 99.99%，机箱的泄漏占总辐射量的 0.01%，每根电缆的辐射占总辐射量的 33.33%。

从设备上拔掉一根电缆后，辐射发射减少了 33.33%，也就是辐射发射为原来的 66.67%，计算 dB 数如下：

$$20\lg(66.67/100) \approx -3.5\,(\text{dB}) \tag{2.1.18}$$

从设备上再拔掉一根电缆后，按照上面同样的计算方法，得到辐射降低的 dB 数为

$$20\lg(33.34/66.67)\approx -6\,(\text{dB}) \tag{2.1.19}$$

当从设备上拔掉最后一根电缆后，仅剩机箱产生的 0.01%辐射，得到辐射降低的 dB 数为

$$20\lg(0.01/33.34)\approx -70\,(\text{dB}) \tag{2.1.20}$$

通过以上计算发现，尽管三根电缆对辐射骚扰发射的贡献量相同，但是去掉第一根电缆时，辐射仅降低了 3.5dB，去掉第二根电缆后，辐射降低了 6dB，而当最后一根电缆去掉后，辐射骚扰改善了约 70dB。这会使人们认为，原来第一根、第二根电缆的辐射骚扰都不是主要的，而第三根电缆才是最大的辐射源。

如果认为第三根电缆是最大的辐射源，只要解决第三根电缆的辐射问题，就能使辐射降低 70dB，那是一个误解。当保留第一根、第二根电缆，把第三根电缆去掉时，就会发现，电磁辐射骚扰仅改善了 3.5dB。

掌握 dB 的这个特性，对于整改电磁兼容问题十分重要。当采取了一项整改措施后，如果效果不明显，不可认为这项措施没有作用而去掉这项措施，再去采取另外一项措施。而是要保留这项措施，再采取另外一项措施。也不能因为某项措施效果很明显，就认为这项措施是重要的措施。

2.2 电磁干扰源

凡是对系统的正常工作产生影响的信号或者电波都可称为干扰源。事实上，人类生活在某种特定的电磁环境中，这就是说，任何地方均存在着电磁干扰。问题是人们必须清醒地找出那些影响最大，威胁最严重的电磁干扰源，并对它们进行特定的防范，使之不至于影响设备、系统的正常运行。

为此，人们从不同的侧重点出发，常将电磁干扰源作如下的分类。按其干扰功能可分为两大类：有意干扰和无意干扰；按其来源可分为两大类：自然干扰源和人为干扰源；按其干扰频域、时域特征可分为：连续干扰和瞬态干扰；按其耦合方式可分为：传导干扰和辐射干扰。

有意干扰是当前电子战的重要手段，为使对方的通信、广播、指挥及控制系统造成错误判断、失效乃至损坏，故意在对方所使用的通讯频带内发射相应的电磁干扰信号。而人们常说的电磁干扰主要是指无意电磁干扰，这种无意干扰是本书讨论的范围。

2.2.1　辐射干扰源

辐射干扰是指以电磁波形式传播的干扰。这种干扰的能量是由干扰源辐射出来，通过介质(包括自由空间)以电磁波的特性和规律传播。构成辐射干扰源有两个条件：一个是有产生电磁波的波源；另一个是能把这个电磁波能量辐射出去的装置。不是任何装置都能辐射电磁波，其结构必须是开放式的，几何尺寸和电磁波的波长必须是在同一量级。显然，各种天线是辐射电磁波最有效的设备，除此之外，布线，结构件、元件、部件满足上述辐射条件时，也起着发射天线与接收天线的作用，即产生天线效应。

电磁辐射场区一般分为远区场和近区场。以场源为中心，半径在一个波长范围内的区域，通常称为近区场，也可称为感应场；半径为一个波长之外的空间范围称为远区场，又称为辐射场。通常，对于一个固定的可以产生一定强度的电磁辐射源来说，近区场辐射的电磁强度较大，所以，应该格外注意对电磁辐射近区场的防护。

辐射电磁干扰可以来源于雷达系统、电视和广播发射系统、射频感应及介质加热设备、射频及微波医疗设备、各种电加工设备、通信发射台站、卫星地球通信站、大型电力发电站、输变电设备、高压及超高压输电线、地铁列车及电气火车以及大多数家用电器等，这些装置或系统都可以产生各种形式、不同频率、不同强度的电磁辐射源。由这些辐射干扰源产生的电磁波在空中传播，在其传播区域内的任何金属环路都有可能因此感应出电压和电流。一般情况下，电子设备内部存在许许多多的金属环路，不同的金属环路感应得到的电压与电流的大小因这些金属环路的空间位置、结构等各种因素的不同而不同。当这些电压与电流较大时，就会对所在的电子设备的工作产生影响。

表 2.2.1 是常见的电磁辐射频谱。一般情况下，在这些频谱中主要的干扰能量来源于人造干扰源。

表 2.2.1　电磁波的频谱

频率	波长	频段名称	用途
300~30GHz	1~10mm	极高频	雷达、空间通信
30~3GHz	10~100mm	超高频	雷达、空间通信
3G~300MHz	100mm~1m	特高频	视距无线通信、广播
300M~30MHz	1~10m	甚高频	视距无线通信、广播
30~3MHz	10~100m	高频	短波通信、广播
3M~300kHz	100m~lkm	中频	无线通信、广播
300~30kHz	1~10km	低频	无线电导航
30~3kHz	10~100km	甚低频	无线电导航
3k~300Hz	100~1000km	极低频	海底通信
300~30Hz	1000~10000km	工频	输电

2.2.2　传导干扰源

传导干扰指通过导体传播的干扰。传导干扰与辐射干扰的界限并不是非常明显，除频率非常低的干扰信号外，许多干扰信号的传播可以通过导体和空间混合传输。在某些场合，干扰信号先以传导的形式，通过导体将能量转移到新的空间，再向空中辐射。而在另一些场合，干扰信号先在空中传播，在其传播的过程中遇到导体，就会在导体中感应出干扰信号，变成传导干扰，沿导体继续传播。

电磁噪声传导干扰源指的是不带任何信息的电磁噪声对电子设备的干扰。表 2.2.2 列出了常见的电磁噪声传导干扰源及产生这种干扰的原因。表 2.2.2 中的传导干扰源产生的电压或电流沿着地线网络、电源和信号线等路径传输，在其他电路或设备中产生相应的电流或电压。对电子设备来说，这些不受欢迎的由外部电路输入的能量会对正常的工作产生或多或少的影响。传导干扰的强度与传导通路密切相关。

表 2.2.2　常见的电磁噪声传导干扰源

电磁噪声传导干扰源	产生干扰的原因
真空吸尘器，旋转电机	电源接线端上会产生传导干扰电压
换向器(整流器)，断路器凸轮触点，转换开关，电源开关电路	电流的突然改变
荧光灯，高压汞灯	电击穿瞬间会产生射频噪声
数字设备(数据处理机、计算机、数字式仪表等)	因为这些设备中有：电动机、整流器、继电器、啮合电磁铁、步进开关、荧光灯、高汞灯等产生干扰引入电源线
直流电源输出端	输出端有交流噪声干扰
机动车干扰	因为车上使用交流发电机、电磁线圈及点火系统，这些设备产生传导干扰
静态功率设备	脉冲式电流产生传导干扰

任何种类的干扰都与干扰源的功率、频率有关。表 2.2.3 列出了常见传导干扰源的干扰频谱。测量表明，传导频谱下限为可测到的最低频率，上限频率则可达到 1GHz 以上。通常情况下，传导干扰为几十 MHz 以下，这是因为当频率升高时，由于导体损耗以及布线电感和分布电容的作用，使传导电流大大衰减。然而，目前越来越多的电子设备采用各种各样的开关电源，由开关电源引起的干扰频谱大多集中在 50kHz~100MHz 之间，这类干扰源的能量较大，对电子设备的影响也最为明显，所以这类传导干扰源逐渐成为威胁用电设备正常工作的重要因素。

表 2.2.3　常见的传导干扰源的干扰频谱

传导干扰源	频谱	传导干扰源	频谱
真空吸尘器	0.1~1.0MHz	计算机逻辑组件	50k~200MHz
断路器凸轮触点	10~20MHz	镇定接触器线圈脉冲	1~25MHz
转换开关	0.1 ~25MHz	镇定接触器通断周期	50k~25MHz
电源开关电路	0.5~25MHz	多路通信设备	1~100MHz
指令程序装置电源线	1.0~25MHz	功率控制器	2~15kHz
指令程序装置信号线	0.1~25MHz	功率转换控制器恒定噪声	10~25MHz
荧光灯	0.1~3MHz	功率转换控制器瞬态	50k~25MHz
高压汞灯	0.1~1.0MHz	功率转换控制器磁铣电枢	2~4MHz

图 2.2.1 给出的是日常生活中常用的频率范围，包括交流电源频率，音频，长、中、短波收音机占用频段，调频及电视广播频段。但实际的频谱远比这拥挤得多，9kHz 以上的频段几乎都被用于特定的场合。随着微波技术广泛应用于日常生活，如图 2.2.1 所示的频率也很快将扩展至 10GHz(甚至 100GHz)。

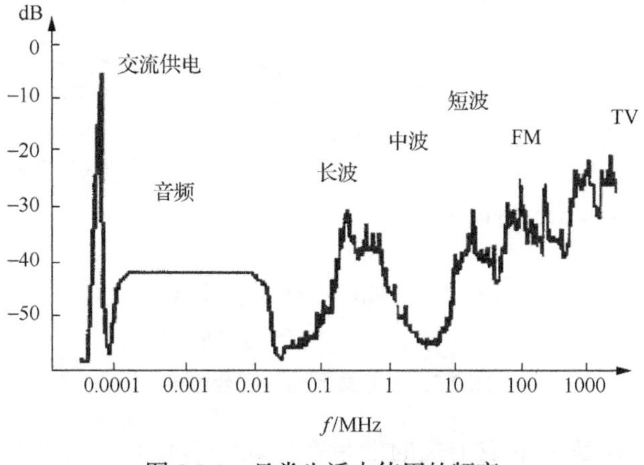

图 2.2.1　日常生活中使用的频率

在图 2.2.1 所示的频带上叠加常见的传导干扰源的频率，得到由计算机模拟的频谱分布示意图，如图 2.2.2 所示。该图说明了传导电磁干扰会对用电设备的正常运行产生不可预期的影响。因智能型电器的处理器工作电压比较低，一般工作在 12V 以下，该类电器抗电磁干扰的能力较弱，周期性的电磁干扰对智能型电器的干扰尤其明显。

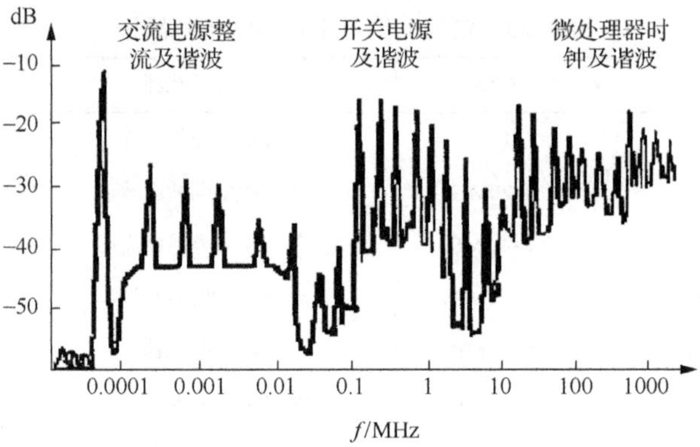

图 2.2.2　叠加干扰后的频谱

2.3　电磁干扰的耦合路径

干扰源把电磁噪声能量耦合到被干扰对象有两种方式：传导方式和辐射方式，如图 2.3.1 所示。

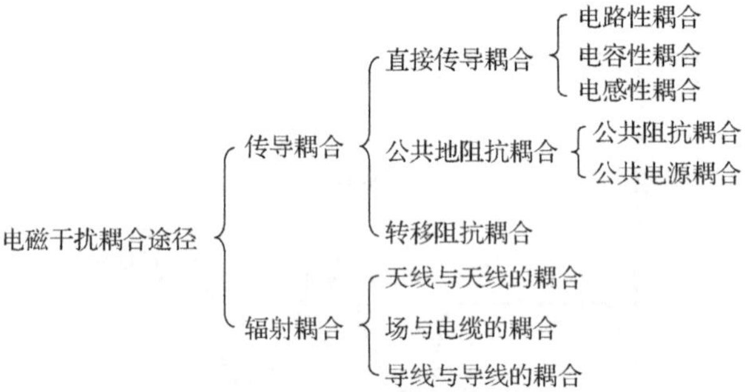

图 2.3.1　电磁干扰的耦合方式

传导干扰耦合是指电磁干扰的能量在电路中以电压或电流的形式，通过金属导线或其他元件(如电容器、电感器、变压器等)耦合至被干扰设备。根据电磁干扰耦合特点，传导耦合可分为直接传导耦合、公共地抗耦合和转移阻抗耦合三种。

直接传导耦合是指干扰直接通过导线、金属体、电阻器、电容器、电感器或变压器等实际元件或寄生参数耦合到被干扰设备。

公共地阻抗耦合是指干扰通过电路和机壳接地线、设备的公共安全接地线以及接地网络中的公共地阻抗产生公共地阻抗耦合；或者干扰通过交流供电电源及直流供电电源的公共电源阻抗时，产生公共电源阻抗耦合。

转移阻抗耦合是指干扰源发出的噪声，不是直接传送至被干扰对象，而是通过转移阻抗，将噪声电流(或电压)转变为被干扰设备的干扰电压(或电流)。从本质上说，它是直接传导耦合和公共地阻抗耦合的特例，只是用转移阻抗的概念来分析比较方便。

辐射耦合是指电磁噪声的能量以电磁场能量的形式，通过空间辐射传播，耦合到被干扰设备。根据电磁噪声的频率、电磁干扰源与被干扰设备的距离，辐射耦合可分为近场耦合和远场耦合两种。在讨论电力电子系统的电磁兼容问题时，绝大多数是近场或感应场的耦合问题。

严格地说，上述分类并不是绝对的，而是相互联系的。例如，从本质上讲，公共地阻抗耦合是属于电路性直接传导耦合的一种特例。又如，在电容性传导耦合中，若电容为分布电容，而不是人为接入的电容器，或在电感性传导耦合中，耦合电感为两电路之间的寄生电感(互感)，而不是人为接入的电感器或变压器，则这种所谓直接传导耦合，只是一种等效电路分析的概念，它们的物理本质仍应当属于近区电磁场辐射耦合。

从根本上说，分析任何电路的电磁兼容性时，最精确的解答应当是解 Maxwell 方程组得出的，因为任何路和场的问题均统一在 Maxwell 方程组的解答中。这些方程通常是三个空间变量(x,y,z)和一个时间变量(t)的函数。很显然，用这个方法即使解一个最简单的这类问题也是非常复杂的。为了避免这种因过于严格而造成的不必要的复杂性，人们在解决大多数工程问题时，通常采用人们熟知的近似分析技术，即“电路分析”。

电路分析不考虑空间变量，只考虑时间变量。但用“电路分析”时必须满足下列三个条件：所有电场均集中在电容器中；所有磁场均集中在电感器中；电路的几何尺寸要比电磁噪声波长小得多。这时，原来解分布参数电磁场的问题，可简化成为解集总参数的电路问题。幸运的是，在大多数 EMI 问题中，上述第三点假设是容易满足的。例如，1MHz 信号对应的波长约为 300m，而 300MHz 信号对应的波长约为 1m，所以在进行电磁干扰预测分析时，简化成集总参数的电路问题来处理通常是合理的。当噪声频率很高或被分析系统尺寸很大时，则必须用场的概念进行分析，但是这时往往实际设备的边界条件十分复杂，求解是非常困难的。

2.3.1　传导耦合

1)电路性耦合

电路性耦合是最常见的传导干扰耦合方式，主要靠连接线路的电压和电流起作用。在图 2.3.2 所示的每个回路中流过的电流是该回路本身的电流与另一相耦合的电路在其中产生的电流的总和。

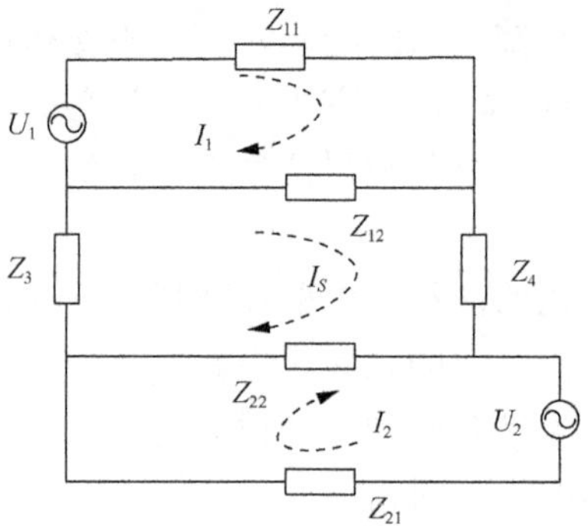

图 2.3.2　电路性耦合过程

设图 2.3.2 中的 U_1 为信号源，U_2 为干扰源，应用回路电流法可得 U_2 在回路 1 中产生的干扰电流为

$$I_S = \frac{U_2 \cdot Z_{22}}{Z_{21} \cdot Z_{22} + (Z_{21} + Z_{22})\left(Z_3 + Z_4 + \dfrac{Z_{11} \cdot Z_{12}}{Z_{11} + Z_{12}}\right)} \tag{2.3.1}$$

则流过 Z_{12} 的电流为

$$I_{12} = I_1 \frac{Z_3 + Z_4 + \dfrac{Z_{11} \cdot Z_{12}}{Z_{11} + Z_{12}}}{Z_{12} + Z_3 + Z_4 + \dfrac{Z_{11} \cdot Z_{12}}{Z_{11} + Z_{12}}} - I_S \frac{Z_{11}}{Z_{11} + Z_{12}} \tag{2.3.2}$$

干扰电流在被干扰电路的阻抗 Z_{11}、Z_{12} 产生的干扰电压分别为

$$U_{S_{11}} = Z_{11} I_S \frac{Z_{12}}{Z_{11} + Z_{12}} \tag{2.3.3}$$

$$U_{S_{12}} = Z_{12} I_S \frac{Z_{11}}{Z_{11} + Z_{12}} \tag{2.3.4}$$

在给定的工作频率内如果干扰电压或干扰电流足够大，以至于超过了敏感设备的门限区，就会影响设备正常工作，产生不良后果。

2) 公共地阻抗耦合

最简单的公共地阻抗耦合的例子如图 2.3.3 所示，电路 2 为干扰源的相关电路，电路 1 为被干扰电路的敏感部分。电路 2 的噪声电流将通过公共地阻抗 Z_G 耦合到电路 1 的输入端，对电路 1 造成干扰。

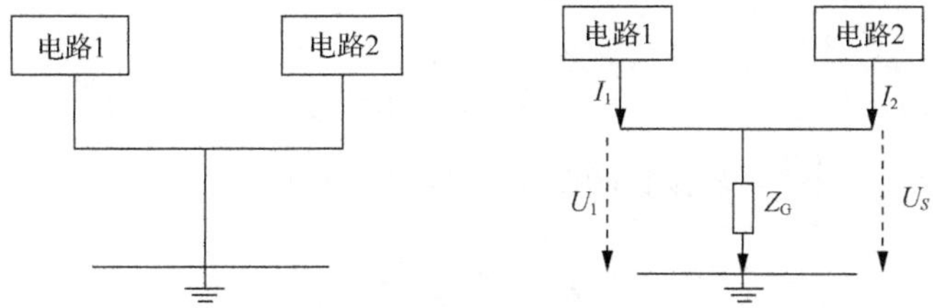

(a) 原理电路图　(b) 分析EMI的等效电路

图 2.3.3　公共地阻抗耦合示意图

3) 电容性耦合

当噪声源为高压小电流时，它对周围元器件或系统(设备)的干扰，则主要表现为电容性耦合干扰。

在两个有电位差的电路系统或导线上，当系统中导线、线圈、绕组等相对其他系统存在寄生电容，便构成了干扰传递的耦合路径，图 2.3.4 为典型的平行导线构成的电容性耦合等效模型。

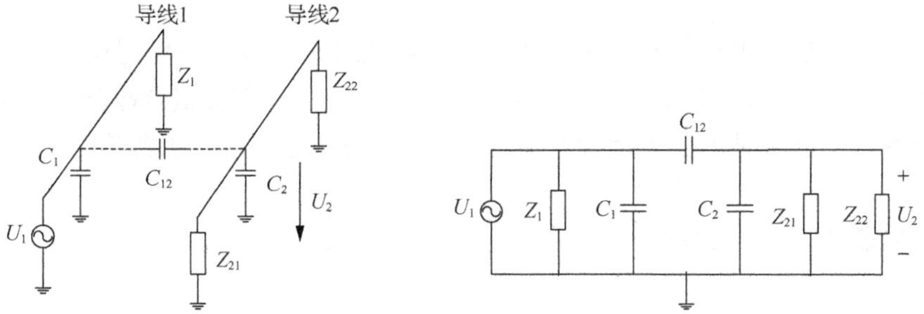

(a) 实际电路示意图　(b) 分析EMI的等效电路

图 2.3.4　两个导线之间的电容性耦合

假设图 2.3.4(a)中导线 1 所在电路为干扰源电路，导线 2 为被干扰电路。导线 2 上有负载 Z_{21} 和 Z_{22}，C_{12} 为导线 1 和导线 2 之间的单位长度的分布电容，C_1 和 C_2 分别为导线 1 和导线 2 的对地寄生电容，U_2 为导线 2 上感应产生的干扰电压，电容性耦合模型等效电路如图 2.3.4(b)所示。

由电容性耦合在导线 2 上产生的电压 U_2 与作为干扰源的导线 1 的电压 U_1 之间的关系为

$$U_2 = \frac{Z_2}{Z_2 + X_{C_{12}}} \cdot U_1 \tag{2.3.5}$$

式中，$X_{C_{12}}$ 为电容 C_{12} 的容抗，且

$$X_{C_{12}} = \frac{1}{\mathrm{j}\omega C_{12}} \tag{2.3.6}$$

Z_2 为 C_2、Z_{12}、Z_{22} 三者并联的阻抗，且

$$Z_2 = \frac{X_{C_2} Z_e}{X_{C_2} + Z_e} \tag{2.3.7}$$

式中，

$$Z_e = \frac{Z_{21}Z_{22}}{Z_{21} + Z_{22}}, \quad X_{C_2} = \frac{1}{\mathrm{j}\omega C_2}$$

当低频较低时，$\left|X_{C_2}\right| \gg Z_e$，$Z_2 \approx Z_e$，同时$\left|X_{C_{12}}\right| \gg Z_e$，因此式(2.3.5)可简化为

$$U_2 \approx \mathrm{j}\omega C_{12} Z_e U_1 \tag{2.3.8}$$

由上式可知，电容性耦合干扰电压与干扰源工作频率 f、敏感电路对地阻抗 Z_e、耦合电容 C_{12} 和干扰源电压 U_1 成正比。频率越高，容性耦合越强，所以电容性耦合主要在射频时形成干扰。相当于敏感电路与地之间连接了幅值为 I=j$\omega C_{12}U_1$ 电流源。

当频率较高时，$\left|X_{C_2}\right| \ll Z_e$，$\left|X_{C_{12}}\right| \ll Z_e$，于是有

$$U_2 \approx \frac{C_{12}}{C_{12} + C_2} U_1 \tag{2.3.9}$$

上式表明，敏感电路与地之间产生的电容性耦合干扰电压与频率无关，但与导线 2 的对地寄生电容 C_2、导线 1 和导线 2 之间的寄生电容 C_{12} 有关。因此，干扰源回路与敏感设备靠得越近，平行布线的距离越长，电容性耦合就越严重。

4) 电感性耦合

电感性耦合是一种近场耦合，亦称为磁场耦合。一般来说，电感性耦合是指干扰源产生的噪声磁场与被干扰回路发生磁通铰链，以互感的形式产生传导性干扰。设噪声磁场的磁通密度为 $\boldsymbol{B}$，穿过一个面积为 S 的闭合回路，如图 2.3.5 所示。因电磁感应现象，噪声磁场就会在该回路中产生干扰电压 U_n，即

$$U_n = -\frac{\mathrm{d}}{\mathrm{d}t}\int_S \boldsymbol{B} \cdot \mathrm{d}\boldsymbol{S} \tag{2.3.10}$$

如果该闭合回路固定不变，噪声磁场为均匀场且随时间作正弦变化，式(2.3.10)

可简化为

$$U_n = \mathrm{j}\omega BS\cos\theta \tag{2.3.11}$$

式中，S 是闭合回路的面积；B 是按正弦变化的磁通密度的有效值；ω 为角频率；U_n 是感应电压的有效值；$BS\cos\theta$ 表示耦合到被干扰闭合回路的总磁通量。

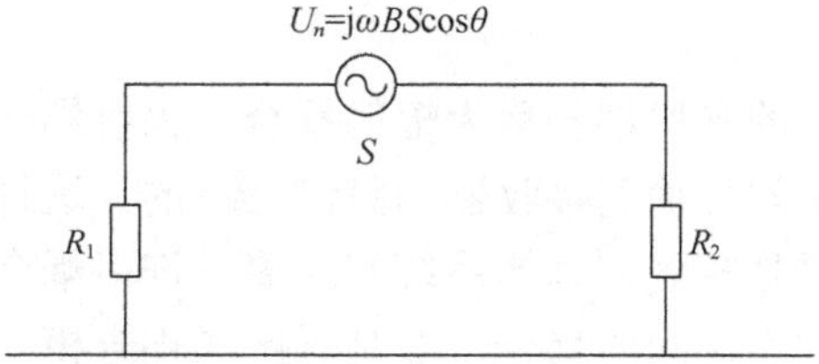

图 2.3.5　噪声磁场在被干扰闭合回路中感生的干扰电压

这一关系也可以用两个电路之间的互感 M 来表示，如图 2.3.6 所示，有

$$U_n = \mathrm{j}\omega MI_1 \tag{2.3.12}$$

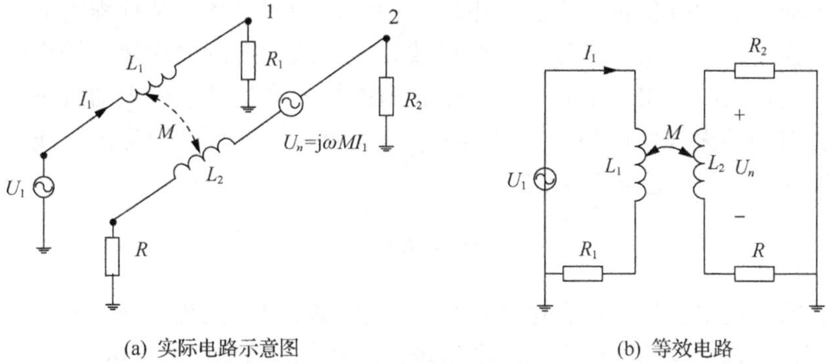

图 2.3.6　电感性耦合原理

I_1 为电路 1 中产生噪声磁场的电流，干扰电压 U_n 在电路 2 中产生的电流为

$$I_2 = \frac{\mathrm{j}\omega MI_1}{R + R_2 + \mathrm{j}\omega L_2} \tag{2.3.13}$$

频率较低时，$R+R_2 \gg \mathrm{j}\omega L_2$，式(2.3.13)可简化为

$$I_2 = \frac{\mathrm{j}\omega MI_1}{R + R_2} \tag{2.3.14}$$

频率较高时，$R+R_2 \ll \mathrm{j}\omega L_2$，式(2.3.13)可简化为

$$I_2 = \frac{M}{L_2} I_1 \tag{2.3.15}$$

由式(2.3.14)和式(2.3.15)可知，磁场耦合量$|I_2/I_1|$随频率的升高而增加，当频率达到一定时，其耦合量基本保持不变。

2.3.2 辐射耦合

通过辐射途径造成的骚扰耦合称为辐射耦合。辐射耦合是以电磁场的形式将电磁能量从骚扰源经空间传输到接收器(骚扰对象)的，这种传输路径可以是系统内极小的距离，也可以是相隔较远的系统间距离。许多耦合都可看成是近区场耦合模式，而相距较远的系统间的耦合一般是远区场耦合模式。辐射耦合除了从骚扰源有意辐射之外，还有无意辐射。辐射骚扰通常存在四种主要耦合途径：天线耦合、导线感应耦合、闭合回路耦合和孔缝耦合。

1) 导体的天线效应

众所周知，任何载有时变电流的导体都能向外辐射电磁能量，同样，任何处于辐射电磁场中的导体都能感应出电压。因此，金属导体在某种程度上可起发射天线和接收天线的作用。例如架空配电线、信号线、控制线均起天线作用，金属设备外壳也起天线作用。金属导体在辐射电磁场中产生的感应电动势正比于电场强度 $\boldsymbol{E}$。对中波无线电广播所发射的垂直极化波，此比例常数称为天线的有效高度 h_e，则天线上的感应电压 U_r 为

$$U_r = E \cdot h_e \tag{2.3.16}$$

电磁场的基本理论中均有电基本振子(电流源、短线天线)和磁基本振子(磁流元、小圆环天线、小电流环)产生的电磁场的表达式，但是这些表达式有限定条件，如要求基本振子的尺寸足够小($l \ll \lambda$，$a \ll \lambda$)，基本振子上的时变电流均匀。在工程问题中，要求一根长为 l 的导线上的电流均匀是不切实际的，因为导线的末端电流必须为零。在这种情况下，可以把导线分成若干小段，使每一小段中的电流近似均匀一致，长度$\Delta l_i \ll \lambda$。如图 2.3.7 所示，一根长为 l 的导线产生的辐射场在 P 点的场强，等于长度为Δl_i的若干个电基本振子在该点产生的场强的叠加(要考虑每一小段对应的角度变化)，球坐标下的各场分量计算式为

$$E_r = \sum_{i=1}^{n} E_{r_i}, \quad E_\theta = \sum_{i=1}^{n} E_{\theta_i}, \quad H_\phi = \sum_{i=1}^{n} H_{\phi_i} \tag{2.3.17}$$

同样地，一个半径远大于波长的载流导线圆环，也可以按其面积分成若干个小圆环，使小圆环的半径$a_i \ll \lambda$，构成磁基本振子，如图 2.3.8 所示。这样，大载

流导线圆环在空间 P 点产生的辐射场强就等于每一个小圆环在 P 点产生的辐射场强的叠加，即

$$H_r=\sum_{i=1}^{n}H_{r_i},\quad H_\theta=\sum_{i=1}^{n}H_{\theta_i},\quad E_\phi=\sum_{i=1}^{n}E_{\phi_i} \tag{2.3.18}$$

如果场点及源点不是处于自由空间，例如当辐射源靠近金属物体时，需要考虑金属物体表面的电磁场边界条件，可以利用镜像原理来计算辐射场。

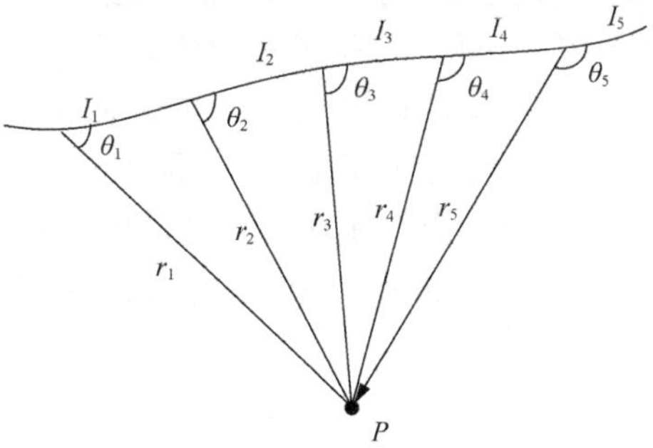

图 2.3.7　长导体辐射场的分段计算

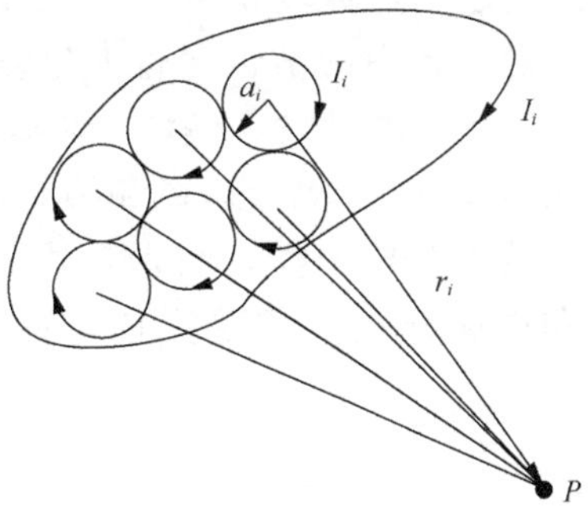

图 2.3.8　环形导体辐射场的分割计算

2) 辐射耦合方式

(1) 天线与天线间的辐射耦合。

天线与天线间的辐射耦合是一种强辐射耦合，它是指某一天线产生的电磁场在另一天线上的电磁感应。这种辐射耦合根据耦合的作用距离可划分为近场耦合和远场耦合，根据耦合作用的目的可划分为有意耦合和无意耦合。当电磁波传播到天线导体表面时，电磁波在天线导体中引起电磁感应，从而产生感应电流，经馈线流入接收电路。

天线有目的地接收特定电磁辐射属于有意耦合。在实际工程中，存在大量的无意电磁耦合。例如电子设备中长的信号线、控制线、输入和输出引线等具有天线效应，能够接收电磁骚扰，形成无意耦合。

(2) 电磁场对导线的感应耦合。

设备的电缆线一般由信号回路的连接线、电源回路的供电线以及地线一起构成，其中每一根导线都由输入端阻抗、输出端阻抗和返回导线构成一个回路。因此，设备电缆线是设备内部电路暴露在机箱外面的部分，它们最容易受到骚扰辐射场的耦合而感应出骚扰电压或骚扰电流，沿导线进入设备形成辐射骚扰。

对于导线比较短、电磁波频率较低的情况，可把导线和阻抗构成的回路看做理想的闭合回路，电磁场通过闭合回路引起的骚扰属于闭合回路耦合。对于电缆

比较长、电磁波频率较高的情况，导线上的感应电压不是均匀的，需要将感应电压等效成许多分布电压源，采用传输线理论来处理。

(3) 电磁场通过孔缝的耦合。

任何电器设备的金属屏蔽箱都留有电源线、信号线以及散热等所需的孔缝，外部电磁场将通过这些孔缝耦合进金属屏蔽箱内部，对其内部的器件形成电磁骚扰。

虽然近场的感应耦合在前面给出了基本振子的场强叠加原则，但是，在解决实际问题时，近场耦合仍旧是非常复杂，解决起来也非常困难。这是因为，一台电器设备中常常包含有大量复杂的子系统，而在这些子系统中，又包含了各种不同尺寸的芯片、模块、印刷电路板、电缆和各种屏蔽体。要想对这样复杂系统的噪声源、耦合途径和敏感部件建立一个精确的模型，几乎是不可能的，即使用数值分析方法，目前最大的超级计算机也无能为力。所以，EMI/EMC分析和电磁建模，仍是当前电磁数值仿真专家们面临的极富挑战性的领域之一。

第 3 章　点火系统传导电磁干扰的仿真建模与抑制

点火系统的火花塞气隙击穿放电具有强度高、频带宽的特点，是汽车内主要的干扰源之一，对汽车的电磁兼容性有重要影响。准确分析点火系统电磁干扰的产生机理、干扰源特性以及传播途径，是从源头上解决汽车电磁兼容问题的有效方法。

本章首先介绍点火系统的组成及工作原理，详细分析点火系统在一个工作循环内电磁干扰的形成过程，包括干扰产生机理、干扰源特性和传播途径；然后用模块化方法分别建立点火系统各组件的电磁干扰仿真模型，模型参数利用解析法、数值计算和测量法得到。通过实验验证各组件仿真模型的正确性之后再进行集成，从而获得点火系统电磁干扰的集总参数电路仿真模型。最后，在该模型基础上详尽地阐述了抑制点火系统电磁干扰的各种方法，如参数优化设计、光电隔离、滤波技术、屏蔽方法等。

3.1　点火系统的组成及工作原理

3.1.1　点火系统的组成

汽油发动机吸入气缸中的燃油和空气的混合气体，在压缩行程终了时靠电火花点燃，才能使混合气体产生强大的压力，推动活塞运动做功，为此在汽油发动机的燃烧室中装有火花塞。能够按时在火花塞两电极之间产生电火花的全部装置，统称为点火系统。按照点火系统的组成和产生高压电的方式不同，发动机的点火系统分为：传统点火系统、半导体点火系统、微机控制点火系统以及磁电机点火系统。传统的点火系统主要由蓄电池、点火开关、分电器(断电器，配电器，电容器)、点火线圈、高压阻尼线和火花塞组成，图 3.1.1 为其结构示意图。

图 3.1.1 中，点火线圈主要由初级线圈、次级线圈和铁心组成，其作用是将蓄电池供给的 12V 或 24V 低压直流电，转变为瞬间可高达 15~20kV 的高压电；断电器的作用相当于一个开关，控制点火线圈初级电路的通、断和点火系统工作，保证发动机在一个工作循环内各缸轮流点火一次；配电器由分电器盖和分火头组成，用来将点火线圈产生的高压电分配给各缸的火花塞；安装在分电器壳上的电容器与断电器触点并联，用来减小断路器触点分开瞬间在触点之间产生的火花；火花塞由中心电极和侧电极组成，安装在发动机的燃烧室中，用来将点火线圈产

生的高压电引入燃烧室，并提供一个可以跳火的间隙。

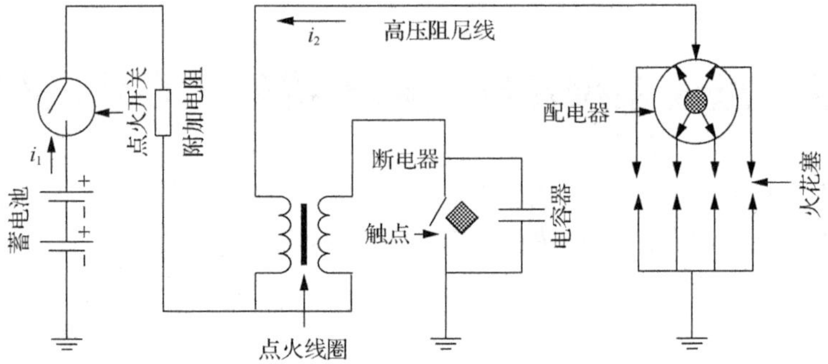

图 3.1.1 传统点火系统示意图

近年来，随着新型半导体点火系统的出现与不断发展和完善，传统分电器式点火系统逐渐被半导体点火系统所取代。现在汽车普遍采用的是无分电器式微机控制点火系统，该点火系统一般由传感器、微机控制、点火控制器以及点火控制系统组成，如图 3.1.2 所示。微机控制的点火系统，由微机控制系统根据各传感器提供的信号，随发动机工况的变化自动调节点火提前角，使发动机在任何工况下，均能获得最佳点火提前角。此外，它还能自动调节初级电路的导通时间，当发动机低速运行时，适当缩短初级电路导通时间，可防止点火线圈过热。在发动机高速运行时，适当延长初级电路导通时间，则可提高次级电压和点火能量。

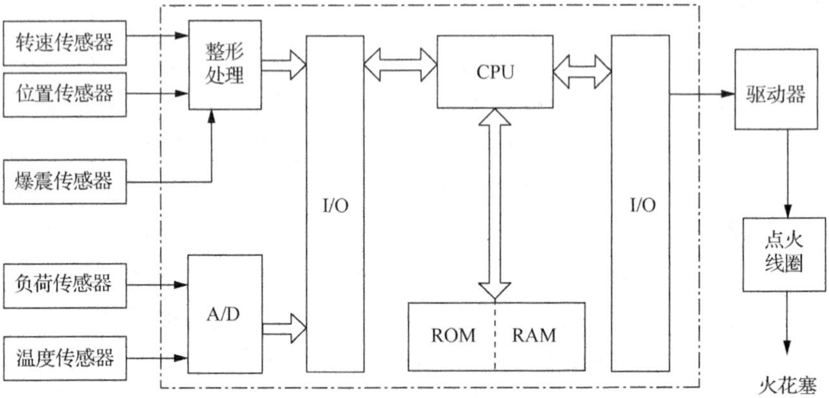

图 3.1.2 微机点火控制系统组成框图

3.1.2 点火系统的工作原理

不管是传统分电器式点火系统，还是微机控制点火系统，其工作原理几乎都是相似的，不同的只是发动机点火时刻和初级线圈电流采用不同控制方法。所以这里以传统分电器式点火系统为例说明其工作原理。

发动机运转时，断电器凸轮不断旋转，使断电器触点不断开通、闭合。当断电器触点闭合时，蓄电池的电流从蓄电池正极出发，经点火开关、点火线圈的初级绕组(200~300 匝的粗导线)、断电器的活动触点臂、触点、分电器壳体搭铁，流回蓄电池的负极。上述电路中流过的电流是低压电流或称为初级电流，所以低压电流所流过的电路，被称为低压电路或初级电路。初级绕组通电时，在其周围产生磁场，并由于铁心的作用而加强。当断路器的触点被凸轮顶开时，初级电路被切断，点火线圈初级绕组中的电流迅速下降至零，线圈周围和铁心中的磁场也迅速衰减以致消失，因此在匝数多(15000~23000 匝)、导线细的次级绕组中感应出很高的电压，称为高压电。次级绕组中产生的高压电，经配电器作用于火花塞的中心电极和侧电极两端，当电压达到火花塞间隙的击穿电压时，火花塞的间隙被击穿产生电火花，点燃混合气体。触点分开后初级电流下降的速率愈快，铁心中的磁通变化率也就愈大，因此在次级绕组中产生的电压愈高。

3.2　点火系统产生电磁干扰的机理

3.2.1　初级电路的瞬态电流

根据点火系统的工作原理，初级电路的简化模型如图 3.2.1 所示，其中 U 为蓄电池电压，i_1 为初级电流，R_1 为初级绕组电阻，L 为初级绕组电感，C_1 为初级电路电容。假设开关 K 在 t=0 时闭合，根据基尔霍夫电压定律，可得电路的微分方程为

$$L\frac{\mathrm{d}i_1(t)}{\mathrm{d}t}+R_1 i_1(t)=U \tag{3.2.1}$$

解式(3.2.1)得

$$i_1=\frac{U}{R_1}\left(1-e^{-\frac{R_1}{L}t}\right) \tag{3.2.2}$$

设开关 K 在 $t=t_0$ 时刻断开，此时初级电路构成二阶 RLC 串联电路，电流初始值为初级绕组断开瞬间的电流值 $i_1(t_0)$，有微分方程

$$R_1 i_1(t)+L\frac{\mathrm{d}i_1(t)}{\mathrm{d}t}+u_c(t)=U \tag{3.2.3}$$

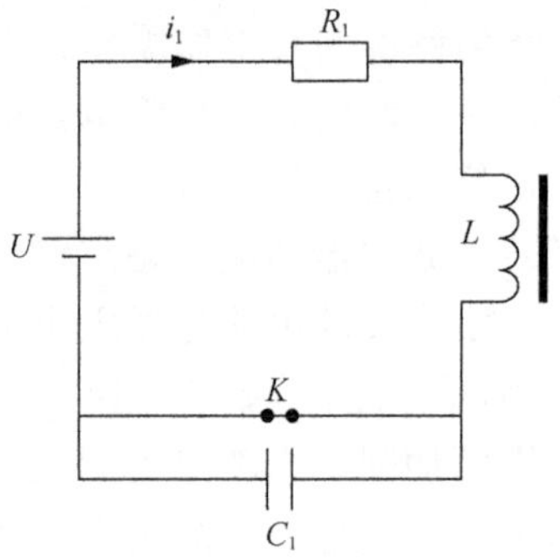

图 3.2.1　点火系统初级电路简图

式中，$u_c(t)=u_c(t_0)+\frac{1}{C_1}\int_{t_0}^{t}i_1(t)\,\mathrm{d}t$，代入上式并微分可得

$$LC_1\frac{\mathrm{d}^2 i_1(t)}{\mathrm{d}t^2}+R_1C_1\frac{\mathrm{d}i_1(t)}{\mathrm{d}t}+i_1(t)=0 \tag{3.2.4}$$

上式的特征方程为

$$LC_1s^2+R_1C_1s+1=0 \tag{3.2.5}$$

特征根(电路的自然频率)为

$$s_1=\frac{-R_1C_1+\sqrt{(R_1C_1)^2-4LC_1}}{2LC_1}=-\frac{R_1}{2L}+\sqrt{\left(\frac{R_1}{2L}\right)^2-\frac{1}{LC_1}} \tag{3.2.6}$$

$$s_2=\frac{-R_1C_1-\sqrt{(R_1C_1)^2-4LC_1}}{2LC_1}=-\frac{R_1}{2L}-\sqrt{\left(\frac{R_1}{2L}\right)^2-\frac{1}{LC_1}} \tag{3.2.7}$$

令$\alpha=\frac{R_1}{2L}$，$\omega_0=\frac{1}{\sqrt{LC_1}}$，特征根可简写成

$$s_1=-\alpha+\sqrt{\alpha^2-\omega_0^2}$$

$$s_2=-\alpha-\sqrt{\alpha^2-\omega_0^2}$$

当$s_1\neq s_2$时，可得式(3.2.4)的通解

$$i_1(t)=A_1\mathrm{e}^{s_1t}+A_2\mathrm{e}^{s_2t} \tag{3.2.8}$$

式中，积分常数 A_1 和 A_2 可利用初始条件 $i_1(t_{0+}) = i_1(t_{0-}) = i_1(t_0)$ 和 $u_c(t_{0+}) = u_c(t_{0-}) = 0$ 得到

$$\begin{cases} A_1 e^{s_1 t_0} + A_2 e^{s_2 t_0} = i_1(t_0) \\ \dfrac{A_1}{s_1} e^{s_1 t_0} + \dfrac{A_2}{s_2} e^{s_2 t_0} = 0 \end{cases} \tag{3.2.9}$$

求解式(3.2.9)可得

$$A_1 = \frac{-i_1(t_0) s_1}{e^{s_1 t_0}(s_2 - s_1)} \tag{3.2.10}$$

$$A_2 = \frac{i_1(t_0) s_2}{e^{s_2 t_0}(s_2 - s_1)} \tag{3.2.11}$$

所以开关断开后初级电路中的电流为

$$i_1(t) = \frac{-i_1(t_0) s_1}{e^{s_1 t_0}(s_2 - s_1)} e^{s_1 t} + \frac{i_1(t_0) s_2}{e^{s_2 t_0}(s_2 - s_1)} \tag{3.2.12}$$

当 U_0=12V、L=0.6mH、R=3Ω 及 C_1=1μF、t_0=1ms 时，对式(3.2.2)和式(3.2.12)进行仿真计算，便得到开关断开前后点火系统初级电路中的电流，其波形如图 3.2.2 所示。

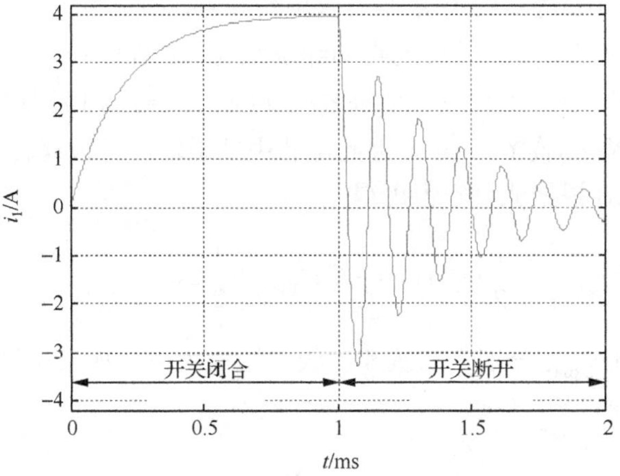

图 3.2.2 点火系统初级电路中的电流

从图 3.2.2 中可以看到，开关断开后，由于初级绕组电感和电容之间的反复放电、充电过程，导致在初级电路中形成衰减的振荡电流。这个衰减的振荡电流就

是初级电路中的传导干扰电流。初级电路中的传导干扰电流还通过初级电路中的阻抗，转化为干扰电压，使电源的电压发生波动。应该注意的是，这里只对点火系统的初级电路做定性分析，没有考虑次级电路对初级电路的影响。

3.2.2 次级电路中的火花放电

次级电路主要由点火线圈的次级绕组、高压阻尼线、火花塞组成，等效电路如图 3.2.3 所示。

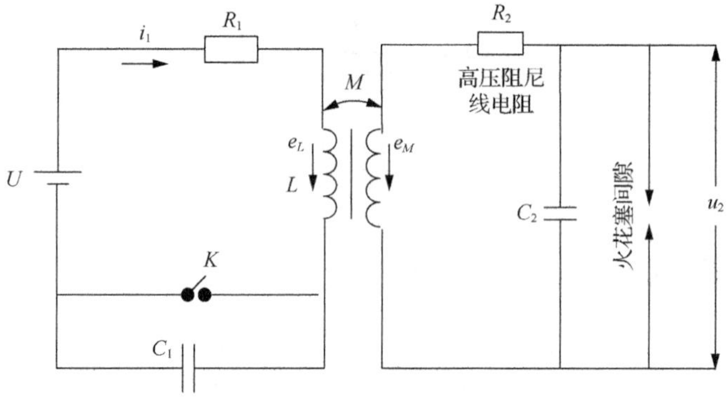

图 3.2.3　点火系统的次级电路

在次级电路中，高压阻尼线和发动机机体之间、次级绕组线匝之间、火花塞中心电极与侧电极之间均存在寄生电容，用 C_2 表示。初级电路闭合期间，铁心中储存的磁能为 $Li_1^2(t_0)/2$。开关 K 在 t_0 时刻断开后，初级电流迅速衰减，同时铁芯中的磁场在迅速变化，变化的磁场在初级绕组（匝数 N_1）中产生自感电动势 e_L，在次级绕组（匝数 N_2）中产生互感电动势 e_M。自感电动势 e_L 向初级绕组的电容器 C_1 充电，互感电动势 e_M 向 C_2 充电。因此电感中的磁场能量最终转换成了电容 C_1 与 C_2 中的电场能量。根据能量守恒可得

$$\frac{1}{2}Li_1^2(t_0)=\frac{1}{2}C_1u_{1\max}^2+\frac{1}{2}C_2u_{2\max}^2 \tag{3.2.13}$$

这里 $u_{1\max}$ 和 $u_{2\max}$ 分别为初级和次级电压最大值。如果初级和次级电路的耦合系数为 1，则有

$$u_{1\max}=\frac{N_1}{N_2}u_{2\max} \tag{3.2.14}$$

将式（3.2.14）代入式（3.2.13），经整理得

$$u_{2\max} = i_1(t_0)\sqrt{\frac{L}{C_1(N_1/N_2)^2 + C_2}} \tag{3.2.15}$$

图 3.2.4 为次级点火电压 u_2 的实测波形，图 3.2.5 中的反向电流脉冲是电容放电形成的。值得注意的是，这些实测波形都是在空气中进行的，因此击穿电压只有 4.5kV 左右。火花塞间隙被击穿后，储存在 C_1 和 C_2 中的能量迅速释放出来，电容放电的特点是时间短(1μs 左右)、电流大(1A 左右)，所以它会在很宽的频带内

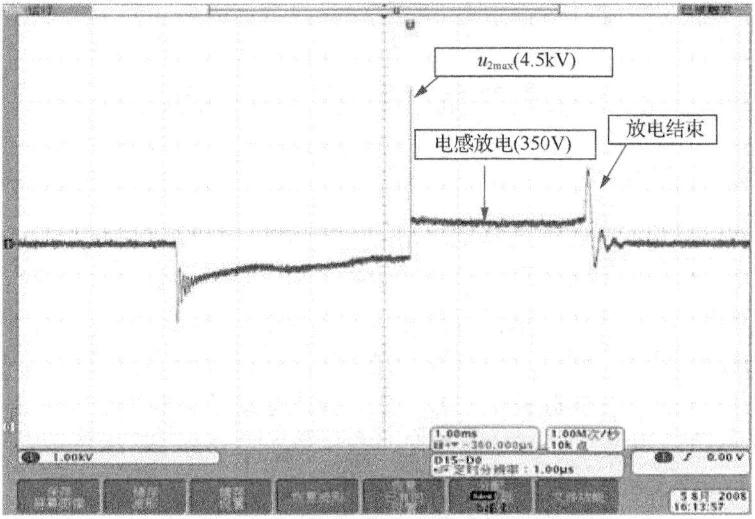

图 3.2.4　点火电压 u_2 实测波形

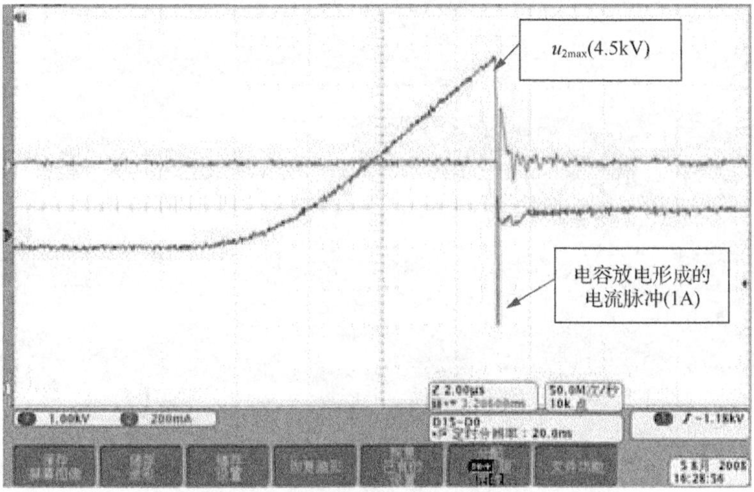

图 3.2.5　电容放电形成的电流脉冲

形成强烈的电磁干扰，这种快速放电过程被称为“电容放电”。跳火以后，火花塞的电阻减小，线圈磁场的其余能量沿着电离火花慢慢放电，形成“电感放电”，又称为火花放电，其特点是放电时间较长，达数毫秒，但放电电流小(约几毫安)，放电电压低(约 350V)。电感放电过程形成的电磁干扰相对电容放电来说比较小。

尽管点火系统工作时初级电路也会产生一定的电磁干扰，但是经过实验测试，当没有火花放电时，此时电磁干扰频段不超过 MHz。而火花放电过程中，次级电路的电磁干扰频段在 MHz~GHz 内。因此可以认为，点火过程中火花放电是主要的电磁干扰源，并且这一过程中电容放电又是主要原因。

3.3 点火系统的传导电磁干扰模型

3.3.1 建模思路与流程

通过对点火系统电磁干扰基本原理的分析可知，在建立实际的点火系统传导电磁干扰模型时必须考虑系统中的分布参数。在经过试验研究后，确定点火系统传导电磁干扰可独立建模，这样可排除汽车上设备之间和系统之间的干扰，简化仿真模型的建模过程。建立的仿真模型是否正确，还需要实验验证，因此，组成仿真模型的各部分应与实验验证平台一致。点火系统的实验平台如图 3.3.1 所示，该实验平台包括蓄电池、人工电源网络(LISN)、MOSFET 驱动器、传输线(电源线与控制线)、高压阻尼线、点火线圈和火花塞七大组件。

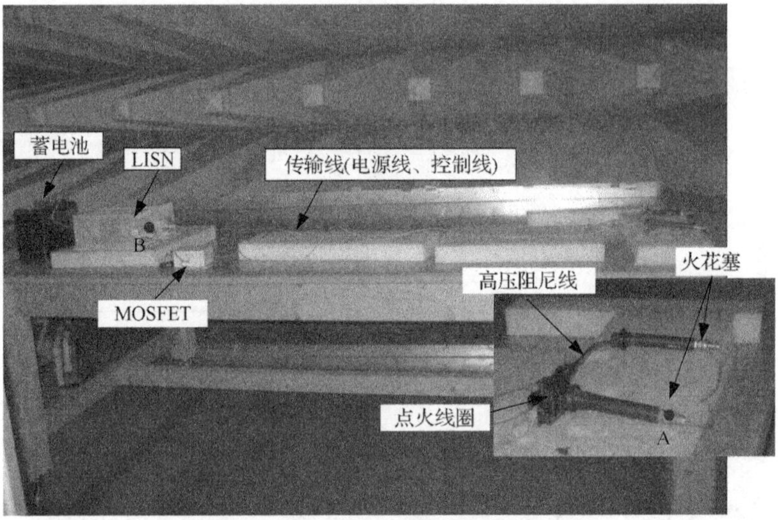

图 3.3.1　点火系统实验平台

点火线圈在点火过程中其工作原理为瞬态高压变压器，因此，可将该实验平台分为点火线圈驱动模块、点火线圈模块、点火线圈负载模块以及连接三大模块的初、次级线路，如图 3.3.2 所示。其中，蓄电池、LISN 与 MOSFET 属于点火线圈驱动模块；点火线圈单独属于点火线圈模块；火花塞属于点火线圈负载模块；传输线(电源线和控制线)与高压阻尼线分别属于初级、次级电路。

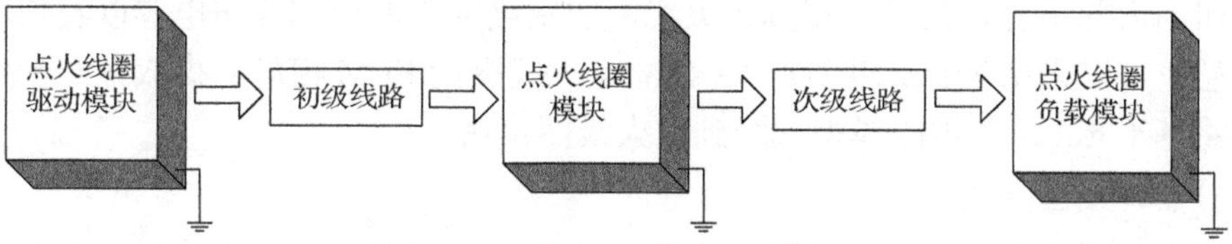

图 3.3.2　点火系统模块化结构图

由于点火系统传导电磁干扰模型要求实现的频率范围宽，同时系统组件的结构较复杂，所以采用“分而治之”的原则，对每个组件分别建立相应的电路模型，然后再进行集成。电路模型的参数主要利用解析法、数值计算和测量法得到，各组件电路参数是否正确需通过测量组件两端的阻抗特性来验证。最后将完成后的各个组件电路模型进行组合，形成点火系统的整体电路模型，仿真方法流程图如 3.3.3 所示。

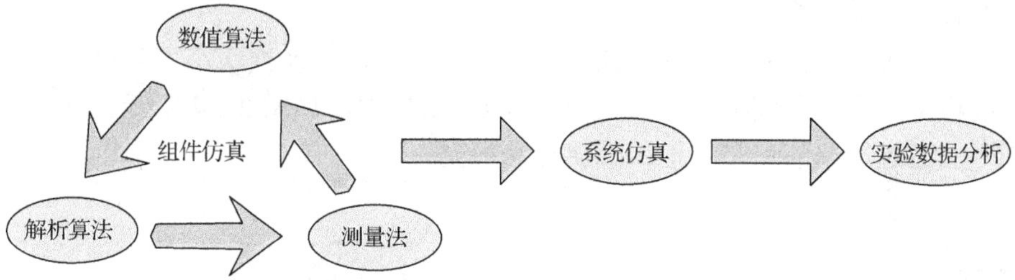

图 3.3.3　仿真建模方法流程图

针对图 3.3.2 中划分的几大模块，建模之前需要对各模块进行必要的说明。

1) 点火线圈驱动模块

点火线圈的驱动模块在实际工况中由点火信号传感器来确定点火时刻，并由电子控制器产生点火脉冲信号。仿真模型中，为了得到初级线路上的点火脉冲电流信号，可通过交流电源与齐纳击穿二极管得到，也可由直流电源，脉冲信号与三极管得到。能够设计出点火脉冲信号的方案很多，但是为了得到与实测初级电流比较吻合的脉冲信号，需要从它的电流上升时间、电流下降时间、点火频率等多个因素考察其模型是否可行，直到得到最优化点火线圈驱动模型。值得一提的是，驱动模块中的 LISN 有两个作用：①隔离供电电源与测试系统之间的相互干扰；②提供一个稳定的阻抗确保同一试品在不同的测试场地有相同的测试结果。

2) 点火线圈模块

点火过程分为电容放电与电感放电。在电容放电过程中，包含了大量的高频分量，所以能否精确模拟此过程对 EMC 预测至关重要。电容主要为分布电容，包括高压阻尼线的对地电容，火花塞中心电极与侧电极之间的电容，点火线圈次级绕组的内部电容。为了能得到点火线圈初次级绕组的内部分布电容以及初、次级电感，可以采用 Maxwell 3D 软件建立点火线圈的 FEM 模型，提取分布参数，然后将基于 Saber 的电路模型加载到点火线圈模块中。

3) 点火线圈负载模块

点火线圈负载主要是火花塞。火花塞气隙放电过程分为 3 个阶段，各个阶段放电特性不同，电磁过程复杂，因此需要综合考虑火花塞内部结构及放电机理。火花塞的建模思路如下：首先，为简化问题将火花塞的中心电极视作圆柱体，侧电极视作同轴圆筒，通过有限元计算软件 Maxwell 3D 建立火花塞的 FEM 模型，在准静态电场的前提下计算获得火花塞的分布电容参数；然后，针对不同工作状态下火花塞放电过程和机理，建立火花塞的动态电路模型；最后将静态的分布电容参数及动态电路模型(用花塞气隙电阻 r_g 表征)加至 Saber 的电路模型进行模拟仿真。

4) 初、次级线路模块

对于点火线圈的初级连接线路(电源线与控制线)以及次级高压阻尼线，采用传输线模型，它们之间的互相影响用电容 C_m 来模拟，如图 3.3.4 所示。图中的参数都可以通过简单的测量方法或经典算法得到。

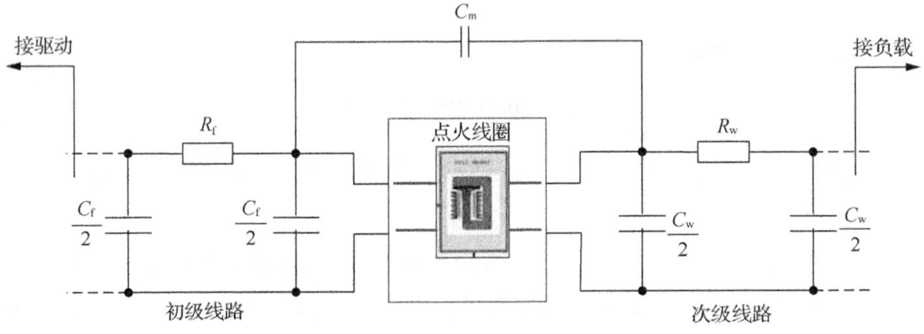

图 3.3.4 初、级线路的建模

3.3.2 各模块电路模型的建模方法与过程

1) 点火线圈

点火线圈是整个点火系统中最重要、最复杂的组件。为了能够仿真点火系统的传导电磁干扰，点火线圈模型的正确至关重要。本章利用“场-路”结合方法研究点火线圈在瞬态冲击电压下的高频模型。

点火线圈三维模型以及二维剖面图如图 3.3.5(a)和(b)所示。初、次级绕组分别由 150 匝与 13000 匝铜芯导线绕制而成。次级绕组分为 9 个线饼，每个线饼有 15～30 层，而每层有 30～60 匝导线，如图 3.3.6 所示。

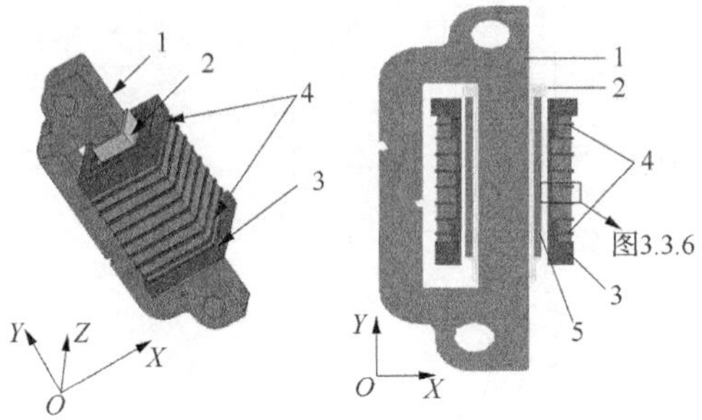

(a) 三维模型图 (b) 二维剖面图

图 3.3.5 点火线圈结构模型

1.铁芯；2.初级绝缘骨架；3.次级绝缘骨架；4.次级绕组；5.初级绕组

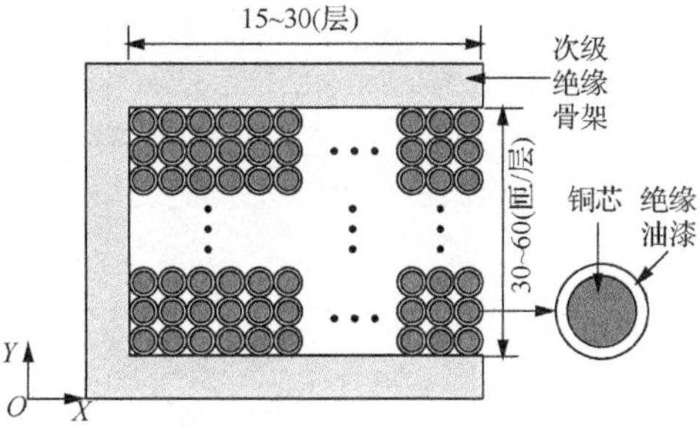

图 3.3.6 次级绕组线饼剖面图

为了能够方便地将点火线圈模型导进 Saber 仿真软件，采取了集总参数电路模型。首先将线圈绕组分为多节独立线饼，节数的选取一般遵从以下标准：①尽量与实际绕组情况相符合；②尽量减小计算量。每一独立线饼由 RLC 电路模型等效，线饼之间的联系由分布电容、互感等效或直接相连。图 3.3.7 为点火线圈绕组的集总参数等效电路模型。该模型一共分为 N+1 节独立线饼(其中，N=9)。

图 3.3.7 中点火线圈绕组等效电路模型各电路元件参数的计算方法如下：

(1)计算分布电容。

尽管点火系统电磁干扰频率可达 GHz，但超标频率在 300MHz 以下，在这个频段范围内，点火系统内部发生的电磁过程可看作静态场，所以分布电容和分布电感都可通过求解静态场问题获得。点火系统满足的静电场方程为

$$\begin{cases} \nabla \times \boldsymbol{E} = 0 \\ \nabla \cdot \boldsymbol{D} = \rho \\ \boldsymbol{D} = \varepsilon \boldsymbol{E} \end{cases} \tag{3.3.1}$$

式中，ε为介电常数；$\boldsymbol{E}$ 为电场强度；$\boldsymbol{D}$ 为电位移矢量；ρ为电荷体密度。通过有限元方法求取剖分区域 V 的 $\boldsymbol{E}$ 与 $\boldsymbol{D}$，在此基础上可求取区域内的静电能量 W_e。

$$W_e = \frac{1}{2}\int_V \boldsymbol{E} \cdot \boldsymbol{D} \mathrm{d}V \tag{3.3.2}$$

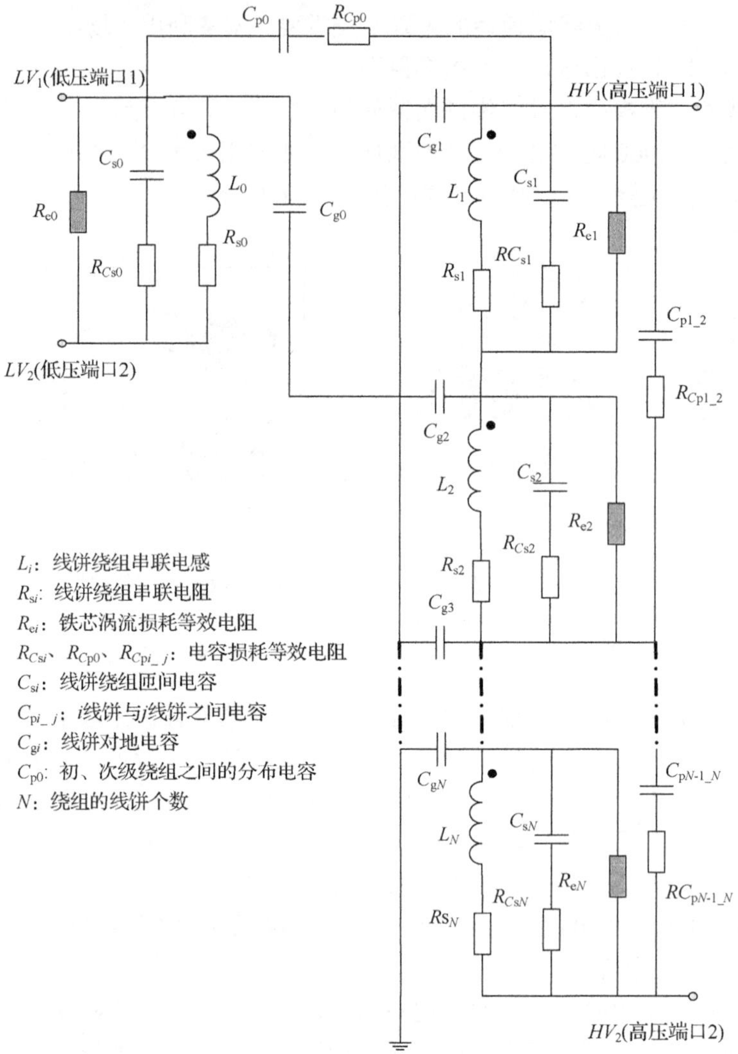

图 3.3.7　点火线圈初、次级绕组等效电路模型

假设区域 V 内的静电能量来源于导体 k_1 与 k_2，则静电能量又可写成

$$W_e = \frac{1}{2}\int_V \boldsymbol{E}_{k1} \cdot \boldsymbol{D}_{k2} \mathrm{d}V = \frac{1}{2} C_{k_1 k_2} U_{k_1} U_{k_2} \tag{3.3.3}$$

从而可求得

$$C_{k_1 k_2} = \frac{\int_V \boldsymbol{E}_{k_1} \cdot \boldsymbol{D}_{k_2} \mathrm{d}V}{U_{k_1} U_{k_2}} \tag{3.3.4}$$

式中，$C_{k_1k_2}$ 为导体 k_1 与 k_2 之间的电容；U_{k_1} 为导体 k_1 的电位；U_{k_2} 为导体 k_2 的电位。

由于点火线圈绕组的复杂性，不可能建立准确的三维模型，所以在求解各线饼之间的分布电容 $C_{pi\text{-}j}$ 时，将各线饼等效为实心导体，如图 3.3.8 所示。利用 Maxwell 3D 的静电场分析对等效后的点火线圈三维模型进行有限元剖分，得到 55266 个四面体剖分单元，计算出线圈内部区域的电场分布 $\boldsymbol{E}$ 与 $\boldsymbol{D}$。将式(3.3.4)两导体电容计算方法推广到多导体系统，基于能量原理可提取点火线圈电路模型的电容矩阵。其静电能量公式如下：

$$W_e = \frac{1}{2}\sum_{i=0}^{N}\sum_{j=0}^{N} C_{ij}U_iU_j \ (0\text{ 为初级绕组}) \tag{3.3.5}$$

式中，W_e 为系统的静电能量；C_{ij} 为图 3.3.7 中各线饼之间的分布电容 $C_{pi\text{-}j}$ 以及各线饼的对地电容 C_{gi}，U_i、U_j 分别为 i 线饼和 j 线饼的对地电压；N 为点火线圈次级绕组的线饼个数。

为了求取每个线饼内绕组匝间的等效电容 C_{si}，通过式(3.3.6)将实际的线饼近似处理为轴对称图形，如图 3.3.9 所示。

$$R_{\text{eff}} = \frac{x+y}{\pi} \tag{3.3.6}$$

式中，x、y 为线饼横截面中心实际轴心绕铁芯轨迹的长和宽；R_{eff} 为等效轴心轨迹半径。

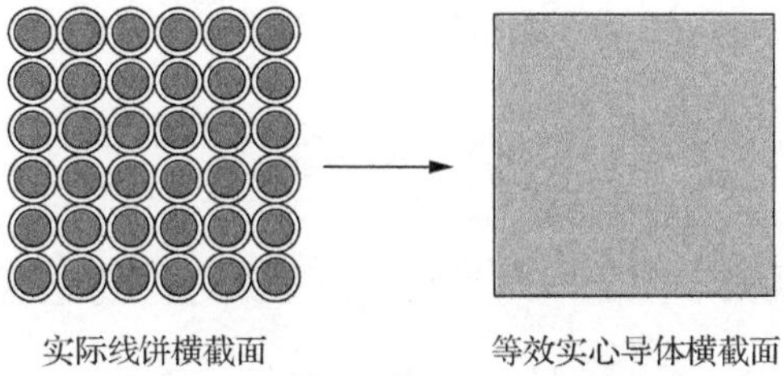

图 3.3.8　绕组实际线饼简化图

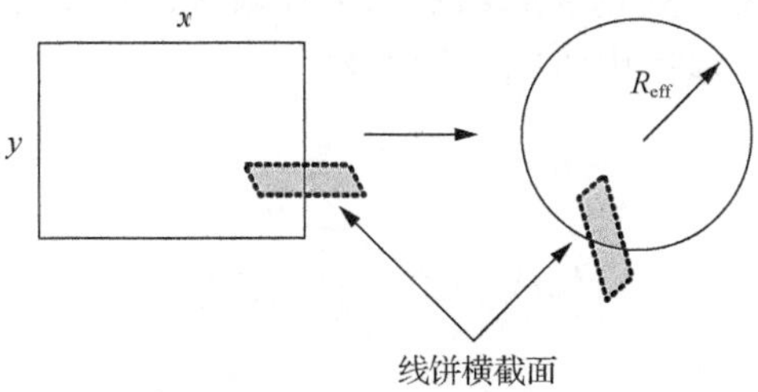

图 3.3.9　线饼横截面轴心轨迹等效示意图

利用 Maxwell 2D 的静电场分析对线饼绕组的二维轴对称模型进行有限元剖分，图 3.3.10 为线饼层数等于 20 层时的有限元网格，共获得 25365 个三角形剖分单元。

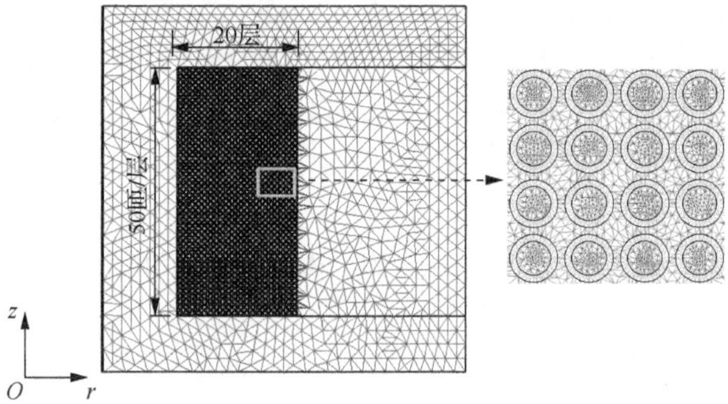

图 3.3.10　线饼为 20 层的 2 维有限元网格

依然基于能量原理计算线饼匝间等效电容 C_{si}。这时式(3.3.5)的 N 表示一个线饼内的总匝数；i 表示第 i 匝导线；j 表示第 j 匝导线；U_i、U_j 分别为第 i、j 匝导线的对地电压。假定任意相邻两匝导线之间的电压差相同，则第 i 匝导线的对地电压为

$$U_i = i\Delta U \tag{3.3.7}$$

式中，ΔU 为相邻两匝导线之间的电压差。

一个线饼的等效电容 C_{si} 存储的能量定义为

$$W_e = \frac{1}{2}C_{si}U_{\text{eff}}^2 \tag{3.3.8}$$

式中，U_{eff} 表示线饼的第一匝导线与最后一匝导线之间的电压，

$$U_{\text{eff}} = (N-1)\Delta U \tag{3.3.9}$$

根据能量守恒原理，式(3.3.5)和式(3.3.8)相等。联立式(3.3.7)～式(3.3.9)进行求解，可以得到每个线饼内匝间等效电容

$$C_{si}(N) = \frac{\sum_{i=1}^{N}\sum_{j=1}^{N} ij\cdot C_{ij}}{(N-1)^2} \tag{3.3.10}$$

又由于

$$N = \lambda N_{\text{layer}} \tag{3.3.11}$$

式中，N_{layer} 为图 3.3.6 中线饼的层数(15～60 层)；λ 为每层的匝数(30～60 匝)，所以式(3.3.10)可改写为

$$C_{si}\left(N_{\text{layer}}\right)=\frac{\sum_{i=1}^{\lambda N_{\text{layer}}}\sum_{j=1}^{\lambda N_{\text{layer}}} ij\cdot C_{ij}}{\left(\lambda N_{\text{layer}}-1\right)^2} \tag{3.3.12}$$

虽然采用上述简化方法可以降低运算量，但当线饼的层数 N_{layer}=30 时，计算量仍会变得非常巨大。因此，采用多项式(3.3.13)进行外推计算。

$$C_{si}\left(N_{\text{layer}}\right)=K_0+\frac{K_1}{N_{\text{layer}}}+\frac{K_2}{N_{\text{layer}}^2}+\frac{K_3}{N_{\text{layer}}^3} \tag{3.3.13}$$

式中，K_i(i=0，1，2，3)为拟合系数。

这里首先通过二维有限元法分别计算式(3.3.12)中 N_{layer}=2，4，6，8，14，20 的匝间等效电容 C_{si}。其中由 N_{layer}=2，4，6，8 的计算结果(图 3.3.11 中的实心圆圈)得到式(3.3.13)的拟合系数 K_i，由此获得反映 C_{si} 与线圈层数之间关系的拟合曲线(图 3.3.11 中的实线)；而 N_{layer}=14，20 的计算结果(图 3.3.11 中的空心圆圈)用于检验拟合曲线的准确性。然后由拟合曲线外推得到实际线饼层数 N_{layer}=30 的匝间等效电容 C_{si}。

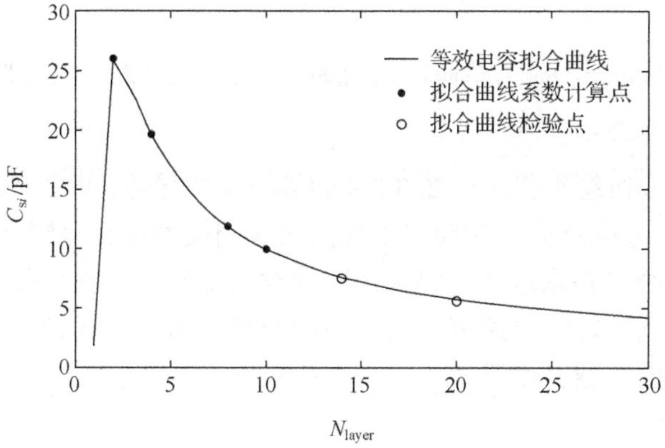

图 3.3.11　绕组匝间等效电容 C_{si} 的拟合曲线

(2)计算分布电感。

同样的，先通过有限元方法求解静磁场方程，然后基于能量原理求取分布电

感。点火系统满足的静磁场方程为

$$\begin{cases} \nabla\times\boldsymbol{H}=\boldsymbol{J} \\ \nabla\cdot\boldsymbol{B}=0 \\ \boldsymbol{B}=\mu\boldsymbol{H} \end{cases} \tag{3.3.14}$$

式中，μ 为介质的磁导率；$\boldsymbol{H}$ 为磁场强度；$\boldsymbol{B}$ 为磁感应强度；$\boldsymbol{J}$ 为电流密度。通过有限元方法求取剖分区域 V 内的 $\boldsymbol{H}$ 和 $\boldsymbol{B}$，在此基础上求得区域内的静磁场能量为

$$W_m=\frac{1}{2}\int_V \boldsymbol{B}\cdot\boldsymbol{H}\mathrm{d}V \tag{3.3.15}$$

假设求解区域 V 内的静磁场能量来自两线圈 m_1 与 m_2 上的电流 I_{m_1} 与 I_{m_2}，则静磁能量可写成

$$W_m=\frac{1}{2}\int_V \boldsymbol{B}_{m_1}\cdot\boldsymbol{H}_{m_2}\mathrm{d}V=\frac{1}{2}L'_{m_1m_2}I_{m_1}I_{m_2} \tag{3.3.16}$$

从而可以得到

$$L'_{m_1m_2}=\frac{\int_V \boldsymbol{B}_{m_1}\cdot\boldsymbol{H}_{m_2}\mathrm{d}V}{I_{m_1}I_{m_2}} \tag{3.3.17}$$

$$L_{m_1m_2}=N_{m_1}N_{m_2}L'_{m_1m_2} \tag{3.3.18}$$

式中，$L_{m_1m_2}$ 为线圈 m_1 与 m_2 为单匝时的互感；$L_{m_1m_2}$ 为线圈 m_1 与线圈 m_2 分别为 N_{m_1} 匝和 N_{m_2} 匝时的互感。

点火线圈各线饼绕组仍采用图 3.3.8 的等效实心导体，即等效为单匝导线。应用 Maxwell 3D 的静磁场分析对简化后的点火线圈模型进行有限元分析，其剖分四面体数为 47937 个。在求取各线饼为单匝导线的电感后，在后处理中乘以线饼各自的匝数就可得到实际的电感值。需要说明的是，由式(3.3.17)和式(3.3.18)得到的电感包含了点火线圈电路模型中的自感和互感。

(3) 电阻计算。

绕组串联电阻 R_{si} 由电阻率 ρ，导线长度 l，导线半径 r 与集肤深度 δ 共同决定。

$$R_\mathrm{s}=\frac{\rho l}{\pi\left(r^2-(r-\delta)^2\right)} \tag{3.3.19}$$

由于测量最高频率 100MHz 时的集肤深度 δ 与模型中导线半径 r 相差不大，故采用直流电阻 R_s=8.85Ω/m 就能足以反映实际的阻值情况。电容介质损耗等效电阻 RC_{si}、RC_{p0} 和 $RC_{pi\text{-}j}$ 的计算公式为

$$R(f)=\frac{\tan\gamma}{2\pi fC} \tag{3.3.20}$$

式中，C 为与等效电阻串联的电容；$\tan\gamma$ 为介质损耗角正切；等效频率点 f=1MHz。

因为表示铁芯的涡流损耗 R_{ei} 主要影响绕组阻抗在整个频段内的最大值而对谐振点影响不大，故不考虑它的影响。

(4) 点火线圈电路模型的实验验证。

①点火线圈次级侧阻抗的频率特性。

用 Agilent4294A 阻抗分析仪测量了点火线圈的次级侧在 100~100MHz 的阻抗特性，测量过程中，所施加的激励必须保证铁芯工作在线性区。由于测量所焊接的引线不可避免地增加了分布电感与电容，所以测量前必须将仪器作相应的补偿校准。图 3.3.12 反映计算值与测量值在 100~100MHz 内能吻合，特别是在主要的谐振点上两者误差很小。最后测量值出现了振荡，这是由于测量点火线圈阻抗时，需要焊接引线，引线电感与点火线圈的分布电容引起电路发生谐振，在第 6 章中会介绍对该问题的处理方法。

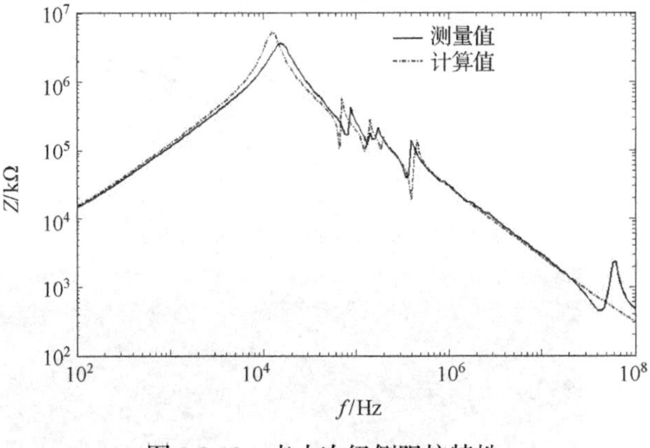

图 3.3.12　点火次级侧阻抗特性

② 点火线圈模型的时域验证。

图 3.3.13 为时域测试的原理图。点火线圈的初级绕组端口 1 接电源正极，并通过电流探头采集初级线上电流波形(图 3.3.14 上部曲线)；端口 2 接开关器件，开关器件的触发脉冲为周期 20ms，占空比 0.1 的矩形脉冲；点火线圈次级绕组端口 3 通过高压探头采集次级绕组的电压波形(图 3.3.14 下部曲线)；端口 4 接地。

图 3.3.15 为初级绕组电流与次级绕组电压的仿真计算曲线。

图 3.3.14 上部曲线初级绕组电流的测试结果与图 3.3.15 上部曲线初级绕组电流的仿真波形基本吻合，对应的下部曲线次级绕组电压的测试结果与仿真波形也基本吻合。从图 3.3.15 可以看出，在 t=0ms 时刻，矩形脉冲的上升沿到来，开关器件在极短时间内开通，由于仿真电路里含有电容与电感器件，所以在开通时初级绕组电流波形与次级绕组电压波形都存在小幅振荡；0＜t＜2ms 时，回路处于开通状态，初级绕组电流按指数规律上升，其变化率很小且为定值。在次级绕组

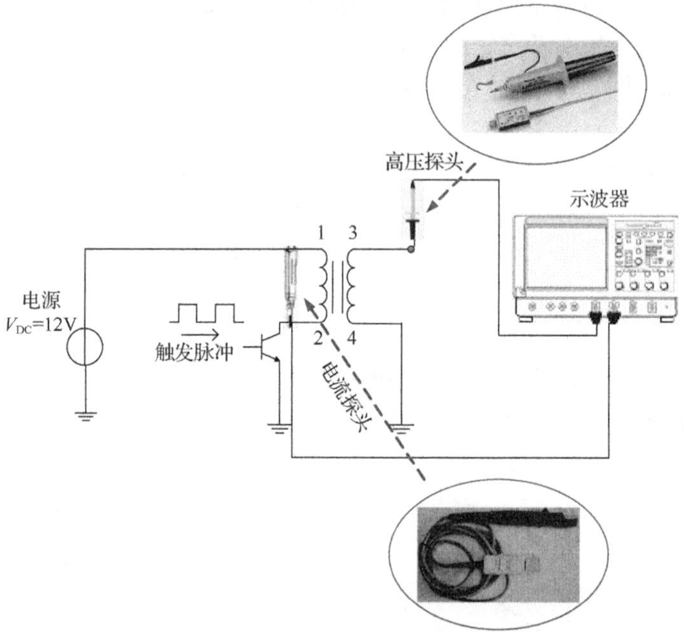

图 3.3.13　点火线圈时域测试示意图

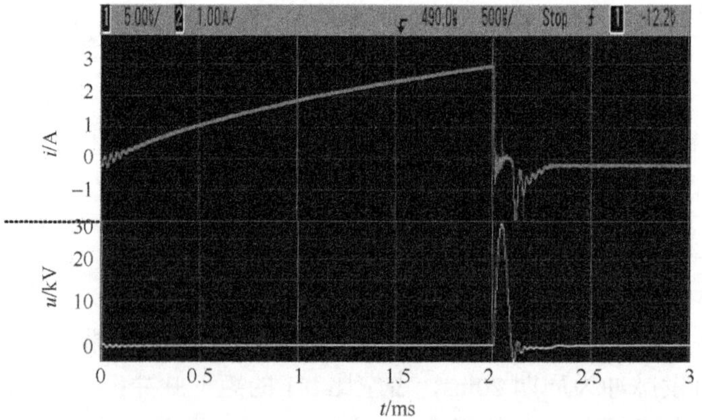

图 3.3.14　初级绕组电流与次级绕组电压测量波形

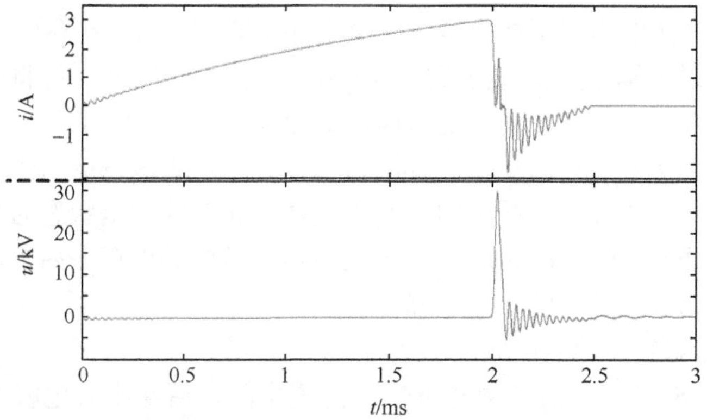

图 3.3.15　初级绕组电流与次级绕组电压仿真波形

上，通过初、次级绕组间的互感会出现一个很小的感应电压；在 t=2ms 时刻，矩形脉冲下降沿到来，开关器件在极短时间内关断，由于初级绕组电流在此时刻的变化率大，所以在次级绕组上感应出幅值 30kV 的高压脉冲；t>2ms 时，由于线圈电感电容的存在，初级绕组电流不可能立即降为 0A，而是通过衰减振荡到 0A，同时次级绕组上的电压也是通过衰减振荡到 0V。点火线圈的初级绕组电流与次级绕组电压的仿真值与测量值在开关器件开通与关断时吻合很好，电流最大值均为 3A，电压最大值为 30kV。但是关断后初级绕组测量电流振荡幅值小于仿真值，而且衰减至零的时间(不到 2.4ms)小于仿真值(约 2.5ms)。这可能由两方面原因所引起：其一，点火线圈仿真模型本身存在一定的误差；其二，由于在仿真电路中并没有考虑连接线的电感以及开关器件的分布电容等杂散参数对计算结果的影响。

2) 火花塞

火花塞的功能是实现反复持续的点火，以点燃汽缸中的混合气体。火花塞结构较复杂，但针对电磁干扰问题，主要考虑点火过程的放电通路，因此对其作适当简化后的结构如图 3.3.16(a)所示，其中金属外壳接地。具有耐高压、耐高温的氧化铝陶瓷作为绝缘体，内置电阻由导电碳粉制成，中心电极为镍铜合金。

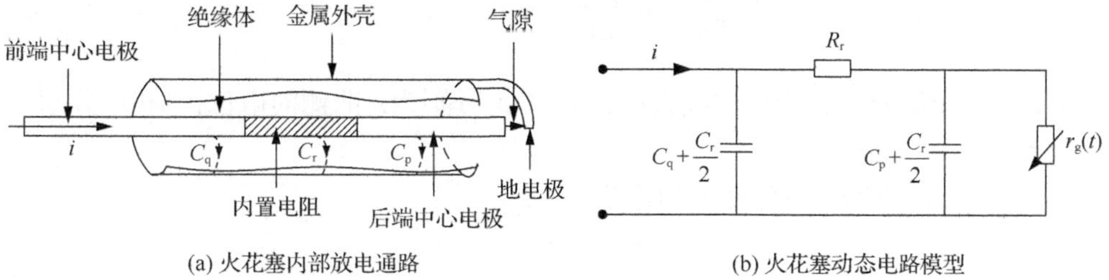

图 3.3.16　火花塞模型

点火过程产生的电磁干扰能量主要集中在 150k~200MHz 频段，对于频率低于 200MHz 的电磁干扰，火花塞内部电场可视为静态场。因此，可将此静态场转化为电路问题来处理，火花塞动态电路模型如图 3.3.16(b)所示。

其中，R_r 为火花塞内置电阻，其阻值可通过万用表测得或由生产商提供，通常为几千欧；r_g 为火花塞气隙电阻，其阻值随火花塞的放电状态而发生变化，表征火花塞的非线性特性；C_q、C_r、C_p 分别表示前端中心电极、内置电阻、后端中心电极对火花塞金属外壳的寄生电容。

(1)火花塞寄生参数的提取。

在图 3.3.16(a)中，前端中心电极、内置电阻、后端中心电极及金属外壳构成 4 导体系统，并依次记为 1、2、3、4 号导体。设 Ω 为绝缘介质区域，其边界为 Γ；Ω_0 为火花塞外部求解区域，为保证其有界，计算时 Ω_0 取火花塞结构尺寸的 7~10 倍，Γ_0 为求解区的截断边界。图 3.3.17(a)给出了火花塞求解区域的剖面图。

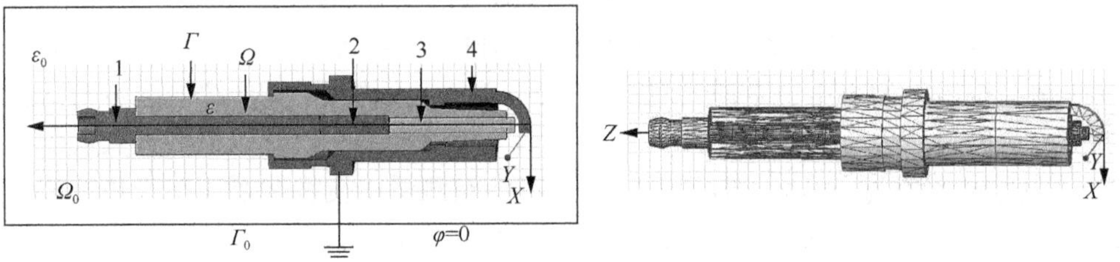

(a) 求解区域剖面图　　(b) 火花塞有限元网格剖分

图 3.3.17　火花塞求解区域的剖面图及有限元剖分

对应图 3.3.17(a)的火花塞静态电场边值问题为

$$\begin{cases} \nabla^2\varphi = 0 & \in \Omega \cup \Omega_0 \\ \varphi = f & \in \Gamma_i,\ i = 1,2,3,4 \\ \varphi = 0 & \in \Gamma_0 \\ \varepsilon_0 \dfrac{\partial \varphi_1}{\partial n} = \varepsilon \dfrac{\partial \varphi_2}{\partial n} & \in \Gamma \end{cases} \tag{3.3.21}$$

式中，n 为介质分界面的外法线方向；φ_1 和 φ_2 分别为 Γ 两侧的电位；ε 和 ε_0 分别为介质和其他媒质的介电常数；Γ_i 为 i 号导体边界。

式(3.3.21)的等价条件变分问题为

$$\begin{cases} F(\varphi)=\dfrac{1}{2}\displaystyle\int_{\Omega_0}\varepsilon_0\left|\nabla\varphi\right|^2\mathrm{d}\Omega+\dfrac{1}{2}\int_{\Omega}\varepsilon\left|\nabla\varphi\right|^2\mathrm{d}\Omega=\min & \text{(a)} \\ \left.\begin{aligned} &\varphi=f \qquad \in\Gamma_i,\ i=1,2,3,4 \\ &\varphi=0 \qquad \in\Gamma_0 \end{aligned}\right\} & \text{(b)} \end{cases} \tag{3.3.22}$$

将计算区域 $\Omega\cup\Omega_0$ 剖分为 N 个四面体单元，与式 3.3.22(a)相对应的有限元方程为

$$[k][\varphi]=0 \tag{3.3.23}$$

式中，$[k]$为 $N\times N$ 阶矩阵，矩阵元素的具体形式与插值函数有关；$[\varphi]$为 $N\times1$ 阶矩阵，在式(3.3.23)中加入强加边界条件式(3.3.22)(b)，可求得$[\varphi]$。

对于火花塞构成的 4 导体系统，将 4 号导体设为参考地，并且总是保持 0 电位。则导体 1、2、3 与 4 号导体间互电容即为导体 1、2、3 和参考地之间的电容，其具体计算步骤如下：

① 设第 i 号导体电位为 1V，其他导体电位为 0V；

② 解式(3.2.22)，获得φ的空间分布；

③ 由 $\boldsymbol{E}=-\nabla\varphi$，计算每个导体表面的电场；

④ 计算 i 号导体上的总电荷：$Q_i=\varepsilon_0\oint_{\Gamma_i}\boldsymbol{E}\mathrm{d}\boldsymbol{\Gamma}_i$；

⑤ 则导体 1、2、3 与 4 号导体间的互电容为：$C_{i4}=\dfrac{Q_i}{V_i}$；

⑥ 对每个导体(4 号导体除外)依次重复①~⑤步。

对于型号为 K7RTC 的火花塞，利用上述方法提取了寄生电容。仿真分析时场域剖分采用自适应方式，并设定误差为 0.5%。最后满足给定误差范围的剖分单元共计 383884 个，图 3.3.17(b)是火花塞的剖分情况。计算得到火花塞寄生电容为：C_q=5.3986pF、C_r=5.8701pF、C_p=4.9849pF。

(2) 火花塞寄生参数的验证。

图 3.3.18 为火花塞阻抗特性曲线的测量值与计算值。从图中可以看出，两者除了在低频段误差略大以外，其他频段吻合很好，验证了提取火花塞参数有限元模型是有效的。

(3) 火花塞放电的动态仿真电路模型分析。

为了验证图 3.3.16(b)的动态电路模型，需要对火花塞一个完整的放电过程进行分析。在点火过程中，火花塞气隙经历了断开、击穿、自持放电、再断开的持续循环过程。火花塞与点火系统其他组件协同工作，构成的具有动态特性的点火系统电路如图 3.3.19 所示。

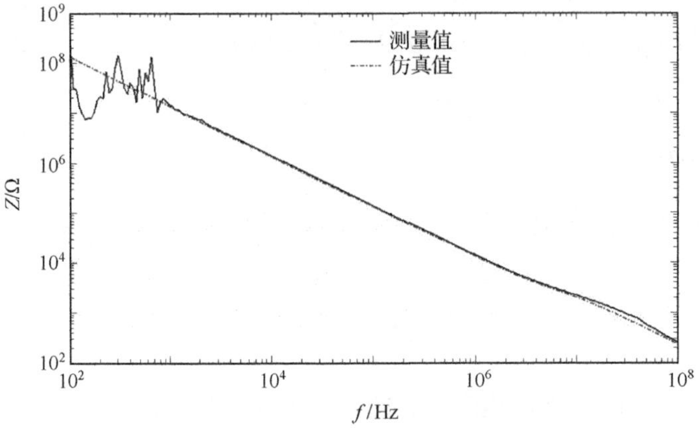

图 3.3.18　火花塞阻抗特性

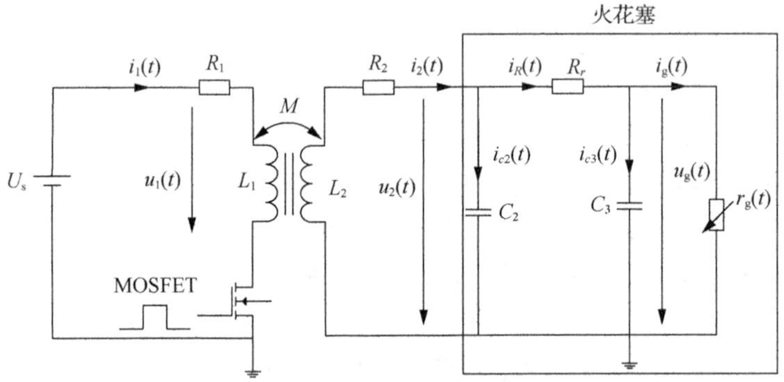

图 3.3.19　点火系统中的火花塞动态电路模型

其中，$C_2=C_q+C_r/2$、$C_3=C_p+C_r/2$；U_s 为点火系统直流电源；R_1、R_2 分别为初、次级绕组电阻；L_1、L_2 分别为初、次级绕组电感；场效应管 MOSFET 为点火开关；M 为初级与次级绕组之间的互感；$u_1(t)$、$i_1(t)$ 为初级绕组的电压、电流；$u_2(t)$、$i_2(t)$ 为次级绕组的电压、电流。

火花塞在不同的工作状态下，气隙电阻呈现出非线性性质。当 MOSFET 被点火控制信号触发后，在其导通时间内，初级绕组有电流流过，次级绕组出现感应电动势。但此时火花塞两电极之间电压达不到击穿电压，火花塞气隙处于断开状态。

设 MOSFET 在 $t_0 \leqslant t<t_1$ 时间内导通，此时火花塞气隙表现为高阻抗特性，即 $r_g(t)=\infty$，$i_g(t)=0$。忽略 MOSFET 的影响，初级和次级回路的输入-输出方程为

$$U_s=u_1(t)=R_1 i_1(t)+L_1\frac{\mathrm{d}i_1(t)}{\mathrm{d}t}-M\frac{\mathrm{d}i_2(t)}{\mathrm{d}t} \qquad (3.3.24)$$

$$\begin{cases} u_2(t) = -R_2 i_2(t) - L_2 \dfrac{\mathrm{d}i_2(t)}{\mathrm{d}t} + M \dfrac{\mathrm{d}i_1(t)}{\mathrm{d}t} \\ i_2(t) = C_2 \dfrac{\mathrm{d}u_2(t)}{\mathrm{d}t} + i_R(t) \\ i_R(t) = C_3 \dfrac{\mathrm{d}u_\mathrm{g}(t)}{\mathrm{d}t} \end{cases} \tag{3.3.25}$$

t=t_1 时，触发信号结束，MOSFET 断开，火花塞进入气隙击穿阶段。

当 MOSFET 断开时，初级绕组瞬间开路，i_1(t)迅速减小，同时次级绕组产生高达 15~30kV 的感应电动势，该感应电动势对电容 C_2、C_3 进行充电。当电容 C_3 端电压增大到接近击穿电压时，火花塞两电极之间产生电晕，电离开始，随后火花塞气隙被击穿，此时电容 C_3 的端电压即为击穿电压。

设火花塞气隙在 t=t_1 时开始产生电晕，t=t_2 时被击穿，所需时间为Δt=t_2－ t_1。此过程火花塞由高阻抗特性变为低阻抗特性，即当 t<t_1 时，$i_\mathrm{g}(t)=0$；而 t>t_1 时，$i_\mathrm{g}(t) \neq 0$。

在 $t_1 \leqslant t \leqslant t_2$ 期间，忽略 MOSFET 的影响，初级和次级回路的输入-输出方程为

$$u_1(t) = R_1 i_1(t) + L_1 \frac{\mathrm{d}i_1(t)}{\mathrm{d}t} - M \frac{\mathrm{d}i_2(t)}{\mathrm{d}t} \tag{3.3.26}$$

$$\begin{cases} u_2(t) = -R_2 i_2(t) - L_2 \dfrac{\mathrm{d}i_2(t)}{\mathrm{d}t} + M \dfrac{\mathrm{d}i_1(t)}{\mathrm{d}t} \\ i_2(t) = C_2 \dfrac{\mathrm{d}u_2(t)}{\mathrm{d}t} + i_R(t) \\ i_R(t) = i_\mathrm{g}(t) + C_3 \dfrac{\mathrm{d}u_\mathrm{g}(t)}{\mathrm{d}t} \\ u_\mathrm{g}(t) = i_\mathrm{g}(t) r_\mathrm{g}(t) \end{cases} \tag{3.3.27}$$

在 1 个大气压下，Rompe-Weizel 公式可描述火花塞放电时的气隙电阻

$$r_\mathrm{g}(t) = l_\mathrm{g} \left\{ \left(2\alpha / p \int_{t_1}^{t_2} i_\mathrm{g}^2(t) \mathrm{d}t \right) \right\}^{-0.5} \tag{3.3.28}$$

式中，l_g 为气隙宽度；α为火花系数；p 为气体压强；$i_\mathrm{g}(t)$ 为流过气隙的火花电流。

在Δt=t_2－ t_1 很短的时间内，此时 $R_\mathrm{r} \gg r_\mathrm{g}(t)$，可认为 $i_R(t)$=0。将式(3.3.28)代入式(3.3.27)，整理后得气隙电阻的动态伏安特性为

$$
\begin{cases}
\dfrac{\mathrm{d}u_{\mathrm{g}}(t)}{\mathrm{d}t}=-\dfrac{1}{C_3}i_{\mathrm{g}}(t) \\
\dfrac{\mathrm{d}i_{\mathrm{g}}(t)}{\mathrm{d}t}=\dfrac{\alpha}{l_{\mathrm{g}}^2 p}u_{\mathrm{g}}^2(t)i_{\mathrm{g}}(t)-\dfrac{1}{C_3}\dfrac{i_{\mathrm{g}}^2(t)}{u_g(t)}
\end{cases}
\tag{3.3.29}
$$

设 $t=t_1$ 时刻，即电极产生电晕瞬间，$i_{\mathrm{g}}(t_1)=0$，$u_{\mathrm{g}}(t_1)=V_{\mathrm{br}}$，$V_{\mathrm{br}}$ 为火花塞气隙的击穿电压。利用数值算法，如 R-K 法，可解出式(3.3.29)中的气隙电流 $i_{\mathrm{g}}(t)$ 及电压 $u_{\mathrm{g}}(t)$。代入式(3.3.27)即得次级回路输入-输出方程。火花塞气隙击穿后进入自持放电阶段。

火花塞气隙击穿时出现电离现象，使混合气体被电离，其中的正离子和负离子在火花塞气隙之间构成“等离子体”通道，火花塞气隙进入自持放电阶段。此时火花塞两电极间的电压降低并维持定值，即 $u_{\mathrm{g}}=U_0$。设此状态持续时间为 $\Delta t=t_3-t_2$，初级和次级回路的输入-输出方程为

$$
u_1(t)=-M\frac{\mathrm{d}i_2(t)}{\mathrm{d}t}
\tag{3.3.30}
$$

$$
\begin{cases}
u_2(t)=-R_2 i_2(t)-L_2\dfrac{\mathrm{d}i_2(t)}{\mathrm{d}t} \\
i_2(t)=C_2\dfrac{\mathrm{d}u_2(t)}{\mathrm{d}t}+i_R(t) \\
i_R(t)=i_{\mathrm{g}}(t)+C_3\dfrac{\mathrm{d}u_{\mathrm{g}}(t)}{\mathrm{d}t} \\
u_{\mathrm{g}}(t)=U_0
\end{cases}
\tag{3.3.31}
$$

受次级回路电阻的影响，次级绕组储存的电磁能量逐渐减小，当点火线圈的次级电流不足以维持火花塞的电弧电流时，等离子体消失，火花塞气隙恢复断开状态。

(4)火花塞动态仿真电路模型的验证。

为便于和实验结果进行比较，仿真模型采用四缸发动机点火系统，如图 3.3.20 所示。其中的参数分别为：U_{s}=12V，R_1=2Ω，L_1=2.5mH，L_2=5.6H，M=0.1H，C_2=8.33pF，C_3=7.92pF，R_{r}=4.98kΩ，U_{br}=4.6kV，U_0=350V，l_{g}=0.89mm，α=1.1atm · cm^2/(V^2·s)，p=1atm，R_2'=2.9kΩ(高压阻尼线和次级绕组电阻之和)。

实验采用的四缸发动机点火系统包含两个火花塞，一个火花塞与点火线圈二次侧一端直接相连，另一个火花塞经过高压导线与点火线圈二次侧的另一端相连。点火控制功能由信号发生器(Agilent 33250A)与 MOSFET(型号为 IRFP460)组合

实现，给定的控制信号为占空比 8%、U_{pp}=10V、T=0.04s 的方波信号。电源为额定电压 12V 的铅酸蓄电池，实验平台如图 3.3.1 所示。

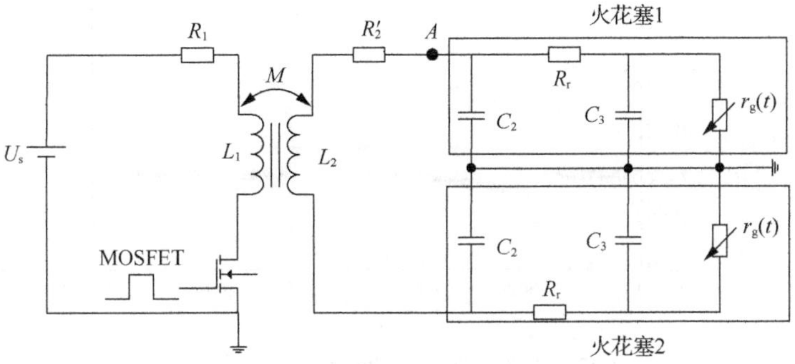

图 3.3.20　四缸发动机点火系统的电路模型

测量用设备有：Tektronix DPO4104 数字示波器、Tektronix P6015A 高压探头，图 3.3.21 为该实验平台的原理图，因为只测量火花塞电压，所以仿真中没有考虑 LISN。图 3.3.22 为 A 点处电压的仿真及测量结果。

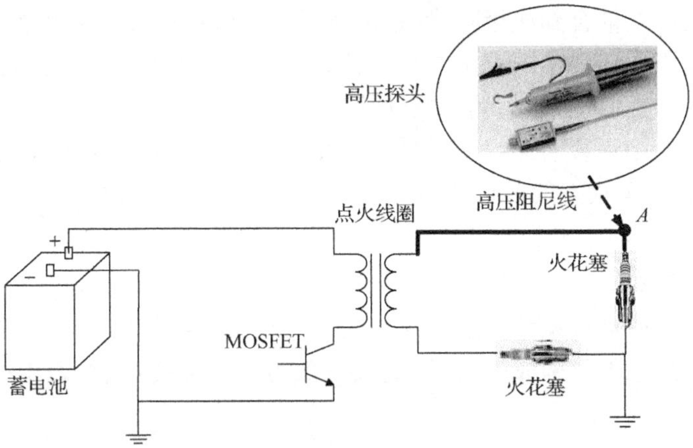

图 3.3.21　点火系统实验平台原理图

由图 3.3.22 可见，在 MOSFET 开通时间内，次级绕组存在耦合电动势，但是 A 点电压值较小，火花塞两电极之间未能达到气隙击穿电压，火花塞气隙处于断开状态；MOSFET 关断瞬间，次级绕组中的互感电动势迅速增大，火花塞两电极之间电压达到击穿电压，火花塞气隙被击穿；火花塞气隙击穿瞬间两电极之间出现等离子体，在 t=0.005～0.0062s 时间内，火花塞气隙处于自持放电阶段，火花塞端电压基本保持恒定，此时 A 点电压约 350V；由于次级回路存在 LRC 分布参数，点火能量在次级回路中形成振荡衰减波，当次级回路中的电流不足以维持火

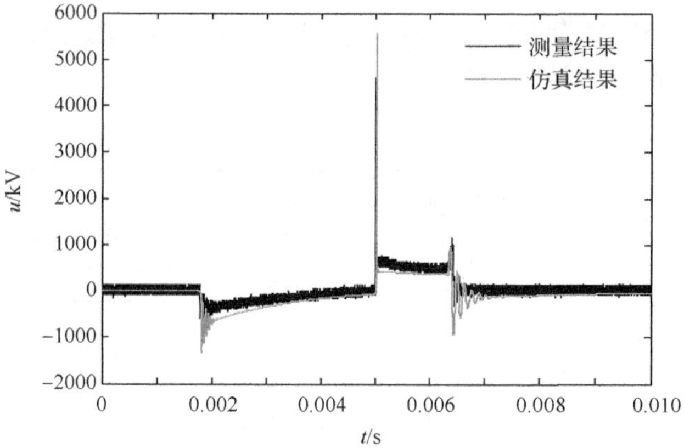

图 3.3.22　火花塞端电压的时域测量及仿真结果

花塞的电弧电流时，等离子体消失，火花塞气隙恢复断开状态，A 点电压逐渐衰减至 0。在 MOSFET 开通和关断瞬间，火花塞端电压振荡波形的测量结果比仿真结果平缓，但在仿真值上下波动。若以测量值为基准，火花塞端电压的测量结果与仿真结果峰值约有 12%的误差。造成仿真与测量结果出现误差的原因主要有：初级回路电压误差耦合到次级回路；在高频段，次级回路 LRC 分布参数误差增大，使火花塞端电压振荡波形的测量结果与仿真结果存在差别；测量时背景噪声也是导致测量值在仿真值上下波动的主要原因。

从图 3.3.22 中可以看出：在时域中，测量结果与仿真结果变化趋势一致，电压波形在各个工作状态的时间点几乎完全吻合，说明火花塞动态电路模型是适用的。

3）高压阻尼线

高压阻尼线在点火系统中连接点火线圈的次级绕组与火花塞。它主要由环绕在绝缘海绵上的电阻丝构成，因此可将其等效为空心螺线管，等效电路如图 3.3.23 所示。

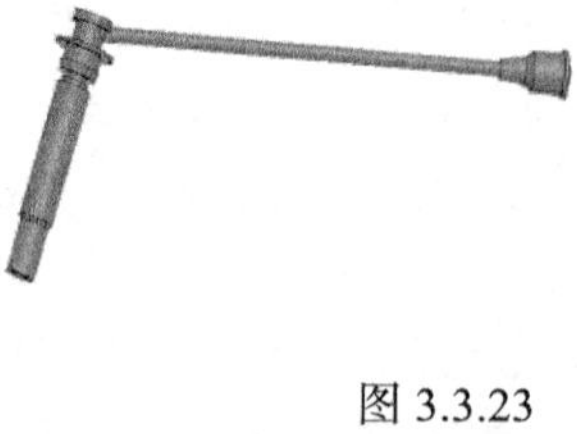

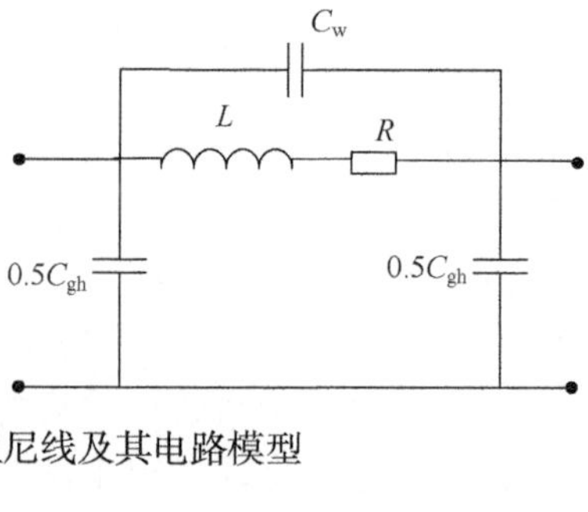

图 3.3.23　高压阻尼线及其电路模型

图 3.3.23 中，C_w 为螺线管匝间等效电容；C_{gh} 为螺线管对地电容；L 为电感；

R 为电阻值。

由于高压阻尼线电阻丝横截面积很小，所以电阻值基本不随频率变化，故 R 直接由测量得到。同时螺线管电阻丝匝数众多并且密集排列，螺线管可等效为一空心圆柱体，对地电容 C_{gh} 可利用有限元方法计算得到。匝间等效电容 C_w 与电感 L 由以下解析式(3.3.32)和式(3.3.33)计算得到。

$$C_{\mathrm{w}} \approx \frac{\pi\varepsilon \cdot 2\pi r}{\ln\left(a/r_{\mathrm{w}} + \sqrt{a^2/r_{\mathrm{w}}^2 - 1}\right)} \tag{3.3.32}$$

$$L \approx \frac{\mu_0 N^2 \pi r}{l} \cdot T \tag{3.3.33}$$

式中，ε 与 μ_0 分别为介电常数和真空磁导率；r 为螺线管横截面半径；a 为两相邻线圈中心距离；r_w 为电阻丝半径；l 是螺线管长度；T 为有限长螺线管修正因子。

图 3.3.24 为高压阻尼线在 100~100MHz 内的阻抗特性测量曲线与计算曲线。由图可见，在 100~20MHz 范围内，两者吻合。超过 20MHz 后，两者误差增大。其主要原因是测量设备与高压阻尼线之间的引线电感在高频段的影响增强，引入了较大的测试误差，但阻尼线仿真和测试值的总体变化趋势是一致的。

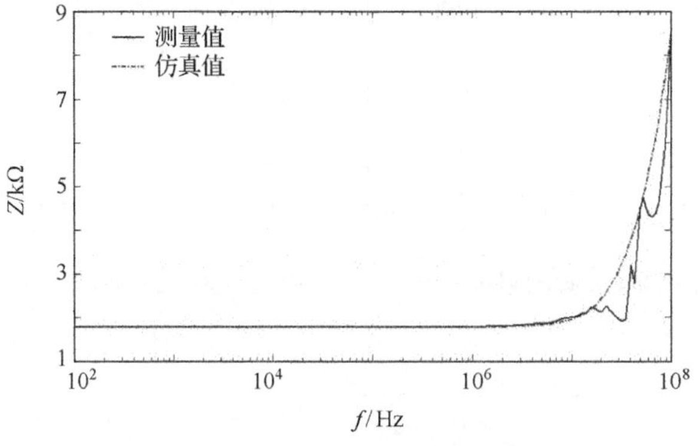

图 3.3.24　高压阻尼线的阻抗特性

4) 系统控制开关

在点火系统实验平台中，采用型号为 STW15NB50 的 MOSFET 来控制初级线路的通断。其实物与相应的电路如图 3.3.25 所示。在实际高频模型中必须考虑脚 G(门极)、S(源极)、D(漏极)之间的杂散电容以及引线电感，其中参数 L_G=14nH，L_S=14nH，L_D=5nH，C_{GS}=3345pF，C_{DS}=375pF，C_{DG}=55pF，这些参数由厂家提供。

但是为了验证参数与模型的正确性，分别测量了 GS、GD、DS 的阻抗特性，并与仿真值做了比较，如图 3.3.26、图 3.3.27 和图 3.3.28 所示。测试与仿真结果在 100~100MHz 的范围内变化趋势一致，谐振点吻合。

5) 其他组件

点火系统中的电源线以及控制线束都属于传输线。为了能够反映传输线的高频特性，采用 *n* 节 *RLC* 集总电路模型，如图 3.3.29 所示。

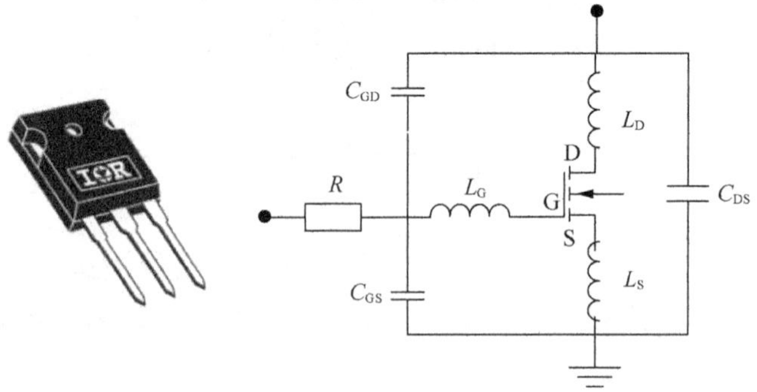

图 3.3.25　MOSFET 及其电路模型

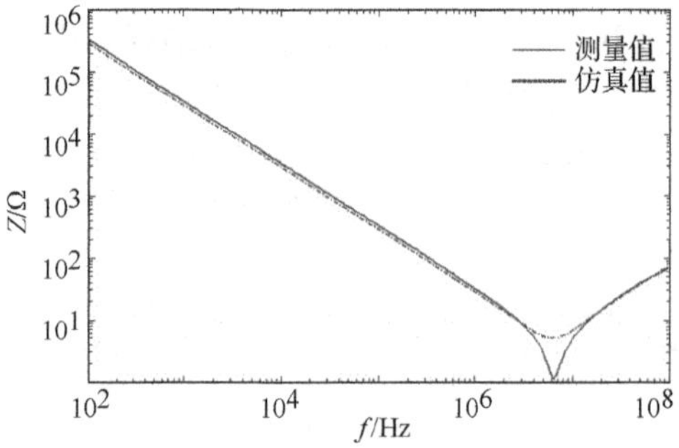

图 3.3.26　MOSFET GS 脚的阻抗特性

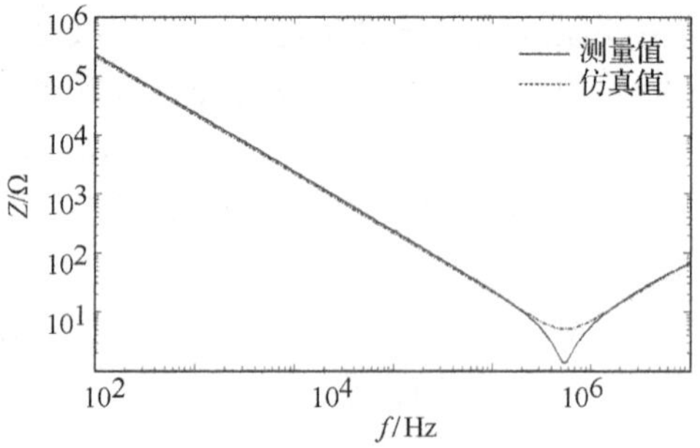

图 3.3.27　MOSFET GD 脚的阻抗特性

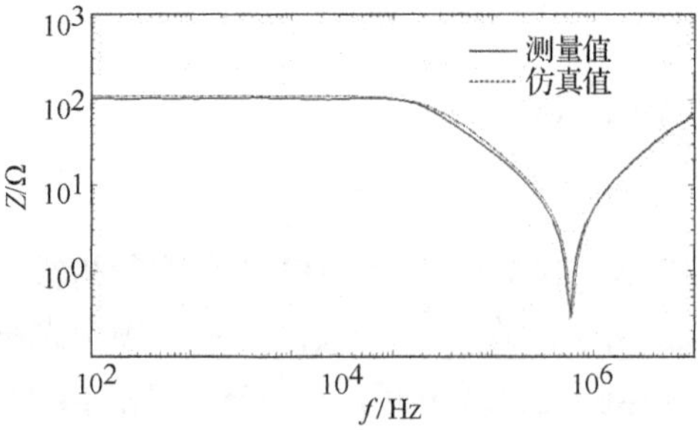

图 3.3.28　MOSFET DS 脚的阻抗特性

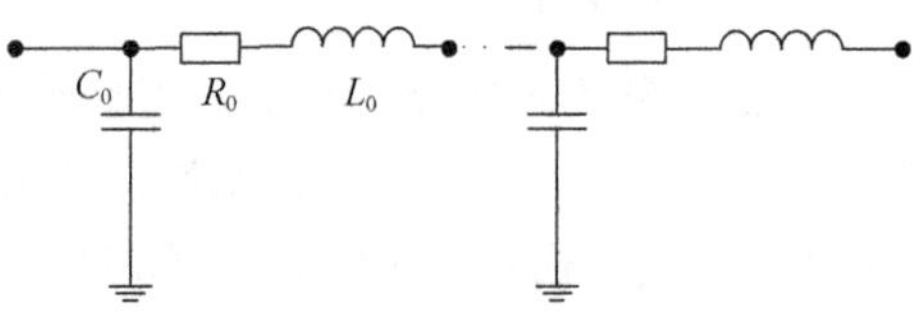

图 3.3.29　传输线电路模型

图中，C_0 为单位长度对地电容；R_0 为单位长度电阻；L_0 为单位长度电感。它们的值由 $\frac{R_{\text{total}}}{n}=R_0$、$\frac{L_{\text{total}}}{n}=L_0$、$\frac{C_{\text{total}}}{n}=C_0$ 确定，其中 R_{total} 与 L_{total} 可由下式求得：

$$R_{\text{total}}=\rho\frac{L}{\pi r^2} \tag{3.3.34}$$

$$L_{\text{total}}=5L\left[\ln\left(\frac{2L}{r}-0.75\right)\right] \tag{3.3.35}$$

式中，ρ 为传输线导体部分的电阻率；L 为传输线长度；r 为传输线导体等效半径。C_{total} 不存在解析式计算公式，因此可由有限元法分析根据式(3.3.36)求得。

$$C_{\text{total}}=\frac{\int_{\Omega}\boldsymbol{E}\cdot\boldsymbol{D}\mathrm{d}\Omega}{U^2} \tag{3.3.36}$$

在式(3.3.36)中，$\boldsymbol{E}$ 与 $\boldsymbol{D}$ 为在传输线施加电压 U 时的电场强度矢量与电位移矢量值。当采用 n=3 节 RLC 集总参数模型时，在频段 100~100MHz 内，计算值与实测值相吻合，如图 3.3.30 所示。

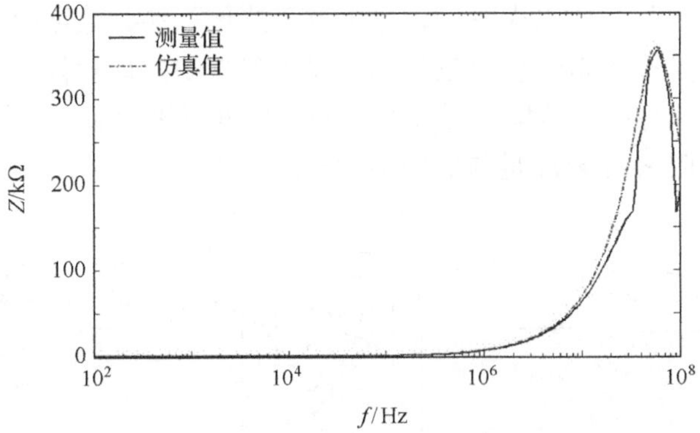

图 3.3.30　传输线阻抗特性测量值与仿真值

人工电源网络在传导电磁干扰测试中是必需的设备之一，在验证仿真电路模型的实验平台中，使用的 LISN 是专门用于汽车电磁兼容测试的设备，其实物与等效电路图如图 3.3.31 所示，图中电路参数由厂家提供。

对于蓄电池，采用直流电压源模型等效。

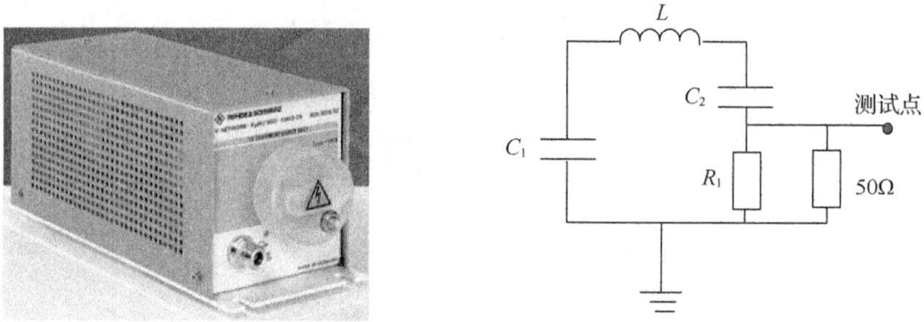

图 3.3.31 LISN 实物图及其等效电路图

3.4 点火系统传导电磁干扰模型的实验验证

3.4.1 点火系统传导电磁干扰集总参数电路模型

整个点火系统的传导电磁干扰模型主要由七个组件(参见图 3.3.1 的实验平台)以及一些连接线构成，如图 3.4.1 所示。其中 *A*、*B*、*C*、*D* 分别为火花塞正极点、MOSFET 的漏极点、LISN 正极点以及点火线圈初级侧输入点。将各个组件的电路模型组合起来，得到的点火系统传导电磁干扰集总参数电路模型如图 3.4.2 所示。本电路模型是在 Saber 仿真软件的环境下建立的，该软件可以进行时域与频域仿真计算，并且对计算结构有强大的后处理与可视化功能。在图 3.4.2 中，火花塞模型中动态电阻 r_g 需要满足前面的各种电路特性。

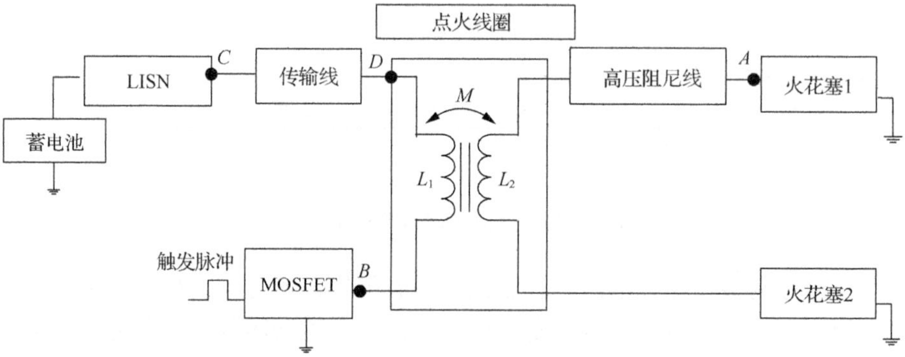

图 3.4.1 点火系统各组件示意图

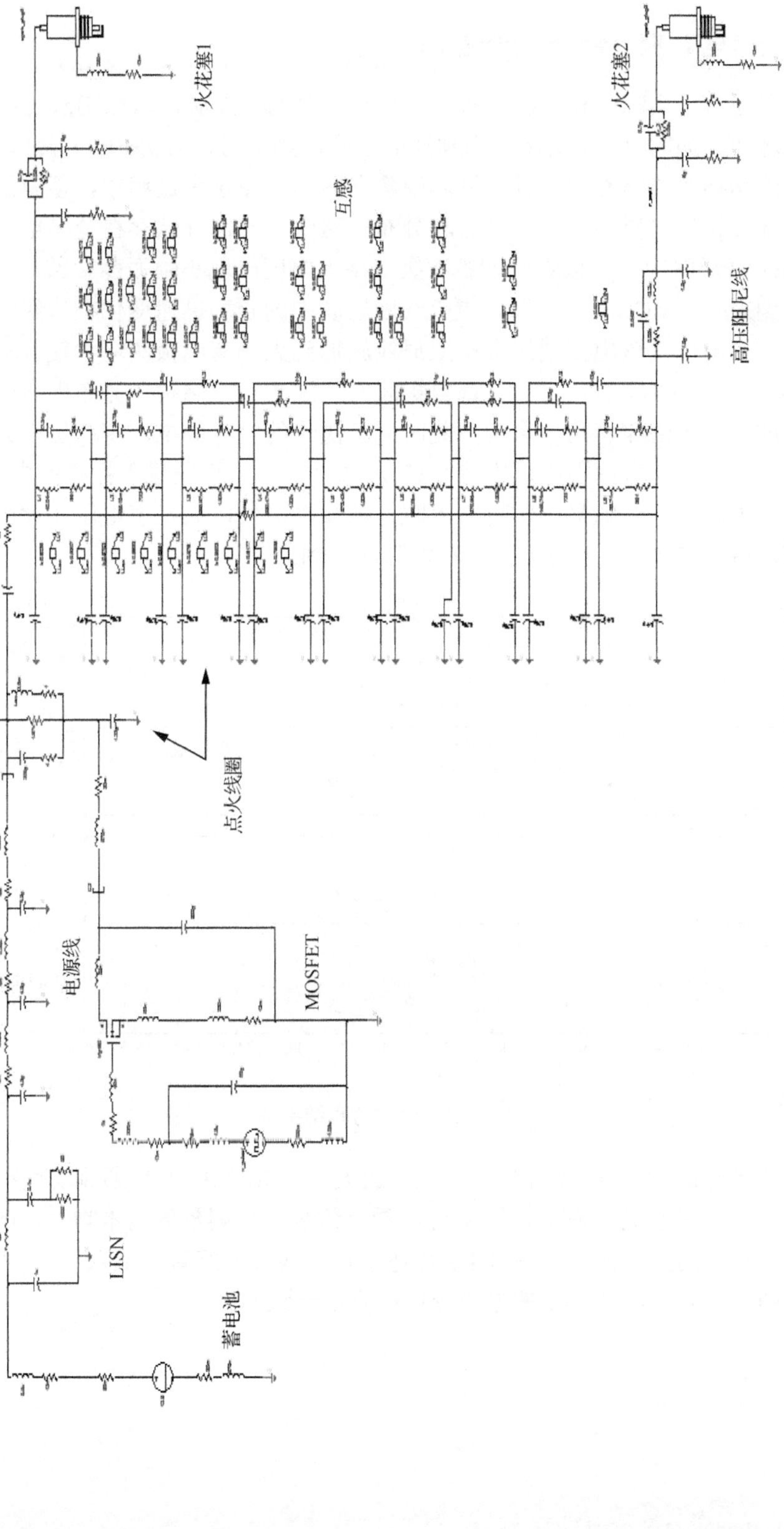

图3.4.2　点火系统集总参数电路模型

3.4.2 传导电磁干扰模型的时频域验证

为了与汽车实际工作状况相接近，仿真计算的触发脉冲取 25Hz、占空比 8%的矩形脉冲。如图 3.4.3 所示，当脉冲的上升沿到来时，MOSFET 导通，蓄电池为点火线圈初级线路充电，并在铁芯中建立磁场，在这个过程中，蓄电池输出的电能一部分转换成磁能储存在铁芯和分布电感中，一部分储存在分布电容中。在 MOSFET 开通瞬间，可以看到初、次级电路上电压出现小幅振荡。当触发脉冲的下降沿到来时，MOSFET 切断，点火线圈铁芯中的磁场迅速变化在次级绕组中感应出很高的电压，该电压通过高压阻尼线施加到火花塞电极两端，使其端电压高达 3.5kV(空气中)左右，将火花塞电极间的气隙击穿，储存在分布电容中的能量迅速释放。从电磁兼容角度来说，此时属于快速的电容放电，将产生很大的电磁干扰。随后，火花塞两端电压维持一定(约 350V)，电火花进入持续的电感放电。最后，当电流小于电弧最小维持电流时，电弧将消失，火花塞电压在此时又将产生振荡最后衰减到 0，等待下一个触发脉冲的到来。

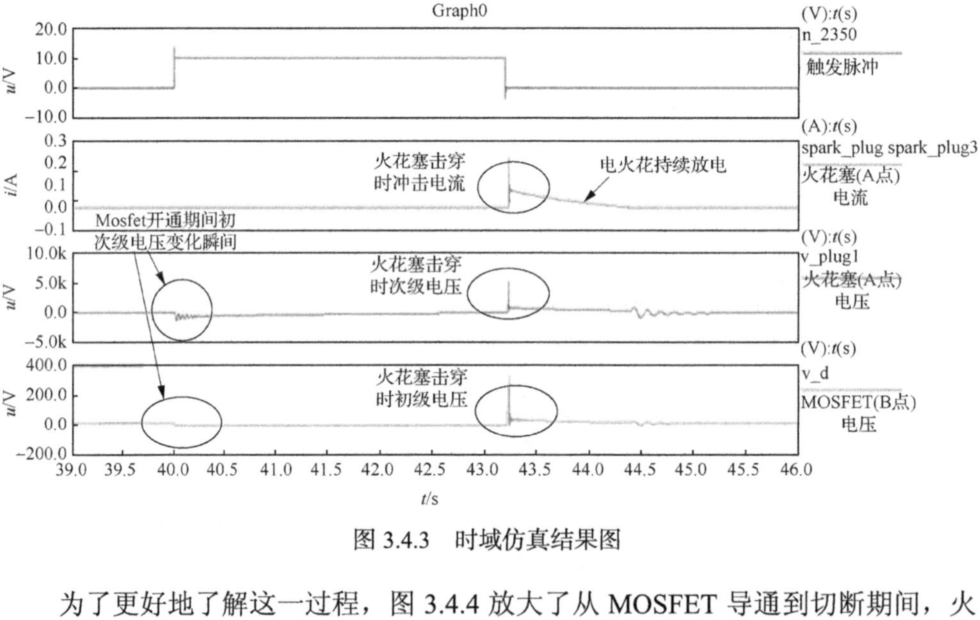

图 3.4.3 时域仿真结果图

为了更好地了解这一过程，图 3.4.4 放大了从 MOSFET 导通到切断期间，火花塞 A 点电压的变化过程。从图中可以看出仿真值与测量值基本吻合，电压波形能够反映真实的点火情况。图 3.4.5 描述了点火线圈初级绕组输入 D 点的电流波形，与图 3.3.14 和图 3.3.15 的电流变化规律是一致的。

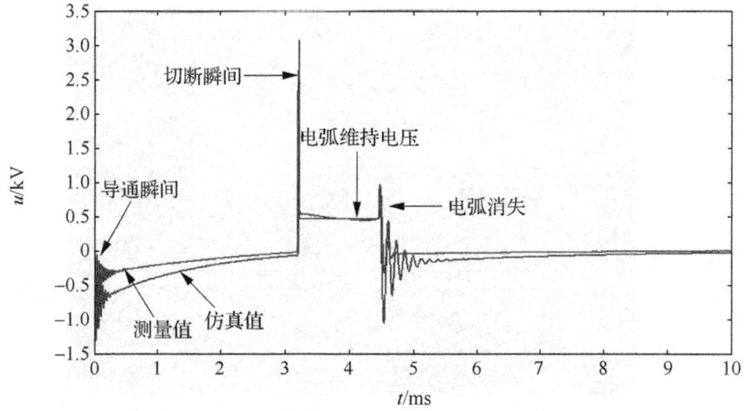

图 3.4.4　点火塞 A 点电压时域测量值与计算值

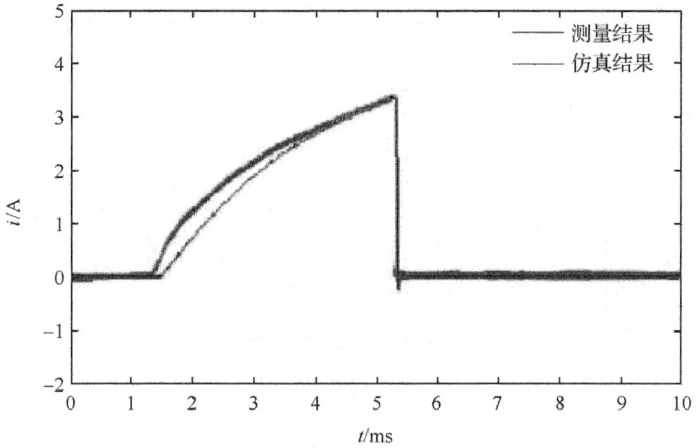

图 3.4.5　线圈初级绕组 D 点电流的时域值

除了研究该系统的点火工作波形外，更关心整个系统对外产生电磁干扰情况，通常利用 LISN 上的干扰电压来评估系统的传导电磁干扰值。图 3.4.6 是 LISN 上 C 点电压的测量与仿真时域波形。在图 3.4.6(a)中，LISN 上的实测干扰电压有明显的峰值，最大值约 23V，并经过 0.02ms 后无序振荡衰减至 0V。在图 3.4.6(b)所示 C 点的仿真电压波形，最大值为 26V，峰值后的 0.02ms 也出现振荡，之后振荡幅度逐渐衰减到 0V。

为了掌握点火系统传导电磁干扰的幅频特性，分别将实测与仿真电压波形进行 FFT 变换，其幅频特性如图 3.4.7 所示。

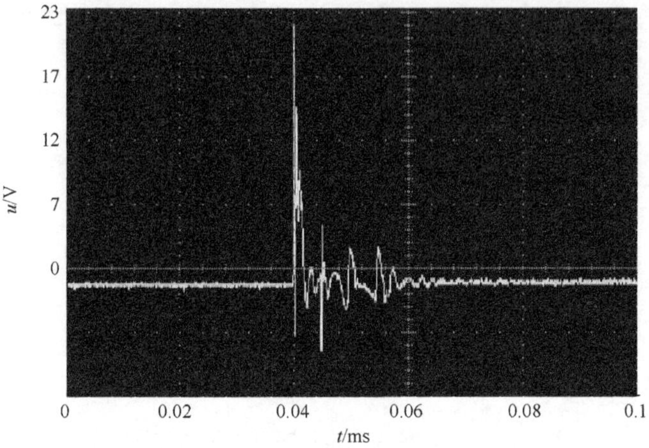

(a) 实测值

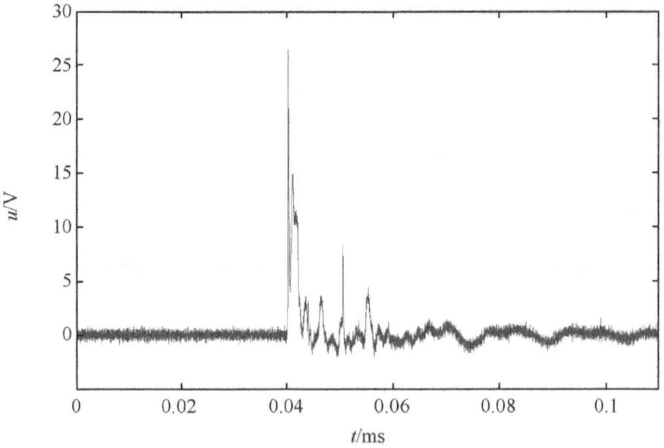

(b) 仿真值

图 3.4.6　LISN 上 C 点干扰电压的时域波形

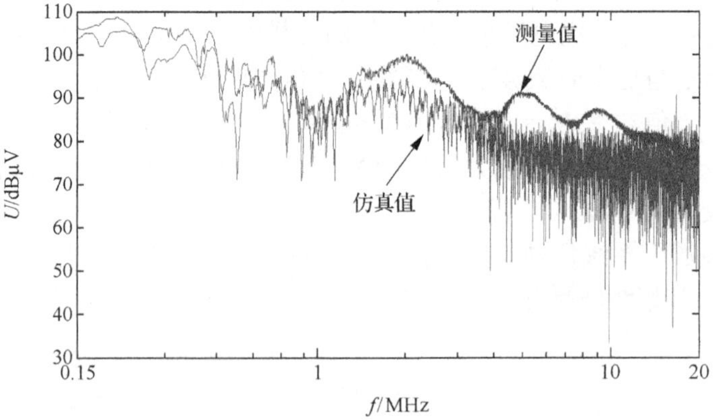

图 3.4.7　LISN 上 C 点电压测量值与仿真值的幅频特性

值得注意的是，图 3.4.7 中的频率范围在 150~20MHz，一般来讲传导电磁干扰所关心的频率范围为 150~108MHz，而点火系统电路模型预测的频率范围上限为 20MHz。主要原因归纳起来有两点：首先，点火系统实验平台中还存在很多难以计算与测量的分布参数，每个组件电路模型本身存在一定的误差，集成后误差积累效应明显，同时火花塞的动态过程较为复杂也是引起整体误差的一个重要因素；其次，利用高频电路模型预测电磁干扰，本身就受频率的限制，随着频率的升高，电磁波的效应越来越明显，还存在着反射甚至辐射现象，单纯的集总参数模型不能完全反映电磁波的传输过程。因此，有限元模型提取参数在频率较低的范围可行，超过一定频率集总参数电路模型受到局限。

3.5　点火系统电磁干扰抑制措施

火花塞气隙击穿放电产生的宽频电磁噪声，是汽车上的强干扰源，为了减少点火系统对外或者对控制点火信号的电子电路的干扰，需要对其采取有效的抑制措施。本节从点火系统各组件的特点出发，有针对性地采用不同的方法来抑制电磁干扰的影响，归纳起来分别有参数设计、光电隔离、滤波技术和屏蔽方法。需要注意的是，无论抑制电磁干扰的方法效果如何，都必须保证点火系统的点火功能不受影响，这是前提条件。

3.5.1　火花塞内置电阻参数的优化设计

为减小气隙击穿瞬间的放电电流，在火花塞前后中心电极之间设置一高阻值电阻起阻尼作用，常见的火花塞内置电阻 R 一般在 4.5kΩ 左右。为了对该电阻进行参数化分析，对图 3.4.2 的点火系统集总参数电路模型中的内置电阻取不同的阻值，观察电阻值改变后对点火电流、电压、能量的影响。

在图 3.4.2 中计算了电阻 R 取 1kΩ、3kΩ、5kΩ、7kΩ、9kΩ 时，火花塞(图 3.4.1 中 A 点)点火电压、电流随电阻取值不同的变化，分别如图 3.5.1、图 3.5.2 所示。

从图 3.5.1 可以看出，火花塞内置电阻的取值对点火电压幅值基本无影响，但是电弧消失时间随电阻的增大而提前，当火花塞电阻从 1kΩ 增大到 9kΩ 时大致提前了 0.17ms。电弧消失时间改变的原因在于电阻越小，相同电压下的电弧电流越大，电弧电流衰减到最小维持电流的时间就越长。为了在仿真中能更清晰地了解到这一变化规律，将火花塞的电阻值最大取到了 30kΩ。如图 3.5.2 所示，电弧电流消失时间随着电阻值的增大而缩短，当电阻值为 30kΩ 时，电弧电流消失时间缩短是非常显著的。

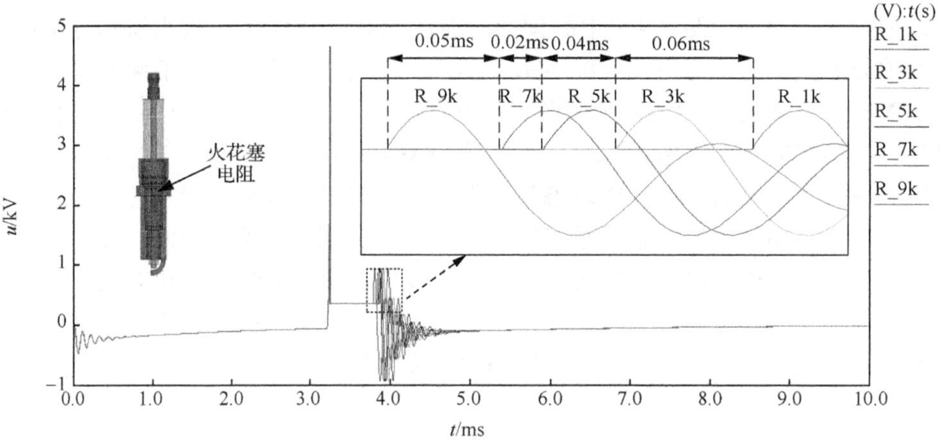

图 3.5.1　不同内置电阻的火花塞点火电压

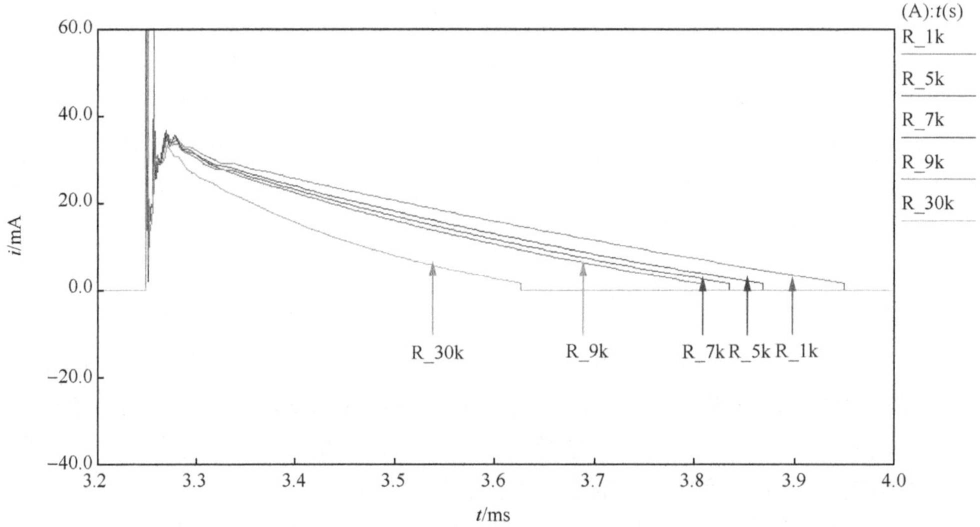

图 3.5.2　不同内置电阻的火花塞点火电流

在点火过程中，除了点火电压和电流外，点火能量是另一个重要的参数，因为点火能量过高可能引起过多的能量消耗与电磁干扰，过低则可能会导致点火失败。因此很多抑制电磁干扰的设计往往降低了点火本身的性能，这是在工程中应该避免的。点火能量随火花塞内置电阻变化的规律如图 3.5.3 所示。从图中可以看出，随着电阻的增大，点火能量逐渐减小。因此在工程实际中往往不能使用阻抗值过高的火花塞，以免影响正常的点火工作。

图 3.5.4 中的曲线为 LISN 上(图 3.4.1 中 C 点)的干扰电压在 150k~10MHz 的频谱分量。从图中可以看出，当频率大于 10MHz 后，火花塞电阻的增大对干扰电

压变化的影响甚微，但在小于 10MHz 的频谱范围内，干扰电压随着火花塞内阻的增大而降低。

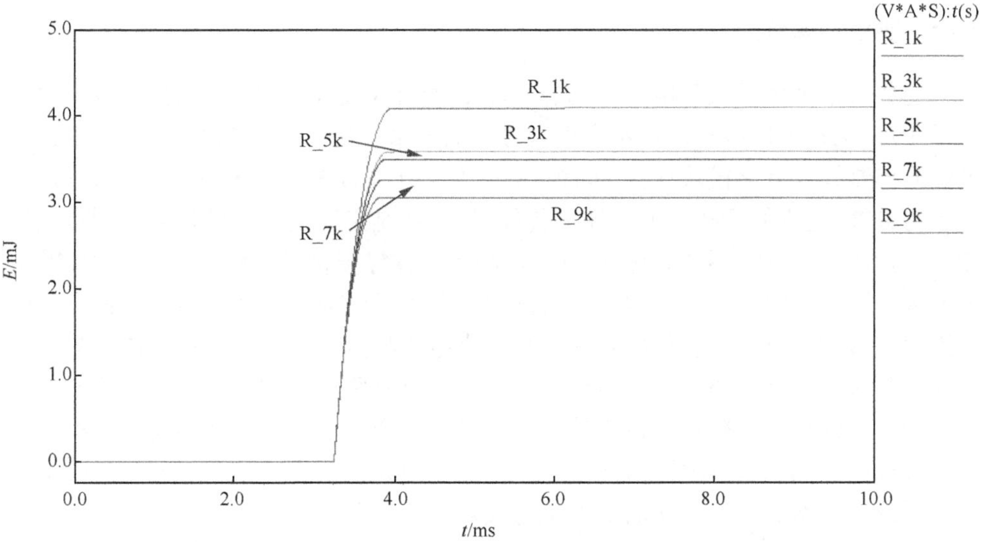

图 3.5.3　不同内置电阻的火花塞点火能量

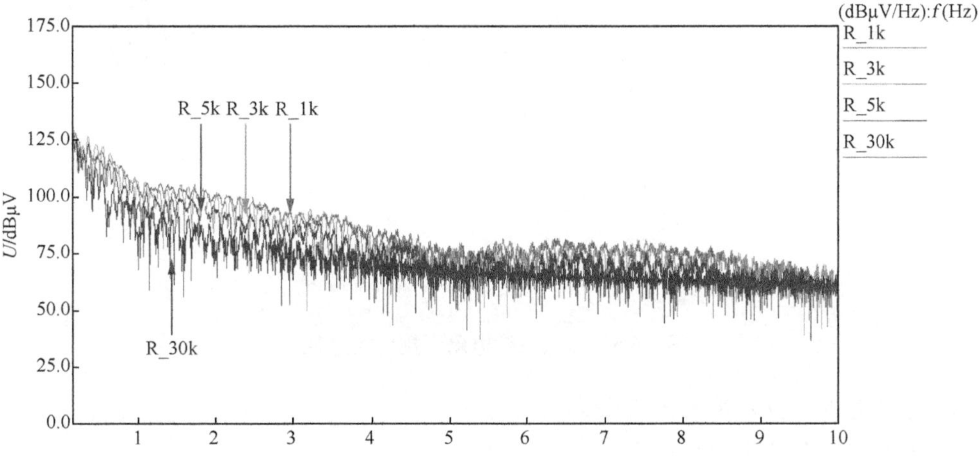

图 3.5.4　LISN 上的干扰电压频谱

从前面对火花塞内阻的仿真分析中，可以得到如下结论：①随着火花塞内置电阻的增加，火花塞电弧电流持续的时间减短；②随着火花塞内置电阻的增加，点火能量会有所降低。每增加 1kΩ，能量下降 3.33%；③在 10MHz 以内 LISN 上的传导电压干扰幅值随火花塞内阻增大而降低，但当频率增大至 10MHz 以上时，影响几乎消失。因此，在保证点火能量、电弧电流持续时间不受影响的前提下，可通过优化火花塞内置电阻值来改善点火系统对外的传导电磁干扰。

3.5.2　光电隔离技术

现代汽车采用了大量电控单元(electrical control unit，ECU)，其信号电压大多小于 1V，工作灵敏度极高，不允许有过大的外来干扰。控制汽车点火的 ECU 通过信号控制线与点火模块连接，因为 ECU 本身外壳有很好的金属屏蔽，所以点火系统对 ECU 造成的干扰主要是通过传导耦合，或是空间的辐射骚扰耦合到点火控制线上，通过控制线再传导进入 ECU，因此，传导干扰是造成 ECU 误动作的主要原因。如图 3.5.5 所示，点火线圈上的传导干扰沿电源线、点火开关、信号线进入点火信号发生电路。若能将点火信号发生电路与点火开关之间进行电气隔离，也即阻断传导干扰的通路，同时保证信号发生电路所产生的点火信号能传输到点火开关上，则可以有效地解决干扰问题。光电耦合器就具有这样的功能，在信息传输过程中，光电耦合器的输入端和输出端仅用光来耦合，被耦合的两部分电路自成系统，且不需共地，从而实现了电气隔离。

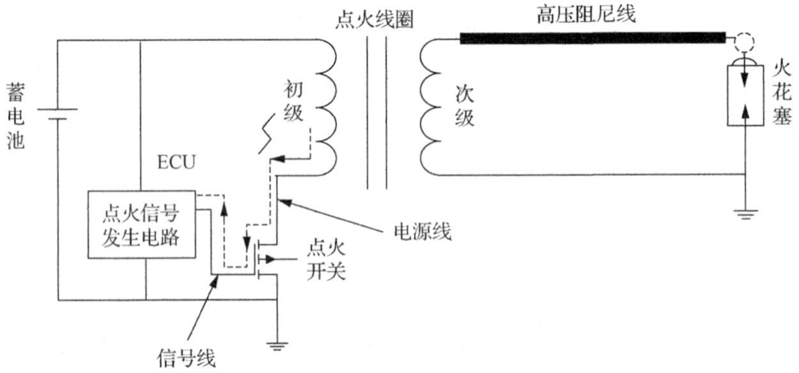

图 3.5.5　点火系统电磁干扰传播途径

1)光电隔离技术抑制点火噪声的可行性

光电耦合器的主要特性有：

① 光电耦合器的输入阻抗很小，通常 100~1kΩ，干扰源内阻则很大，一般为 10^5~10^8Ω，根据分压原理，能分到输入端的噪声很小；

② 由于干扰源内阻很大，虽有比较大的干扰电压，但可输出的能量却很小，只能形成微弱的电流。光电耦合器输入部分的发光二极管只有在通过一定的电流时才能发光，因此，即使有幅值很高的电压干扰，也不能提供足够的电流使光电耦合器导通；

③ 光电耦合器是在密封条件下实现输入回路与输出回路的耦合，因此不会受到外界光的干扰；

④ 输入回路与输出回路之间的寄生电容很小，一般为0.5~2pF，而绝缘电阻很大，通常为10^{11}~$10^{13}\Omega$，因此输入端的干扰很难通过光电耦合器馈送到另一边去，避免了通道间的干扰；

⑤ 光电耦合器具有耐用、可靠性高和速度快等优点，响应时间在1μs以内，高速型光电耦合器响应时间甚至小于10ns。

基于上述特性，光电耦合器能有效抑制尖峰脉冲，具有很强的抗干扰能力。但汽车点火系统产生的电磁干扰是宽频高压电磁噪声，光电耦合器能否适用还需要从理论上进行分析论证。

在点火过程中，点火开关根据设置的点火信号时间周而复始地导通和断开，断开瞬间在初级绕组中产生的干扰电压脉冲持续时间τ=8ms，幅值A=600V。考虑最不利的情况，将点火信号周期设为16ms，即$T=2\tau$，则干扰电压脉冲频率f=62.5kHz，电压脉冲波形如图3.5.6所示。

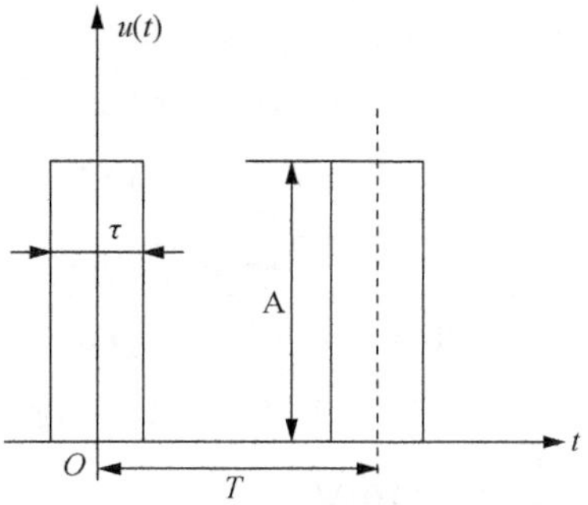

图3.5.6　劣化后的初级绕组干扰电压脉冲

干扰电压脉冲可用傅里叶级数表示：

$$u(t)=\frac{A}{2}+\frac{2A}{\pi}\cos\omega_1 t-\frac{2A}{3\pi}\cos 3\omega_1 t+\frac{2A}{5\pi}\cos 5\omega_1 t-\cdots \tag{3.5.1}$$

式中，$\omega_1=2\pi f$为基波角频率，各次谐波频率为基波频率的奇数倍。$A/2$为直流分量，由于干扰电压脉冲是通过导线之间的寄生电容C_s窜入光电耦合器输入端的，如图3.5.7(a)所示，直流分量不起作用。为方便讨论同时不引起太大的误差，用式(3.5.1)的基波分量近似代替电压脉冲，即

$$u(t)\approx\frac{2A}{\pi}\cos\omega_1 t=U_{\mathrm{m}}\cos\omega_1 t \tag{3.5.2}$$

图3.5.7(b)是对应的等效电路图。其中，Z为光电耦合器的输入阻抗，Z_0为干扰源等效内阻，设寄生电容C_s=2pF，则Z_0为

$$Z_0=\frac{1}{2\pi fC_s}=\frac{1}{2\pi}\times 8\times 10^6\Omega \tag{3.5.3}$$

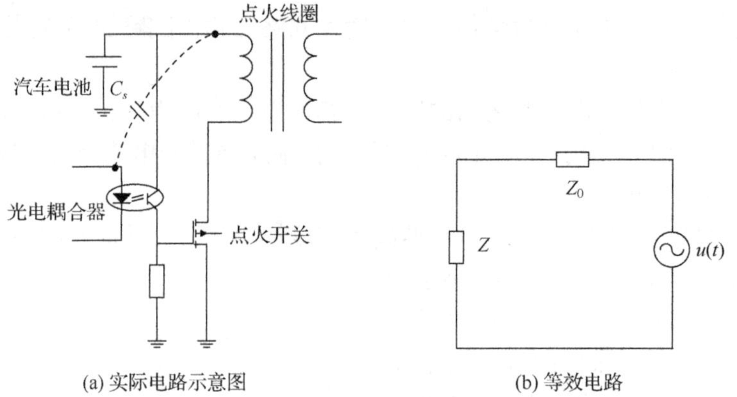

图 3.5.7　点火系统电磁干扰电路图

假设使光电耦合器工作的最小输入电流为 1mA，由于一般发光二极管工作时的正向压降为 1V 左右，所以输入阻抗 Z=1kΩ。显然，$Z_0 \gg Z$，在图 3.5.7(b) 的等效电路中，忽略 Z 的影响，当瞬时电流达到 1mA 时，干扰电压基波幅值为 $U_{\mathrm{m}}=\dfrac{1}{2\pi}\times 8\times 10^3\mathrm{V}$。

在前面假设的劣化条件下，结合式(3.5.2)，可求出使光电耦合器工作的最小瞬时脉冲电压幅值 $A_{\min}$=2000V。表明当外来干扰脉冲频率 f=62.5kHz，脉宽为 8μs 时，脉冲幅值需达到 2000V 时才能够启动光电耦合器，而低于该幅值的干扰脉冲都将被光电耦合器抑制掉。在实际运行中汽车点火频率远低于 62.5kHz，线路上实测的瞬时脉冲电压不超过 600V，所以光电耦合器能够有效地抑制点火系统电磁干扰对 ECU 的影响。

2) 光电隔离技术的仿真分析

光电耦合器从结构上可分为两部分：输入部分——发光器件，输出部分——受光器件。当输入端加电信号时，激发发光器件发出光线，受光器件受到光线照射后，由于光敏效应产生光电流由输出端输出，从而实现了以光为媒介的电信号传输。根据对光电耦合器的工作原理和主要参数分析，即可建立基于 Saber 仿真软件的光电耦合仿真电路模型。

(1) 光电耦合器的输入端模型。

光电耦合器输入部分的发光器件采用发光二极管，但在 Saber 模型库中没有发光二极管的模型，只有普通二极管模型。由于两类二极管的基本结构都是 PN 结，所以二者的伏安特性基本相同，可直接利用 Saber 器件模型库中的二极管模型进行电路的设计与分析。选择器件模型库中性能参数相当的二极管型号，用普通二极管电流 I_{F} 值取代发光二极管 I_{S} 值，对其反向饱和电流值进行修正，其他参数用模型库中的空缺值取代即可，按 Saber 使用要求规定插入的零值电压源为 V_F。

(2)光电耦合器的输出端模型。

光电隔离电路中常使用的受光器件为硅光敏三极管，它的性能与普通三极管类似。电流传输比通常用直流电流传输比 C_{TR} 来表示。当输出电压保持恒定时，它等于直流输出电流与直流输入电流的百分比。因此，可以采用光电耦合器的电流传输比 C_{TR} 与 I_F 的乘积作为一个受控电流源来模拟光敏三极管集电极输出电流 I_C，即 $I_C = C_{TR}I_F$。在无光照射时，输入电流 I_F=0，集电极与发射极之间仍有一个极微弱的电流存在，称为漏电流 I_{CEO}，在光电耦合器中称为暗电流。由 I_{CEO} 和光敏三极管饱和压降 U_{CES} 共同作用，在光敏三极管集电极与发射极之间产生一个等效电阻 R_{CE}，称为暗电流效应，并称 R_{CE} 为暗电阻。为方便实验比对，仿真模型采用 4N25 型光电耦合器的参数：C_{TR}=20%，U_{CES}=0.1V，I_{CEO}=0.05μA，此时的 R_{CE} 值来模拟暗电流效应，即 $R_{CE} = \dfrac{U_{CES}}{I_{CEO}} = \dfrac{0.1\text{V}}{0.05\mu\text{A}} = 2\times10^6\Omega$。将光耦合器的输入模型和输出模型整合起来，构成了光耦合器的仿真模型，如图 3.5.8 所示。

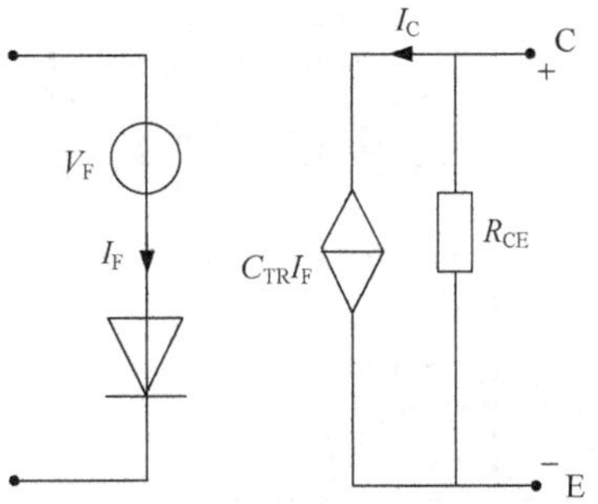

图 3.5.8　光耦合器仿真模型

将图 3.5.8 的光电耦合器仿真模型加入到点火系统仿真模型图 3.4.2 中，如图 3.5.9 所示。对加入光电隔离电路后的系统进行仿真，观察 A 点(即点火信号控制线引出处)上的电压波形。图 3.5.10 为加光电隔离电路前后 A 点的电压波形对比图。

从图 3.5.10 中可发现，点火线圈电压跳变后，信号线上 A 点的电压随着火花塞击穿电压的变化出现振荡电压，加入光电隔离电路后，A 点的电压没有再出现振荡电压。原因是加了光电隔离电路以后，电源线上的干扰噪声不会串入点火控制线上，而控制线上的电压只与信号发生电路本身的信号相关。仿真结果说明点火控制线受到点火线圈电压突变时产生的传导干扰大大减小，光电隔离电路可以消除点火系统工作时产生的传导干扰对信号发生电路的影响。

3)光电隔离的实验验证

因为 ECU 采用整体封装，不便于产生恒定的点火信号，也不能够对其进行电路改造，所以在实验中采用自己研发的点火模块替代 ECU。该模块由 555 数字电路和外接电路构成，由单独的电池对其供电，并设定输出脉冲方波的频率为 25Hz，占空比为 8%。实验电路如图 3.5.11 所示，其中图 3.5.11(a)为采用了光电隔离技术后的实验电路，图 3.5.11(b)为对照实验电路。光电隔离电路由型号为 4N25 的

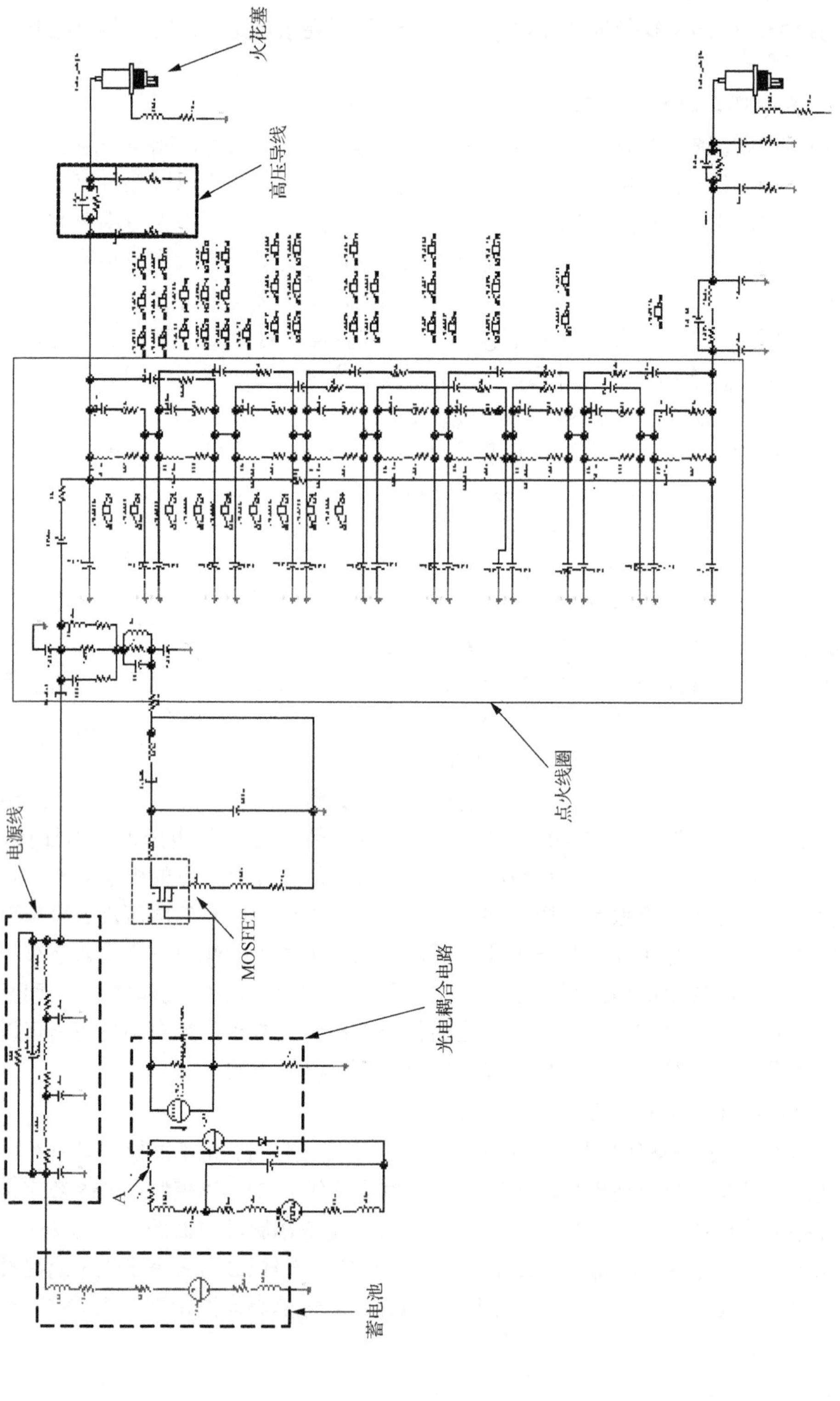

图3.5.9　加入光电隔离电路的点火系统集总电路仿真模型

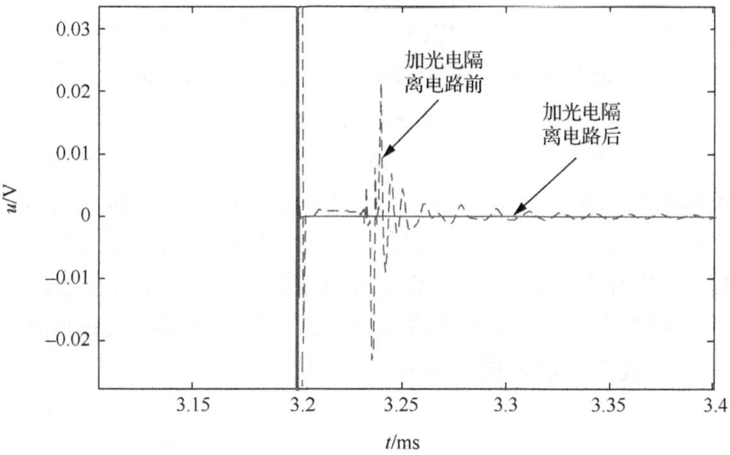

图 3.5.10　光电隔离前后 MOSFET 关闭瞬间信号线上电压时域仿真结果对比

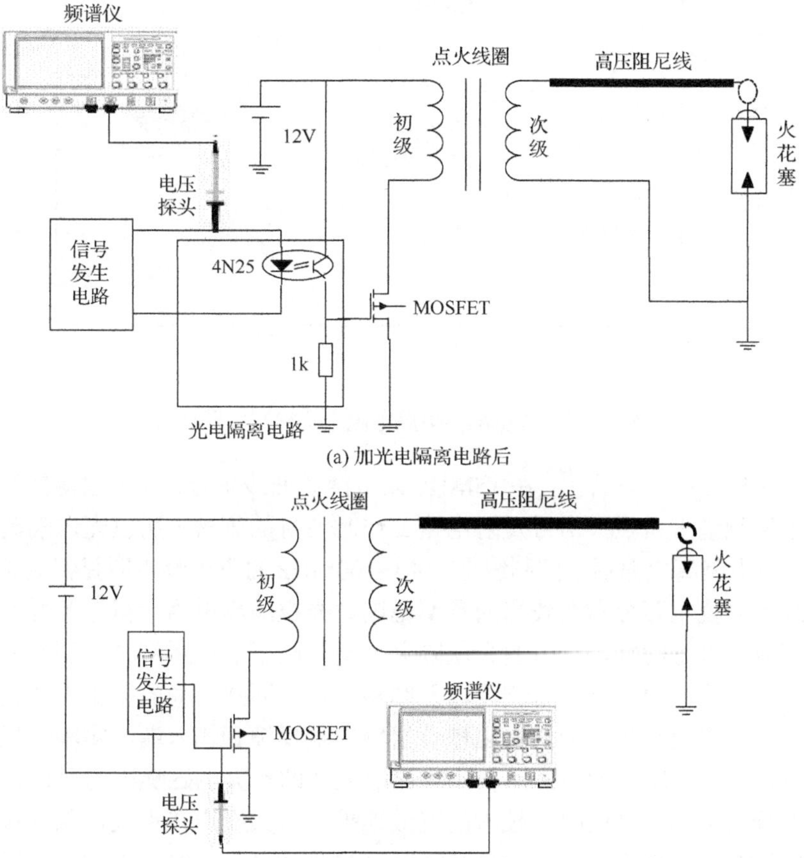

(a) 加光电隔离电路后

(b) 加光电隔离电路前

图 3.5.11　点火系统平台实验原理图

光电耦合器与 1kΩ 电阻构成，MOSFET 为点火开关。1kΩ 电阻为升压电阻，以保证 MOSFET 需要导通时 G 门获得足够的驱动电平。当点火信号发生电路送出一个高电平时，光电耦合器的光敏三极管导通，与此同时 MOSFET 的 G 极由低电平变为高电平，点火线圈初级回路被接通。当点火信号发生电路送出一个低电平时，光电耦合器的光敏三极管呈高阻态，在 MOSFET 的 G 极上形成低电平，初级回路被切断，从而完成了点火过程的一个工作周期。将频谱仪扫频范围设定为 10M~100MHz，采用频点最大值(peak hold)扫描，扫频时间为 1.75s，采样间隔为 100kHz。分别采集了加光电隔离电路前后点火控制模块输出端的噪声电压频谱，经 MATLAB 软件处理后的采样数据如图 3.5.12 所示。

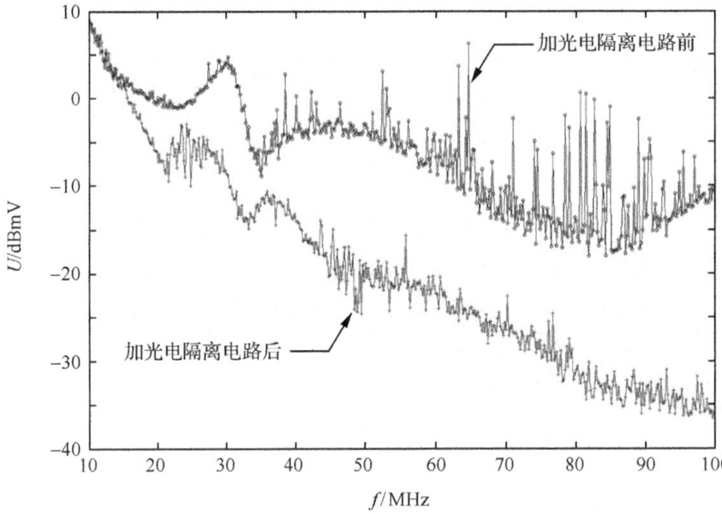

图 3.5.12　光电隔离电路电磁干扰抑制效果对比

从图 3.5.12 中可以看出，在 15MHz 以下两条曲线重合，说明测得信号线上低频段的电压频谱来自点火信号发射电路工作时自身的频谱，所以光电隔离没有效果。加入光电隔离电路后，控制线上 20M~100MHz 的点火噪声明显得到抑制，说明电源线的骚扰主要分布在较高的频率范围。光电隔离电路取得如此好的抑制效果可从两方面进行解释，一方面光电隔离电路切断了点火系统与控制回路的共地干扰；另一方面，由于光电耦合器输入回路与输出回路之间的寄生电容很小，绝缘电阻很大，点火噪声不会从光电耦合器输出端反馈到输入端。实验结果说明光电隔离电路能有效阻断初级回路与点火模块之间的点火电磁噪声的通路。

综上分析可知：光电隔离技术能有效地抑制点火噪声在点火控制模块输出线上的电磁干扰。研究的噪声频带宽度仅为 10M~100MHz，对于 100MHz 以上的电磁干扰，光电隔离技术的作用还有待进一步论证，但从实验数据的变化趋势看，光电隔离电路能抑制的噪声频率可超过 100MHz。

3.5.3　滤波技术

1)铁氧体滤波原理

铁氧体优越的滤波特性是由它的材料结构决定的。铁氧体一般指含铁的磁性复合氧化物，从微观的角度上看，铁氧体材料具有独特的复数磁导率，其中铁离子形成不同的晶格结构，当高频电磁场通过铁氧体时会使其晶格结构、原子磁矩、磁畴产生谐振，在谐振过程中将进入的高频电磁场能量转化成热量损耗掉，从而起到滤波效果。

当铁氧体处于交变磁场中时，磁导率为复数，即 $\mu=\mu_0(\mu'-\mathrm{j}\mu'')$，其物理意义表现为既有磁能的储存($\mu'$)，又有储能损耗($\mu''$)。随着频率的上升，复数磁导率的虚部增大，损耗增大。铁氧体的损耗因子为 $\tan\delta=\mu''/\mu'$，在一定频率范围内，$\boldsymbol{\mu}$ 的实部 $\mu_0\mu'$保持不变，而在频率达到截至频率后，$\mu_0\mu'$急剧下降，而 $\mu_0\mu''$急剧上升，损耗增大。对于不同的铁氧体材料，其复数磁导率的实部和虚部与频率的关系也不同。因而改变铁氧体材料的成分，可改变复数磁导率与频率的关系，即改变损耗与频率的关系。如果以铁氧体为铁心的线圈阻抗用 Z 表示，则有

$$\begin{aligned}Z &= R_0 + \mathrm{j}\omega L = R_0 + \mathrm{j}\omega\left(\mu' - \mathrm{j}\mu''\right)L_0 \\ &= \left(R_0 + \omega\mu'' L_0\right) + \mathrm{j}\omega\mu' L_0 = R_{\mathrm{s}} + \mathrm{j}X_L\end{aligned} \tag{3.5.4}$$

式中，$R_{\mathrm{s}}=R_0+\omega\mu''L_0$；$X_L=\omega\mu'L_0$；$L_0$ 为 $\mu=\mu_0$ 时的电感；R_0 为直流电阻。

图 3.5.13 为 Z、X_L、R 随频率变化的规律，从图中可以看出在低频段，阻抗主要来自与 μ'相关的电抗 X_L，EMI 被“阻挡”回去；而在高频段，阻抗主要来自与 μ''相关的 R_{s}，此时 EMI 被吸收，转化为热耗。

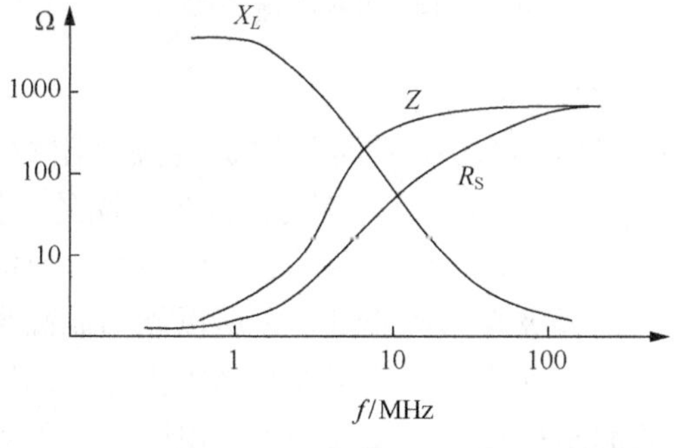

图 3.5.13　典型的 EMC 级铁氧体阻抗频率特性

2）组件的适用性分析

为提高滤波效果，通常，EMI 滤波器采用扼流圈加电容电路构成混合滤波器。扼流圈分共模扼流圈与差模扼流圈两种，电容电路也分为共模电容滤波电路和差模电容滤波电路。上述组件是否都适合用作点火系统电源线 EMI 滤波器的组件，还得结合电源线上电磁骚扰特性与各组件的特点逐个分析。

(1)共模扼流圈适用性。

共模扼流圈一般由铁氧体磁芯绕制，因为铁氧体磁导率高，可以获得很大的电感量。当共模扼流圈上的导线通过不同频率的电流时，共模扼流圈将呈现不同大小的感抗。频率高，呈现的感抗高，说明共模扼流圈具有抑制高频信号的作用。在绕制方法上，共模扼流圈是将电源线去线及其回线绕在同一个磁芯上，使流过两个绕组的工作电流(差模电流)在磁芯中产生的磁场方向相反，且强度相同，总的磁场强度为零，因此共模扼流圈对差模电流不呈现任何电感特性；而对两根导线上方向相同的共模电流，磁场则没有抵消效果，会呈现较大的电感，如图 3.5.14 所示。采用 EMC 级铁氧体作扼流圈磁芯不仅利用其铁氧体磁导率高，获得大电感使得流过的共模电流减小，同时特有的复合磁导率可以吸收掉导线中的高频能量，所以共模扼流圈适合作为电源线 EMI 滤波器的组件。

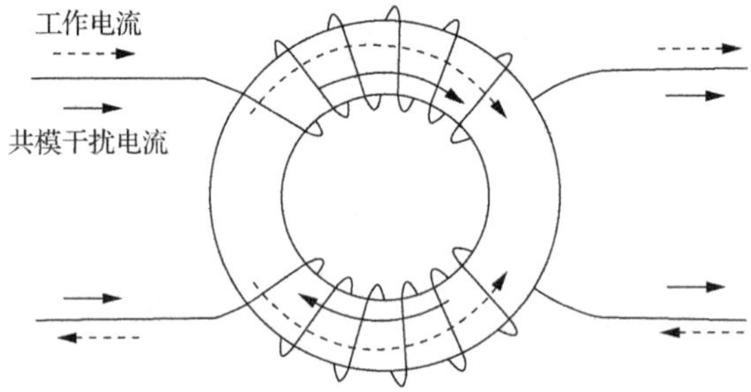

图 3.5.14　共模扼流圈模型

(2)差模扼流圈适用性。

采用 EMC 级铁氧体作磁芯绕成的差模扼流圈，阻抗为 $Z=R_s+jX_L$，其中 $R_s=R_0+\omega\mu''L_0$，$X_L=\omega\mu'L_0$，磁芯的 μ' 和 μ'' 都对提高扼流圈的阻抗有贡献。而差模扼流圈阻抗虚部相当于一个纯电感，电流通过这种线圈时，电能转变成磁场能，存储在磁芯中，并不能消耗或吸收骚扰能量。之所以能抑制高频干扰，实际上是通过旁路电容将它释放掉的。磁芯 μ' 的作用仅是增大扼流圈的感抗，对干扰起不到抑制作用。而差模扼流圈阻抗实部，接近一个纯电阻，电阻吸收干扰信号并将其转变成热耗。为验证用 EMC 铁氧体绕制的差模扼流圈究竟是利用阻抗实部还是虚部消耗高频能量，特别做了一个实验。实验分 3 种情况：在电源线靠近点火线圈初级侧，①不串联差模扼流圈；②串联一个差模扼流圈；③串联两个差模扼流圈。测试点火时电源线靠近蓄电池侧的电压频谱，电压频谱如图 3.5.15 所示。结果说明串联一个与两个差模扼流圈后电压高频分量都比不加抑制有明显减少，但串联一个差模扼流圈与串联两个差模扼流圈的抑制效果差别不大。如果该差模扼流圈是靠自身的阻抗来减小流过的能量，则串联两个扼流圈的效果应该好于只加一个扼流圈。实验说明差模扼流圈抑制高频电磁骚扰并非通过增大阻抗来限制流过的能量，而是利用其自身特性将高频能量吸收了。所以串联一个扼流圈与串联两个扼流圈没多大差别。另外，差模扼流圈阻抗虚部只是转移高频能量，再加上其绕线较多，将会向车内发射电磁骚扰，同时也会将车内的干扰耦合到电源线上。所以 EMC 铁氧体磁芯构成的差模扼流圈不适合做点火系统电源线的滤波器组件。

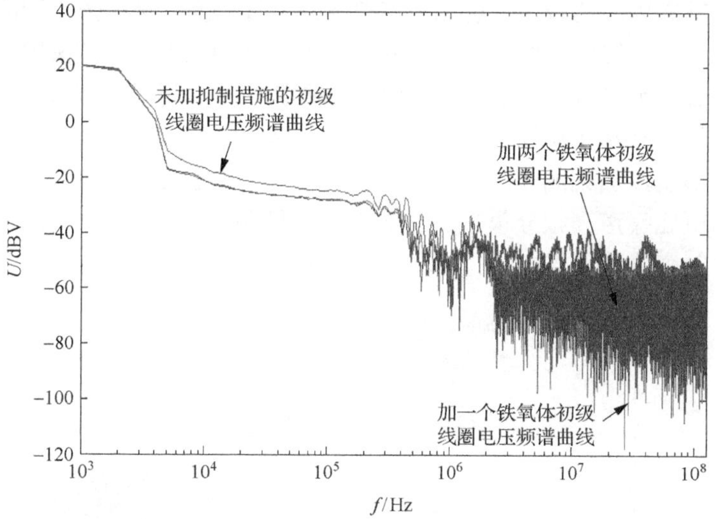

图 3.5.15　点火系统电源线上加铁氧体个数的效果对比

(3) 差模滤波电容适用性。

将电容跨接在电源线的去线与回线之间，用以抑制电源线上差模电磁骚扰，称为差模滤波电容，如图 3.5.16 所示。该电容为高频噪声电流提供一个低阻抗路径，减少其在电源线上的环流，从而减小电源线的辐射能量。差模电容器上除加有电源额定电压外，还会叠加上火线和零线之间存在的各种干扰源的峰值电压。根据电容器应用的最坏情况，如果差模电容器的安全性能欠佳，在出现峰值电压时，可能被击穿，造成电源线短路，其结果除了使滤波器丧失滤波功能外，还会导致蓄电池两极短路，严重威胁行车安全。因此安全标准规定，差模电容应该选择经受得起点火线圈初级回路断开时高达 600V 的瞬变电压。

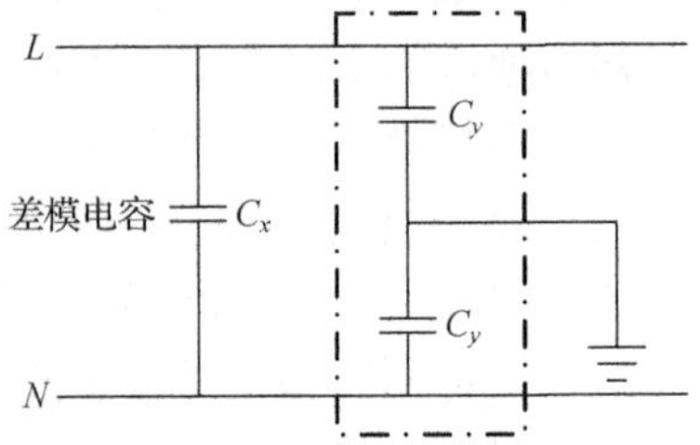

图 3.5.16　电源线上差模滤波电容与共模滤波电容的接法

聚酯薄膜安全电容符合上述特性要求。这种电容一般体积较大，内阻比较小，所以允许较大的瞬间充放电电流和纹波电流。而普通电容器纹波电流指标一般都很小，动态内阻比较大，除耐压条件不能满足以外，纹波电流指标也很难满足要求。因为电源线的阻抗在几欧姆左右，所以在 0.1μF 的聚酯薄膜电容靠近点火线圈初级侧正负极引出线之间加 630V 额定电压，测得电源线上的电压如图 3.5.17 所示。从图中可看出，加了聚酯薄膜电容后电源线上的电压在 8MHz 以上的频段明显小于没加聚酯薄膜的电压，说明该电容提供了一个转移途径，使得流过电源线的电磁噪声高频分量减少从而起到了抑制骚扰的作用，因此可以用聚酯薄膜电容作差模滤波电容。

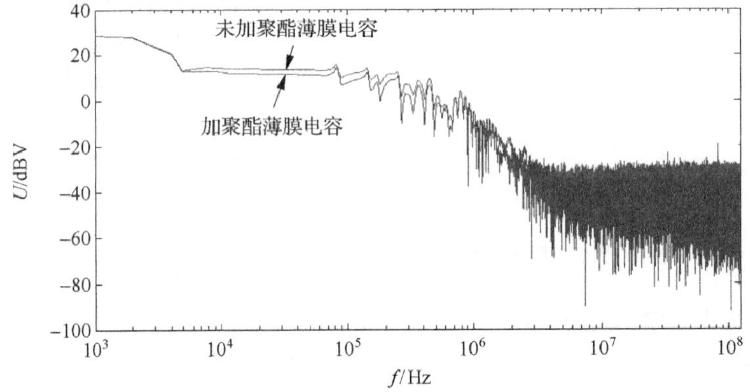

图 3.5.17　电源线之间加聚酯薄膜电容前后电压频谱对比

(4) 共模滤波电容适用性。

共模滤波电容是将电容的一端分别接在电源线的去线和回线上，另一端接地，构成共模滤波电容电路，见图 3.5.16。共模滤波电容一般选择适当大小的陶瓷电容充当。由共模干扰特性可知，电源线去线与回线上的共模骚扰电流方向一致，共模骚扰电压均是以地为参考电位。共模滤波电容的目的就是把在电源线上来回震荡的共模能量导入“地”中，从而减小电源线上的共模电流。共模干扰源的自身阻抗在点火过程中是个变量，在火花塞击穿瞬间的等效阻抗约为几百欧姆。而电源线上共模电流造成辐射干扰的主要频段在 30M~100MHz，以最严重的 40MHz 频点为例，要与干扰源内阻形成阻抗匹配应该选用几十皮法的电容。而在满足此条件的电容中，很难找到即廉价而又符合耐压 600V 的要求。曾经在实验过程中多次发生共模电容击穿现象，而且使用共模电容时还必须对电容进行接地，若接地线处理不好反而会带来新的辐射问题，所以综合以上因素可知，共模滤波电容不适合在点火系统电源线 EMI 滤波器上使用。

3) 滤波器设计

首先测试汽车点火系统的辐射情况，从图 3.5.18 可知，整车辐射电场超标频段主要集中在 40MHz 左右。由于点火系统电源线上的共模电流是造成辐射主要原因，在共模扼流圈的设计上也重点针对频率 40MHz 的干扰进行设计，并选择适合的铁氧体材料作为磁芯，再通过实验决定适当匝数。通过前一节对共模扼流圈、差模扼流圈、共模滤波电容和差模滤波电容特性的分析，结合汽车点火系统电源线上的电磁干扰特点，决定采用聚酯薄膜电容作差模滤波电容与共模扼流圈组成 EMI 混合滤波器，如图 3.5.19 所示。

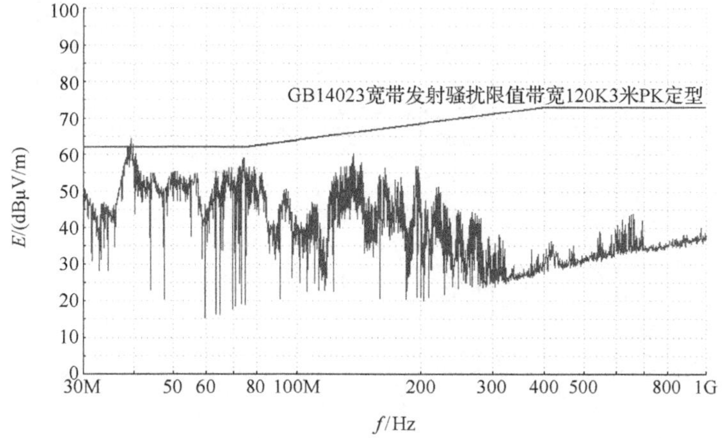

图 3.5.18 汽车 GB14023 辐射测试结果

在铁氧体磁芯材料的选择上，参考 TDK 公司提供的 EMC 对策用铁氧体磁芯 (共模滤波器用) T 系列环形产品，该公司提供的 T 系列铁氧体参数如图 3.5.20 所示，每种铁氧体材料的尺寸相同，均为 T2.54×1.27×1.27，阻抗的频谱曲线是在磁环上绕制一匝导线测量得到的。根据图 3.5.20 的阻抗频谱曲线，再结合初始磁导率、居里温度、饱和磁通密度等指标，确定选择 M9 材料的磁芯作为点火系统电源线共模扼流圈的磁芯。M9 材料具有在需要抑制的频段阻抗频谱曲线线性好、有较好的阻抗，而且初始磁导率低，饱和磁通较高，居里温度高达 300℃，适合

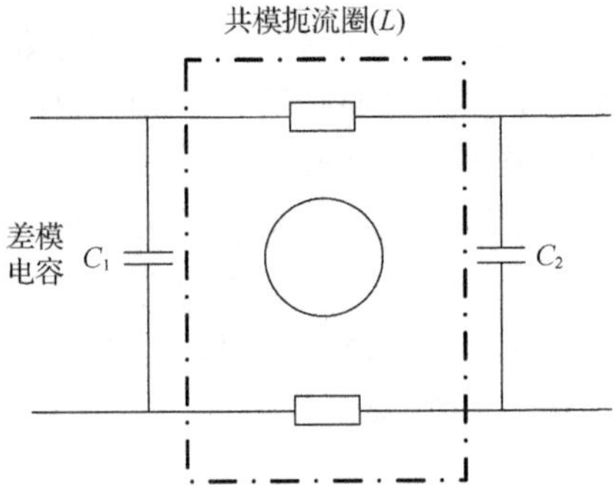

图 3.5.19　点火系统电源线滤波器示意图

汽车发动机舱里的高热特点(温度最高可达 140℃)。在铁氧体磁芯形状选择上，因受集肤效应的影响，共模扼流圈磁芯应尽量选择长度较长，内、外径之差较小的磁环，并使导线与磁环紧密缠绕。若需要把铁氧体磁珠套在导线上加强差模滤波效果时，应选用铁氧体磁环内径与导线外径接近的磁环。在相同体积下，磁环长度越长、厚度越小，就会有越好的滤波效果。

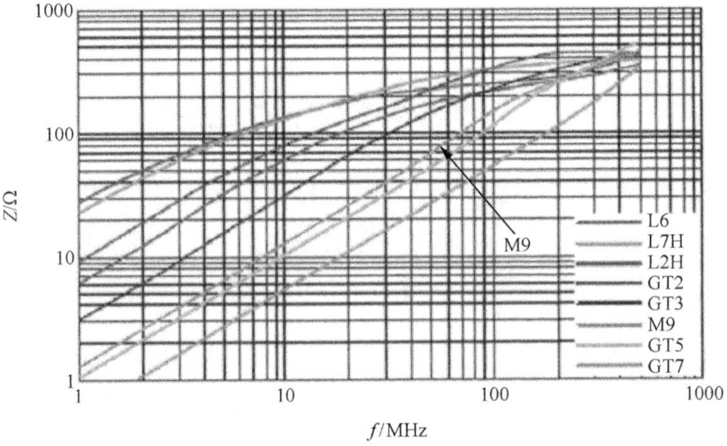

图 3.5.20　多种材料共模滤波器用铁氧体磁芯阻抗频率图

如果将导线在磁环绕上几匝，则总电感值和总电阻值将随圈数的平方而增大。但是，随着匝数的增加，匝间电容也在增加，会导致高频抑制作用下降，故在共模扼流圈的绕制上，存在这样一个矛盾，匝数少了提供的阻抗不够，绕多了高频抑制效果不佳。图 3.5.21 记录了两种不同匝数共模扼流圈抑制点火系统电源线上共模电流的情况。

从图 3.5.21 中可以看出，两种不同匝数共模扼流圈抑制点火系统电源线上共模电流的变化并没有如预想那样，匝数越多产生的效果越好。其原因可能是绕制

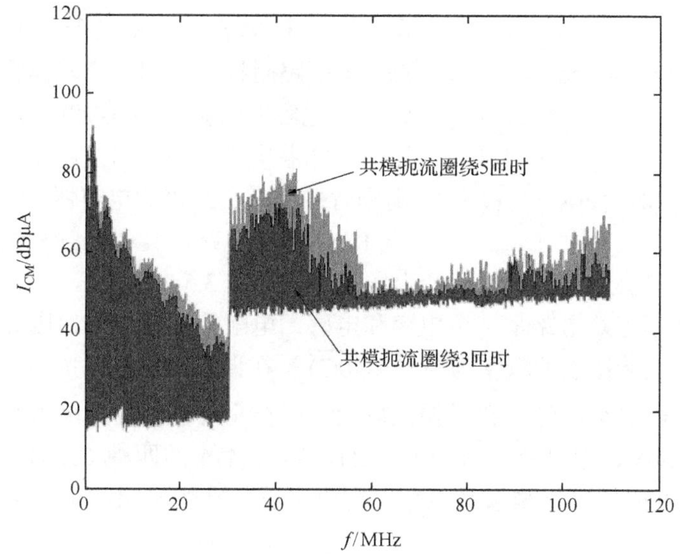

图 3.5.21　共模扼流圈绕 5 匝与 3 匝时点火系统电源线上的共模电流

过程中产生的匝间分布寄生电容会给电磁干扰提供其他途径，破坏了铁氧体磁芯对高频分量的吸收效果。即绕 5 匝线圈会引进更多的匝间寄生电容，所以结果绕 3 匝效果更好。因为实验中采用手工绕制，不能就此肯定采用绕 3 匝的方法是最优的。改进工艺减小匝间绕组的寄生电容后，或许绕更多匝数的共模扼流圈效果更好。当无法准确地提取出共模扼流圈的寄生电容的大小与弄清楚其分布情况时，采用建模仿真的办法来做共模扼流圈电磁骚扰抑制效果预测的意义不大。

对于差模电容的大小选择，从前一小节对差模电容滤波特性分析可知，其滤波原理是通过差模电容的旁路作用，分流了部分电源线上的差模电流，如图 3.5.22

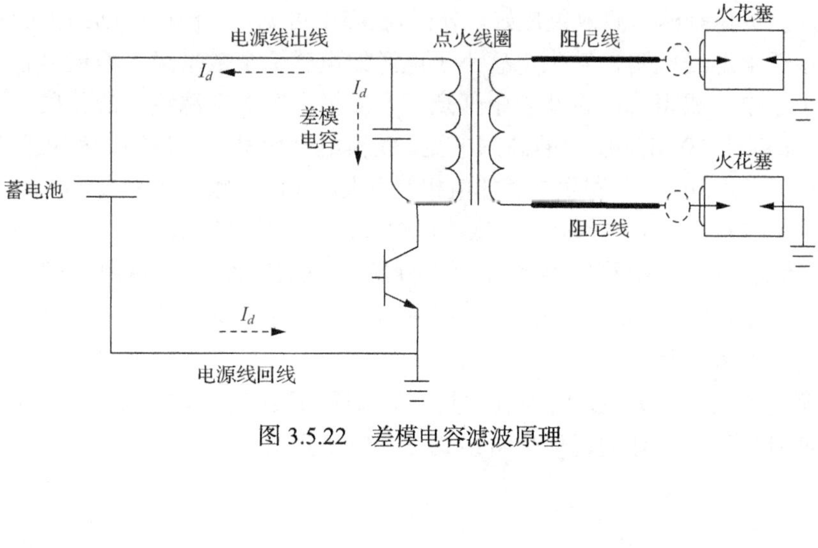

图 3.5.22　差模电容滤波原理

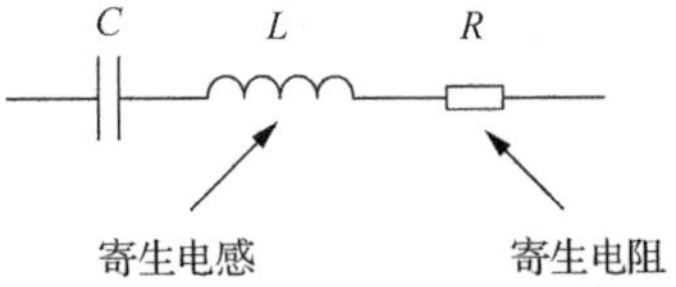

图 3.5.23　电容器高频等效模型

所示。差模电容回路相当于与电源线回路并联，该回路阻抗越小则分流差模骚扰电流效果越好，电容的阻抗 $Z=1/(\omega C)$，在相同的频率下，意味着电容值越大阻抗越小。但电容器在高频时并非一个纯粹的电容器，而是一个串联的 RLC 等效电路，其中高频寄生电感与寄生电阻的大小，取决于电容器构造和引线长度，如图 3.5.23 所示。

电容器高频等效电路是一个电容和电感、电阻的串联电路，因此，存在一个串联谐振点，该谐振点的频率为 $1/(2\pi\sqrt{LC})$。在谐振点处，阻抗为一纯电阻；在谐振点以下，阻抗呈容性；在谐振点以上，阻抗呈感性，而且随着频率升高而增加。将耐压 630V、型号分别为 104、224、334、474 的四种 CBB(金属膜聚酯薄膜)电容器用阻抗分析仪测取其电容、寄生电感、寄生电阻和谐振频率，结果如表 3.5.1 所示。

表 3.5.1　四种 CBB 电容器高频阻抗特性

型号	电容/μF	寄生电感/μH	寄生电阻/mΩ	谐振频率/MHz
104	0.098	0.0507	49.1	2.258
224	0.216	0.0511	50.7	1.514
334	0.324	0.0504	54.8	1.245
474	0.438	0.0513	48.5	1.0617

将上述四种 CBB 电容器的高频等效电路按照差模滤波电容方式加到点火系统仿真模型中，在 Saber 下进行仿真，结果如图 3.5.24 所示。通过仿真分析发现，在点火系统中加入型号为 104 的薄膜电容器构成的差模电路测得电源线上高频电流最小，说明其差模滤波效果最好。分析表 3.5.1 可见，差模电容回路上的寄生电阻远远小于电源线电阻，寄生电感小于电源线电感两个数量级，差模电容的旁路阻抗远小于电源线阻抗，因此表中任意一个差模电容对电源线上的差模电流都有抑制作用。对于 10MHz 以上的高频电流，差模电容均呈电感特性，因为各个 CBB 电容器封装工艺相同，其寄生电感的值相差不大，在同一频点产生的感抗大小接近。电容值小的电容器产生的容抗大，抵消掉的感抗多，其总的阻抗小，旁路效果好。所以电容值最小的 104 型电容器滤波效果最好，这也验证了小电容滤高频比大电容滤高频效果好的经验说法。因此电源线 EMI 滤波器选用 104 电容为差模滤波电容。

4) 实验结果分析

按照之前的设计方案，用铁氧体共模扼流圈与聚酯薄膜电容构成 EMI 混合滤波器，铁氧体插入损耗的近似值可由式(3.5.5)得到

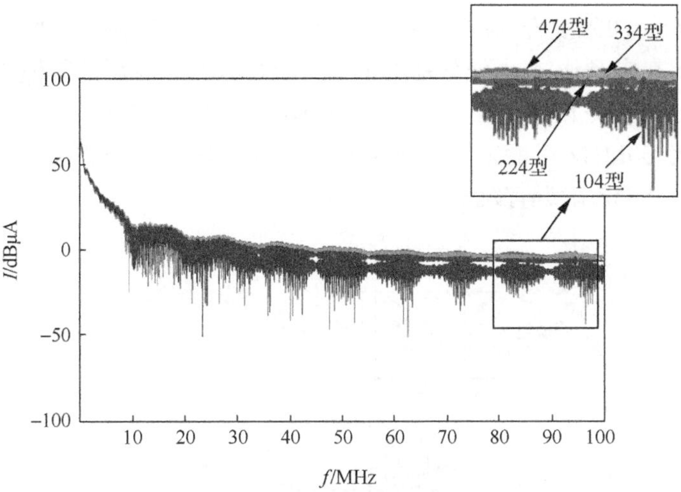

图 3.5.24　不同型号薄膜电容差模滤波效果对比

$$IL \approx 20\lg\left(1+\frac{Z_f}{Z_s+Z_l+Z_w}\right) \tag{3.5.5}$$

式中，Z_f为铁氧体等效阻抗；Z_s和Z_l分别为信号源端和负载端的阻抗；Z_w为导线阻抗。

当铁氧体串联在点火线圈的高压线端时，等效阻抗为 Z_f，当铁氧体串联在低压线端时，等效阻抗从干扰源(即高压端)看过去为 N^2Z_f，N 为点火线圈次级绕组与初级绕组的匝数比(N=87)，铁氧体在低压侧时等效阻抗是高压侧的 7569 倍，衰减分贝可多出 78dB，所以在低压侧加铁氧体时相对高压侧加铁氧体效果更加明显。因此，将该滤波器加在汽车点火系统靠近点火线圈处的电源线上，如图 3.5.25 所示。

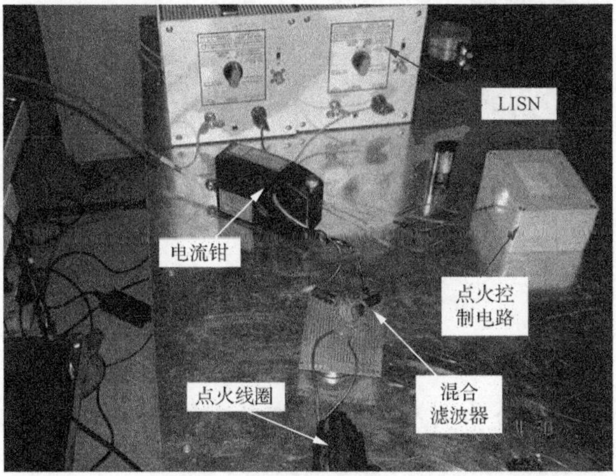

图 3.5.25　点火系统的电源线上接入 EMI 混合滤波器

图 3.5.26 为加入混合滤波器后点火系统实验电路原理图，按照点火系统平台实验的方法，在电源线 A 点处分别测量加入混合滤波器前后的差模电流和共模电流，在 LISN 上提取干扰电压，实验结果如图 3.5.27、图 3.5.28 和图 3.5.29 所示。在测试中因为 30MHz 以前采样频率为 9kHz，30MHz 以后采样频率为 120kHz，所以曲线在 30MHZ 附近有跳变。

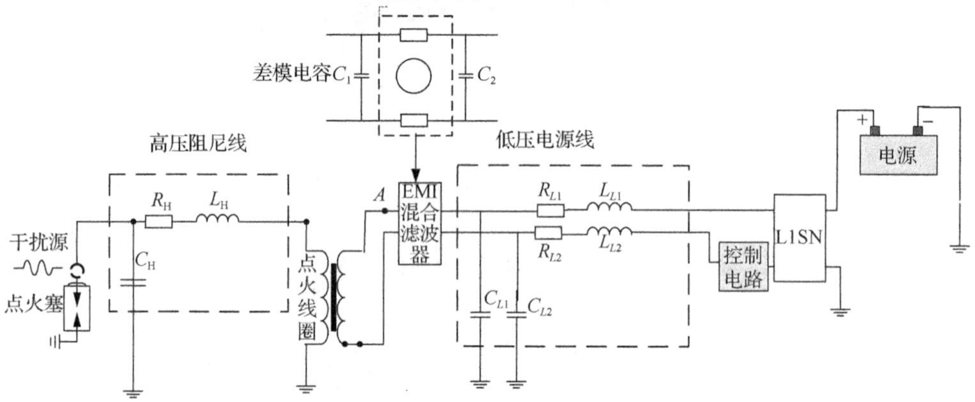

图 3.5.26　加入 EMI 混合滤波器后点火系统电路图

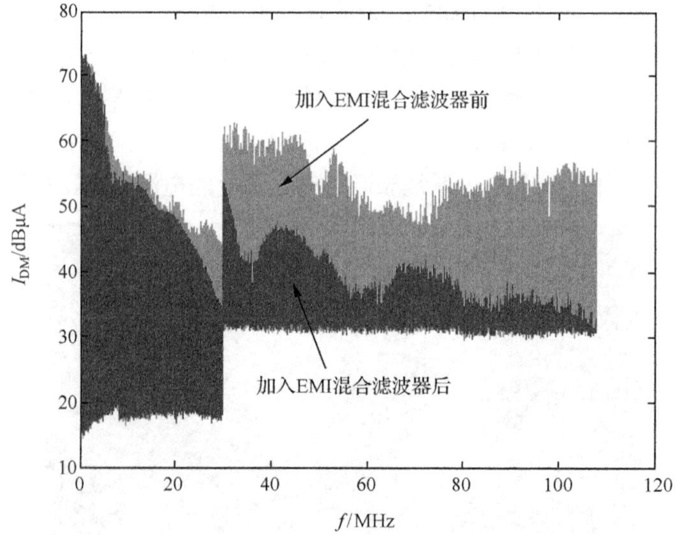

图 3.5.27　加入 EMI 混合滤波器前后电源线差模电流

从图 3.5.27~图 3.5.29 中加入滤波器前后的实验结果对比发现，加入滤波器后点火系统电源线上差模电流、共模电流、电源线电压在 20MHz 以上的高频段得到很好的抑制，同时发现越是在高频段，混合滤波器滤波效果越好，验证了 EMI 级铁氧体芯随着频率提高，涡流损耗越大的特性。因此，该混合滤波器对电源线上的高频传导电磁骚扰具有较好的抑制效果。

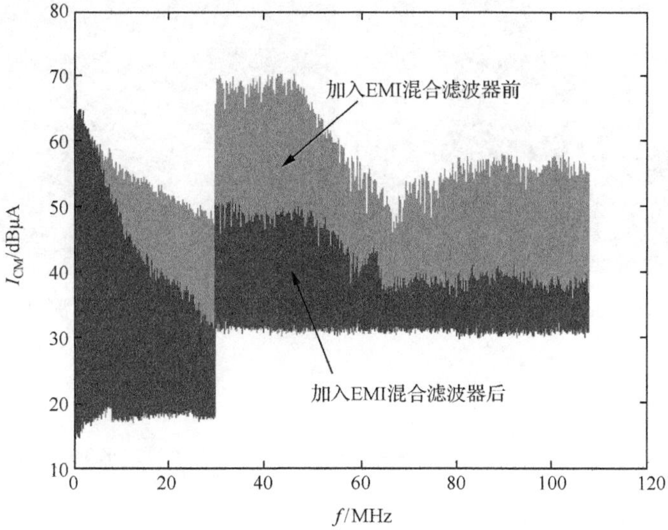

图 3.5.28　加入 EMI 混合滤波器前后电源线共模电流

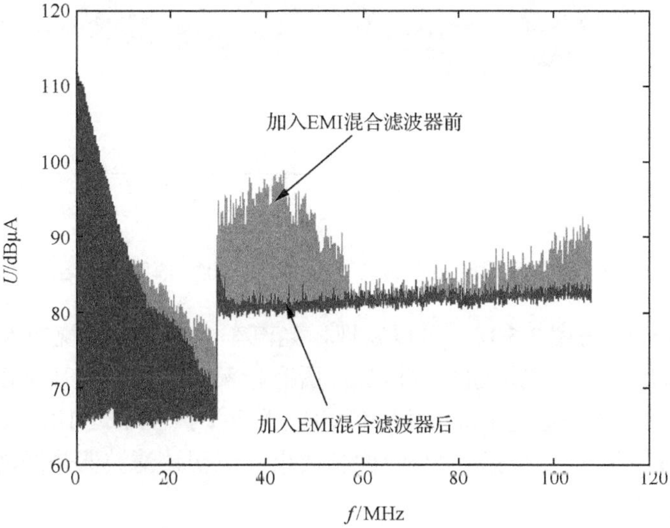

图 3.5.29　加入 EMI 混合滤波器前后 LISN 上提取的电源线电压

将图 3.5.25 的 EMI 混合滤波器安装在汽车上，安装位置为点火线圈低压侧，然后在电波暗室中进行 GB14023 辐射测试，如图 3.5.30 所示。测试过程中汽车处于怠速状态，测试结果如图 3.5.31 所示。

图 3.5.30　汽车加入 EMI 混合滤波器后做 GB14023 辐射测试

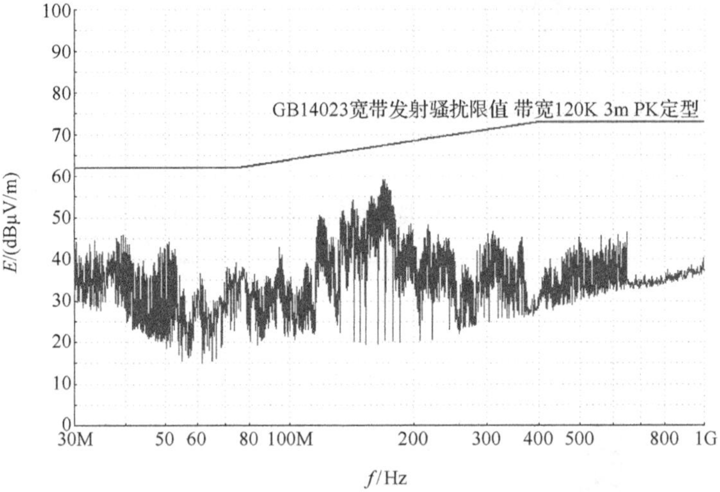

图 3.5.31　汽车加 EMI 混合滤波器 GB14023 辐射测试结果

对比图 3.5.31 与图 3.5.18，可以发现，当汽车上的点火系统加入 EMI 混合滤波器后，不再出现辐射电场超标的情况，所有检测频段实测值离标准值都还有一定的余量。特别是在先前超标的频段(40MHz)附近，产生了近 18dBμV/m 的衰减，在较低的抑制成本下，取得如此好的抑制效果，证明该滤波器是经济实用的。

5)滤波器安装

电源 EMI 滤波器对电磁干扰的抑制作用，不仅取决于它的设计和制作工艺，而且取决于滤波器的实际安装布局情况。有时，原本设计得很好的 EMI 滤波器会因为安装方式不合适使滤波器的性能大打折扣，安装方法正确，才使滤波器达到预期效果。针对点火系统的特点，应注意以下两点：①滤波器的安装位置需要依据干扰的侵入途径确定。从前面分析可知电源线的辐射是引起点火系统辐射超标的主要原因，为减小电源线上的骚扰电流，降低电源线的电磁辐射效应，混合滤波器的安装位置应尽量靠近点火线圈初级侧，可能的话，应该把滤波器与点火线圈集成到一起。②滤波器的输入和输出引线应隔开，以最大限度地减小输入输出之间的耦合。若输入、输出线不能隔开，则必须采用屏蔽等措施来减小耦合。

3.5.4　电磁屏蔽技术

1) 屏蔽效能

电磁屏蔽的作用是切断电磁能量从空间传播的路径，达到消除电磁干扰的目的。电磁能量通过空间传播的方式，在近场区表现为电场耦合或磁场耦合，在远场区则表现为电磁波的传播。在工程电磁场中，为了使某一区域不受外来杂散电磁场的影响，或使该区域中的电磁场不致成为影响其他电磁设备的干扰源(汽车点火系统就属于此类)，通常利用良导体中涡流的去磁效应和热效应阻止电磁波透入的这一特性，制成金属屏蔽罩把这一区域屏蔽起来，这种方法称为电磁屏蔽。

屏蔽层的屏蔽效能被认为是入射到屏蔽层的电磁场幅值与穿透屏蔽层传输的电磁场幅度之比。为了定量说明这一概念，考虑厚度为 t、电导率为 σ、介电常数为 ε、磁导率为 μ 的金属阻挡层的一般性问题，如图 3.5.32 所示。

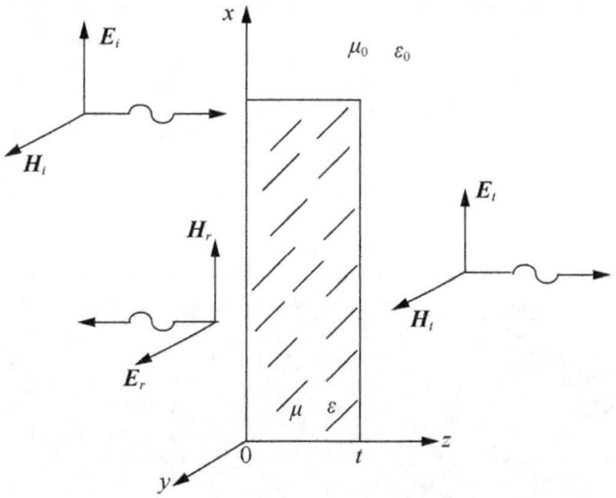

图 3.5.32　金属屏蔽层对垂直入射均匀平面波的屏蔽效能

E_i、H_i.入射场；E_t、H_t.透射场；E_r、H_r.反射场

当入射电磁场到达阻挡层表面时，一部分能量被反射回来，形成反射场，另一部分则穿透阻挡层，成为透射场。阻挡层的屏蔽效能单位为 dB，定义为

$$\mathrm{SE} = 20\lg\left|\frac{\boldsymbol{E}_i}{\boldsymbol{E}_t}\right| \tag{3.5.6}$$

由于入射场大于穿透阻挡层的透入场，SE 为正。例如，120dB 的屏蔽效能意味着透射场幅度为入射场幅度的百万分之一。如果屏蔽效能以透射场与入射场的比来定义，则 SE 为负。

屏蔽效能以磁场的形式来定义为

$$SE = 20\lg\left|\frac{\boldsymbol{H}_i}{\boldsymbol{H}_t}\right| \tag{3.5.7}$$

2) 金属盒屏蔽方案及结果分析

在搭建的点火系统辐射实验平台上，当点火系统平台正常工作后，将厚度为 0.5mm 镀锌钢板制成的铁盒，分别扣在点火控制器与点火线圈和火花塞上，并用铜箔胶带密封所有缝隙，同时使平台台面的金属板与半波暗室接地点可靠连接，如图 3.5.33 所示。接收天线频率 30M~1GHz，水平极化方向接收，距离辐射导线 1m 测量辐射值。

实验所用的冷轧钢(金属盒材料)厚度为 0.8mm，铜箔胶带厚度为 0.1mm，厚度都远大于 30MHz 以上频率的电磁场在该材料的趋肤深度，如表 3.5.2 所示。

表 3.5.2　常用屏蔽材料的趋肤深度

材料	相对电导率	相对磁导率	趋肤深度			
			50Hz	10kHz	1MHz	100MHz
铜	1	1	8.5mm	0.66mm	0.066mm	6.6μm
铝	0.6	1	11mm	0.85mm	0.085mm	8.5μm
冷轧钢	0.16	200	1.4mm	0.14mm	0.1mm	16μm

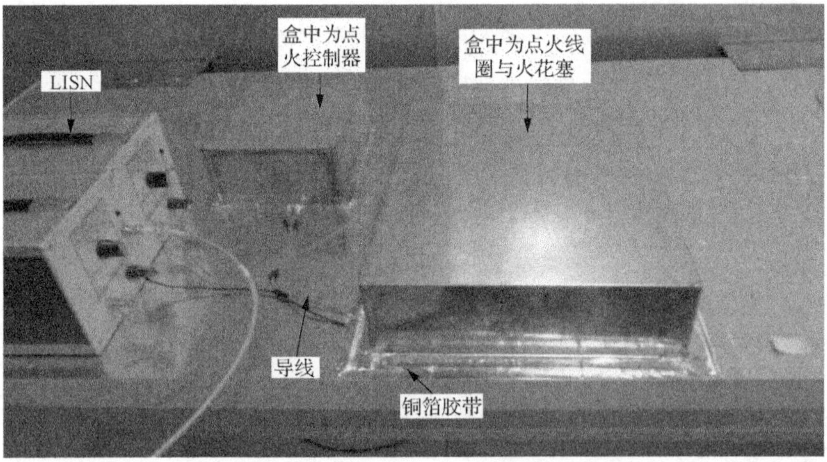

图 3.5.33　在点火系统平台实验中加入屏蔽盒

测试完后，去掉屏蔽装置再做一次辐射测试，用来比较金属盒的屏蔽效果，测试结果如图 3.5.34 所示。

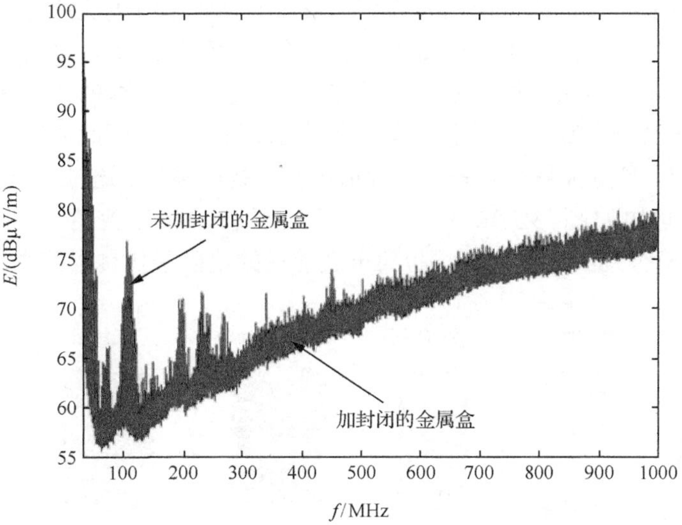

图 3.5.34　在点火系统平台实验中加入屏蔽盒前后的辐射水平

从图 3.5.34 的对比测试结果中可以看出，加上封闭金属屏蔽盒后，电磁辐射干扰水平相较没有加屏蔽时在 500MHz 以内有所减弱，但是并没有得到理想的屏蔽效能。虽然屏蔽层完全包围了点火系统，但由于有引出导线的存在，大大降低了屏蔽效能，其原理可用图 3.5.35 所示的案例解释。图 3.5.35 中有一个封闭的金属屏蔽盒，只有一条电缆穿透它，假如附近有一个诸如天线的辐射电磁场，该电磁场就会耦合到电缆上，在电缆上产生感应电流，该电流将不受任何阻碍地流入金属盒，并耦合到内部的电子器件中。反过来也成立，屏蔽层内部的噪声耦合到电缆上，从电缆流出金属盒对外产生辐射，这种类型的穿透实际上将使屏蔽无效。对点火系统的点火线圈和点火控制器用金属盒进行屏蔽就类似于这种情况。

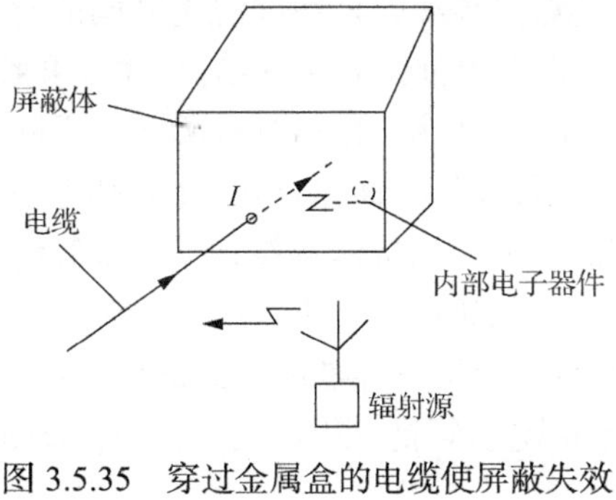

图 3.5.35　穿过金属盒的电缆使屏蔽失效

3) 点火线圈法拉第屏蔽设计

点火线圈的工作原理与变压器相同，因为初、次级绕组之间存在寄生电容(见图 3.3.7 中的 C_{P0})，当火花塞气隙击穿后形成的高频电弧电流流过次级绕组，然后该电流通过初、次级绕组间的寄生电容耦合到初级绕组上，最后进入与初级绕组相连的低压电源线束一侧，是点火系统传导电磁干扰重要的传播途径。此外，火花塞放电电流频率高，低压电源线长度通常超过 1 米，因此低压电源线的天线效应尤为明显，是点火系统对外产生辐射电磁干扰的根源。通过在点火线圈的初、次级绕组之间加如图 3.5.36 所示的法拉第屏蔽，将改变这一耦合路径。图 3.5.37(a)、(b)分别给出了安装法拉第屏蔽前后的电磁干扰传播路径。

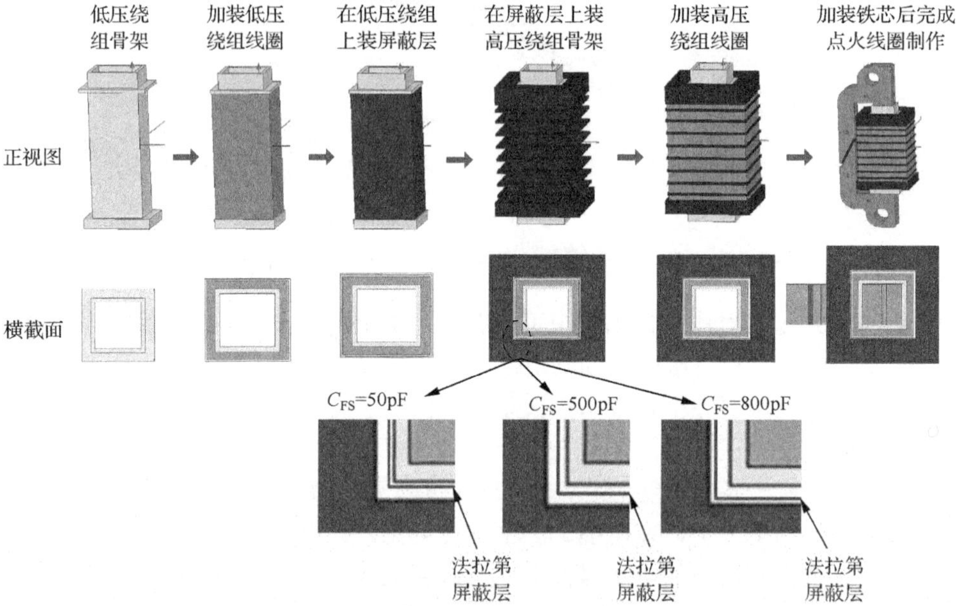

图 3.5.36 法拉第屏蔽层的安装位置

图 3.5.37(a)中 C_{P0} 是点火线圈初、次级绕组之间的寄生耦合电容。安装法拉第屏蔽后，屏蔽层将该耦合电容分为 C_{PF} 与 C_{F0}，并且屏蔽层与初级绕组相连接，将共模干扰信号返回到“地”，如图 3.5.37(b)所示。不同屏蔽层的位置，决定了耦合电容 C_{PF} 与 C_{F0} 的值。通过仿真计算发现，C_{PF} 基本对电磁干扰没有影响，这一点也可通过图 3.5.37(b)说明。当屏蔽层接地后，次级绕组中的干扰电流通过屏蔽层直接到“地”，不会进入初级绕组，所以低压电源线上基本上已没有从次级绕组传导过来的电磁干扰。重点讨论 C_{F0}=50pF、500pF、800pF 时火花塞的点火电流、点火能量以及 LISN 上干扰电压频谱，其仿真结果分别如图 3.5.38~图 3.5.40 所示。

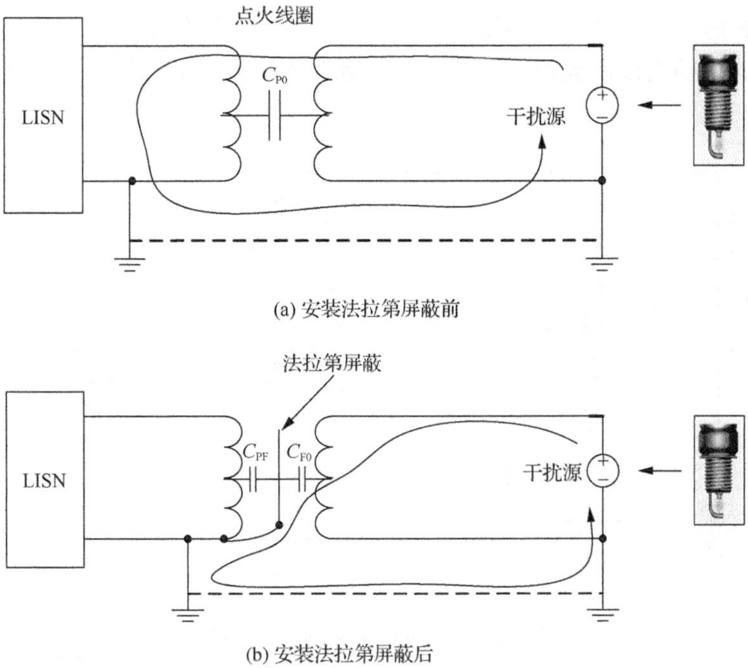

图 3.5.37　点火线圈安装法拉第屏蔽前后的电磁干扰传播路径

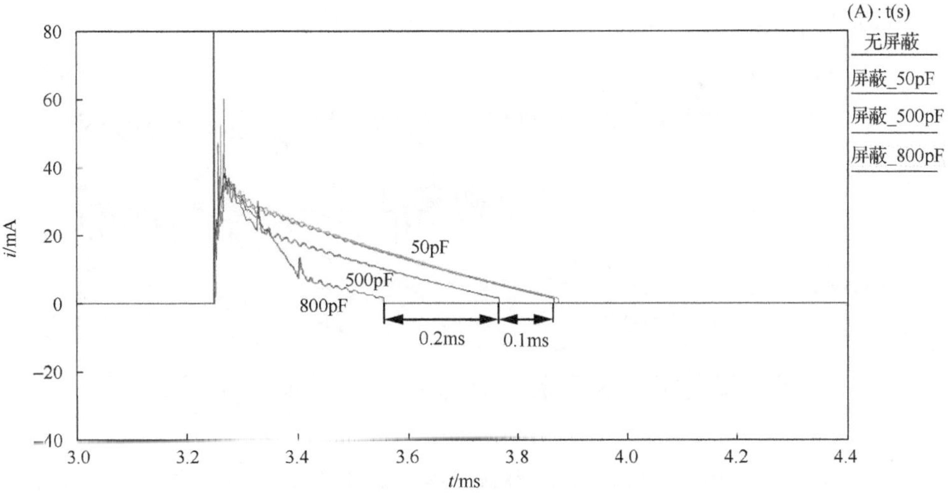

图 3.5.38　不同 C_{F0} 值的点火电流

图 3.5.38 说明随着 C_{F0} 的增大，火花放电结束的时间提前，图中从没有屏蔽到加上屏蔽至 C_{F0}=800pF 时，火花放电结束的时间提前了 0.3ms。图 3.5.39 则说明随 C_{F0} 的增大，点火能量逐渐减小，在 500pF 以内减小幅度很小，但当 C_{F0} 增

加至 800pF 时，点火能量减小了将近一半。图 3.5.40 的仿真计算结果表明，法拉第屏蔽层的正确连接后能减小初、次级绕组之间的共模干扰信号，与理论定性分析相符。

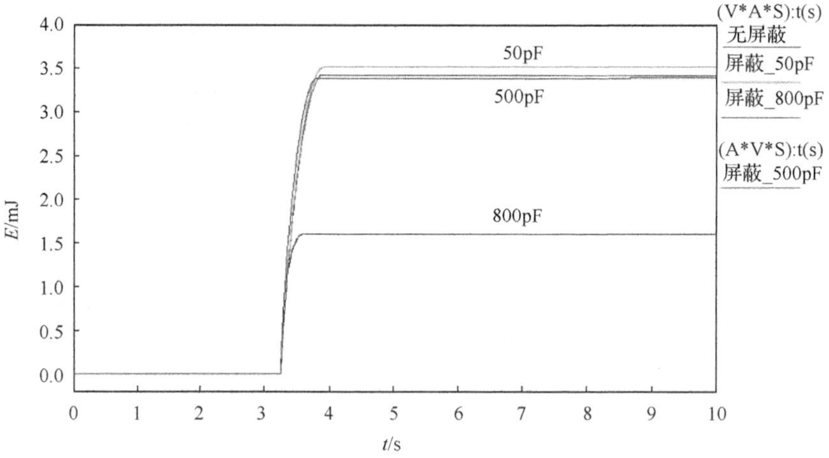

图 3.5.39　不同 C_{F0} 值的点火能量

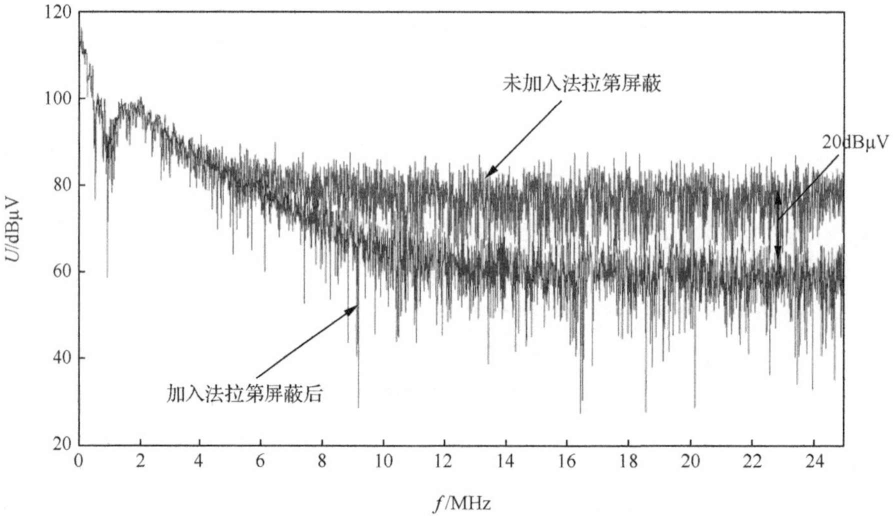

图 3.5.40　加入法拉第屏蔽前后 LISN 上的仿真干扰电压频谱

图 3.5.41 为点火线圈加法拉第屏蔽层前后进行传导实验测试的实验平台，其中，加法拉第屏蔽层的点火线圈是汽车零部件供应商按设计要求制作的，实验结果如图 3.5.42 和图 3.5.43 所示。

从图 3.5.42 的实际测试结果可以看出，其屏蔽性能不如理想的仿真情况好(见图 3.5.40)，主要由于屏蔽层存在的阻抗导致。实测结果中，真正起屏蔽效果的是在频率超过 15MHz 后，电压干扰频谱最大降幅为 15dBμV，而在小于 10MHz 的频率范围，屏蔽反而会增大干扰电压的幅值。

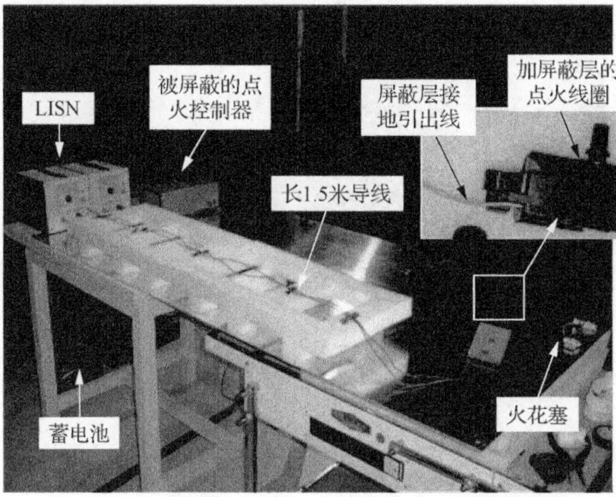

图 3.5.41 加法拉第屏蔽层的汽车点火线圈实验平台

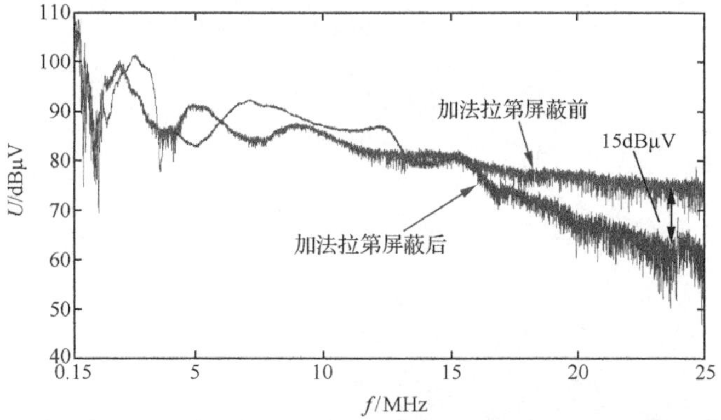

图 3.5.42 加法拉第屏蔽层前后 LISN 上实测干扰电压频谱

图 3.5.43 的测试结果表明，加上法拉第屏蔽后电源线上的共模电流得到有效的抑制，说明次级线圈上的电磁干扰耦合到初级线圈上的能量大大削弱了，很大一部分电流经过接地线进行了分流。

总之，通过对点火线圈安装法拉第屏蔽层后，可得到以下结论：①法拉第屏蔽能有效地抑制高频电磁干扰，但是仿真计算结果与实验结果间存在一定的误差；②电容 C_{F0} 对计算结果影响较大，随 C_{F0} 增加放电时间减少。当 C_{F0} 从 0 增加至 800pF 时，放电时间减少 0.3ms；③随 C_{F0} 电容的增大点火能量降低。电容 C_{F0} 在 500pF 以下对点火能量的影响不大，但当 C_{F0} 增加至 800pF 时，点火能量显著减小，降低了将近 55%。

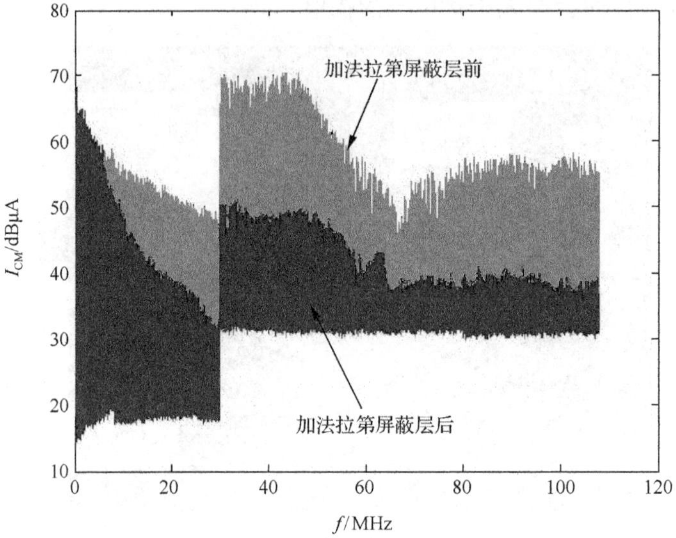

图 3.5.43　加法拉第屏蔽层前后点火系统电源线上共模电流

第 4 章　雨刮系统的电磁干扰分析

雨刮系统中的电动机属于感性负载，在电源断开瞬间，由于电枢电感的作用会产生反向瞬变电压，实测结果表明其电压值可达到 300V 左右，对外界产生严重的电磁干扰。车内这类感性负载很多，如热风机、车窗电机等，因此，研究雨刮系统的电磁兼容问题具有很好的代表性。

本章在介绍雨刮系统的组成和工作原理之后，对雨刮系统产生电磁干扰的机理做了详细分析，然后分别建立了雨刮系统的传导电磁干扰和辐射电磁干扰的仿真模型。因为两种电磁干扰的传播路径和方式不同，所以在建立电磁干扰仿真模型时，采用的方法完全不同。本章最后采用 EMI 滤波器对雨刮系统的电磁干扰进行了抑制。

4.1　雨刮系统的组成及工作原理

4.1.1　雨刮系统的组成

雨刮系统是汽车车身必备的安全装置，其功能是用来清除汽车驾驶室前后挡风玻璃上的雪、雨水、尘土等物质，使驾驶员有一个良好的驾车视线以确保行车安全。雨刮系统分气压式、电动式等多种，多数轿车上采用电动式。在电动式雨刮系统中，雨刮电动机是系统最重要的部件，按其磁场的结构可分为永磁式和线绕式两种，其中永磁式电机具有体积小、效率高、质量轻、结构简单、运行可靠等优点，目前被广泛地应用到国内外轿车上。

雨刮系统组成包括雨刮电动机、刮水臂心轴、四连杆机构、减速器、刮水片等，如图 4.1.1 所示。按下雨刮开关，雨刮电动机启动，电动机的转速经过蜗轮蜗杆的减速增扭作用驱动摆臂，摆臂带动四连杆机构，四连杆机构带动安装在前围板上的转轴左右摆动，最后由转轴带动雨刮片刮扫挡风玻璃。其中雨刮电动机(11)提供动力，它是整个雨刮系统的核心，被固定在底板(12)上；电动机轴端的蜗杆(10)与蜗轮(9)啮合，而蜗轮(9)上的偏心销钉与连杆(8)铰接在一起；另外杠杆联动机构由连杆(3、7、8)和摆杆(2、4、6)组成，摆杆(2、6)上连有刷架(刮水臂)(1)和(5)。当电动机旋转时，将会带动蜗杆和蜗轮，这样蜗轮相连的连杆和摆杆将带着左、右两刷架做往复摆动，在摆动的过程中橡皮刷就会刷去风窗玻璃上的雨雪和灰尘。

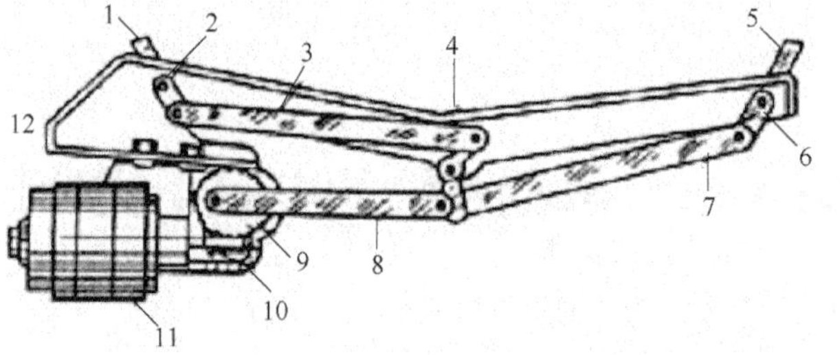

图 4.1.1　雨刮系统组成

1、5.刷架；2、4、6.摆杆；3、7、8.连杆；9.蜗轮；10.蜗杆；11.电动机；12.底板

现代汽车的雨刮臂有两个，双臂用一个电机来控制的，称为“单机双臂”；一个雨刮臂用一个电机来控制的，称为“单机单臂”。在中高级轿车上，不但前后玻璃上有雨刮器，就连前大灯上也有一支小小的雨刮片，来清除尘埃。为了不阻碍司机的视线，雨刮器常设有自动复位装置。当雨刮臂不能停在适当的位置时，由自动复位装置来控制雨刮电机，使其停留在挡风玻璃的适当位置。

雨刮电动机是直流电机，由定子和转子两大部分组成，其结构如图 4.1.2 所示。直流电机运行时静止不动的部分称为定子，由机座、主磁极、端盖、轴承和电刷装置等组成，其主要作用是产生磁场。运行时转动的部分称为转子，通常又称为电枢，由转轴、电枢铁芯、电枢绕组、换向器等组成，其主要作用是产生电磁转矩和感应电动势，是直流电机进行能量转换的枢纽。

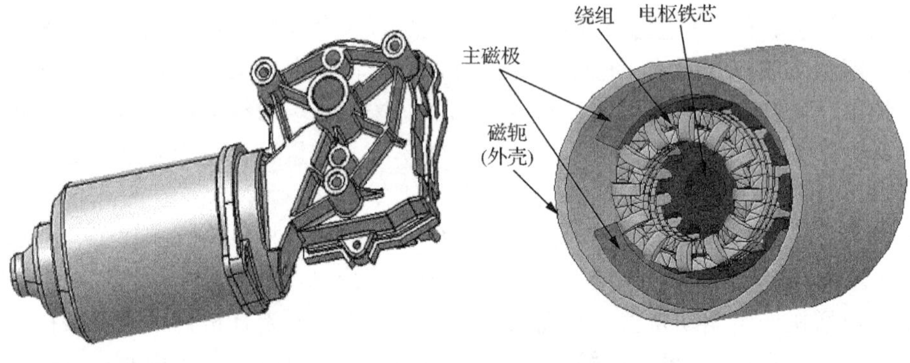

图 4.1.2　雨刮电动机的外形和内部结构

1) 定子部分

(1) 主磁极。主磁极的作用是产生气隙磁场。永磁直流电机的主磁极采用已充磁的永磁体，并将其粘接在机座上。

(2) 机座。电机定子部分的外壳称为机座。机座一方面用来固定主磁极、换向极和端盖，并起到整个电机的支撑和固定作用；另一方面也是磁路的一部分，借以构成磁极之间的通路，磁通通过的部分称为磁轭。为保证机座具有足够的机械强度和良好的导磁性能，一般为铸钢件。

(3) 电刷装置。电刷装置用以引入或引出直流电压和直流电流。电刷装置由电刷、刷握杆和刷杆座等部件组成。电刷放在刷握内，用弹簧压紧，使电刷与换向器之间有良好的滑动接触，刷握固定在刷杆上，刷杆装在圆环形的刷杆座上，相互之间必须绝缘。刷杆座装在端盖或轴承内盖上，圆周位置可以调整，调好以后加以固定。

2) 转子(电枢)部分

雨刮电动机转子如图 4.1.3 所示。

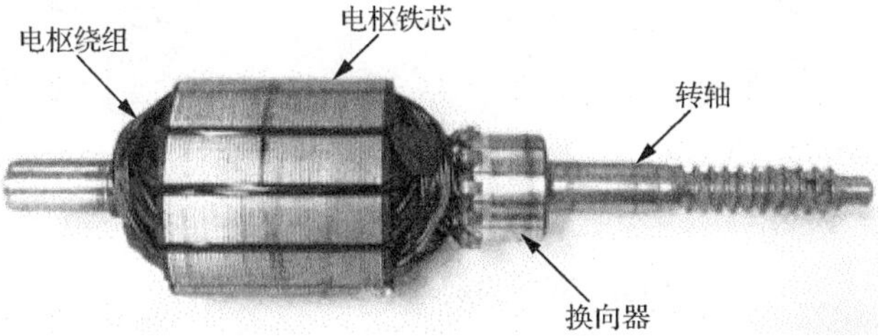

图 4.1.3　雨刮电动机转子

(1) 电枢铁心。电枢铁芯是主磁通磁路的主要部分，同时用以嵌放电枢绕组。为了降低电机运行时在电枢铁芯中产生的涡流损耗和磁滞损耗，电枢铁芯用 0.5mm 厚的硅钢片叠压而成。叠成的铁芯固定在转轴或转子支架上。铁芯的外圆开有电枢槽，槽内嵌放电枢绕组。

(2) 电枢绕组。电枢绕组的作用是产生电磁转矩和感应电动势，是直流电机进行能量转换的关键部件。它由许多线圈按一定规律连接而成，线圈用高强度漆包线或玻璃丝包扁铜线绕成。

(3) 换向器。在直流电动机中，换向器配以电刷能将外加直流电流转换为电枢线圈中的交变电流，使电磁转矩的方向恒定不变。在直流发电机中，这一过程正好相反。换向器是由许多换向片组成的圆柱体，换向片之间用云母片绝缘。

(4) 转轴。转轴起支撑转子旋转的作用，需有一定的机械强度和刚度，一般用圆钢加工而成。

4.1.2　雨刮系统的工作原理

永磁式电动机的磁场强弱是不能改变的，只能通过改变电刷间串联线圈数来实现变速。通常需要采用三个电刷：公共、高速和低速。当电动机运转时，公共电刷始终通过电流，高速和低速电刷的位置根据电动机的设计而有所不同。

图 4.1.4(a)所示为三刷式电动机内部结构图，电刷 B_3 为公共电刷，电刷 B_1 用于低速档，与电刷 B_1 位置相差 60° 处有一个用于高速档的电刷 B_2，电枢绕组采用对称叠绕式。

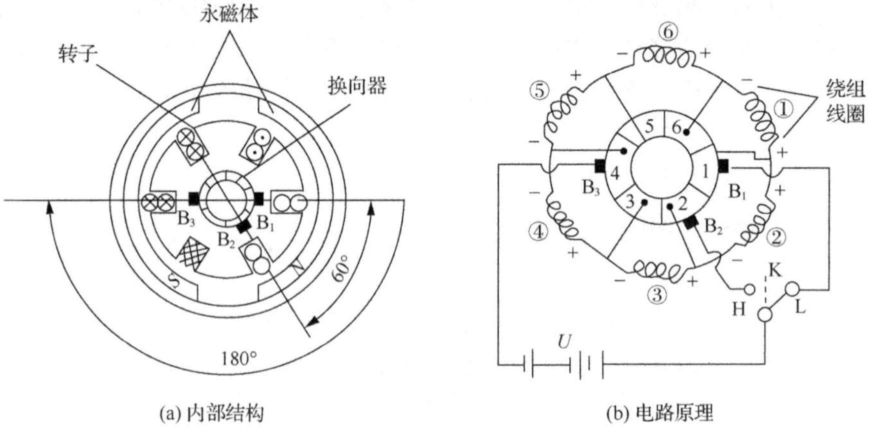

图 4.1.4　双速雨刮电动机的工作原理

直流电动机工作时，在电枢内同时产生反电动势 e，其方向与电枢电流的方向相反，如果要使电枢旋转，外加电压必须克服反电动势的作用，即 $U > e$。当电枢转速 n 上升时，反电动势也相应上升，只有当外加电压 U 几乎等于反电动势 e 时(忽略电枢绕组的内部压降)，电枢的转速才趋于稳定。

三刷式电动机旋转时，电枢绕组所产生的反电动势如图 4.1.4(b)所示，当开关 K 拨向“L”时，电源电压 U 加在 B_1 和 B_3 之间，在电刷 B_1 和 B_3 之间有两条并联支路，一条是由线圈①、⑥、⑤串联起来的支路；另一条是由线圈②、③、④串联起来的支路。即在电刷 B_1 和 B_3 之间有两条并联支路，各 3 个线圈，这两条支路产生的全部反电动势与电源电压平衡后，电动机便稳定旋转，此时转速较低，为低速档。

当开关拨向“H”时，电源电压加在 B_2 和和 B_3 之间，从图中可以看出电枢绕组一条由 4 个线圈②、①、⑥、⑤串联，另一条由 2 个线圈③、④串联。其中线圈②与线圈①、⑥、⑤的反电动势方向相反，互相抵消后，变为只有 2 个线圈的反电动势与电源电压平衡，只有转速升高，使反电动势增大，才能达到新的平衡，因此此时转速较高，为高速档。这就是永磁三刷电动机变速的基本原理。

由于永磁式电动机体积小、重量轻、构造简单、运行可靠、效率高、电机的形状和尺寸灵活多样等显著优点，因而应用于各类传动系统和控制系统中，目前已被国内外汽车雨刮系统生产商广泛采用，因此本章以永磁式电动机雨刮系统作为研究对象。

在汽车组合开关手柄上有雨刮系统控制开关，一般设有高速、低速和间歇 3 个档位。其中间歇档工作状态的控制是由一个 RC 计时器电路来实现的。计时器电路通常采用 555 时基芯片，利用电容的充放电来实现三极管的延时，从而实现雨刮系统的间歇工作。雨刮系统三种工作状态的电路图如图 4.1.5 所示。

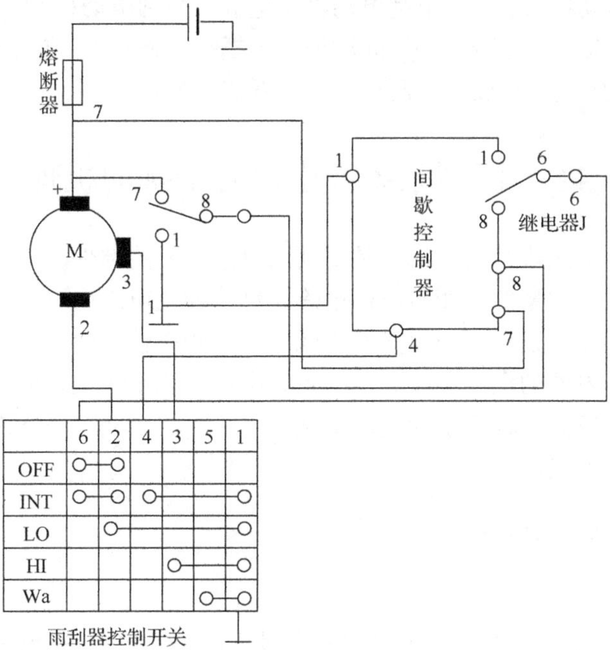

图 4.1.5　雨刮系统三种工作状态的电路图

1) 低速档

当雨刮器控制开关位于档位“LO”时，电流从电源正极出来，流经熔断器到雨刮电动机接柱 7、雨刮电动机正电刷、雨刮电动机 M、低速档电刷 2、雨刮器控制开关接点 2 和接点 1、搭铁，最后回到电源负极构成电流回路，此时雨刮电动机以低速档工作。

2) 高速档

当雨刮器控制开关位于档位“HI”时，电流从电源正极出来，流经熔断器到雨刮电动机接柱 7、雨刮电动机正电刷、雨刮电动机 M、高速档电刷 3、雨刮器控制开关接点 3 和接点 1、搭铁，最后回到电源负极构成电流回路，此时雨刮电动机以高速档工作。

3) 间歇档

当雨刮器控制开关位于档位“INT”时，开关内接点 6 和 2 接通，接点 4 和 1

接通，使间歇控制器插接器的 4 插片搭铁，接电源负极。间歇控制器电路由电源正极、熔断器、间歇控制器插接器 7 插片、间歇控制器插接器 4 插片、雨刮控制器开关接点 4 和接点 1、搭铁、电源负极构成；继电器 J 通电时，常闭触点 6 和 8 断开、常开触点 6 和 1 闭合，接通雨刮电动机主电路：电流从电源正极出来流经熔断器、雨刮电动机接柱 7、雨刮电动机正电刷、雨刮电动机 M、低速档电刷 2、雨刮器控制开关接点 2 和接点 6、间歇控制器插接器插片 6、继电器 J 常开触点 6 和 1、搭铁，回到电源负极。雨刮电动机以低速开始旋转。

4.2 雨刮系统产生电磁干扰的机理

雨刮电机为永磁式直流电机，是雨刮系统最重要的部件。由于电机工作时会在其电源线上产生大量的瞬变电压或电流，这些瞬变电压或电流会通过电源线以传导的方式侵入其他设备。当瞬变电压或电流的频率较高时，还会产生明显的辐射干扰，恶化车内外的电磁环境。雨刮系统电磁干扰来源主要分为两部分：一是正常工作时电机换向过程产生的电磁干扰；二是在间歇档工作状态下，电机频繁启停产生的电磁干扰。

4.2.1 换向产生的电磁干扰

1）换向过程

图 4.2.1 表示单叠绕组一个元件的换向过程。所谓元件是指两端分别与两个换向片连接的单匝或多匝线圈，图 4.2.1 中的元件 1 的两端分别与换向片 1 和 2 连接。设电刷宽度 b_s 与换向片宽度 b_k 相等，换向器以线速度 v_k 从右向左运动。换向开始时，电刷正好与换向片 1 完全接触，元件 1 位于电刷右边一条支路，电流为 i_a，如图 4.2.1（a）所示。当电刷同时与换向片 1 和 2 接触，1 号元件被短路，元件中电流为 i，如图 4.2.1（b）所示。当换向器运动到电刷与换向片 2 完全接触时，1 号元件从电刷右边的支路进入电刷左边的支路，电流也为 i_a，但方向与原来相反，至此 1 号元件换向结束，如图 4.2.1（c）所示。可见，当电刷从换向片 1 过渡到换向片 2 时，元件 1 的电流从 $+i_a$ 变到 $-i_a$，即发生了 $2i_a$ 的变化。

处于换向过程中的元件称为换向元件。从换向开始到换向结束所经历的时间称为换向周期，用 T_k 表示，直流电机的换向周期 T_k 一般只有几毫秒甚至更短时间。直流电机换向是一个复杂过程，如果换向不良，会在电刷与换向器之间产生火花，产生的火花若超过一定程度，就会使电刷和换向器表面损坏，导致电机不能正常工作。同时，电刷下的火花也是电磁干扰的来源，对附近的电器设备产生影响。

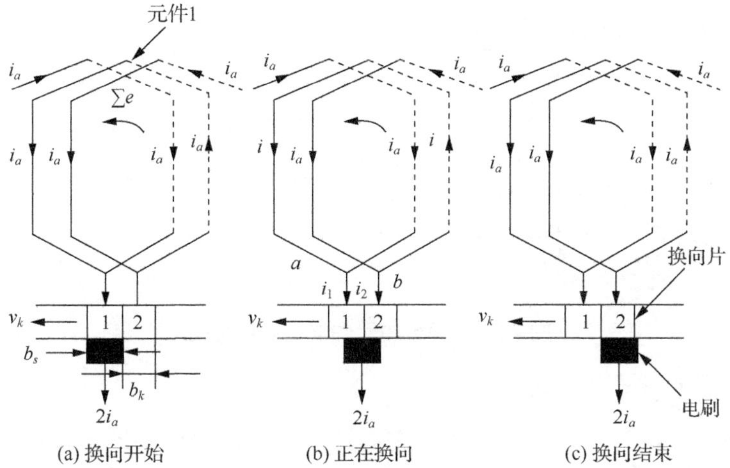

图 4.2.1　电枢绕组的换向过程

2) 换向的电磁理论

在换向区域内存在由主磁极和电枢反应磁势共同建立的磁场，当电枢旋转时换向元件切割磁力线将产生感应电动势，该感应电动势称为旋转电动势，用 e_k 表示，并有

$$e_k = 2N_y B_k l v_a \tag{4.2.1}$$

式中，B_k 为换向区域内的磁通密度；v_a 为电枢表面的线速度(即换向元件切割换向区域磁场的线速度)，N_y 为元件匝数，l 为每一元件边的有效长度。

换向元件的电流在换向周期内从 $+i_a$ 变到 $-i_a$，导致磁通发生变化，从而换向元件中感应出电动势，其作用是阻止电流的变化，称其为电抗电动势，用 e_r 表示。e_r 包括换向元件本身的漏磁自感电动势 e_L 和同时进行换向的其他元件通过互感作用而感生的漏磁互感电动势 e_M，即

$$e_r = e_L + e_M = -L_r \frac{\mathrm{d}i}{\mathrm{d}t} \tag{4.2.2}$$

式中，i 为换向电流；L_r 为换向元件的等效合成漏电感(包括漏自感和漏互感)。

因此，换向元件的总电动势应是旋转电动势和电抗电动势的代数和，即

$$\sum e = e_k + e_r \tag{4.2.3}$$

在理想情况下，若换向回路中不存在电动势的作用，即 e_k 和 e_r 大小相等，方向相反使 $\sum e=0$，则换向元件中的电流从 $+i_a$ 变为 $-i_a$ 的规律大体为一直线，这种情

况称为直线换向，如图 4.2.2 所示。

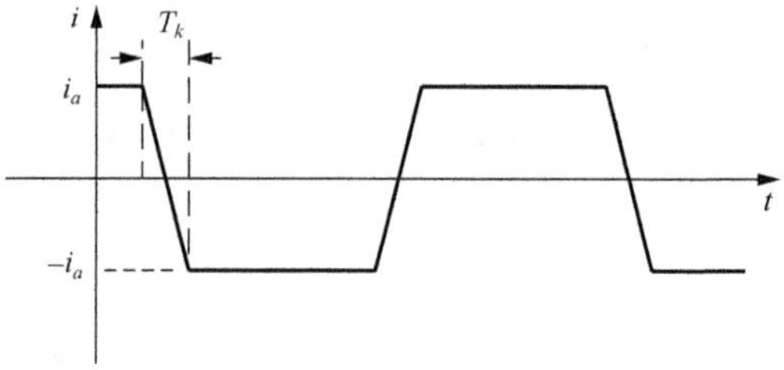

图 4.2.2　理想的元件电流变化过程

3）换向的电磁干扰分析

由于雨刮电机为永磁直流电机，在高速旋转中，电刷不断地接通和断开，极易产生电刷电弧，使电机的端电压和电流产生周期性的脉动。图 4.2.3 是用示波器测得的电机端的电流和电压，从图中可以看到，电压和电流都出现了周期性的脉动。

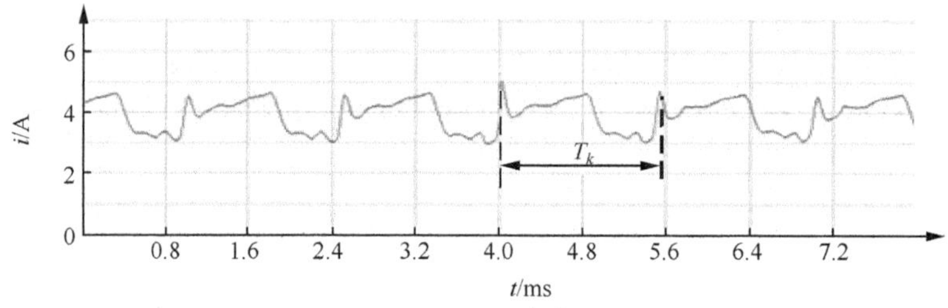

(a) 电流

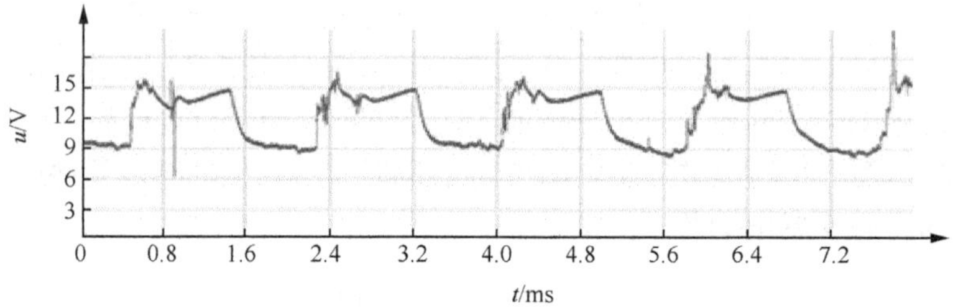

(b) 电压

图 4.2.3　雨刮电机的电流电压波形

将测得的电机端电压作傅里叶变换，即可得到电压的幅频特性，如图 4.2.4 所示。从图中可以看出，电机的端电压含有丰富的高频分量，且在很高的频率（GHz）仍有一定的强度。

分析发现雨刮电机工作时产生电磁干扰的主要原因是电机的换向，图 4.2.1（b）为正在换向的电流方向图，前面已经推导出换向元件的总电动势为 $\sum e = e_k + e_r$ 。对于换向良好的电机，在理想情况下 e_k 和 e_r 大小相当，方向相反，即 $\sum e \approx 0$ 。

反之$\sum e \neq 0$，导致换向不良，严重时会在电刷处产生火花。

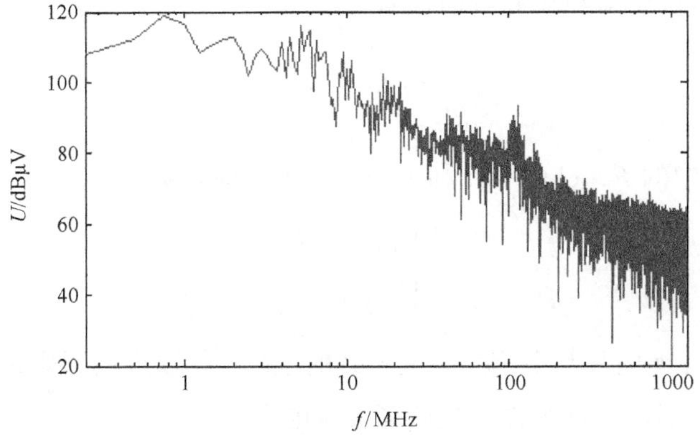

图 4.2.4　雨刮电机端电压的频谱

在图 4.2.1(b)中，i是元件 1 中的换向电流，i_1和i_2分别是引线 1 和引线 2 经换向片 1 和 2 流过电刷的电流。设元件 1 的电阻为R_y，换向片 1 和 2 与电刷间的接触电阻分别为R_{b1}和R_{b2}，接触电阻与换向片和电刷之间的位置有关，是可变电阻。根据基尔霍夫电压定律，可列写图 4.2.1(b)中换向回路的电压平衡方程为

$$i_1R_{b1}+e_k+L_r\frac{\mathrm{d}i}{\mathrm{d}t}+R_yi-i_2R_{b2}=0 \tag{4.2.4}$$

根据式(4.2.4)可以得到电路等效模型如图 4.2.5 所示，图中黑色矩形框代表电刷，与之接触的细长条矩形为换向片，由R_y、L_r和e_k组成的串联支路代表正在换向的元件(由于电路的对称性，图中只分析一个换向元件)，支路①和②为雨刮电机电枢绕组的两条并联支路。

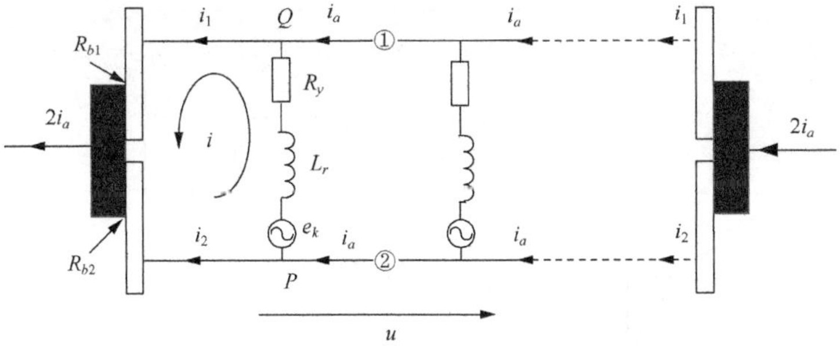

图 4.2.5　雨刮电机换向过程等效电路

雨刮电机未装换向极，当电刷位于几何中性线时，换向区的磁场很小几乎为零，因此换向元件的旋转电动势e_k可以忽略。因为讨论的是电路的瞬变电压，相

对于电刷的接触电阻来说，换向元件的电阻 R_y 很小，R_y 上的压降也是可以忽略的，因此，在换向过程中式(4.2.4)可简化为

$$L_r\frac{\mathrm{d}i}{\mathrm{d}t}+i_1R_{b1}-i_2R_{b2}=0 \tag{4.2.5}$$

对图 4.2.5 中的 P、Q 两节点利用基尔霍夫电流定律得

$$\begin{cases} i_1=i_a+i \\ i_2=i_a-i \end{cases} \tag{4.2.6}$$

设 R_b 为单片换向片与电刷完整接触时的电阻，并取换向开始瞬间作为时间起点，T_k 为换向周期，于是可由下式计算接触电阻

$$\begin{cases} R_{b1}=R_b\dfrac{T_k}{T_k-t} \\ R_{b2}=R_b\dfrac{T_k}{t} \end{cases} \tag{4.2.7}$$

将式(4.2.6)和式(4.2.7)代入式(4.2.5)得

$$L_r\frac{\mathrm{d}i}{\mathrm{d}t}+\left(i_a+i\right)R_b\frac{T_k}{T_k-t}-\left(i_a-i\right)R_b\frac{T_k}{t}=0 \tag{4.2.8}$$

式(4.2.8)是一个含有时变系数的关于换向电流 i 的一阶微分方程，可用 MATLAB 进行编程求解。设定初始值 $i(0)$=2.5A，时间步长 Δt=1.56×10^{-6}s，换向周期 T_k=1.56×10^{-3}s，雨刮电机的参数 R_b=12mΩ、L_r=120μH、i_a=2.5A，于是可得到换向电流 i 与时间 t 的变化曲线，如图 4.2.6 所示。

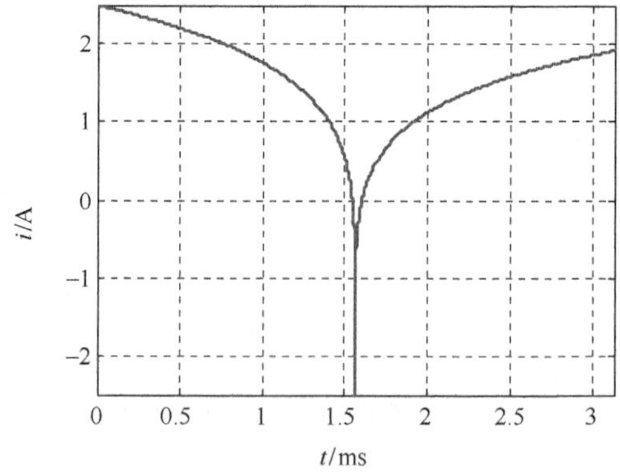

图 4.2.6　雨刮电机的换向电流变化曲线

从图 4.2.6 中可以看出，雨刮电机的换向过程属于典型的延迟换向。在换向开始阶段，由于受到绕组电抗电动势的影响，电流下降速度很缓慢，致使电流过零点滞后。临近换向结束时，在外部强制条件的作用下，电流变化的速度很快。这个急速变化的换向电流同时会引起电刷接触电流的瞬变，产生瞬变接触电压，严重时甚至会产生火花。

当电机正常运行时，转速稳定，这时的支路反电动势是恒定的，那么电机对外的电磁干扰主要由电刷的接触压降引起，而电刷的接触压降为

$$u_s = i_1 R_{b1} + i_2 R_{b2} \tag{4.2.9}$$

将式(4.2.6)和式(4.2.7)代入式(4.2.9)，得

$$u_s = (i_a + i) R_b \frac{T_k}{T_k - t} + (i_a - i) R_b \frac{T_k}{t} \tag{4.2.10}$$

将 T_k、R_b 和 i_a 的值代入上式得

$$u_s = (2.5 + i) \times 12 \times 10^{-3} \times \frac{1.56 \times 10^{-3}}{1.56 \times 10^{-3} - t} + (2.5 - i) \times 12 \times 10^{-3} \times \frac{1.56 \times 10^{-3}}{t} \tag{4.2.11}$$

结合式(4.2.8)在 MATLAB 里编程求解，可以得到电压 u_s 和时间 t 的关系曲线，如图 4.2.7 所示。

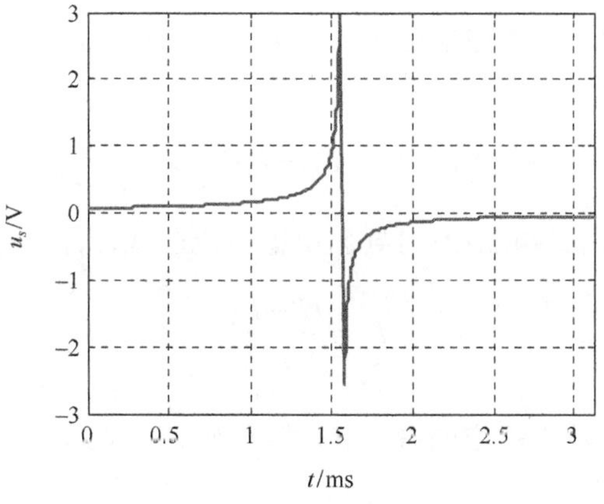

图 4.2.7　电刷的接触压降

由图 4.2.6 和图 4.2.7 可知，由于接触电阻 R_b 很小，在换向开始时电流变化比较缓慢，接触压降较小，到换向快要结束时电流发生跃变，电压也发生跃变。由于电刷的接触压降是前沿很陡的脉冲电压，且变化周期很快，具有频带宽，谐波丰富的特点，甚至在很高的频段都有较高的高频分量(见图 4.2.4)，这些高频分量

会耦合到电源线，可能以传导干扰的方式侵入其他设备。当频率足够高时，还可能通过电源线产生辐射干扰，所以电刷的接触压降是雨刮电机正常运行时产生电磁干扰的主要干扰源。由式(4.2.10)可知，电刷的压降 u_s 的大小与 R_b 和 i 有关，如果要减小雨刮电机的电磁干扰，必须控制好电刷的接触阻抗 R_b 和换向电流 i。

4.2.2 雨刮电机启停产生的电磁干扰

1) 永磁直流电动机的端部电压特性

当电枢旋转时，电枢中的载流导体切割磁力线产生感应电动势 $E_a=C_e\Phi n$，C_e 为电势常数，Φ 为磁通，n 为电机转速。这个电动势的方向与电枢电流的方向相反，抵制电枢电流的流入，故称为反电动势(或电枢电势)。因此，电源要向电动机输入电功率，就必须克服反电动势的作用，即必须使加在电枢绕组两端的电压 $U>E_a$。永磁直流电机运行时的电路图如图 4.2.8 所示。

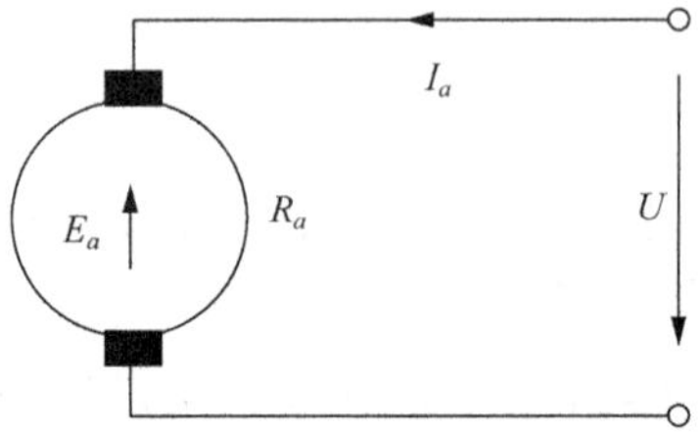

图 4.2.8　永磁电动机运行时的电路图

其中，E_a 为电枢电势；I_a 为电枢电流；U 为电源电压；R_a 为电枢绕组电阻。不考虑电刷压降的情况下，电机的电势平衡方程为

$$U = E_a + I_a R_a \tag{4.2.12}$$

(1) 启动过程。由式(4.2.12)可导出电枢电流公式，即

$$I_a = \frac{U - E_a}{R_a} \tag{4.2.13}$$

电动机启动时，从电路方面看，启动瞬间转速 $n=0$，$E_a=0$，而 R_a 又很小，因此

$$I_a = \frac{U - E_a}{R_a} = \frac{U}{R_a} = I_{st} \tag{4.2.14}$$

式中，I_{st} 为启动电流最大值。

考虑到电枢回路电感 L 的作用，电流不会发生突变，但会很快上升至最大值

I_{st}，不过此时转子已开始转动，并具有一定的速度，使 E_a>0。因此，实际启动电流冲击值 I_{st} 会略小于 U/R_a，理论上可达到额定电枢电流的十几倍甚至更大。对于大电机来说，可能引起电机换向情况的恶化，产生严重的火花。但雨刮电机为微型直流电机，功率只有 40W，电枢电阻相对较大，且其转动惯量很小，启动速度很快，所以启动电流不是太大。

(2) 断开瞬间。电机突然断开时电源电压 U=0。由于电机断开时间一般在微秒级，在如此短暂的时间内电枢电流突然变为零，其变化率 $\mathrm{d}i_a/\mathrm{d}t$ 非常大。由于绕组自感 L 通常有十几 mH，因此由式(4.2.15)可知，电机两端将出现很高的瞬态电压 $u_L(t)$。

$$u_L(t) = -L\frac{\mathrm{d}i_a}{\mathrm{d}t} \tag{4.2.15}$$

当这个电压超过 300V 时，会发生辉光或气体放电，因此，这类直流电机的噪声特别具有“侵略性”。当电路对这类电磁干扰信号的抑制能力很差时，这些脉冲串会叠加到电源线上，经共用电源或电路间存在的电磁耦合途径，把此脉冲干扰信号传输到其他设备上而影响该设备的正常运行。

2) 电机启停电磁干扰的测试

实验基本布置按照 ISO7637-2 发射部分进行(具体实验情况见 4.3 节)，在开关闭合和断开瞬间进行测试，测得闭合和断开瞬间的电机端电压 u_T 波形如图 4.2.9 和图 4.2.10 所示。

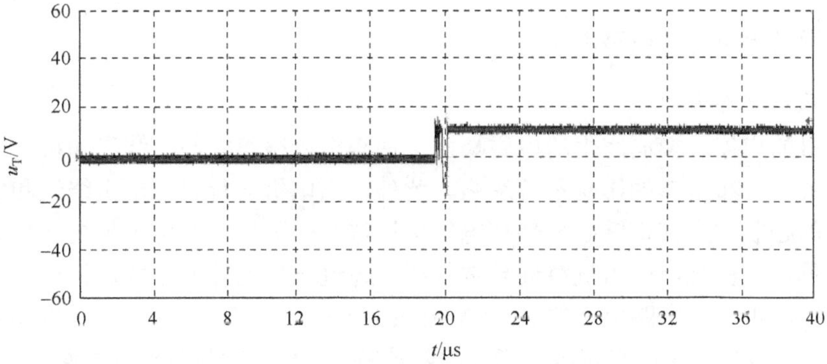

图 4.2.9　闭合瞬间的电机端电压时域波形

从图 4.2.9 中可以看出，闭合时的瞬态电压为±18V，为正常工作电压 1.5 倍。从图 4.2.10 中可以看到，断开时的瞬态电压最大能达到 300V 左右，是正常工作电压的 25 倍，远远超出闭合时的瞬态电压。雨刮电机属于感性负载，尤其工作在间歇档时需要频繁启停，这种类型的干扰虽然不具有连续性，但是它的瞬变电压幅值相当大，对周围环境造成不利影响。

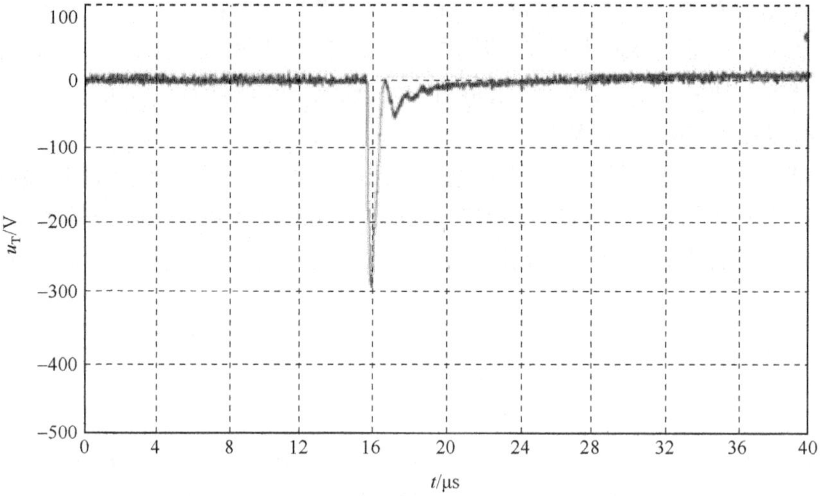

图 4.2.10　断开瞬间的电机端电压时域波形

综上可知，断开时的瞬态电压要远远大于启动和换向时产生的瞬态电压，是雨刮电机产生电磁干扰最严重，侵略性最强的一种状态，对它的研究有着重要的意义。因此，后面章节将雨刮电机断开时的瞬态电压作为传导干扰源进行建模。

4.3　雨刮系统的传导电磁干扰模型

4.3.1　雨刮电机高频电路模型

1) 基本电路模型

电机的启停、换向产生的电磁噪声，使得电机绕组之间、绕组和机壳之间的杂散电容、分布电感的影响不可忽略。此外，当电机运行时，电机绕组和定子铁心出现的趋肤效应使得铁心损耗和电磁场渗透性的降低，对电机阻抗产生影响。由此可见，电枢绕组的阻抗特性异常复杂，通过电机的几何结构、材料的电磁参数来获得电机高频电路模型的 RLC 参数几乎不可能。目前，对直流电机高频电路的建模，大多数是采用实测电机绕组的阻抗特性，根据阻抗特性曲线得到 RLC 参数，然后建立集总参数的等效高频电路模型。在此等效高频电路模型上进行仿真的阻抗特性应与实测的阻抗特性在所需要的频段内相吻合。

本章也采取这一方法，对汽车雨刮系统普遍采用的 ZD1439 型电机绕组阻抗进行了测试，在 0.15M~108MHz 频段的阻抗频率特性如图 4.3.1 所示。

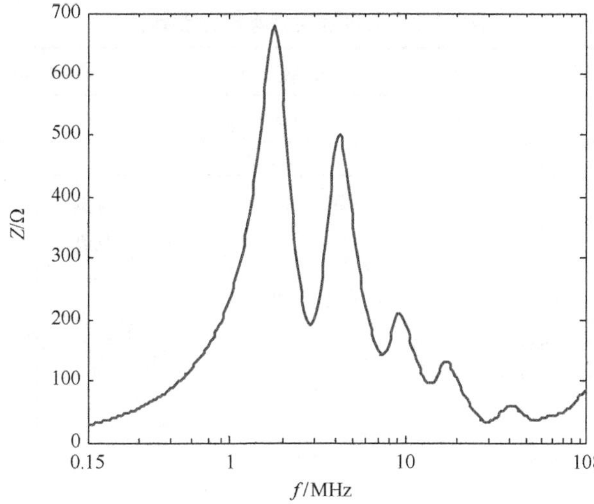

图 4.3.1　电机绕组阻抗的频率特性

从图 4.3.1 中可以看出，电机绕组在低频段呈感性，当频率高于 3.2MHz 以后，由于分布电感和电容的作用发生谐振，表明电机在高频段表现出复杂的阻抗特性。

用等效集总参数电路来模拟分布参数的影响，建立的电机绕组的基本电路模型如图 4.3.2 所示。

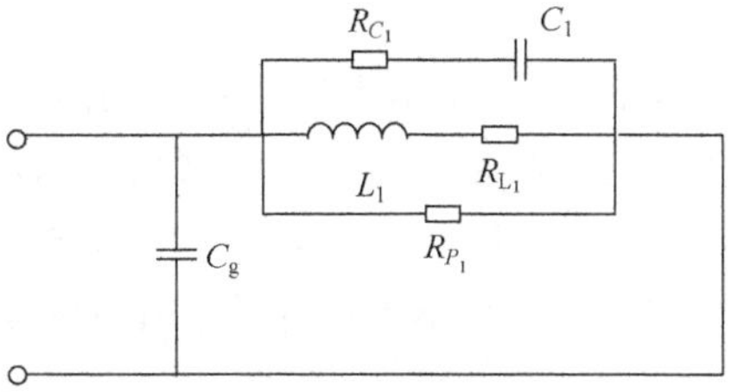

图 4.3.2　电机绕组的基本电路模型

图中，R_{L_1} 为绕组直流电阻，L_1 为绕组漏感，C_1 为绕组匝间分布电容，R_{P_1} 和 R_{C_1} 为高频损耗，C_g 为绕组与电机外壳之间的分布电容。

对图 4.3.1 的绕组阻抗特性采用曲线拟合方法，同时在各参数的经验取值范围内做适当调整，最后得到图 4.3.2 各元件的参数值如表 4.3.1 所示。电机绕组的基本电路模型仿真结果与测试结果的比对情况如图 4.3.3 所示。

从图 4.3.3 中可以看出，该模型的仿真值与实测值在 3MHz 以内吻合较好，但大于 3MHz 之后，该模型没有反映出电机绕组高频寄生参数的影响。因此，为了提高电机高频特性的精度，需对基本电路模型进行改进。在改进模型中将考虑电机绕组的不对称性、电刷阻抗等影响因素。

表 4.3.1　电机绕组基本电路参数值

参数	R_{C_1}/Ω	R_{L_1}/Ω	R_{P_1}/Ω	$L_1/\mu H$	C_1/nF	C_g/pF
值	2	0.2	670	20	0.35	28.67

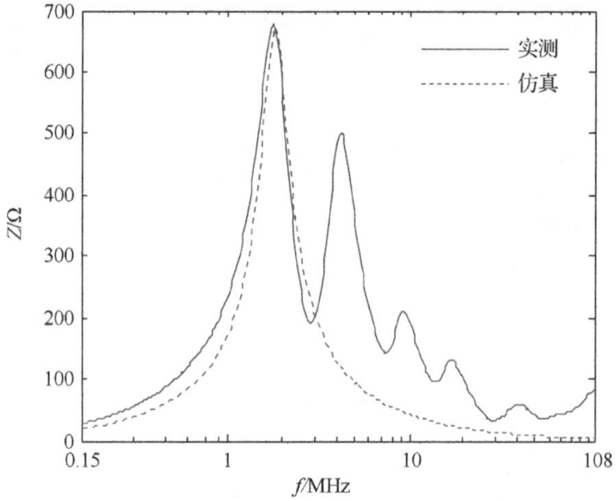

图 4.3.3　基本电路模型阻抗的频率特性

2) 改进的电路模型

(1) 绕组阻抗。

雨刮电机的绕组如图 4.3.4 所示。由于每个绕组的匝间寄生电容不同、同槽中不同绕组的上下元件之间的寄生电容也不同，结构的不对称性也使绕组间的互感不同，从而导致绕组阻抗在 3.2MHz 之后出现无规律谐振。

为提高绕组电路模型的精度，在基本电路模型中加入谐振元，图 4.3.5 为谐振元结构。

图 4.3.4　雨刮电机绕组

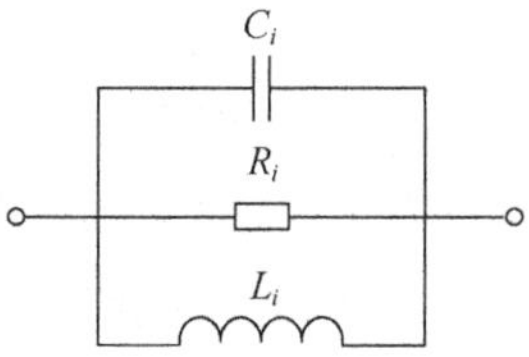

图 4.3.5　谐振元结构

高频电路模型中谐振元的个数取决于发生谐振的次数，谐振元各元件参数由绕组阻抗曲线谐振点的频率和幅值决定。用 $f_{res(i)}$ 和 $f_{a\text{-}res(i)}$ 分别表示电路发生并联谐振和串联谐振的频率，电阻 R_i 为发生并联谐振时第 i 个谐振元阻抗的幅值，也即阻抗频谱曲线的峰值，电容 C_i 和电感 L_i 为第 i 个谐振元发生并联谐振的分布电容和电感。计算步骤如下：

① 对绕组阻抗特性曲线进行拟合，得到基本电路的电容电感参数 C_1 和 L_1。

② 在图 4.3.1 中，阻抗特性曲线的第 1 个极小值点是电路发生串联谐振的阻抗值，横坐标便是串联谐振频率，可按下面的近似谐振频率公式计算 L_2。

$$f_{\text{a-res}(1)} = \frac{1}{2\pi\sqrt{L_2 C_1}} \tag{4.3.1}$$

求解得

$$L_2 = \frac{1}{4\pi^2 C_1 f_{\text{a-res}(1)}^2} \tag{4.3.2}$$

③ 在图 4.3.1 中，第 2 个极大值点是电路发生并联谐振的阻抗值，在曲线上可找出电路并联谐振频率

$$f_{\text{res}(2)} = \frac{1}{2\pi\sqrt{L_2 C_2}} \tag{4.3.3}$$

于是得到

$$C_2 = \frac{1}{4\pi^2 L_2 f_{\text{res}(2)}^2} \tag{4.3.4}$$

④ 按照下面的步骤可把每一个谐振元的电容电感求出来。

$$f_{\text{res}(i)} = \frac{1}{2\pi\sqrt{L_i C_i}} \quad \Rightarrow \quad C_i = \frac{1}{4\pi^2 L_i f_{\text{res}(i)}^2} \tag{4.3.5}$$

$$f_{\text{a-res}(i)} = \frac{1}{2\pi\sqrt{L_{i+1} C_i}} \quad \Rightarrow \quad L_{i+1} = \frac{1}{4\pi^2 C_i f_{\text{a-res}(i)}^2} \tag{4.3.6}$$

谐振元的电阻值对应阻抗特性曲线的峰值，所以可直接获得。最后得到对应第 2 到第 6 波峰的谐振元各参数，如表 4.3.2 所示。

(2) 电刷阻抗。

电机运行过程中，电刷阻抗随着电刷和换向器接触表面的改变而发生周期性变化，造成电机端部电压出现脉动，但与电机断开瞬间产生的脉冲电压相比，换向引起

的电压波动很小，因此可忽略电刷阻抗的微小变化。将电刷阻抗等效为一个 RL 的串联电路，如图 4.3.6 所示。经过测量得到 R_{brush}=0.85Ω，L_{brush}=0.183μH。

表 4.3.2　谐振元电阻、电感、电容参数

序号	电阻/Ω	电感/μH	电容/pF
2	501.4	7.088	181.3
3	210.8	1.768	161.2
4	137.4	0.704	115.1
5	67.02	0.246	45.8
6	99.2	0.189	15.9

图 4.3.6　电刷等效电路图

考虑谐振元及电刷的等效阻抗，得到电机高频电路模型，如图 4.3.7 所示。图 4.3.8 是该高频电路模型的仿真结果。

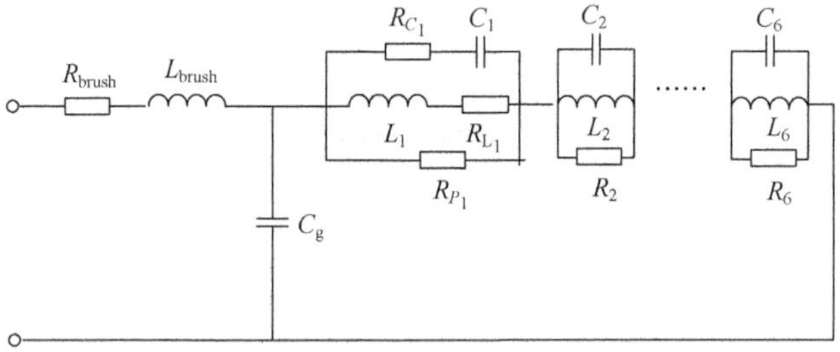

图 4.3.7　电机高频电路模型

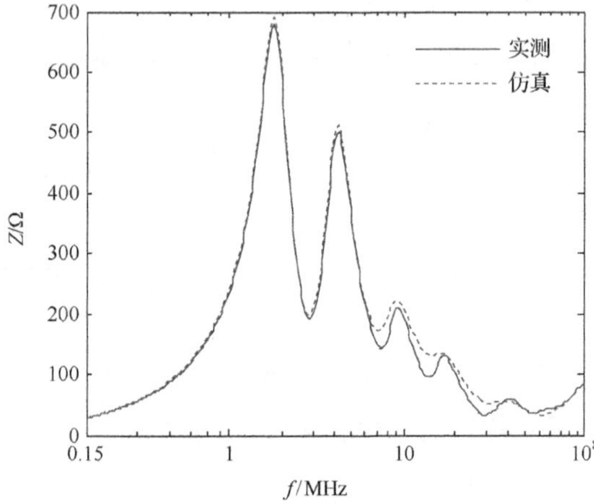

图 4.3.8　电机高频电路模型的阻抗幅频特性

从图 4.3.8 中可以看到，仿真和实测值在 0.15M~108MHz 的整个频段范围内吻合得相当好，阻抗频谱曲线上的振荡特点都被准确地体现出来，说明加入谐振元和电刷阻抗后的高频电路模型能够准确仿真永磁直流电机的阻抗特性。曲线后部分误差较大的主要原因是电容 C_i 和电感 L_i 为近似值，随着频率的增大，误差积累效应明显增大。

4.3.2　电磁干扰源的提取

雨刮系统产生的主要电磁干扰来自电机断开时的瞬态电压脉冲，以 ZD1439 型雨刮电机为研究对象，对其间歇档产生的干扰源——断开的瞬态电压进行测量。实验基本布置参照 ISO7637-2 发射部分进行，在开关闭合和断开瞬间进行测试，每种情况至少重复操作五次，取被测设备各种工作状态的最大值。同步时被测设备开关的转换应调节在电源线峰值和零值处。采样时间间隔为 4×10^{-10}s，采样点数为 10^4 个。电机相关参数、原理图和测试布置图分别如表 4.3.3、图 4.3.9 和图 4.3.10 所示。

表 4.3.3　雨刮器电机主要性能参数

参数	输出功率/W	额定电压/V	额定转速/(r/min)	电刷压降/V	工作温度/℃
值	40	12.0	2750	0.5	25

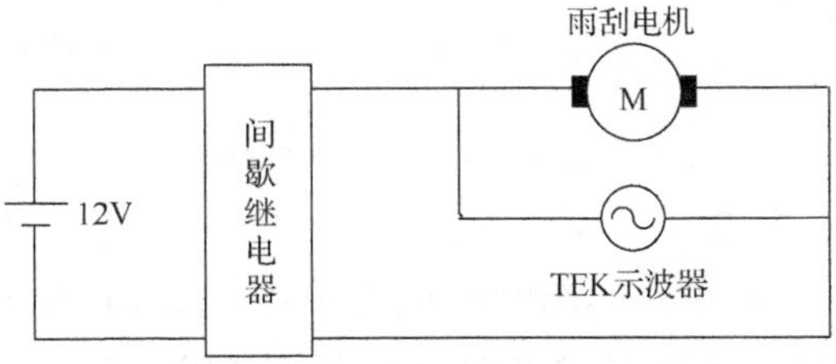

图 4.3.9　瞬态电压测试原理图

由此可以得到了雨刮电机在间歇档闭合和断开瞬间产生的传导电磁干扰源，见图 4.2.9 和图 4.2.10。

4.3.3　雨刮系统传导电磁干扰的电路模型及实验验证

1)传导电磁干扰电路模型

基于前面对电机高频特性的研究，建立的电机传导电磁干扰的 PSpice 电路模型如图 4.3.11 所示。

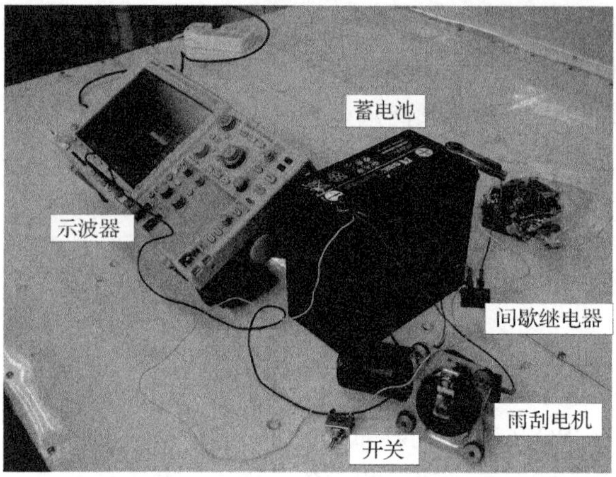

图 4.3.10　电机瞬态电压测试平台

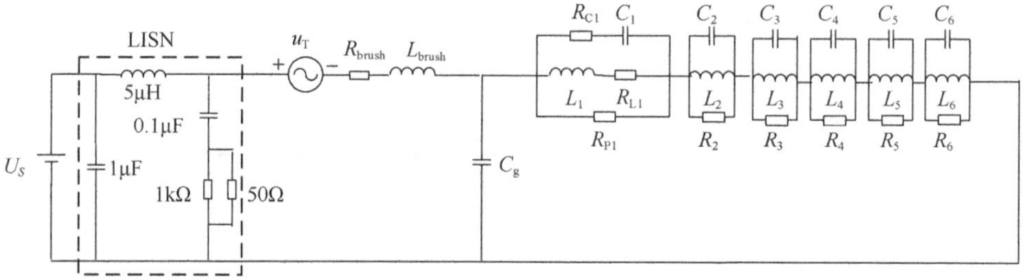

图 4.3.11　电机传导电磁干扰的 PSpice 仿真模型

在图 4.3.11 中，人工电源网络(LISN)按照制造商提供的电路图和元件参数建立模型，雨刮系统传导 EMI 模型由干扰源 u_T 和电机高频电路模型组成。将前面测量得到的断开瞬间电机端部瞬态电压 u_T 的值(图 4.2.10)导入 PSpice 软件，利用瞬态分析功能，计算出 LISN 上 50Ω阻抗两端的压降，即为电机对外的传导电磁干扰噪声电压。对其作傅里叶变换即可得到永磁直流电机断开瞬间的传导电磁干扰频谱，如图 4.3.12 所示。

2)传导电磁干扰模型的实验验证

用 ZD1439 雨刮电机进行实测，实验过程按照 ISO 7637-2 标准进行，实验接线图和布置图如图 4.3.13 和图 4.3.14 所示。实验使用的电压测量仪器为 TEK 示波器，采样时间间隔为 4μs，采样点数为10^4，测得 LISN 50Ω阻抗上的时域噪声电压后经傅里叶变换其频域值，如图 4.3.15 所示。

3)误差分析

将干扰电压幅频特性实测值和仿真值画在同一幅图中，如图 4.3.16 所示。测试和仿真的相对误差如图 4.3.17 所示。

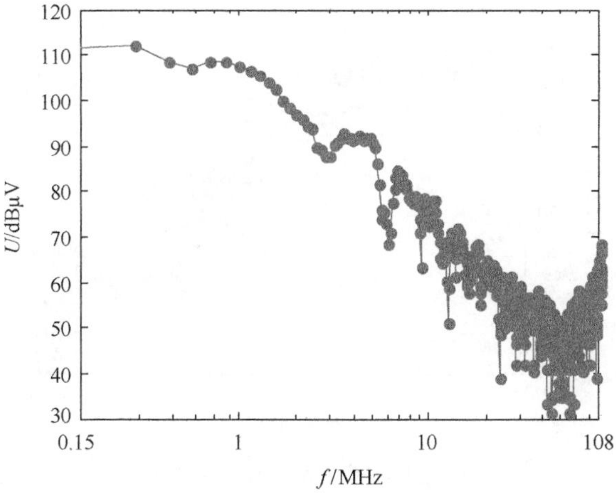

图 4.3.12　干扰电压幅频特性的仿真结果

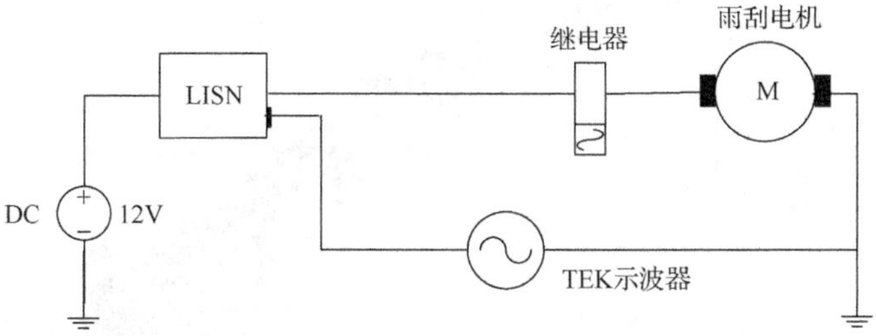

图 4.3.13　干扰电压测试接线图

图 4.3.14　干扰电压测试平台布置图

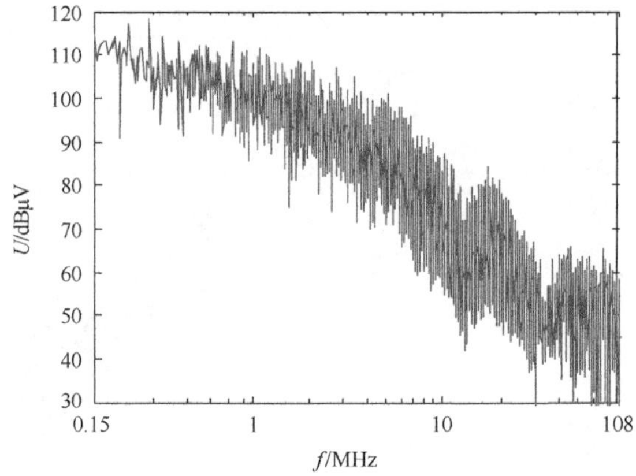

图 4.3.15　干扰电压幅频特性的测试结果

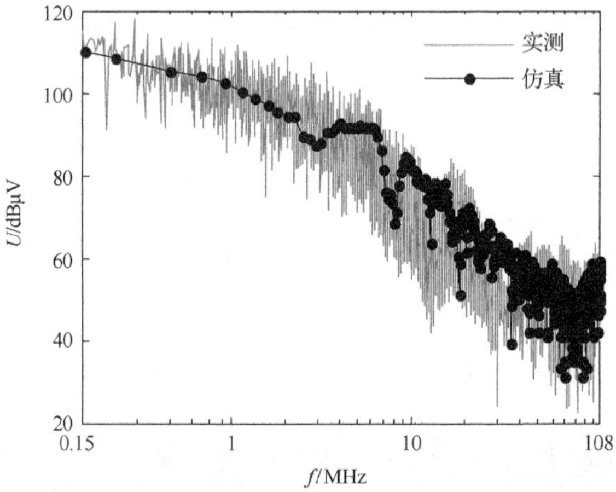

图 4.3.16　干扰电压幅频特性

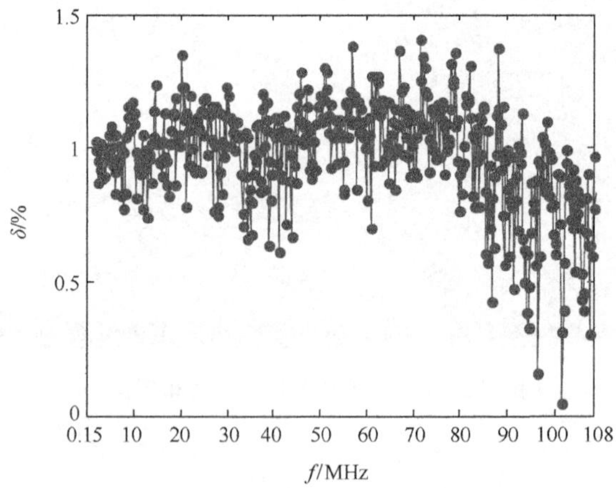

图 4.3.17　仿真和实测干扰电压的相对误差

电机传导电磁干扰的仿真值和实测值在整个 0.15M~108MHz 范围内的数值和变化趋势都得到了很好的吻合。仿真值的相对误差 δ 均在 1.5%之内，在高频段相对误差更小。说明本节建立电机绕组高频电路模型的方法，以及电机的传导 EMI 仿真模型是正确的，利用该模型可对永磁直流电机在工作环境中产生的传导 EMI 进行有效预测。

4.4　雨刮系统的辐射电磁干扰模型

雨刮系统工作时，其电源线上的高频瞬变电压或电流会通过导线的天线效应向周围空间辐射电磁能量，形成辐射电磁干扰。雨刮系统的辐射电磁干扰会影响到车载接收机或其他敏感设备(如传感器、数字电路等)的正常工作。

大量的测试数据表明，雨刮系统产生的高频辐射电磁干扰最严重的频段是在 30M~300MHz 范围。在如此宽且高的频段内，对雨刮系统的辐射电磁干扰进行仿真研究将面临两大困难，一是雨刮系统的高频特性异常复杂，很难获得较为准确的仿真模型；二是电机电源线上电流分布的计算也是十分困难的。基于以上原因，本节在分析雨刮系统的辐射问题时，采取了一种基于信号与系统理论较为简便可行的方法，即通过系统传递函数结合实测的传导干扰电压数据来建立雨刮系统的辐射电磁干扰模型。具体步骤如下：

① 实验测取电机电源线上的传导电压 $U_c(\omega)$ 作为系统的电磁辐射干扰源。

② 利用数值建模技术，计算出系统的传递函数 $H(\omega)$ 。系统传递函数定义为观察点的电场强度 $E(\omega)$ 与传导电压 $U_c(\omega)$ 的比值，即

$$H(\omega)=\frac{E(\omega)}{U_c(\omega)} \tag{4.4.1}$$

③ 根据信号与系统理论，雨刮系统的辐射电场(系统响应)为系统激励(干扰源)与传递函数的乘积。

由于在利用数值建模计算系统的传递函数时，涉及的算法是有限积分法(finite integration technique，FIT)，下面先介绍 FIT 算法的基本理论，推导出系统的传递函数 $H(\omega)$；然后结合实测的传导电压仿真计算雨刮系统的辐射电磁干扰，最后对仿真结果进行实验验证。

4.4.1　FIT 算法的基本理论

有限积分法由 Weiland 在 1977 年提出，因其在三维模拟中的独到之处成为电磁场分析的一种有力工具，从而得到了广泛应用。在分析雨刮系统的辐射问题时，

FIT 法的优点主要体现在：①相对于有限元法和矩量法，其数据存储量非常低；②采用循环迭代的“蛙跳算法”可以避开大型线性方程组求解(即矩阵求逆)，提高了计算效率；③采用时域求解，能预见电磁系统的瞬态响应，将这些瞬态数据转换到频域，能很方便地获得系统的宽频带响应；④结合局部加密技术和多级子网格技术，非常适合导线的辐射电磁仿真。

Maxwell 方程组概括了宏观电磁现象的基本规律，其积分形式为

$$\oint_l \boldsymbol{H}\cdot d\boldsymbol{l}=\int_S \boldsymbol{J}_s\cdot d\boldsymbol{S}+\int_S \frac{\partial \boldsymbol{D}}{\partial t}\cdot d\boldsymbol{S} \tag{4.4.2a}$$

$$\oint_l \boldsymbol{E}\cdot d\boldsymbol{l}=-\int_S \frac{\partial \boldsymbol{B}}{\partial t}\cdot d\boldsymbol{S} \tag{4.4.2b}$$

$$\oint_S \boldsymbol{B}\cdot d\boldsymbol{S}=0 \tag{4.4.2c}$$

$$\oint_S \boldsymbol{D}\cdot d\boldsymbol{S}=\int_V \rho\, dV \tag{4.4.2d}$$

对于各向同性线性媒质，电磁场量之间的本构关系可表示为

$$\boldsymbol{D}=\varepsilon \boldsymbol{E} \tag{4.4.3a}$$

$$\boldsymbol{B}=\mu \boldsymbol{H} \tag{4.4.3b}$$

$$\boldsymbol{J}=\gamma \boldsymbol{E} \tag{4.4.3c}$$

Maxwell 网格方程是 Maxwell 方程组在成对的网格 G 和复网格 $\tilde{G}$ 组成的网格空间中，一对一等价转换形成的，转换后的 Maxwell 网格方程不仅可以在计算机上对实际问题进行求解，而且保留了电磁场所有的解析特性。

下面介绍 FIT 的原理及求解过程。首先定义一组通用网格 G-$\tilde{G}$，如图 4.4.1 所示，然后将待求解空间Ω用网格 G-$\tilde{G}$ 进行剖分。网格 G-$\tilde{G}$ 满足以下条件：

① 网格空间 G 和 $\tilde{G}$ 相互联系，且包含于求解空间 $\Omega\left(\in R^3\right)$ 内。

② 为简化问题，假设求解空间 Ω 为一个长方体，在直角坐标系下，G 定义为剖分单元 V_n 的集合，即

$$\begin{aligned}G:=\{V_{i,j,k}\in R^3 | V_{i,j,k}:=\left[x_i,x_{i+1}\right]\times\left[y_i,y_{i+1}\right]\times\left[z_i,z_{i+1}\right],\\ i=1,\cdots,I-1,\ j=1,\cdots,J-1,k=1,\cdots,K-1\}\end{aligned} \tag{4.4.4}$$

求解空间 Ω 的剖分网格节点总数 $N_p:=I\cdot J\cdot K$ 。

③ 非空面域被定义为两个体积元的交界

$$A:=\{A_1 \cdots A_m\};\ \{A_i\}=\cap V_n \tag{4.4.5}$$

④ 网格线被定义为面的交界

$$L:=\{L_1 \cdots L_r\};\ \{L_i\}=\cap A_n \tag{4.4.6}$$

⑤ 点被定义为线的交点

$$P:=\{P_1 \cdots P_S\};\ \{P_i\}=\cap L_n \tag{4.4.7}$$

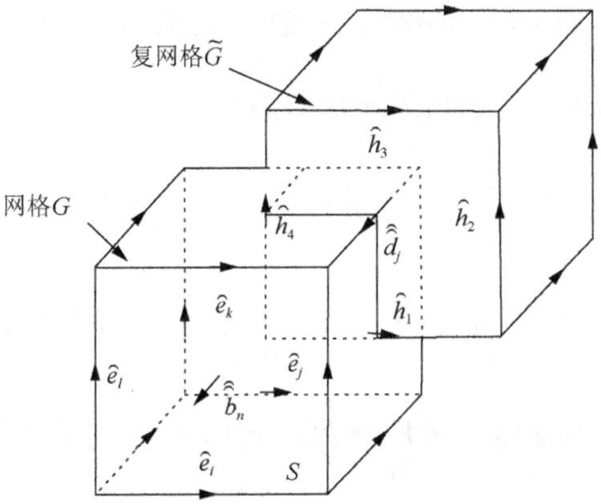

图 4.4.1　网格 G 和复网格 $\tilde{G}$ 的对应关系

将电磁感应定理式(4.4.2b)应用于体积元 V_n 中的一个面 A_i 上，如图 4.4.2 所示。因此，式(4.4.2b)可写作

$$\oint_{\partial A_i} \boldsymbol{E}\cdot \mathrm{d}\boldsymbol{l}=-\int_{A_i}\frac{\partial \boldsymbol{B}}{\partial t}\cdot \mathrm{d}\boldsymbol{A} \tag{4.4.8}$$

在网格 G 上，使用场量的积分量来代替场量，这里的 $\widehat{e}$ 不再表示电场，而看作网格电压，对所有场矢量做同样处理，目的在于避免引入一组全新的变量。定义沿线 l_i 的网格电压 $\widehat{e}_i$ 和通过面 A_i 上的磁通量 $\widehat{\widehat{b}}_i$ 为

$$\widehat{e}_i=\int_{l_i}\boldsymbol{E}\cdot \mathrm{d}\boldsymbol{l} \tag{4.4.9}$$

$$\widehat{\widehat{b}}_i=\int_{A_i}\boldsymbol{B}\cdot \mathrm{d}\boldsymbol{A} \tag{4.4.10}$$

于是，式(4.4.8)在网格空间 G 中等价变换成网格方程

$$\widehat{e}_x(i,j,k)+\widehat{e}_y(i+1,j,k)-\widehat{e}_x(i,j+1,k)-\widehat{e}_y(i,j,k)=-\frac{\mathrm{d}}{\mathrm{d}t}\widehat{\widehat{b}}_z(i,j,k) \tag{4.4.11}$$

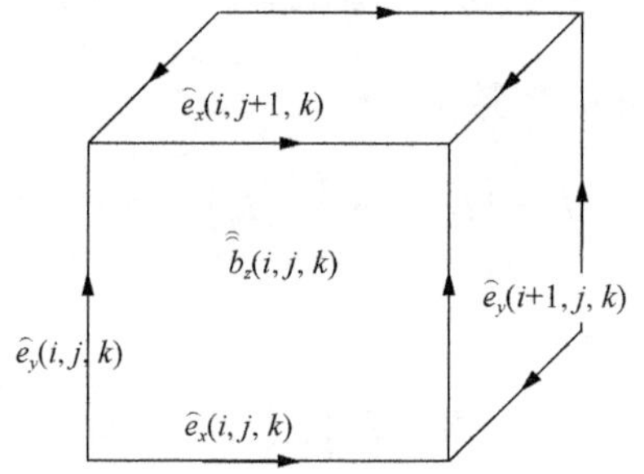

图 4.4.2　网格空间 G 的一个剖分体积元 V_n

网格 G 的节点电压、磁通可表示成矢量形式

$$\widehat{\boldsymbol{e}}:=\left(\widehat{e}_{x,n}\middle|\widehat{e}_{y,n}\middle|\widehat{e}_{z,n}\right)^{\mathrm{T}}_{n=1,\cdots,N_P}\in\mathrm{R}^{3N_P} \tag{4.4.12}$$

$$\widehat{\widehat{\boldsymbol{b}}}:=\left(\widehat{\widehat{b}}_{x,n}\middle|\widehat{\widehat{b}}_{y,n}\middle|\widehat{\widehat{b}}_{z,n}\right)^{\mathrm{T}}_{n=1,\cdots,N_P}\in\mathrm{R}^{3N_P} \tag{4.4.13}$$

将网格 G 中所有剖分体积元 V_n 满足的式(4.4.11)组合成矩阵方程，即

$$\underbrace{\begin{pmatrix} & \cdots & \cdots & \cdots & \\ \cdot 1 & \cdots\ 1 & \cdots\ -1 & \cdots\ -1 & \cdot \\ & \cdots & \cdots & \cdots & \end{pmatrix}}_{\boldsymbol{C}:=}\underbrace{\begin{pmatrix} \cdot \\ \widehat{e}_{n_1} \\ \vdots \\ \widehat{e}_{n_2} \\ \vdots \\ \widehat{e}_{n_3} \\ \vdots \\ \widehat{e}_{n_4} \\ \cdot \end{pmatrix}}_{\widehat{\boldsymbol{e}}}=-\frac{\mathrm{d}}{\mathrm{d}t}\underbrace{\begin{pmatrix} \vdots \\ \widehat{\widehat{b}}_n \\ \vdots \end{pmatrix}}_{\widehat{\widehat{\boldsymbol{b}}}} \tag{4.4.14}$$

式中，矩阵 $\boldsymbol{C}$ 仅仅包含剖分单元 V_n 棱线在 G 中的拓扑信息和指向，因此有 $C_{i,j}\in\{-1,\ 0,\ 1\}$。事实上矩阵 $\boldsymbol{C}$ 是旋度算子在网格 G 上的离散形式。

类似的，将磁通连续性原理式(4.4.2c)应用于图 4.4.3 的体积元 V_n 上，可得

$$\oint_{\partial V_n} \boldsymbol{B} \cdot \mathrm{d}\boldsymbol{A} = 0 \tag{4.4.15}$$

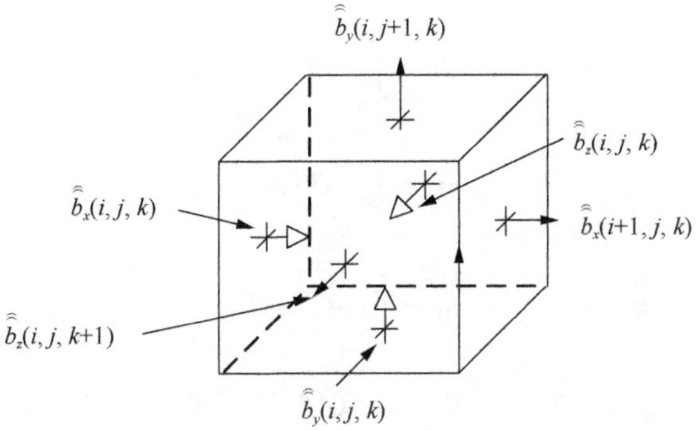

图 4.4.3　磁通连续性原理应用于剖分体积元 V_n

在网格空间 G 中，式(4.4.15)的网格方程为

$$-\widehat{\widehat{b}}_x(i,j,k)+\widehat{\widehat{b}}_x(i+1,j,k)-\widehat{\widehat{b}}_y(i,j,k)+\widehat{\widehat{b}}_y(i,j+1,k)-\widehat{\widehat{b}}_z(i,j,k)+\widehat{\widehat{b}}_z(i,j,k+1)=0 \tag{4.4.16}$$

同样，将 G 中所有剖分体积元 V_n 满足的式(4.4.16)组合成矩阵方程

$$\underbrace{\begin{pmatrix} & & \cdots & \cdots & \cdots & & \\ \cdot & -1 & 1 & -1 & 1 & -1 & 1 & \cdot \\ & & \cdots & \cdots & \cdots & & \end{pmatrix}}_{\boldsymbol{S}:=} \underbrace{\begin{pmatrix} \vdots \\ \widehat{\widehat{b}}_{m_1} \\ \widehat{\widehat{b}}_{m_2} \\ \widehat{\widehat{b}}_{m_3} \\ \widehat{\widehat{b}}_{m_4} \\ \widehat{\widehat{b}}_{m_5} \\ \widehat{\widehat{b}}_{m_6} \\ \vdots \end{pmatrix}}_{\widehat{\widehat{\boldsymbol{b}}}} = 0 \tag{4.4.17}$$

式中，系数矩阵 $\boldsymbol{S}$ 为散度算子的离散形式。与旋度算子 $\boldsymbol{C}$ 一样，$\boldsymbol{S}$ 也仅仅取决于网络拓扑。

将剩下的两个 Maxwell 方程式(4.4.2a)和式(4.4.2d)进行同样转换，不同的是转换在复网格 $\tilde{G}$ 上进行。此时定义：$\tilde{G}$ 的每一个顶点 $\tilde{P}_i$ 都包含于相应网格 G 中的

V_n 内(当然 G 的每一个顶点 P_i 也都包含在相应网格 $\tilde{G}$ 中的 $\tilde{V}_n$ 内)。在复网格 $\tilde{G}$ 上，引入磁压 $\widehat{h}_i$ 、电通量 $\widehat{\widehat{d}}_i$ 和电流 $\widehat{\widehat{i}}_{si}$ ，定义如下：

$$\widehat{h}_i = \int_{\tilde{l}_i} \boldsymbol{H} \cdot \mathrm{d}\boldsymbol{l} \tag{4.4.18}$$

$$\widehat{\widehat{d}}_i = \int_{\tilde{A}_i} \boldsymbol{D} \cdot \mathrm{d}\boldsymbol{A} \tag{4.4.19}$$

$$\widehat{\widehat{i}}_{is} = \int_{\tilde{A}_i} \boldsymbol{J}_s \cdot \mathrm{d}\boldsymbol{A} \tag{4.4.20}$$

在复网格 $\tilde{G}$ 的 $\tilde{V}_n$ 内，Maxwell 方程式(4.4.2a)和式(4.4.2d)为

$$\oint_{\partial\tilde{A}_i} \boldsymbol{H} \cdot \mathrm{d}\boldsymbol{l} = \int_{\tilde{A}_i} \left(\frac{\partial}{\partial t} \boldsymbol{D} + \boldsymbol{J}_s \right) \cdot \mathrm{d}\boldsymbol{A} \tag{4.4.21}$$

$$\oint_{\partial\tilde{V}_n} \boldsymbol{D} \cdot \mathrm{d}\boldsymbol{A} = \int_{\tilde{V}_n} \rho \cdot \mathrm{d}V \tag{4.4.22}$$

将 $\tilde{G}$ 中所有剖分体积元 $\tilde{V}_n$ 满足的式(4.4.21)和式(4.4.22)分别转换成形式如式(4.4.11)和式(4.4.16)的网格方程，然后组合成 Maxwell 网格方程的矩阵形式为

$$\tilde{\boldsymbol{C}}\,\widehat{\boldsymbol{h}} = \frac{\mathrm{d}}{\mathrm{d}t}\widehat{\widehat{\boldsymbol{d}}} + \widehat{\widehat{\boldsymbol{i}}}_s \tag{4.4.23a}$$

$$\boldsymbol{C}\,\widehat{\boldsymbol{e}} = -\frac{\mathrm{d}}{\mathrm{d}t}\widehat{\widehat{\boldsymbol{b}}} \tag{4.4.23b}$$

$$\boldsymbol{S}\,\widehat{\widehat{\boldsymbol{b}}} = 0 \tag{4.4.23c}$$

$$\tilde{\boldsymbol{S}}\,\widehat{\widehat{\boldsymbol{d}}} = \boldsymbol{q} \tag{4.4.23d}$$

式中， $\tilde{\boldsymbol{C}}$ 和 $\tilde{\boldsymbol{S}}$ 为系数矩阵，且 $\boldsymbol{C} = \tilde{\boldsymbol{C}}^{\mathrm{T}}$ 。

根据矢量分析中矢量算符的运算规则(div curl=0)，系数矩阵 $\boldsymbol{C}$ 、 $\boldsymbol{S}$ 、 $\tilde{\boldsymbol{C}}$ 和 $\tilde{\boldsymbol{S}}$ 具有以下属性：

$$\boldsymbol{S}\boldsymbol{C} = 0 \tag{4.4.24}$$

$$\tilde{\boldsymbol{S}}\tilde{\boldsymbol{C}} = 0 \tag{4.4.25}$$

将 $\boldsymbol{C} = \tilde{\boldsymbol{C}}^{\mathrm{T}}$ 代入式(4.4.24)和式(4.4.25)，可得

$$\tilde{\boldsymbol{C}}\boldsymbol{S}^{\mathrm{T}}=0 \tag{4.4.26}$$

$$\boldsymbol{C}\tilde{\boldsymbol{S}}^{\mathrm{T}}=0 \tag{4.4.27}$$

对照矢量算符运算规则(curl grad=0)可知，$\boldsymbol{S}^{\mathrm{T}}$ 和 $\tilde{\boldsymbol{S}}^{\mathrm{T}}$ 相当于矢量运算中的梯度算子 grad。因此，系数矩阵与矢量微分算符有如下对应关系：

$$\boldsymbol{S}\boldsymbol{C}=0 \quad \leftrightarrow \quad \text{div crul}=0$$

$$\tilde{\boldsymbol{C}}\boldsymbol{S}^{\mathrm{T}}=0 \quad \leftrightarrow \quad \text{crul grad}=0$$

$$\tilde{\boldsymbol{S}}\tilde{\boldsymbol{C}}=0 \quad \leftrightarrow \quad \text{div crul}=0$$

$$\boldsymbol{C}\tilde{\boldsymbol{S}}^{\mathrm{T}}=0 \quad \leftrightarrow \quad \text{crul grad}=0$$

到此为止，Maxwell 方程组转换到了网格空间。目前没有出现近似变换，唯一的变换处理在于将原方程中的场量替换为沿线或沿面的积分量。采用某种方式可将网格电压、电通量和磁压、磁通量联系起来，即进行离散化处理。

在以上推导过程中，磁通和磁压是两个独立变量，两者之间的联系通过定义函数 $f(\boldsymbol{B},\boldsymbol{H})$ 来实现：

$$f(\boldsymbol{B},\boldsymbol{H})=\frac{\int_{A_i}\boldsymbol{B}\cdot\mathrm{d}\boldsymbol{A}}{\int_{\tilde{l}_i}\boldsymbol{H}\cdot\mathrm{d}\boldsymbol{l}}=\frac{\widehat{\widehat{b}}_i}{\widehat{h}_i}\approx D_\mu \tag{4.4.28}$$

D_μ 为磁导率的离散形式，因此在 FIT 的推导过程中，近似误差来源于材料属性，而不是其中的差分格式。

同样，介电常数和电导率的离散形式可以表示为

$$\widehat{\widehat{d}}=D_\varepsilon\widehat{e} \tag{4.4.29}$$

$$\widehat{\widehat{i}}=D_\gamma\widehat{e} \tag{4.4.30}$$

Maxwell 方程组的离散形式，可应用于直角坐标网格或非直角坐标网格。

4.4.2 Maxwell 网格方程的时域求解

1) 迭代格式

采用不同方法对上述网格方程组进行处理，能够获得三种求解模式：时域求解模式、频域求解模式和本征模求解模式。本章采用有限积分法的时域求解模式，

因此只对有限积分的时域求解模式进行讨论。

在时域中求解 Maxwell 网格方程时，首先必须对时间轴进行离散化处理，这里采用的是蛙跳算法，如图 4.4.4 所示。

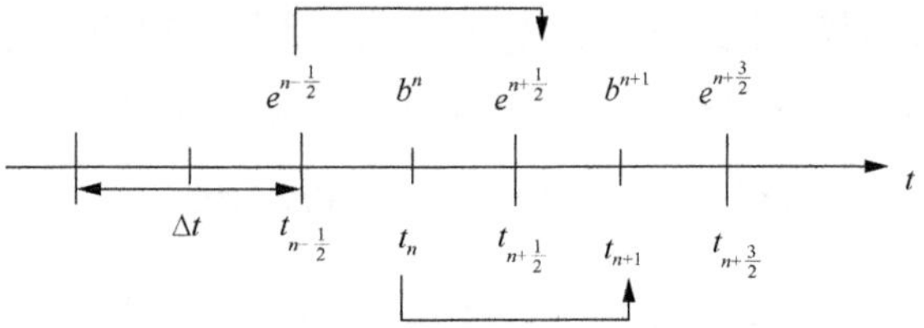

图 4.4.4 蛙跳算法图示

在蛙跳算法中电场和磁场在时间顺序上交替抽样，抽样时间间隔彼此相差半个时间步，即

$$f^{n+1/2} = f\left[t=(n+1/2)\Delta t\right] \tag{4.4.31}$$

根据这个算法，可将式(4.4.23a)和式(4.4.23b)的网格方程分别写作

$$\widehat{e}^{n+1/2} = \widehat{e}^{n-1/2} + \Delta t D_\varepsilon^{-1}\left(\tilde{C}D_\mu^{-1}\widehat{\widehat{b}}^n - \widehat{\widehat{i}}_s^n\right) \tag{4.4.32}$$

$$\widehat{\widehat{b}}^{n+1} = \widehat{\widehat{b}}^n - \Delta t C\widehat{e}^{n+1/2} \tag{4.4.33}$$

在式(4.4.32)和式(4.4.33)的推导过程中，应用了场量本构关系的离散式(4.4.28)和式(4.4.29)。

为了确定上述迭代方程的稳定性，将其改写成为简单的矩阵乘法形式。首先给出如下定义：

$$\boldsymbol{A} = \begin{pmatrix} I & \Delta t D_\varepsilon^{-1}\tilde{C}D_\mu^{-1} \\ -\Delta t C & I - \Delta t^2 C D_\varepsilon^{-1}\tilde{C}D_\mu^{-1} \end{pmatrix} \tag{4.4.34}$$

$$\boldsymbol{f}^n = \begin{pmatrix} \widehat{e}^{n-1/2} \\ \widehat{\widehat{b}}^n \end{pmatrix} \tag{4.4.35}$$

$$\boldsymbol{S}^n = \begin{pmatrix} -\Delta t D_\varepsilon^{-1}\widehat{\widehat{i}}_s^n \\ 0 \end{pmatrix} \tag{4.4.36}$$

需要注意的是，$\widehat{\widehat{i}}_s^n$ 为已知量，离散旋度算子 C 对其作用结果为零。按以上定义得到迭代矩阵方程为

$$\boldsymbol{f}^{n+1} = \boldsymbol{A}\boldsymbol{f}^{n} + \boldsymbol{S}^{n} \tag{4.4.37}$$

2) 迭代式的稳定性

如果式(4.4.37)中系数矩阵 $\boldsymbol{A}$ 的特征值位于复平面的单位圆内，则上述迭代式是稳定的。这种蛙跳算法的优势在于，每个时间步的处理只需要进行一次矩阵乘法运算。其缺点在于，如果时间步长大于临界的时间步长，则矩阵 $\boldsymbol{A}$ 的特征值会大于 1，所以实际应用中时间步的选取非常严格，一般可以运用 courant 稳定性条件来确定，即

$$c\Delta t \leqslant \frac{1}{\sqrt{\dfrac{1}{(\Delta x)^2} + \dfrac{1}{(\Delta y)^2} + \dfrac{1}{(\Delta z)^2}}} \tag{4.4.38}$$

Courant 稳定性条件给出了空间和时间离散间隔之间应当满足的关系。如果是三维立方体单元，即取 $\Delta x = \Delta y = \Delta z = \delta$ 时，则上式简化为

$$c\Delta t \leqslant \frac{\delta}{\sqrt{3}} \tag{4.4.39}$$

3)数值色散对离散空间的要求

如果电磁波所在空间的媒质特性与频率有关，则电磁波的传播速度也将是频率的函数，这种现象称为色散，存在色散现象的媒质称为色散媒质。

用时域有限积分法对 Maxwell 方程组进行数值计算时，在时域有限积分法网格中，模拟的电磁波传播速度将随频率发生改变，这种改变由非物理因素引起，随电磁波在网格中的传播方向以及离散化情况不同而改变。这种色散将导致非物理因素引起的波形畸变、人为的各向异性及虚假的折射现象，因此，数值色散是时域有限积分法中必须考虑的一个因素。

可以证明，只要时间和空间的步长足够小，数值色散可以减小到任意程度，但这将大大增加所需的计算机存储空间和 CPU 时间，并使累计误差增加，因此，应采用适当的时间和空间步长。在采用有限步长的情况下，数值色散不可避免但可以控制。

一般地，只要主要的频谱分量的波长至少为 10 倍网格步长，则数值色散引起的波形畸变几乎可以忽略不计。即对空间离散网格按下式选取

$$\delta = \lambda / N \tag{4.4.40}$$

对于时域电磁信号，λ 就是信号带宽中所对应的上限频率的波长 $\lambda_{\min}$，一般取 $N \geqslant 10$ 就可以满足数值色散对空间离散间隔的要求。

4) 场域的截断边界条件

在采用 FIT 算法计算时，计算空间越大，需要的存储量也越大，计算时间就越长。由于计算机硬件条件的限制，实际上不可能模拟无限大的空间，网格总要在某处被截断。所谓截断边界条件是一种算法，它不仅能保证在边界上场量的必要的计算精度，而且还能大大消除非物理因素引起的、入射到截断边界的波的反射，使得用有限的网格空间便能模拟电磁波在无界空间中的传播。

截断边界条件是时域有限积分法的要素之一。一个好的截断边界，应该满足以下几个条件：

① 便于执行并且不会给时域有限积分法核心计算带来过重的负担；

② 计算精度应满足大多数工程应用的要求；

③ 良好的通用性，不依赖于物体的结构特性和电磁参数；

④ 具有数值稳定性。

综合考虑以上几个因素，本节的仿真计算过程使用的是完全匹配层吸收边界条件(perfectly matched layer, PML)。

4.4.3　雨刮系统辐射电磁干扰仿真建模

1) 系统传递函数 $H(\omega)$ 的导出

雨刮系统在工作过程中形成的辐射电磁干扰主要来自电源线上的传导电压或电流，当传导电压或电流频率足够高时，它将通过导线的天线效应向周围空间辐射电磁能量，图 4.4.5 为电机电源线的辐射示意图。

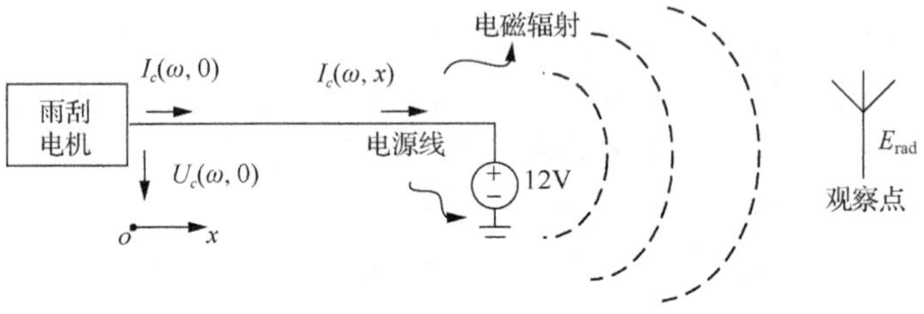

图 4.4.5　雨刮系统电源线的辐射

图 4.4.5 中，$U_c(\omega,0)$ 表示电源线近电机端的对地电压，$I_c(\omega,0)$ 表示近电机端电源线上的传导电流，若以 $Z(\omega,0)$ 表示雨刮电机端部阻抗，则

$$I_c(\omega,0)=\frac{U_c(\omega,0)}{Z(\omega,0)} \tag{4.4.41}$$

传导电流的频率很高且电源线相对较长，其上的电流分布不均匀，因此不能

忽略电流的推迟效应。电源线上的电流可用下式表示：

$$I_c(\omega,x)=I_c(\omega,0)D(\omega,x) \tag{4.4.42}$$

式中，$I_c(\omega, x)$为电源线上任意点处的电流；$D(\omega, x)$表示分布函数，是与频率和导线布置有关的复杂函数，一旦导线布局确定，$D(\omega, x)$便确定了。

由第 2 章的电磁辐射理论可知，在观察点处导线产生的辐射场等于导线上各段小电流元产生的辐射场的叠加，即

$$E_{\rm rad}(\omega)=\int_0^L I_c(\omega,x)R(\omega,x)\,{\rm d}x \tag{4.4.43}$$

式中，$E_{\rm rad}(\omega)$为观察点处的辐射电场强度；L 为导线长度；$R(\omega, x)$表示电流元的辐射因子，它也是一个与频率、空间介质和系统布置相关的函数。将式(4.4.41)和式(4.4.42)代入式(4.4.43)，可得

$$\begin{aligned}E_{\rm rad}(\omega)&=\int_0^L\frac{U_c(\omega,0)}{Z(\omega,0)}D(\omega,x)R(\omega,x)\,{\rm d}x\\&=\frac{U_c(\omega,0)}{Z(\omega,0)}\int_0^L D(\omega,x)R(\omega,x)\,{\rm d}x\end{aligned} \tag{4.4.44}$$

如果令

$$H(\omega)=\frac{1}{Z(\omega,0)}\int_0^L D(\omega,x)R(\omega,x)\,{\rm d}x \tag{4.4.45}$$

则式(4.4.44)可写成以下形式：

$$E_{\rm rad}(\omega)=U_c(\omega,0)H(\omega) \tag{4.4.46}$$

式中，$H(\omega)$ 为系统的传递函数，它表示观察点的辐射电场与电源线近电机端电压之比。一旦系统的布置确定，$H(\omega)$ 也就确定了。因此由式(4.4.46)可知，雨刮系统产生的辐射场可通过电源线近电机端的传导电压结合系统的传递函数来进行预测分析。

2) 系统仿真建模及传递函数 $H(\omega)$ 的计算

仿真计算的辐射场最终必须经过实验验证，因此在仿真建模时还要充分考虑实验条件。下面根据实验平台的布置来建立求解系统传递函数的边值问题，然后结合测得的传导电压仿真计算出辐射场。

(1) 雨刮系统辐射发射实验平台。雨刮系统辐射发射实验平台满足 GB18655

中关于汽车零部件/模块的辐射发射测试规范的要求，如图 4.4.6 所示。实验测试的雨刮电机采用单电源线供电，负极就近接地，电源线与 12V 蓄电池之间用 LISN 连接。电源线的长度为 1.5m，距测试台边缘 0.1m，并由绝缘材料支撑使其高于测试台 0.05m，接收天线接收距导线中心 1m 远处水平和垂直方向的辐射电场，测试的频率范围为 30M~1GHz。

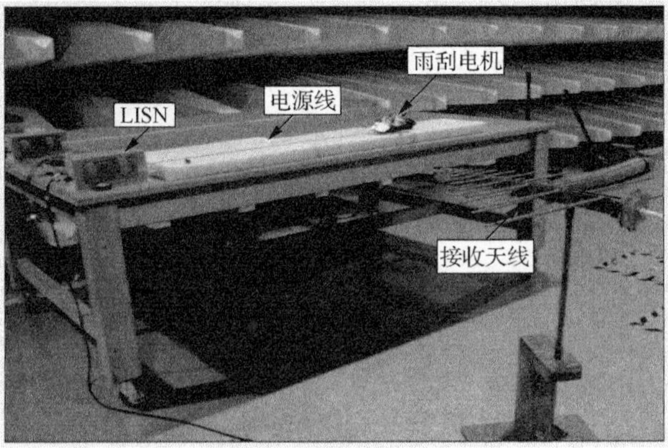

图 4.4.6 雨刮电机辐射发射的实验平台

(2)雨刮系统辐射发射的仿真建模。按照图 4.4.6 实验平台建立的雨刮系统辐射发射仿真模型等效为金属平板上单根导线的辐射问题，如图 4.4.7 所示。

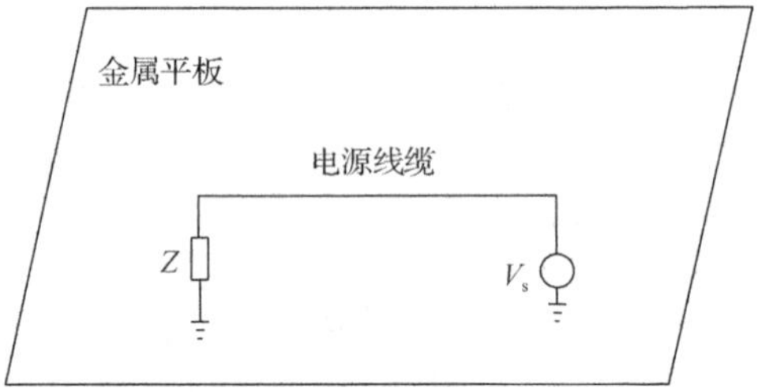

图 4.4.7 金属平板上电源线的辐射

金属平板面积为 2.5m×1.5m，电源线长 1.5m, 距边缘 0.1m，平行位于平板上方 0.05m 处。电源线左端阻抗 Z 表示 LISN，因 LISN 在给定频率范围内为电路提供大小为 50Ω的恒定阻抗，故 Z=50Ω。电源线的右端(即导线起点或近电机端)设置激励源 V_s (即干扰源)，由于是线性系统，系统传递函数与激励源无关，V_s 采用单位高斯脉冲，即

$$V_s(t)=\exp\left(-\frac{4\pi\left(t-t_0\right)^2}{\tau^2}\right) \tag{4.4.47}$$

式中，t_0 为峰值出现时间；τ为常数，决定了高斯脉冲的宽度。通过适当选择τ 可以激励出满足需要的频率范围。高斯脉冲的频宽由 $f=2/\tau$决定，当取τ=1.9ns 时，即可覆盖电机辐射电磁干扰的频率范围。

在保证雨刮系统辐射电磁干扰基本特征不变并满足精度要求的前提下，为了减少计算量，对仿真计算模型做如下假设：

①忽略导线和金属平板的阻抗，设为理想导体(PEC)；

②计算区域设为 3.2m×1.7m×1.25m。在边界截止处，采用 PML 为吸收边界条件。

③离散网格尺寸由$\delta=\lambda/N$ 确定，λ为计算频率上限对应的波长。为了满足数值色散对空间离散间隔的要求，一般取 $N\geqslant 10$，这里取 N=10，相应离散网格的最大尺寸大致在 3.0cm。

④将探针(观察点)设在距导线中心水平位置 1m 远处，计算获取该点水平和垂直方向的辐射电场。

应用仿真软件 CST 的瞬态求解器进行仿真分析时，计算空间剖分采用自适应网格加密技术，并设定误差为 1%。最后满足给定误差范围的剖分单元共计 504896 个。激励源幅值为单位值，因此计算得到的观察点电场分布也即系统的传递函数，如图 4.4.8 所示。

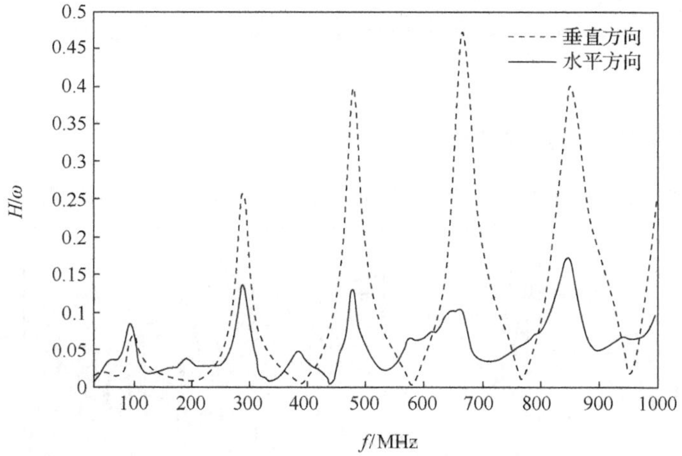

图 4.4.8　雨刮系统在水平和垂直方向上的传递函数

图 4.4.8 中，实线表示水平方向的传递函数，虚线表示垂直方向上的传递函数。从图中可以看出，垂直方向的传递函数远大于水平方向的，说明电源线辐射具有天线的方向性，电源线的天线效应十分明显。

3）雨刮系统辐射电磁干扰源的测量

计算出系统的传递函数后，还需要得到雨刮系统辐射仿真模型的激励源，也就是电机运行时产生在电源线上的传导电压。传导电压的测量在实验平台上进行，实验平台的布置如图 4.4.9 所示。

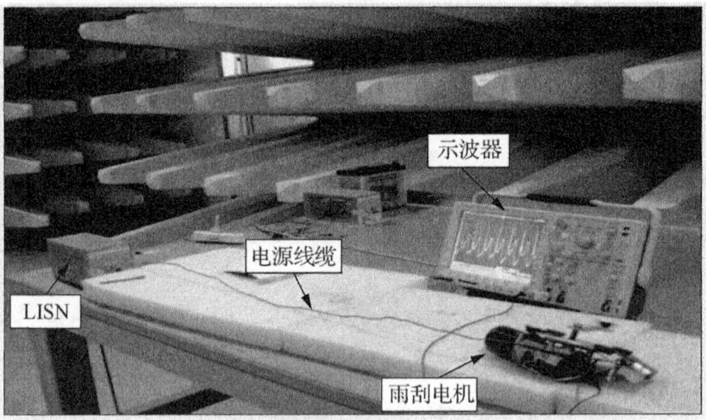

图 4.4.9　雨刮电机传导电压的测量

图 4.4.9 中的传导电压测量仪器为 TEK 示波器，在测试中采样时间间隔为 4×10^{-10}s，采样点数为 10^4，将示波器记录的电压数据经过傅里叶变换即可得到传导电压的频域结果 $U_c(\omega, 0)$，电源线在近电机端处的传导电压时域和频域特性如图 4.4.10 所示。

4.4.4　仿真结果与实验结果的比对

由前面计算得到的雨刮系统在水平和垂直方向上的传递函数 $H(\omega)$，以及实

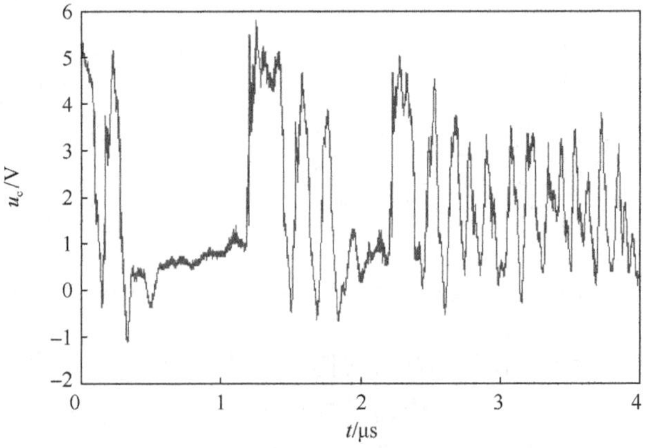

(a) 时域特性

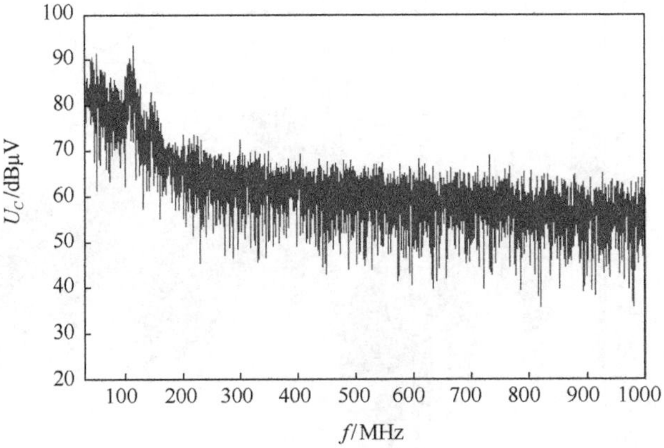

(b) 频域特性

图 4.4.10　雨刮系统辐射电磁干扰源的时域和频域特性

测的传导电压 $U_c(\omega,0)$，再根据式(4.4.46)即可得到雨刮系统在观察点处产生的辐射电场。

图 4.4.11 和图 4.4.12 分别给出了距电源线中心 1m 远处水平和垂直方向辐射电场的仿真和实测结果。从图 4.4.11 和图 4.4.12 可以看出，在整个频段上，仿真和实测的结果在变化趋势上比较一致，虽然两者在某些频段如 300M~500MHZ 内有一定的差异，但在其他频段特别是在雨刮系统容易超标的 30M~300MHz 频段内，仿真结果很好地反映了辐射电场的实际情形。仿真和实测结果的比对说明雨刮系统的辐射仿真模型是可行的。

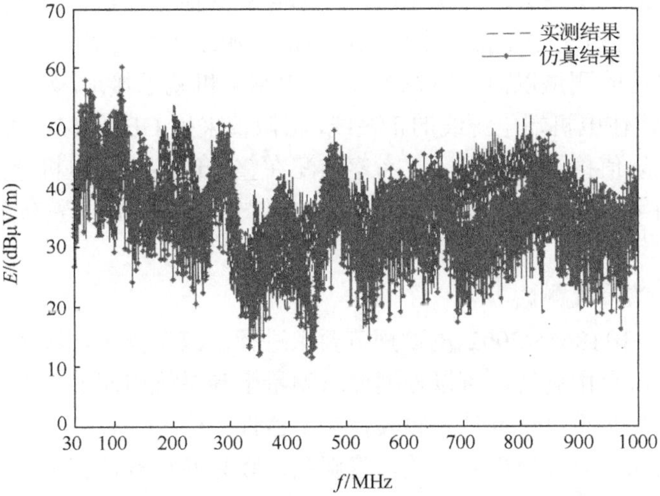

图 4.4.11　雨刮系统水平方向的辐射电场

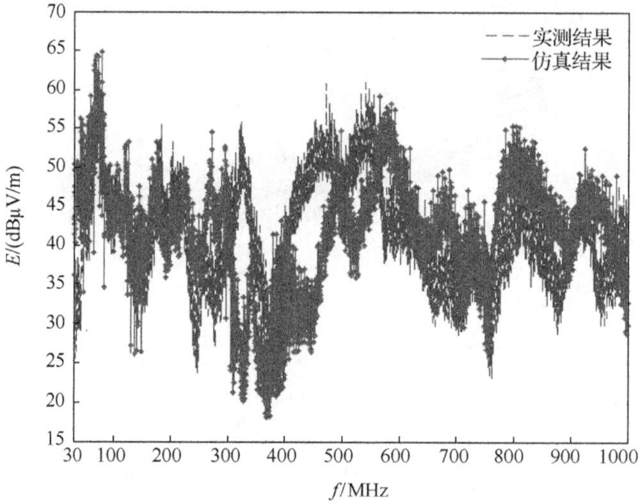

图 4.4.12　雨刮系统垂直方向的辐射电场

4.5　雨刮系统电磁干扰的抑制

4.5.1　雨刮系统电磁干扰测试及结果分析

1)传导电磁干扰测试

实验根据 GB18655-2002《用于保护车载接收机的无线电骚扰特性的限值和测量方法》在电波暗室完成。为防止汽车开动导致其他电子器件工作产生辐射干扰影响测量结果，在汽车中根据原来雨刮电机的电源线走势另设独立电路对其供电。

电源线电压的测量以雨刮电机的壳体(雨刮电机就近接地)为参考基准，电流探头(F-33-1)钳住电机端电源线的正极线，极限值采用 GB18655-2002 中规定的传导干扰宽带准峰值检波器限值 1。考察装配在整车内的雨刮电机分别在低速档、间歇档、高速档三种工作状态下，沿电源线的传导发射情况。试验布置图如图 4.5.1 所示。

2)辐射电磁干扰测试

实验按照 GB18655-2002 测试规范要求进行。汽车停于电波暗室中的旋转平台中央，平台可自由旋转，可以根据要求测量雨刮系统引起的整车在各个方向上的辐射干扰。为防止汽车开动导致其他电子器件工作产生辐射干扰影响测量，测试时汽车不点火，只开启雨刮开关，将雨刮片竖起并离开前窗玻璃。接收天线测量距车右侧 3m 远处的场强，天线高度 1.8m，测量雨刮系统辐射发射的测试布置如图 4.5.2 所示。

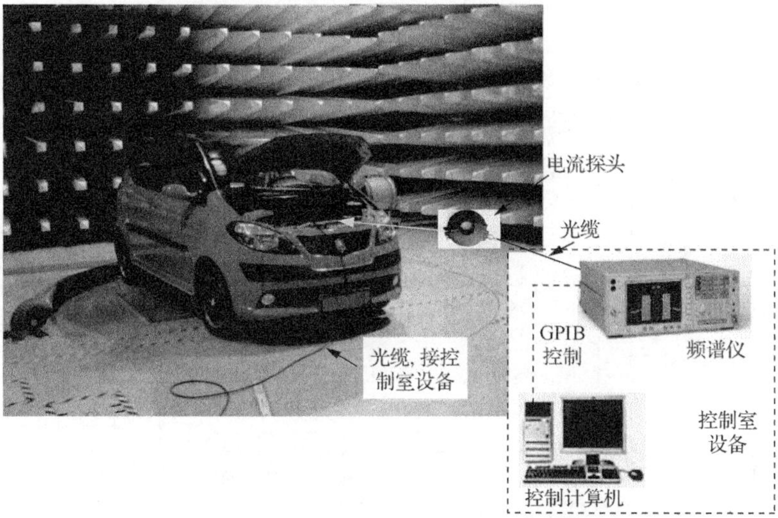

图 4.5.1　雨刮系统传导电磁干扰测试现场及实验布置图

图 4.5.2　雨刮系统辐射电磁干扰测试现场

3) 测试结果及分析

雨刮电机工作在低速档位时，雨刮系统的电磁干扰测试曲线如图 4.5.3 所示。从图 4.5.3 的测试结果可以看到：

① 雨刮系统的传导干扰除 0.15k~0.49MHz、19.37M~26.59MHz 及个别频点外都是超标的，特别是在高频段；传导干扰的最强点出现在 66.44MHz 左右，最大超标幅值达到了 18dBμV。

② 辐射的超标点主要集中在 30M~100MHz，在 80MHz 左右出现了超标点幅值达到 5dBμV/m 左右，辐射干扰不是太严重。

当雨刮电机工作在间歇档位时，雨刮系统的电磁干扰测试曲线如图 4.5.4

所示。

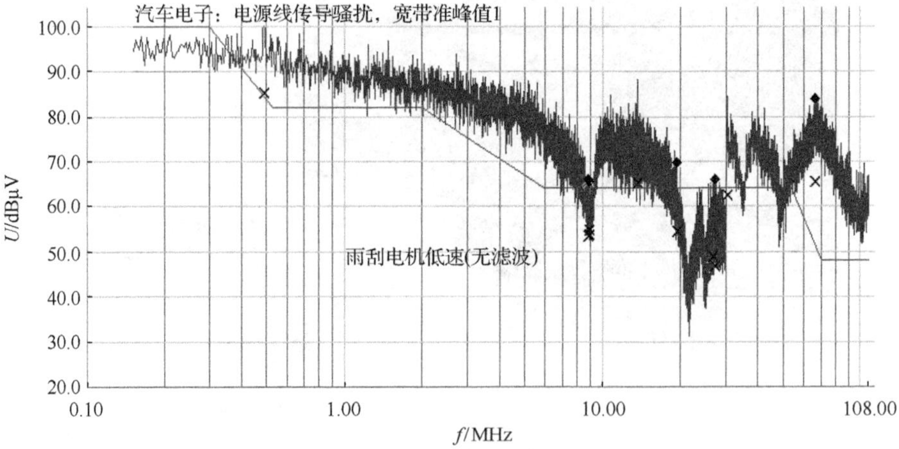

(a) 传导干扰

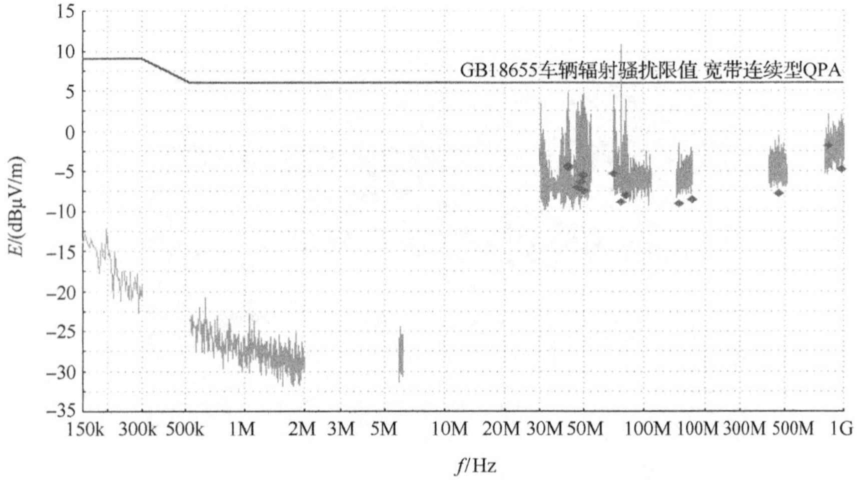

(b) 辐射干扰

图 4.5.3　雨刮电机低速档电磁干扰测试曲线

从图 4.5.4 的测试结果可以看到：

① 雨刮系统的传导干扰除 20.6M~23.27MHz 及个别频点外都是超标的，特别是在高频段；传导干扰的最强点出现在 100MHz 左右，最大超标幅值达到了 52dBμV。

② 辐射的超标点主要集中在 30M~100MHz 及个别频点，在 40MHz 左右出现了超标最强点，幅值达到 33dBμV/m 左右，辐射干扰超标比较严重。

当雨刮电机工作在高速档位时，雨刮系统的电磁干扰测试曲线如图 4.5.5 所示。

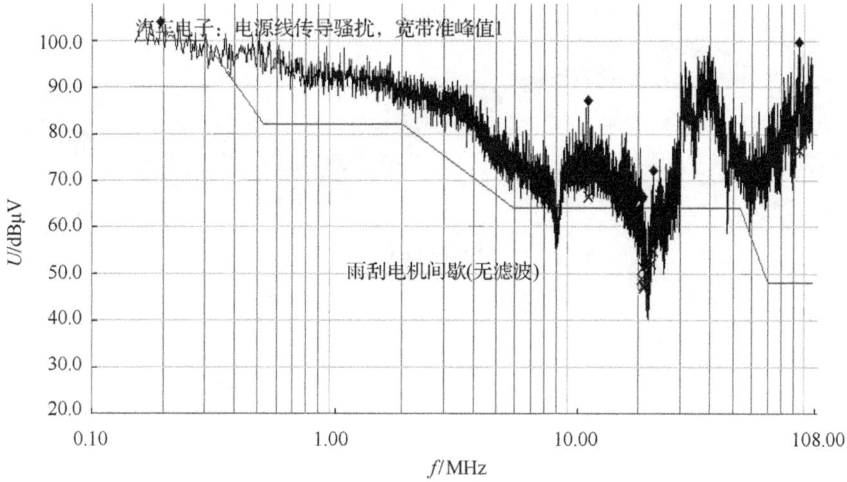

(a) 传导干扰

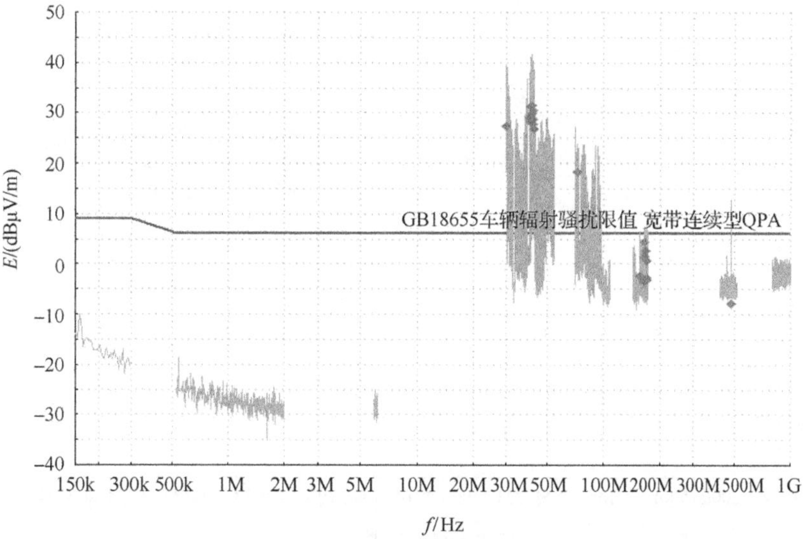

(b) 辐射干扰

图 4.5.4　雨刮电机间歇档电磁干扰测试曲线

从图 4.5.5 的测试结果可以看到：

① 雨刮系统的传导干扰除 0.15k~0.20MHz、0.20M~0.28MHz 及个别频点外基本全是超标的，特别是在高频段；传导干扰的最强点出现在 70MHz 左右，最大超标幅值达到了 33dBμV 左右。

② 辐射的超标点主要集中在 30M~60MHz、75M~100MHz 辐射干扰比较强，最强超标点出现在 40MHz 左右，幅值达到 4dBμV/m。

对比低速档、间歇档和高速档的测试结果，可以得到如下结论：①雨刮系统

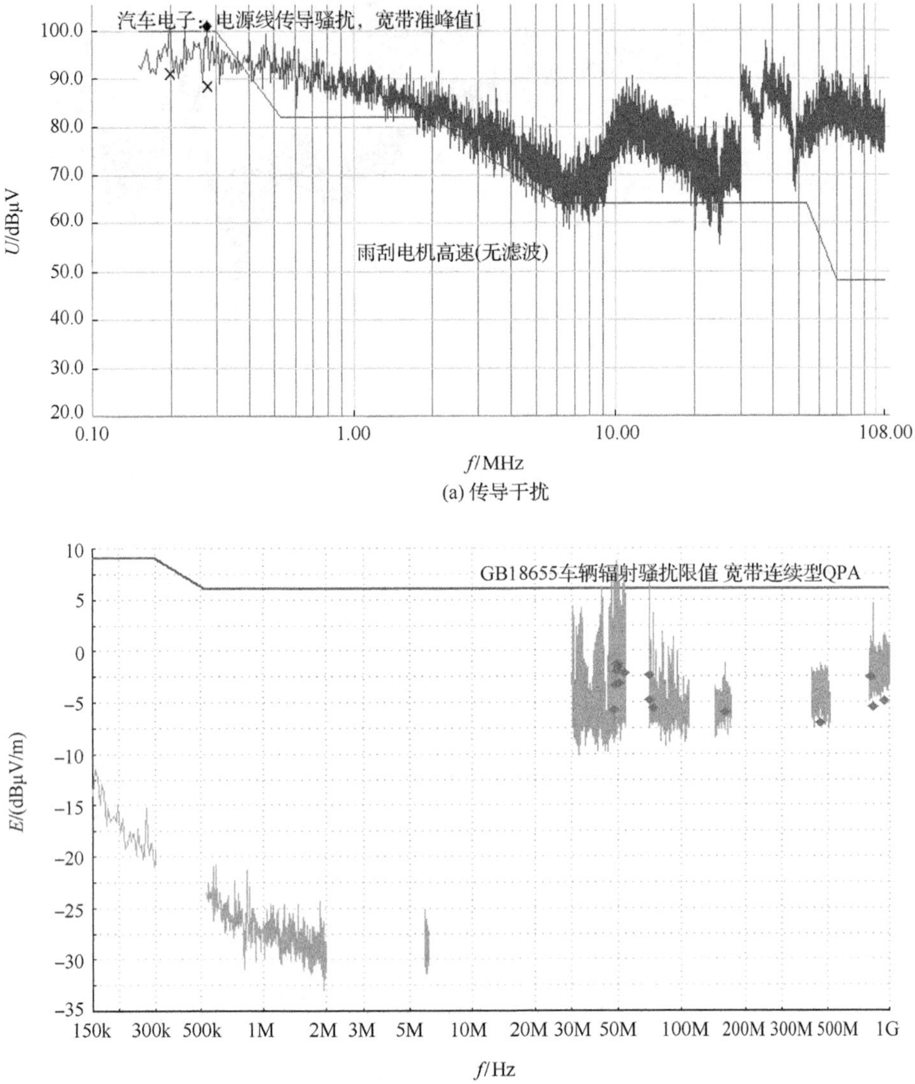

(a) 传导干扰

(b) 辐射干扰

图 4.5.5　雨刮电机高速档电磁干扰测试曲线

工作在间歇档位时，其电磁干扰的能量在幅值和分布密度上都比低、高速档位大。本章在 4.2.2 节中曾指出，电机启停产生的电磁干扰最大。当雨刮电机工作在间歇档时，电机频繁启停，所以在这一工作状态下的电磁干扰最严重，测试结果与前面的理论分析一致；②雨刮系统在高速档位工作时，其电磁干扰的能量在幅值和分布密度上又比低速档位大。这是因为雨刮电机工作在高速时，换向速度高于低速档，换向产生的电磁干扰会比低速档大；③雨刮系统在低速档、间歇档和高速档工作时，其传导干扰在整个 150k~108MHz 频段基本上都是超标的，特别是间歇档和高速档，而雨刮系统在这 3 种工作状态的辐射干扰超标频段主要集中在 30M~500MHz。

4.5.2　传导电磁干扰的抑制措施

从测试结果可以看到，雨刮系统的传导干扰在整个频段上基本都超标。由前面的分析可知传导干扰主要来自于雨刮电机换向过程和启停时所产生的高频瞬变电压或电流。滤波器是阻断传导干扰的有效手段，因此，可以在雨刮电机的电源线上施加 EMI 滤波器来阻断高频干扰源的传播路径。在 EMI 滤波器的设计上，选择中间频点 60MHz 左右这个频段进行设计。

1) EMI 滤波器的结构

雨刮系统的电磁噪声是由电机换向和启停的瞬态电压或电流产生的，主要是差模噪声，因此在这里主要针对雨刮系统产生的传导干扰进行抑制。若抑制差模噪声，电容器应跨接在电源引线之间，而电感器与电源引线应串联。

根据上面的分析和结合雨刮电机实际的工作情况，为了同时满足电机高、低速运转时的干扰抑制要求，设计的 EMI 滤波器结构模型如图 4.5.6 所示。

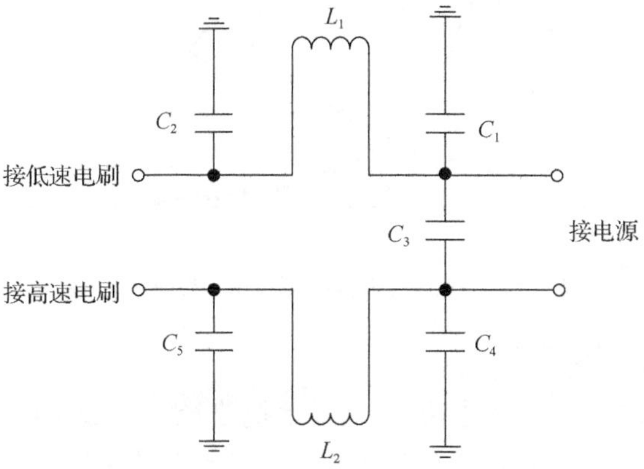

图 4.5.6　EMI 滤波器结构

根据低速档和高速档的滤波情况，可以把图 4.5.6 所示的滤波器拆分成两个 π 型滤波器。其中，C_3 和 C_4、C_1、C_2、L_1 构成低速档滤波器如图 4.5.7(a)，C_3 和 C_1、C_4、C_5、L_2 构成如图 4.4.7(b)所示的高速档滤波器。

其中要求 C_1、C_2、C_4、C_5 参数相等且为大电容，C_3 为小电容，这样可以提高 EMI 滤波器的滤波效果。将一个大电容和一个小电容并联起来使用，大电容抑制低频干扰、小电容抑制高频干扰如图 4.5.8 所示。

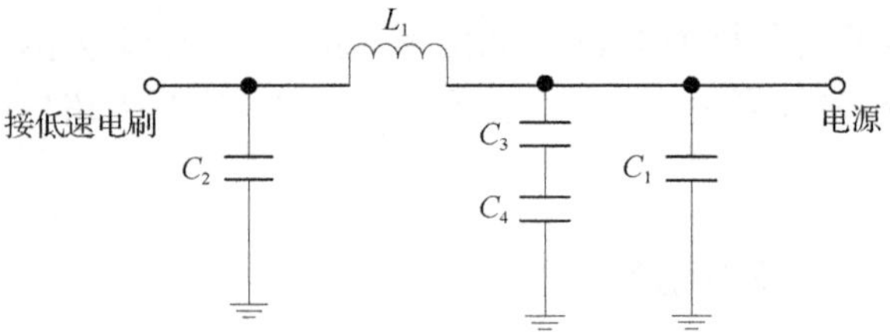

(a) 低速档

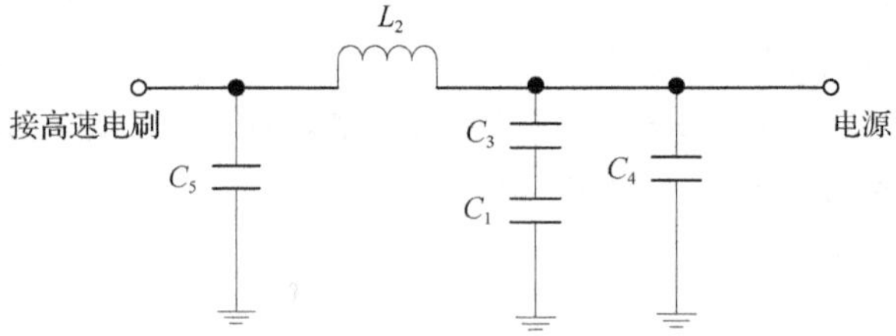

(b) 高速档

图 4.5.7　EMI 滤波器原理图

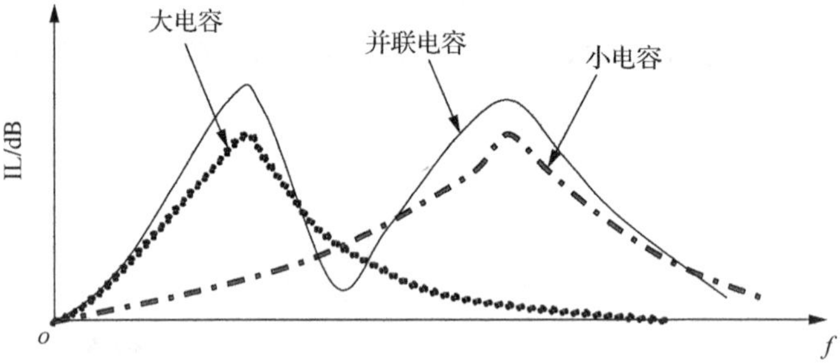

图 4.5.8　大、小电容并联网络的滤波特性

2) EMI 滤波器的参数选择

差模电容为高频噪声电流提供一个低阻抗路径，可减少电源线上的环流，从而减小电源线的辐射能量。安全标准规定，差模电容器上除加有电源额定电压外，还会叠加上火线和零线之间存在的各种干扰源的峰值电压。根据电容器应用的最坏情况，即差模电容器在安全性能欠佳的同时又出现峰值电压，则电容器可能被击穿，造成电源线短路，其结果除了使 EMI 滤波器丧失滤波功能外，还会导致蓄电池两极短路，严重威胁行车安全，故差模电容器应该选择经受得起电机断开时高达 300V 的瞬变电压。因此，差模电容通常选用金属膜电容器，取值范围一般在 0.1~5μF。

差模电感必须流过交流电源电流，一般是采用磁导率 μ 值较低的铁粉芯电感器。由于 μ 值较低所以电感值较小，典型值是几 μH 到数百 μH 之间。

首先通过实验来确定 C_3 值的大小，将耐压 630V，型号为 104、224、334 三个 CBB(金属膜聚酯薄膜)电容分别加在靠近电机端的电源线之间，抑制效果的测试结果如图 4.5.9 所示。

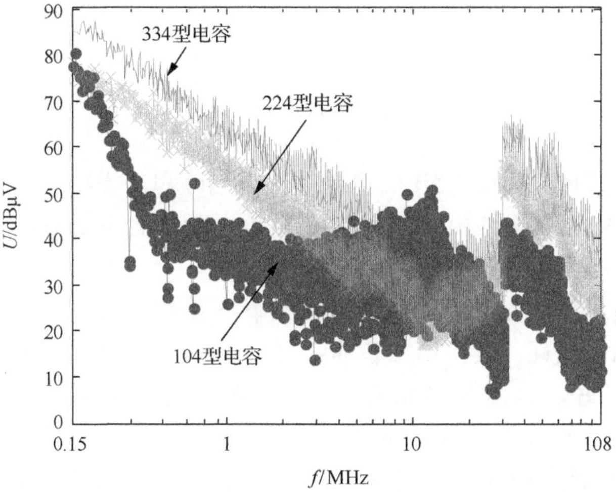

图 4.5.9　不同电容的抑制效果

从图 4.5.9 中可以看到，加入 104 号电容后抑制效果最明显，说明其差模抑制效果最好。由于电容器的高频电路等效为电容、寄生电感和寄生电阻的串联，存在一个串联谐振点 $1/2\pi(LC)^{1/2}$，在谐振点处滤波效果最好。同种材料的电容由于寄生电感和电阻差别不大，电容越小，谐振点频率越高，滤波效果也就越好。因此 C_3 选 104 号电容。

对于 C_1、C_2、C_4、C_5、L_1 和 L_2 参数的选择，因为雨刮电机高速档和低速档的滤波器结构和参数是对称的，所以只针对低速档的滤波器进行讨论。相对 C_4，C_3 为小电容，串联后可以等效为 C_3 的值。C_3 的值已经确定，C_1 和 C_2 的值相等。这样可以通过软件 Saber 来仿真滤波器的插入损耗，以此确定 C_1、C_2 和 L_1 的参数。

低速档滤波器的等效图如图 4.5.10 所示。

同样的，在高频时滤波器的元器件不是单纯的电容或电感，它们具有串联的寄生电感和电阻、或并联的寄生电容和电阻，极易发生谐振使之变得复杂。由于自谐振，虽然较大的 L、C 值能降低滤波器的截止频率，并且在低频范围内取得较好的滤波效果，但在全频段内插入损耗相差过大，不能满足 EMI 滤波器在上百 MHz 频域内拥有稳定且较高插入损耗的要求。综合考虑，可以将元件的谐振点设置在干扰成分较大的位置，所以雨刮系统针对 60MHz 左右传导干扰的中间频点进行设计。同时，考虑到滤波元件的自谐振点间距过近，则高频插入损耗频率范围过小，过远时两自谐振点间的插入损耗会下降，所以滤波元件的自谐振点间距应

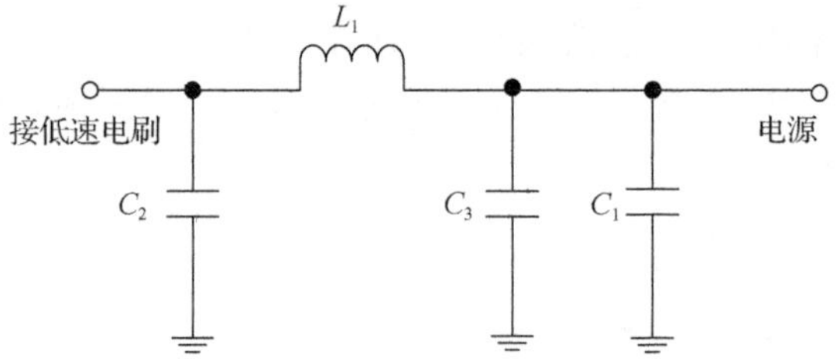

图 4.5.10 低速档滤波器

选择适中。为了选择合适的 EMI 滤波器的差模电感和差模电容，选择在阻抗失配条件下 20mΩ/1MΩ(蓄电池阻抗/雨刮电机阻抗，蓄电池为低阻抗，雨刮电机为高阻抗)，对 EMI 滤波器的插入损耗进行仿真。

图 4.5.11 所示曲线为保持滤波器固有频率不变的情况下，选取三组不同的 L、C 值所对应的插入损耗。其中第二条曲线(L_1=10μH、C_1=C_2=3.3μF)的自谐振点位置和间距选择最好，虽然在 30MHz 以下的频率内低于第一条曲线(L_1=1μH、C_1=C_2=3μF)，但在整个范围内基本都保持了 40dB 以上的衰减，并且谐振点发生在传导超标的中间频点 60MHz 左右，所以应优先选择这组数据。

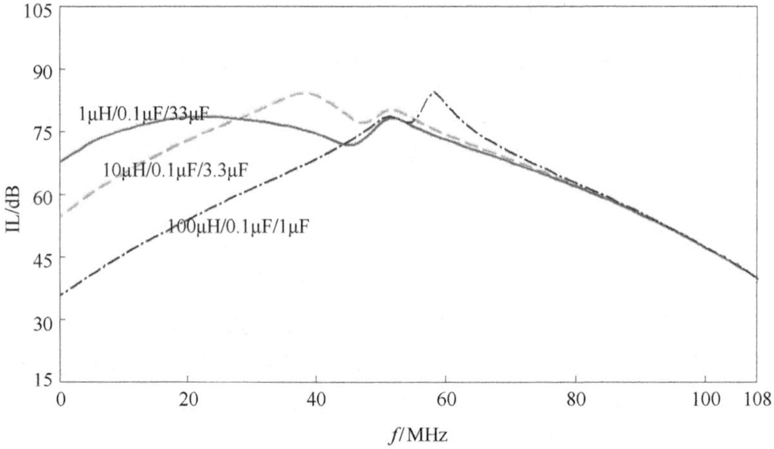

图 4.5.11 EMI 滤波器元件取不同参数值的插入损耗

3)抑制效果的实验验证

将 EMI 滤波器的接头分别接到雨刮电机的低速档和高速档电刷上(即图 4.1.5 的电刷 2 和电刷 3)，实际连线图和实验如图 4.5.12 和图 4.5.13 所示。

按 GB18655-2002 的标准，分别测试雨刮电机在低速档、间歇档和高速档运行时的传导干扰情况，实验结果如图 4.5.14、图 4.5.15 和图 4.5.16 所示。

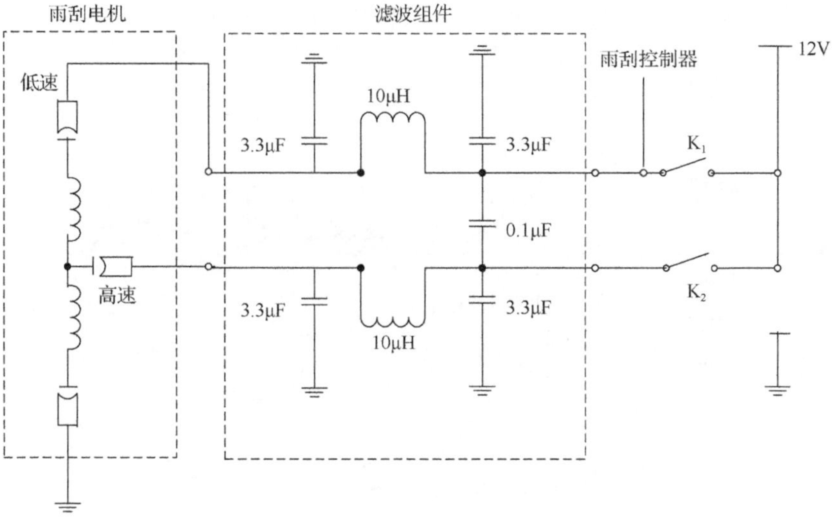

图 4.5.12　EMI 滤波器接入电线路图

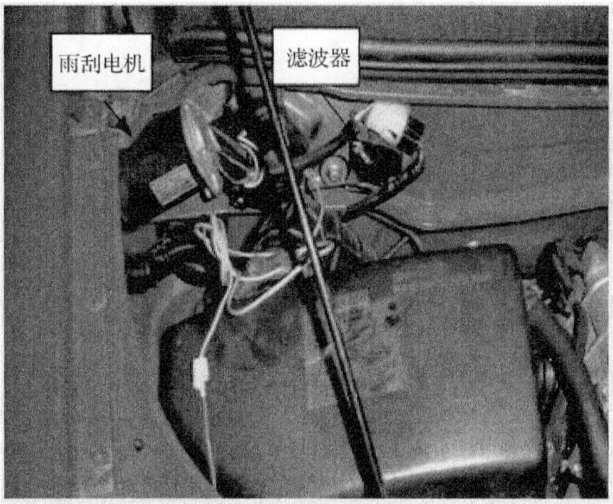

图 4.5.13　EMI 滤波器接入雨刮系统实验

将加入 EMI 滤波器前后的测试结果进行比对可以发现，受试车的电磁干扰不再超标，在整个频段上都符合 GB18655-2002 的要求，并且还有一定的裕量，特别是间歇档传导干扰的主要超标频段，产生了近 50dBμV 的衰减。虽然 EMI 滤波器是针对抑制传导干扰进行设计的，但辐射干扰也得到了较好抑制，这是由于 EMI 滤波器接在靠近电机端的电源线上，从电机端部出来的高频电磁噪声大部分直接通过 EMI 滤波器的电容流入到“地”，减小了电源线上的辐射能量。由于 EMI 滤波器选用了较为廉价的电容电感，在较低的成本下取得了较好的抑制效果，说明该 EMI 滤波器抑制雨刮系统的电磁干扰是经济实用的。

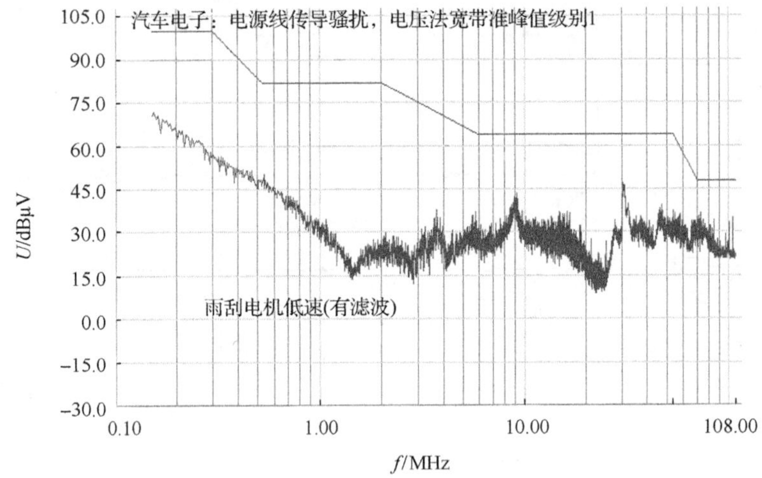

(a) 传导干扰

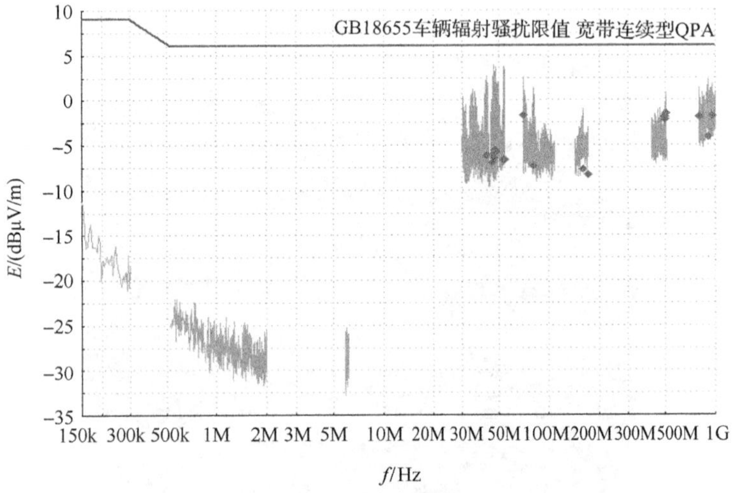

(b) 辐射干扰

图 4.5.14　加入 EMI 滤波器后雨刮电机低速档电磁干扰测试曲线

4) 滤波器安装注意事项

EMI 滤波器的抑制效果不仅取决于它的设计和制造工艺，还与其安装有关。如果安装不当，仍然会破坏滤波器的衰减特性。只有恰当地安装滤波器才能取得良好的效果，通常应注意以下事项：

① 滤波器最好安装在干扰源出口处，再将干扰源和滤波器完全封闭在一个盒子里。例如 EMI 滤波器应安装在靠近电机的一端，并加屏蔽。

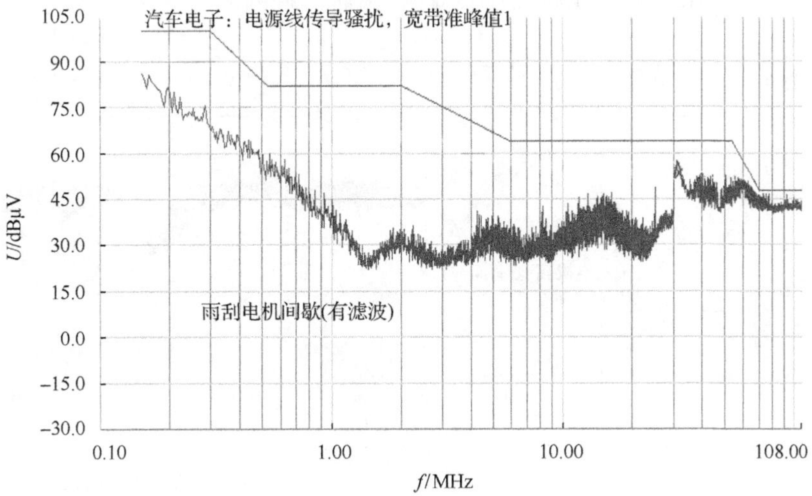

(a) 传导干扰

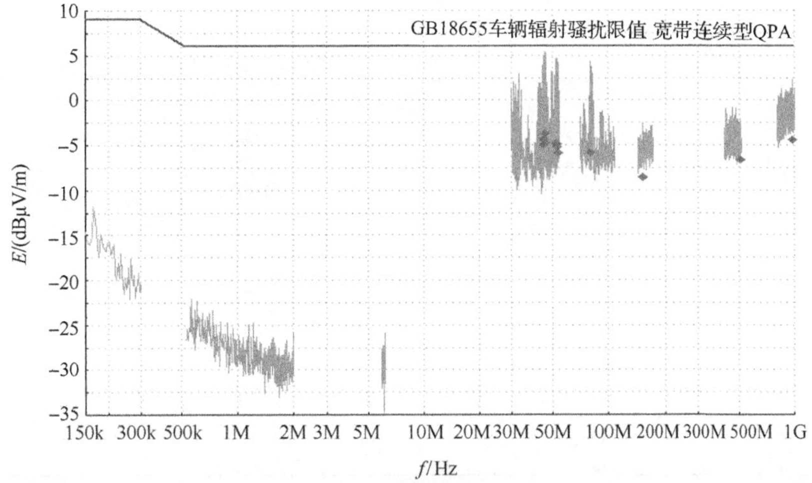

(b) 辐射干扰

图 4.5.15　加入 EMI 滤波器后雨刮电机间歇档电磁干扰测试曲线

② 焊接时，电容器的引线应尽量短，减小它自身的寄生电感和电阻，提高高频滤波性能。

③ 滤波器的输入和输出线必须分开，防止输入端和输出端线路出现耦合而降低滤波器的滤波性能。

④ 滤波器接地线上有很大的短路电流，能辐射很强的电磁干扰，因此对滤波器的抑制元件要进行良好的屏蔽。

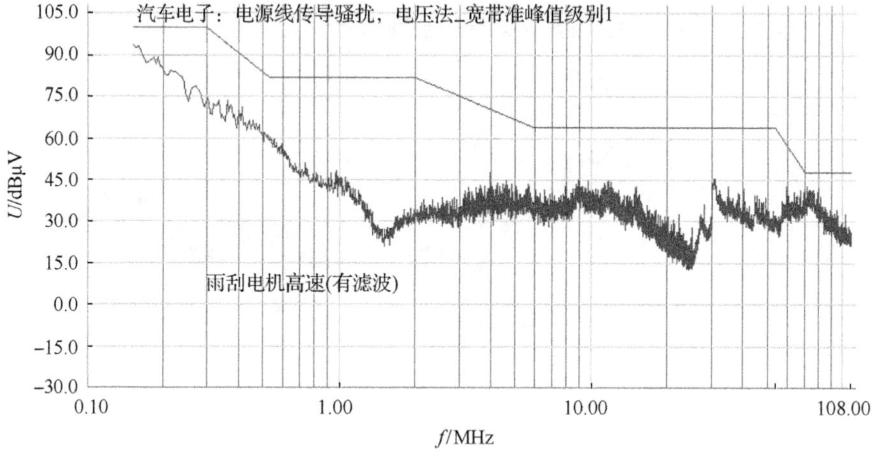

(a) 传导干扰

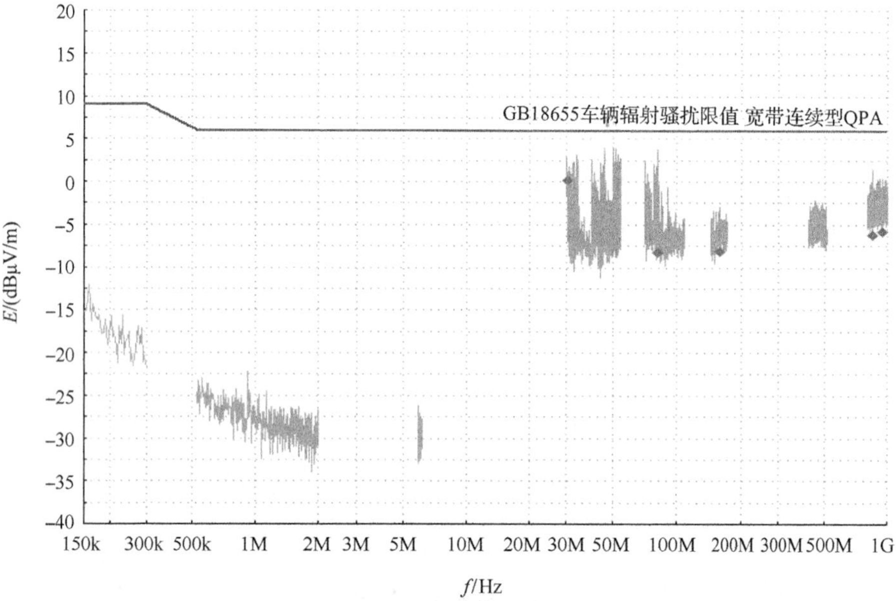

(b) 辐射干扰

图 4.5.16　加入 EMI 滤波器后雨刮电机高速档电磁干扰测试曲线

第 5 章　直流电源变换系统的传导电磁干扰

与传统汽车相比，电动汽车新增加了直流电源变换系统和电机驱动系统，这两个系统中的开关器件 MOSFET 和 IGBT 工作电压和频率都很高，例如某个车载装置的 MOSFET 开关频率达到 50kHz，电压跳变量高达几百伏，形成电动汽车最主要的干扰源。由于直流电源变换系统和电机驱动系统的电磁干扰是在汽车正常工作过程中产生的，不可避免，而且相比于车内其他电磁干扰源，这两个系统中的电磁干扰最为强烈，是目前最难解决的电磁兼容问题之一。本章将针对直流电源变换系统的传导电磁干扰进行系统的分析、建模以及抑制工作，下一章则对电机驱动系统的电磁兼容问题展开讨论。

汽车运行时，车内同时产生的电磁干扰较多，独立干扰信号的提取尤为重要，所以，对电源变换系统的电磁干扰采取了独立测量，并进行特征提取。本章在掌握电磁干扰产生机理、干扰源的特性与传播路径的基础上，利用多种电磁场求解方法建立了直流电源变换系统的传导 EMI 仿真模型，并通过实验验证仿真模型的正确性。利用所建立的电磁干扰仿真模型，对电磁干扰传播路径上的寄生参数进行优化分析；设计的共模滤波器对电磁干扰的抑制覆盖了整个传导干扰频段；重新设计了变换器中高频变压器绕组的绕线方式，减小了绕组漏感，有效降低了电磁振荡干扰的幅值。

5.1　电磁干扰源的独立测量与特征提取

由于电动汽车增加了大功率电力电子设备，整车内部电气电子设备和线束数量明显增多，而且电压等级不尽相同，所以，车内存在数量众多和特征各异的电磁干扰源。在直流电源变换系统中(DC/DC)，研究电源线上单独产生的电磁干扰特征时，有必要将与之相关的其他线束上的电磁干扰排除。为此，利用铁氧体磁环对 EMI 信号的消耗特点对需要排除的线束进行 EMI 滤除或抑制，获取直流电源变换系统电源线上的独立传导 EMI 信号并采用小波变换分解出各子带信号，计算出各子带频域内的累积能量参数、突变参数和不平衡参数，实现对干扰源的准确分析。

5.1.1　干扰源的独立测量

电动汽车内低压设备正常工作时由车载 12V/24V 蓄电池供电，高压设备工作时由高压动力电池供电，各个系统产生的电磁干扰会通过电池形成公共电源阻抗耦合，造成一个系统产生的干扰影响另一个系统，所以测量一个系统/线束产生的干扰时，必须排除其他系统/线束对该系统的影响。

图 5.1.1 为测量 DC/DC 变换系统输出线上干扰信号的示意图，为了避免系统中其他线束上的干扰影响到测量结果，采用高阻抗铁氧体磁环来阻止干扰信号对被测线束上干扰水平的影响，铁氧体磁环的安装位置如图 5.1.1 所示。

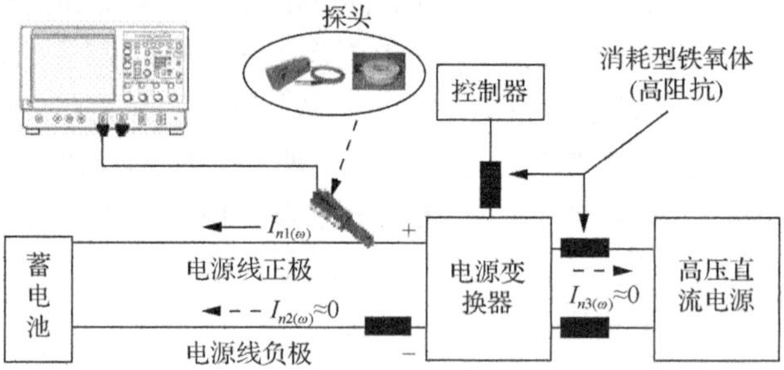

图 5.1.1　电动汽车 DC/DC 系统传导干扰测量示意图

上述方法能够解决实验室平台上独立系统中某个单独线束上传导电磁干扰的测量问题。但是在实际工程中，更加关心整车上某个系统单独产生的电磁干扰水平，这就需要在整车上进行某个系统或某个干扰源的独立测量。整车上独立干扰源的测量方法依然遵循隔离或阻止干扰传播路径的原则，或者通过控制车辆的工作状态使得独立干扰源的测量变得更加方便和准确。

整车上的 DC/DC 变换系统干扰源的独立测量实验布置如图 5.1.2 所示。图 5.1.2(a)为独立干扰源测量的实验布置全景，传导测量所采用的仪器设备为：Agilent N9000A 频谱分析仪、DSO7104B 模数混合示波器、N2873A 无源电流探头、FCC 电流探头、TDK 公司 T 系列环形铁氧体磁环。示波器和 N2873A 电流探头用来测量系统的时域干扰电流波形，频谱分析仪和 FCC 电流探头用来测量系统频域干扰电流信号。铁氧体磁环和电流探头的安装位置如图 5.1.2(b)所示。

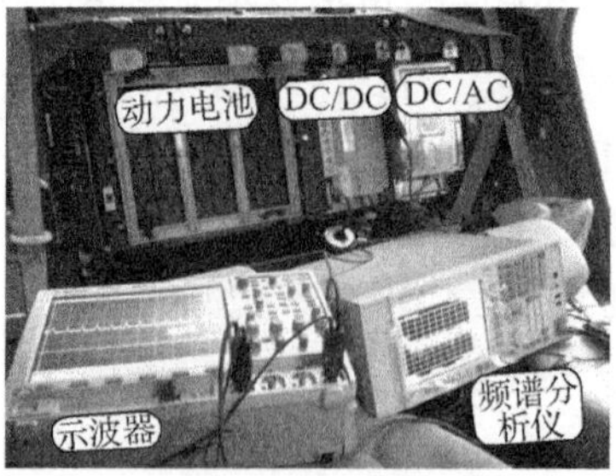

(a) 实测场景及设备布置

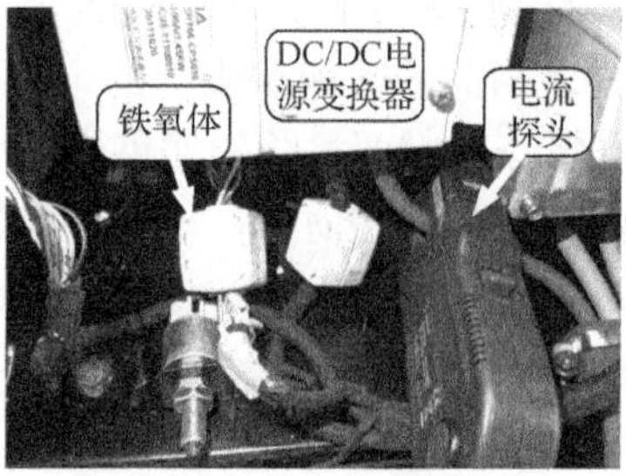

(b) 铁氧体磁环安装及测量位置

图 5.1.2　整车中直流电源变换器系统独立干扰水平的测量

混合动力汽车高压电气系统的结构示意图和 EMI 传播主要路径如图 5.1.3 所示，从图中可以看出混合动力部分有两大主要干扰源：直流电源变换器(DC/DC)和电机驱动控制器(DC/AC)，由于它们使用共同的高压动力电池而形成公共电源干扰。

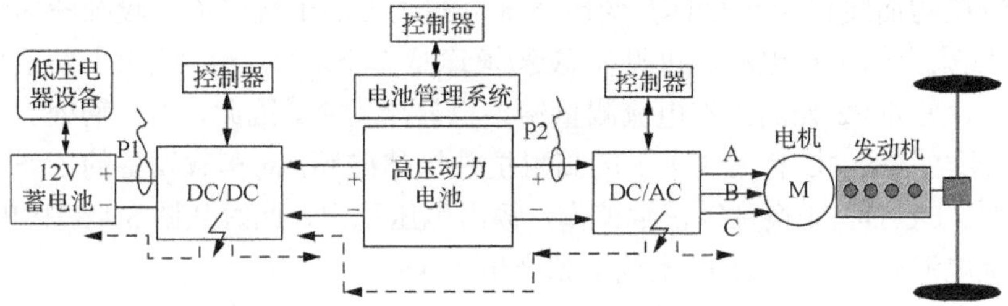

图 5.1.3　混合动力部分电气拓扑及 EMI 传播路径

当车辆工作在加速和能量回馈模式时，DC/AC 系统始终处于工作状态，其开关器件产生的 EMI 会通过动力电池耦合到 DC/DC 的电源线上。但当车辆工作在怠速和匀速模式时，DC/AC 处于不工作或者待机状态，这一点可以通过实验测量数据得到验证。图 5.1.4 为电源变换系统电源线上的传导干扰电流频谱，当车辆处于怠速运行状态时 DC/AC 系统不工作，理论上图 5.1.3 中 P1 点处测量的干扰电流均来自 DC/DC 系统，如图 5.1.4 中第二条曲线所示。当车辆在能量回馈阶段，DC/AC 将三相交流电转变为直流电给动力电池充电，此时 DC/AC 的开关器件工作，产生的干扰电流会通过动力电池耦合到 DC/DC 电源线上形成叠加，所以此时 P1 处测得的干扰水平整体要大于怠速时的结果，如图 5.1.4 中第一条曲线所示。因此，在获取 DC/DC 单独产生的干扰时，必须排除来自 DC/AC 的干扰影响。

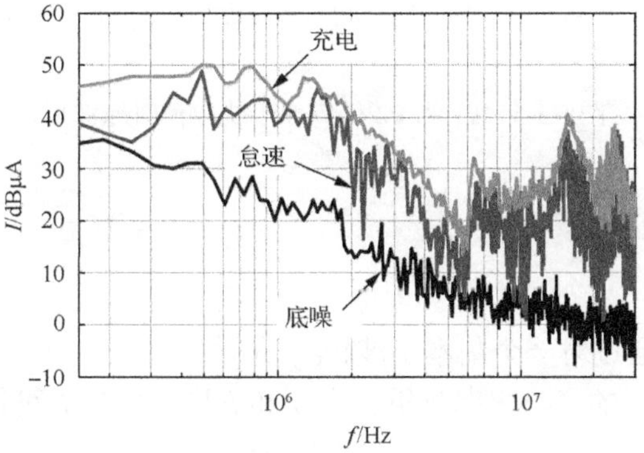

图 5.1.4　DC/DC 变换器电源线正极(P1 处)传导干扰电流频谱

在实际获取独立干扰源时要保证整车系统的完整性，在不拆卸 DC/AC 等系统的前提下完成测量，需要对车辆运行状态进行调控。通过对混合动力汽车工作原理分析，当车辆上电后 DC/DC 系统始终处于工作状态，输出功率的大小取决于车辆低压电气设备投入运行的情况，而 DC/AC 只在加速和能量回馈阶段工作，因此只要控制车辆运行在怠速/恒速模式，就可以使 DC/DC 系统在整车中独立工作。这一点可以通过测量图 5.1.3 中 P1 和 P2 处的干扰电流来判断，测量结果如图 5.1.5 所示。较粗的曲线代表 DC/DC 变换系统电源线上的干扰电流，较细的曲线代表 DC/AC 线束上的干扰电流，可见在怠速/恒速状态下，DC/AC 线束上的干扰电流几乎为零，另外 P2 处的工作电流测量结果也显示为零。因此，当车辆处于怠速状态时，加装在 DC/DC 有关线束上的高阻抗铁氧体磁环，对车载设备的工作不产生额外影响。DC/DC 变换系统正常工作，输出电压稳定，此时从图 5.1.3 中 P1 处测量的干扰电流就是由 DC/DC 系统单独产生的干扰。

通过上述方法测量的干扰信号除了单个系统/线束产生的电磁干扰外，还会含有少量的由测量系统和空间耦合带来的混合干扰信号。在 EMI 抑制措施研究中，信号在相应频带内的能量大小和分布对 EMI 抑制措施的研究十分重要，因此有必要对 EMI 信号的特征情况进行研究。

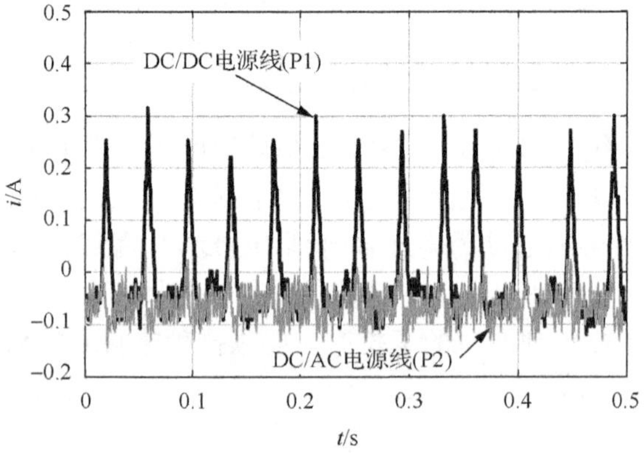

图 5.1.5 P1 和 P2 处传导干扰电流时域波形

5.1.2 干扰源的特征提取

1) 小波变换

小波变换是指通过对一个基本小波 $\psi(t)$ 进行尺度因子 a 和平移因子 b 处理，实现对非平稳信号 $f(t)$ 的多分辨率分析。当 a 和 b 取不同值时可得到一个小波序列

$$\psi_{a,b}(t)=\frac{1}{\sqrt{|a|}}\psi\left(\frac{t-b}{a}\right) \tag{5.1.1}$$

式中，$a \neq b; b \in R$。

由 $\psi_{a,b}(t)$ 可对 $f(t)$ 进行连续小波变换

$$(W_\psi f)(a,b)=\left\langle f,\psi_{a,b}\right\rangle=|a|^{-1/2}\int_{-\infty}^{+\infty}f(t)\overline{\psi\left(\frac{t-b}{a}\right)}\mathrm{d}t \tag{5.1.2}$$

在计算机中采用离散小波变换处理信号，将尺度因子 a 和平移因子 b 离散化处理，则 $a=a_0^m$ ， $b=nb_0a_0^m$ ， $m,n\in\boldsymbol{Z}$ ，可以得到一组离散的基本小波

$$\psi_{m,n}(t)=|a_0|^{-m/2}\psi(a_0^{-m}t-nb_0) \tag{5.1.3}$$

相应的离散小波变换为

$$(W_\psi f)(a,b)=\left\langle f,\psi_{a,b}\right\rangle=|a_0|^{-m/2}\int_{-\infty}^{+\infty}f(t)\overline{\psi(a_0^{-m}t-nb_0)}\,\mathrm{d}t \tag{5.1.4}$$

当 $a_0=2$ ， $b_0=1$ 时，可得二进制离散小波

$$\psi_{m,n}(t)=2^{-m/2}\psi(2^{-m}t-n) \tag{5.1.5}$$

Mallat 算法可以实现原始信号 $f(n)$ 的二进制离散小波变换，用小波滤波器组 H 和 G 表示 $\psi_{m,n}(t)$ 、 $f(n)$ 的分解算法为

$$\begin{cases}A_0[f(n)]=f(n)\\ A_j[f(n)]=\sum\limits_k H(2n-k)A_{j-1}[f(n)]\\ D_j[f(n)]=\sum\limits_k G(2n-k)A_{j-1}[f(n)]\end{cases} \tag{5.1.6}$$

式中，n 为离散时间序列号（n=1,2,3, …， N）；j 为分解尺度数（j=1,2,3, …， J）；$J=\log_2 N$ ； A_j 为信号 $f(n)$ 在第 j 尺度下的低频部分的小波系数（近似信号）； D_j 为信号 $f(n)$ 在第 j 尺度下的高频部分的小波系数（细节信号）。设信号 $f(n)$ 的频带为 0~f Hz，图 5.1.6 所示为 Mallat 算法的信号分解过程示意图。

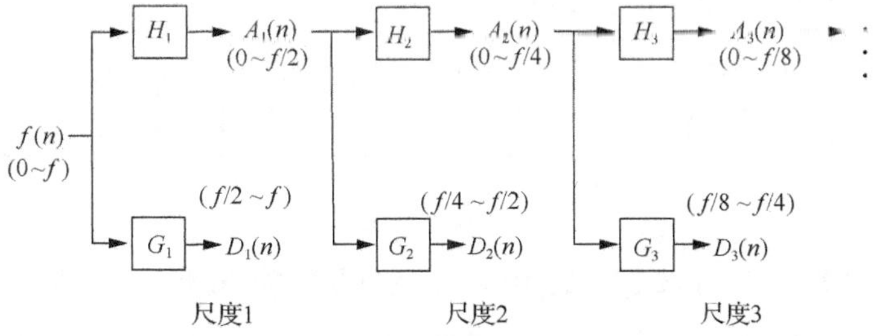

图 5.1.6　Mallat 算法的信号分解过程及各尺度下信号所占带宽

信号的小波分解可以视为 j 尺度下的一组小波分解滤波器 G_j 和 H_j 分别与 j–1 尺度下的低频带小波系数 $A_{j-1}(n)$ 相卷积，从而得到对应的高频带小波系数 $D_j(n)$ 和低频带小波系数 $A_j(n)$ 。当不同中心频率的小波分解滤波器组完成对信号频带由大到小的逐级分解后，小波分解的结果就能显示信号在特定频带上的变化特征。

前面测量的混合动力汽车电源变换器系统电源线上(图 5.1.3 中 P1 处)的 EMI 信号包含其他成分的干扰信号。从小波分析的角度看，实测的混合信号中应该包含不同频带的干扰信号，对其进行小波分解，原始信号的高频成分对应较低的分解尺度，低频成分对应较高的分解尺度，随着分解尺度的增加，高频干扰噪声和低频干扰信号会逐步显现出来。

采用 db 小波函数对电源变换系统传导干扰信号进行分解，分解尺度为 3，合理选取最优小波基之后，采用 Mallat 快速算法分解后的 3 个高频子带小波系数 cd1、cd2 和 cd3，如图 5.1.7 所示。

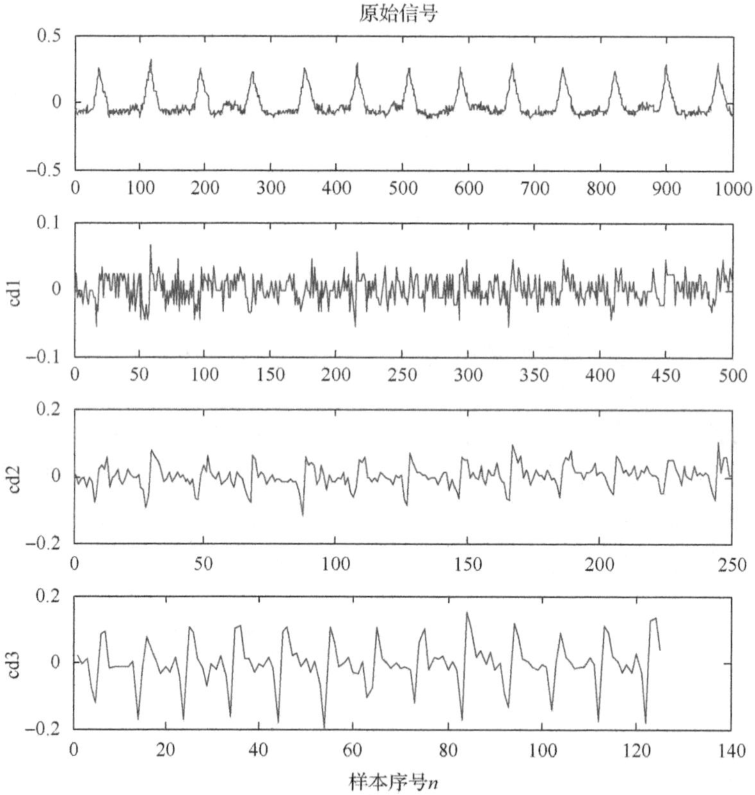

图 5.1.7　小波分解结构中第 1、2、3 层的高频子带小波系数

由于直流电源变换系统传导干扰信号在各频带上的能量总和与原始信号能

量总和一致，所以每个频带内的信号能够表征原始信号在该频率范围内的干扰信息。鉴于第 3 层的低频子带小波系数所占带宽仅为(0~f/8)，而且时间分辨率较低，所以可以不考虑该频带的小波系数对整个信号分析的影响，仅在时域内分别提取 3 个高频子带上小波系数的累积能量参数、突变参数和不平衡参数来表征原始信号的特征。

2) 累积能量参数

不同子带的小波系数在相对应频带上的能量必定有所不同，将小波系数的累积能量定义为

$$E(j)=\frac{\Delta t}{R_0}\sum_{i=1}^{N}k^2(i) \tag{5.1.7}$$

式中，N 为采样点数；j 为层数；Δt 为采样时间间隔；R_0 为匹配阻抗；$k(i)$ 为小波系数。j=1 时，N=1000；j=2 时，N=500；其他情况以此类推。以各个频带上小波系数的累积能量为元素构造一个特征向量 $\boldsymbol{W}$ 来表征干扰信号在小波域内的特点，$\boldsymbol{W}=[E(1),\ E(2),\ E(3)]$，各高频子带上小波系数对应的累积能量大小如图 5.1.8 所示。图 5.1.8 中 E(3) 频带为低频段，开关器件产生的陡脉冲主要分布在这一频带，频率范围大约为(3.75M~7.5MHz)，而且占据了干扰信号的大部分能量。

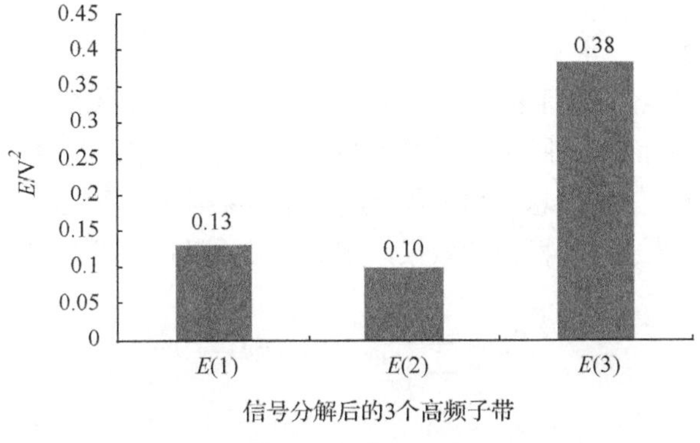

图 5.1.8　各高频子带的小波系数的累积能量特征分布

E(1).(f/2~f)；E(2).(f/4~f/2)；E(3).(f/8~f/4)

3) 突变参数

从图 5.1.7 中小波分解后的第 1、2、3 层的小波系数波形特点可以看出，不同小波系数的波形突变情况存在差异。将各小波系数的采样点数等分为 5 个区间，分别计算各个区间内的累积能量 E_i (i=1,2,3,4,5)，由此定义每个频带上小波系数的突变参数 α 为

$$\alpha(j)=\frac{\max E_i}{\frac{1}{5}\sum_{i=1}^{5}E_i} \tag{5.1.8}$$

以各高频带子带上小波系数的突变参数构造一个特征向量 $\boldsymbol{V}$ 来描述原始信号经过小波变换后在各高频子带上的特点，$\boldsymbol{V}=[\alpha_1,\alpha_2,\alpha_3]$。各高频子带上小波系数对应的突变参数大小如图 5.1.9 所示。

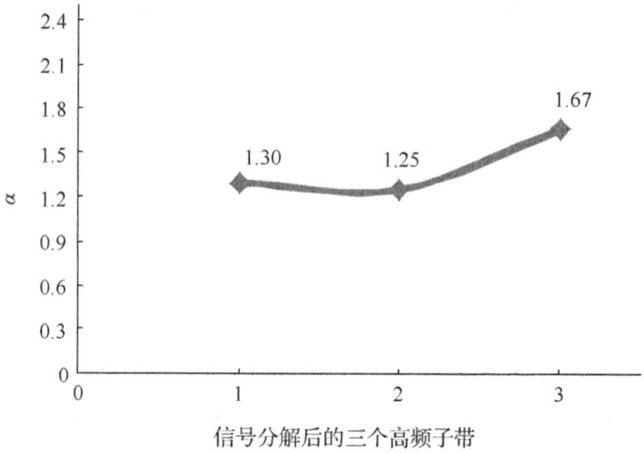

图 5.1.9　各高频子带的小波系数的突变参数特征

4) 不平衡参数

Mallat 证明了当各尺度下的模极大值已知时，可以利用投影迭代法恢复各尺度下的子小波变换值，从而实现原始信号的重构。这表明利用各尺度下的极大值作为特征能够比较完整地表征信号信息。利用各尺度下小波系数的不平衡参数，同样能够起到模极大值作为特征描述信号特征的效果，定义小波系数的不平衡参数计算方法为

$$\beta_{ji}=\frac{E_i}{\sum_{i=1}^{5}E_i}\qquad (j=1,2,3) \tag{5.1.9}$$

式中，将小波系数的采样点数同样等分为 5 个区间，分别计算每个区间内的累积能量，E_i (i=1,2,3,4,5)，用每个区间的累积能量值除以总的累积能量值得到该高频子带小波系数的不平衡参数，以此构造一个矩阵 $\boldsymbol{P}$ 来描述原始信号经过小波变换后在各高频子带上的特点。

$$\boldsymbol{P}=\begin{bmatrix}\beta_{11} & \beta_{12} & \beta_{13} & \beta_{14} & \beta_{15}\\ \beta_{21} & \beta_{22} & \beta_{23} & \beta_{24} & \beta_{25}\\ \beta_{31} & \beta_{32} & \beta_{33} & \beta_{34} & \beta_{35}\end{bmatrix} \tag{5.1.10}$$

P 参数矩阵中，每一行代表对应高频子带(每一层)上小波系数的不平衡参数向量。3 个高频子带上小波系数的不平衡参数对比情况如图 5.1.10 所示。

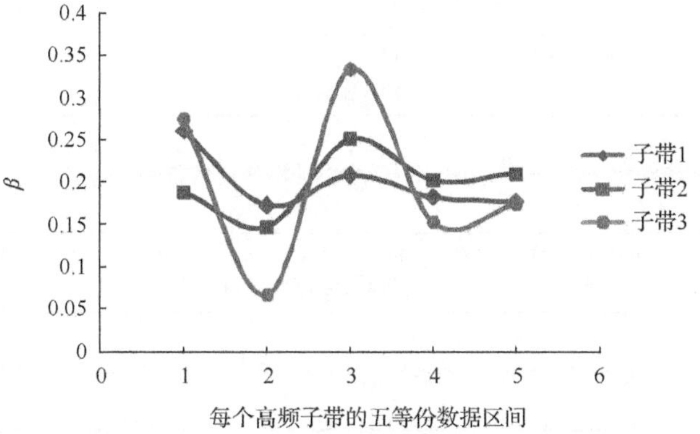

图 5.1.10 各高频子带的小波系数的不平衡参数特征

5.1.3 干扰源的特征分析

观察图 5.1.8 中各高频子带的累积能量分布特点，发现子带 1 和子带 2 分别占原始信号的能量比例较小，原因是该频带的能量主要由环境中的噪声信号贡献。因为在测量信号时会不可避免地采集到环境中的热噪声、传感器及状态噪声的高频分量等，这些信号的幅值较小，但分布频率范围较大，所以其能量分布在子带 1 和子带 2 所包含的频率范围内。这一特点同样可以从子带 1 和子带 2 系数的重构波形中看出，如图 5.1.11 中的 *d*1 和 *d*2 所示。环境噪声的频率相对传导干扰信号频率较高，但其能量不高，主要分布在小波分解的子带 1 上。

从图 5.1.11 中的重构波形 *d*2 可以看出，子带 2 中含有一小部分环境噪声以及隐约存在的一串瞬态冲击，这一特点同样可以通过图 5.1.8 中子带 2 的累积能量值反映出来，其原因是环境噪声的频率分布范围较广，会有一部分信号分布在较低频段内，此外，电源变换系统开关器件产生的干扰脉冲信号频率分布也较广，会有一小部分高频段信号分布在子带 2 的频带范围内，子带 2 相当于环境噪声和开关器件干扰信号边缘频率的重叠地带。另外，观察子带 3 的重构波形发现信号中存在明显的冲击，而且能够清楚地辨别出等间距冲击的存在，在时间上与原始信号突变时刻完全吻合。从原始信号波形中可以观察出，由于电源变换系统开关器件周期性的开通和关断，所以会产生一串等间隔的冲击，即子带 3 的重构信号正是由于开关器件跳变所引起的冲击信号分量。以上分析表明，通过提取干扰信号小波分解后的各子带小波系数的累积能量参数，能够较准确地反映干扰信号的特征、频率分布范围以及对应的能量大小。

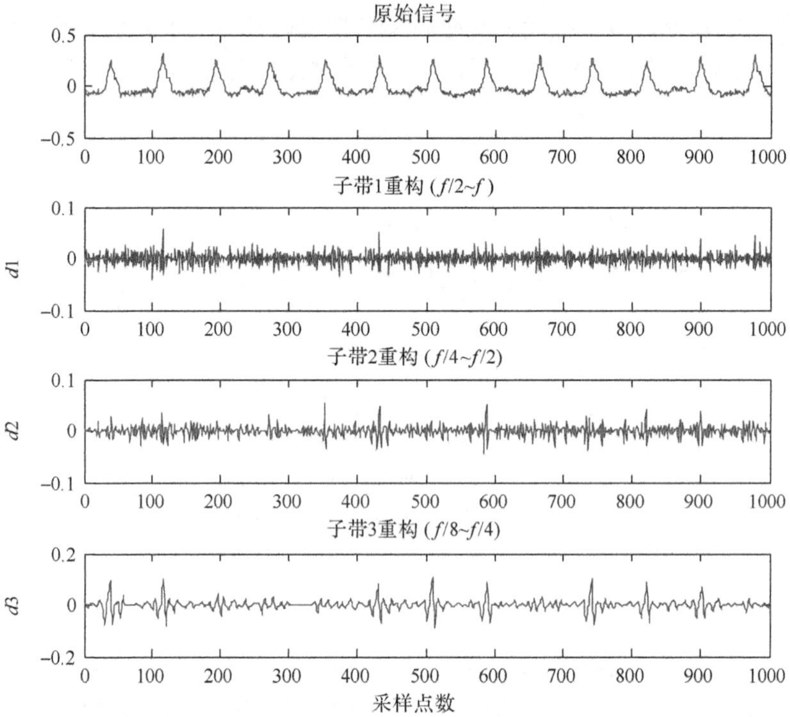

图 5.1.11　各子带小波系数的重构波形

分析图 5.1.9 和图 5.1.11 的内在联系，得出各子带小波系数的突变参数大小能够定性反映对应的重构信号波形的突变情况，说明突变参数大小及趋势能够间接反映原始信号重构以后的波形特征。

图 5.1.10 中子带 1 的不平衡参数曲线相对比较平滑，说明其小波系数幅值变化最平缓，这与图 5.1.11 中 *d*1 波形的变化特点相一致，而 *d*1 的信号波形正是由子带 1 的小波系数重构得来，说明子带 1 的不平衡参数能够表征混合信号中噪声信号的特征。此外，图 5.1.10 中子带 3 的不平衡参数曲线最陡峭，表明其小波系数幅值变化最剧烈，并且与图 5.1.11 中 *d*3 波形的变化特点一致，而 *d*3 的信号波形正是由子带 3 的小波系数重构得来。因此，可以用各子带小波系数的不平衡参数的变化趋势来表征混合信号中不同成分信号的特点。

此外，小波变换得到的不同频带的累积能量特征分布与频谱仪直接测量的频域信号累积能量特征对比，结果如图 5.1.12 所示。图 5.1.12 中对信号的累积能量做了归一化处理，并用百分比形式表达，对比两种对干扰信号能量特征提取的方法，可以看到，小波变换方法与频谱仪直接测量得到干扰信号的能量分布频带和大小几乎一致。

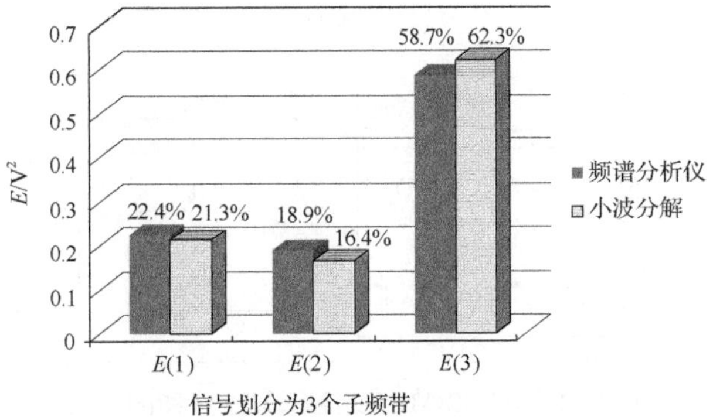

图 5.1.12　电源变换器系统干扰信号频域累积能量特征对比

$E(1)$.($f/2$~f)；$E(2)$.($f/4$~$f/2$)；$E(3)$.($f/8$~$f/4$)

基于小波变换的干扰信号特征提取方法，不仅能在时域内将信号的细节特征提取出来，从图 5.1.11 的信号重构波形可以得出这一结论，而且，通过采用三种信号特征计算方法，能在频域内将干扰信号的能量分布、突变情况和波形的不平衡度表现出来。该方法不仅有助于研究者或工程人员在时域内准确地了解干扰信号的各种成分的幅值大小和波形特征，而且有助于研究人员在频域内掌握不同信号成分的分布频带及相应的能量特征，从而实现干扰信号时域—频域的多分辨率分析，尤其是提取的累积能量特征参数能够帮助研究者清楚掌握一个时域干扰信号所对应频域的能量大小和频带分布情况，能够为 EMI 滤波器的设计提供依据，以便准确地确定需要抑制的干扰频带和能量大小。

5.2　DC/DC 变换系统的组成及工作原理

电动汽车 DC/DC 电源变换系统主要功能是为电动汽车 12V 蓄电池充电。该系统输入端接电动汽车高压电池组，输出端接 12V 蓄电池。12V 蓄电池为汽车低压电器设备提供电源，如 ABS 防抱死系统、雨刮系统和点火系统等。图 5.2.1 是一款常用于电动汽车 DC/DC 变换系统的拓扑结构，DC/DC 采用降压式全桥变换电路，其输入电压范围为 260~340V，输出电压 14.3V，最大输出功率 700kW。

图 5.2.1 中变换系统主电路由大功率开关管 MOSFET(Q_1、Q_2、Q_3、Q_4)、二极管整流硅堆(D_5、D_6)、铁芯电感 L、高频变压器 T_r 和电容器 C_3 等构成，电路的功能是通过开关管的轮流导通将输入的高压直流电转变成低压直流电供给负载(12V 蓄电池)。

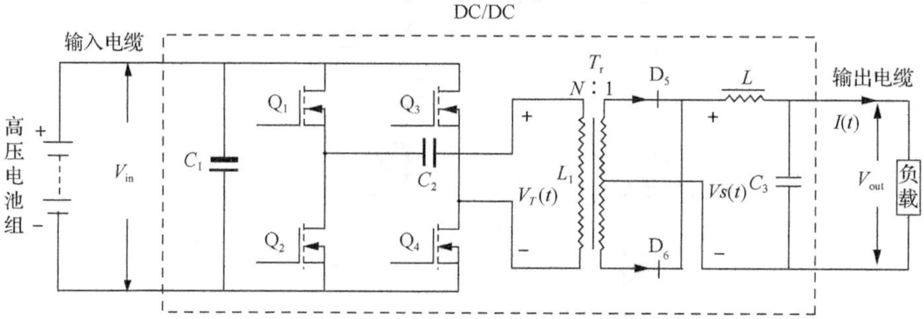

图 5.2.1　全桥 DC/DC 变换系统主电路拓扑结构

当开关管 Q_1、Q_4 导通，Q_2、Q_3 截止时，二极管 D_5 正向导通，二极管 D_6 反向截止，此时输入电压经变压器 T_r、二极管 D_5 给输出滤波电感 L 储能(或励磁)，并向负载提供能量，输入电压，同时也给变压器一次侧的励磁电感 L_1 励磁。当开关管 Q_1、Q_4 截止，Q_2、Q_3 尚未导通时，由于电感电流不能突变，故 D_5、D_6 续流导通，电感储能继续向负载供电，此时变压器 T_r 的二次侧短路，变压器的一次侧励磁电感电流不变。当开关管 Q_2、Q_3 导通，Q_1、Q_4 截止时，二极管 D_5 反向截止，D_6 正向导通，此时输入电压经变压器 T_r、二极管 D_6 给滤波电感 L 储能(励磁)，并向负载提供能量，输入电压，同时也给变压器 T_r 一次侧的励磁电感去磁。开关管 Q_2、Q_3 截止，Q_1、Q_4 尚未导通时，同样由于电感电流不能突变，二极管 D_5、D_6 均续流导通，变压器 T_r 二次侧短路，变压器一次侧励磁电感电流不变。根据电感电压的伏秒特性，全桥 DC/DC 变换系统的变压器初次级匝比为 $N:1$ 时，输入输出电压稳态关系为

$$\left(\frac{V_{\text{in}}}{N}-V_{\text{out}}\right)\times DT=V_{\text{out}}\times T\left(\frac{1}{2}-D\right) \tag{5.2.1}$$

即

$$V_{\text{out}}=\frac{2D}{N}V_{\text{in}} \tag{5.2.2}$$

式中，D 为占空比；T 为开关周期，通过改变匝比 N 能够实现更大的降压比。

5.3　DC/DC 变换系统传导 EMI 的产生与耦合机理

DC/DC 电源变换系统 EMI 的产生机理与开关器件的工作状态紧密相关，开关器件开通和关断瞬间伴随有很大的电流电压变化率(即 dv/dt 和 di/dt)，将产生强烈的电磁干扰。在图 5.2.1 中，实测全桥变换器 MOSFET 开关管漏源极两侧得到

的电压波形由一个梯形波和两个阻尼震荡信号叠加而成，如图 5.3.1 所示。梯形波的上升/下降时间在 100ns 左右，电压变化率很大，而阻尼震荡信号频率较高，呈正旋指数衰减形式。

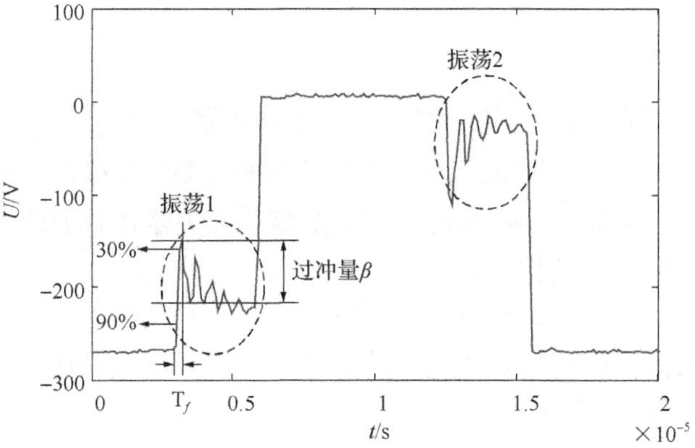

图 5.3.1　MOSFET 开关管两侧实测电压波形

图 5.2.1 中，C_2 是工程上为了减缓开关瞬间跳变引起巨大的 dv/dt 而加入的一个阻尼电容，在图 5.3.1 中，圈注的振荡波形是由主电路桥臂上的阻尼电容 C_2 和回路漏电感等因素综合作用的结果。该振荡波形在减缓开关管电压跳变的幅度时，同时又带来了新的振荡干扰，因此，开关器件产生的干扰由两部分组成，一部分是图 5.3.1 中的振荡波形部分，另一部分是开关电压的上升沿或下降沿部分。

5.3.1　振荡波形产生机理

当图 5.2.1 中的开关器件 Q_2 和 Q_3 处于开通状态，Q_1 和 Q_4 处于截止状态时，按照变换器的工作原理，将图 5.2.1 的电路做等效及简化处理后的等效电路如图 5.3.2 所示，C_1 为主电路中原有的电容，R_d 为干扰回路中连接线的等效电阻，C_2 为阻尼电容，L_1 为变压器初级侧绕组的漏电感。通过对主电路分析，阻尼电容 C_2 两端的电压波形即图 5.3.1 中圈注的振荡波形。

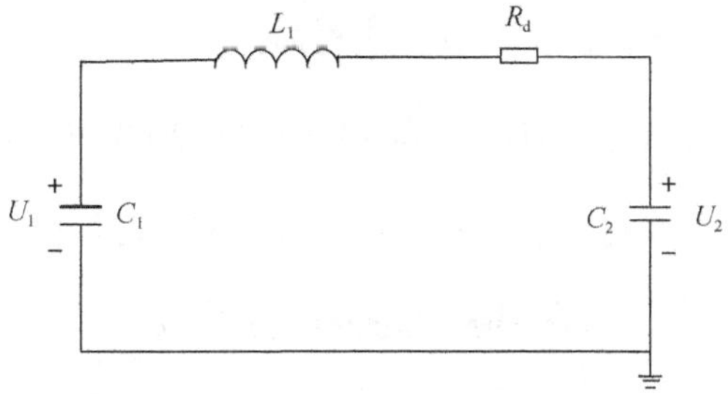

图 5.3.2　用于干扰机理分析的等效电路

若使等效回路不发生振荡，应满足以下条件：

$$R_{\mathrm{d}} > 2\sqrt{\frac{L_1}{C}} \tag{5.3.1}$$

式中，$C = C_1C_2/(C_1 + C_2)$。

当 $R_{\mathrm{d}} < 2(L_1/C)^{1/2}$ 时，等效回路将发生电磁振荡；当 $R_{\mathrm{d}} = 2(L_1/C)^{1/2}$ 时，等效回路处于电磁振荡的临界状态。由于线路导线的电阻 R_{d} 很小，通常很难满足式(5.3.1)的要求，况且如果回路不发生衰减振荡，开关器件开通或关断时的电压跳变就很大，不利于 EMI 的控制。

因此，实际工程中，都会在桥臂上增加一个阻尼电容 C_2 与电路中的变压器电感 L_1 发生阻尼振荡，以减缓开关电压的剧烈跳变。根据电路理论可得出阻尼电容 C_2 两端的电压表达式如下：

$$U_2(t) = U\left[1-(\omega_0/\omega)\exp(-\alpha t)\sin(\omega t+\varphi)\right] \tag{5.3.2}$$

式中，

$$\begin{cases} U = C_1U_1/(C_1 + C_2) \\ \alpha = R_{\mathrm{d}}/(2L_1) \\ \omega_0 = 1/(L_1C)^{1/2} \end{cases} \tag{5.3.3}$$

回路的固有振荡角频率为

$$\omega = (\omega_0{}^2 - \alpha^2)^{1/2} \tag{5.3.4}$$

可得

$$\varphi = \arctan(\omega/\alpha) \tag{5.3.5}$$

式(5.3.2)右边第一项为电压强制分量，即图 5.3.1 中振荡波形末端的电压，右边第二项为电压的自由分量，将其表达式写为

$$U_{2自由}(t) = -(U/\omega\sqrt{L_1C})\exp(-\alpha t)\sin(\omega t+\varphi) \tag{5.3.6}$$

令 $\mathrm{d}U_2/\mathrm{d}t = 0$ 时，即式(5.3.2)的一阶导数为零，可得出

$$\omega t = n\pi + \arctan(\omega/\alpha) - \varphi \tag{5.3.7}$$

即 $\omega t = n\pi$，$n = 1, 3, 5, 7, \cdots$ 时出现极值，第一个最大值出现在 $t = \pi/\omega$ 时刻。

将式(5.3.6)表示成为过冲量 β 的相对值，并把 $t=\pi/\omega$ 的过冲出现时刻代入式(5.3.6)，可得

$$\beta=-(\omega_0/\omega)\exp(-\alpha\pi/\omega)\sin(\pi+\varphi) \tag{5.3.8}$$

利用式(5.3.4)、式(5.3.5)参数间的关系，将式(5.3.8)化简为

$$\beta=\exp(-\alpha\pi/\omega) \tag{5.3.9}$$

假设满足一定过冲量 β 时，

$$R_{\rm d}=k\left(L_1/C\right)^{1/2} \tag{5.3.10}$$

系数 k 的大小决定了波形的过冲量，将式(5.3.10)代入式(5.3.3)的第 2 个等式，解出 α，与式(5.3.4)一起代入式(5.3.9)，由此可得

$$\beta=\exp\left[-\pi k/(4-k^2)^{1/2}\right] \tag{5.3.11}$$

由式(5.3.11)可以得到当过冲量 $\beta=10\%$ 时，$k=1.18$；$\beta=20\%$ 时，$k=0.91$。根据图 5.3.1 的实测波形计算出波形的过冲量，并将结果代入式(5.3.11)计算出满足波形振荡的条件为

$$R_{\rm d}=0.43\left(L_1/C\right)^{1/2} \tag{5.3.12}$$

式(5.3.12)中电容 C 已知，线路导线等效电阻 $R_{\rm d}$ 和变压器一次侧绕组电感 L_1 未知。将图 5.3.2 的等效电路转化为拉普拉斯的运算电路如图 5.3.3 所示。

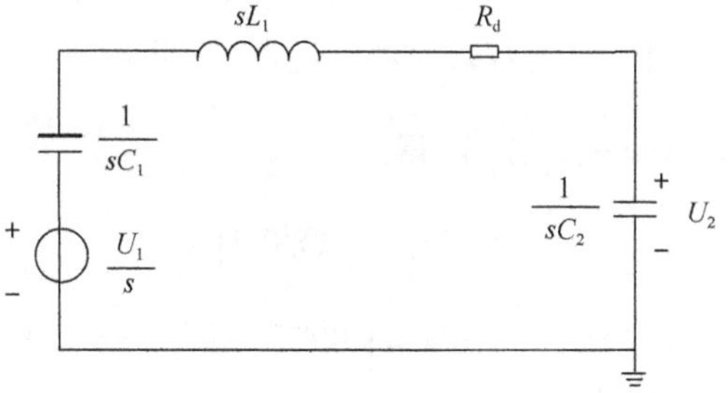

图 5.3.3　等效电路的拉普拉斯电路

整个回路的阻抗为

$$Z(s)=R_{\rm d}+sL_1+1/(sC) \tag{5.3.13}$$

所以

$$U_2(s)=\frac{1}{sC_2}\cdot\frac{U_1}{s}\cdot\frac{1}{Z(s)} \tag{5.3.14}$$

经过整理后得

$$U_2(s)=\frac{1}{C_2L_1}\cdot\frac{U_1}{s\left[s^2+(R_d/L_1)s+1/(L_1C)\right]} \tag{5.3.15}$$

将上式反变换为时间的函数为

$$U_2(t)=\frac{C_1}{C_1+C_2}U_1\cdot\left[1-\left(1+\frac{R_d}{2L_1}t\right)\exp\left(-\frac{R_d}{2L_1}t\right)\right] \tag{5.3.16}$$

在临界振荡条件下，消去式(5.3.16)中的 L_1，并令 $T_2=R_dC$，且考虑 $U_{2m}=C_1U_1/(C_1+C_2)$，得出

$$U_2(t)=U_{2m}\left[1-(1+2t/T_2)\exp(-2t/T_2)\right] \tag{5.3.17}$$

式(5.3.17)中，U_{2m} 为振荡波形的最大幅值，读取图 5.3.1 中振荡波形第一个上升波段最大值 30%和 90%处的幅值及对应的时刻 t_1 和 t_2，并将这两组值分别代入式(5.3.17)中得到两组方程

$$\begin{cases}0.3=1-(1+2t_1/T_2)\exp(-2t_1/T_2)\\(1+2t_1/T_2)\exp(-2t_1/T_2)=0.7\end{cases} \tag{5.3.18}$$

$$\begin{cases}0.9=1-(1+2t_2/T_2)\exp(-2t_2/T_2)\\(1+2t_2/T_2)\exp(-2t_2/T_2)=0.1\end{cases} \tag{5.3.19}$$

对于式(5.3.18)，令 $x=2t_1/T_2$，得出

$$x=\ln\left[(1+x)/0.7\right] \tag{5.3.20}$$

用收敛最快的迭代算法计算出 $x=1.0973$，即 $t_1=0.5487T_2$。同理，对于式(5.3.19)令 $x=2t_2/T_2$，得出

$$x=\ln\left[(1+x)/0.1\right] \tag{5.3.21}$$

经计算得出 $t_2=1.9449T_2$，由此得出

$$t_2-t_1=1.396T_2 \tag{5.3.22}$$

定义 T_f 为振荡波形第一个上升波段所占据的时间差，从图 5.3.1 中的实测波形中读取 T_f 的值，再读取 t_1 和 t_2 处的时间，经计算得到

$$t_2 - t_1 = 0.8T_f \tag{5.3.23}$$

联立式(5.3.22)和式(5.3.23)，并由 $T_2=R_dC$ 可以得出

$$T_f = 1.745R_dC \tag{5.3.24}$$

式中，$C = C_1C_2/(C_1+C_2)$，C_1=141μF，C_2=80pF，通过式(5.3.24)可以求解出线路等效电阻 R_d，将 C、R_d 代入式(5.2.12)可以求出变压器初级侧的等效电感 L_1。

至此，等效电路 5.3.2 中参数 R_d 和 L_1 已获得，计算出式(5.3.2)中 $U_2(t)$ 的电压波形如图 5.3.4 所示。

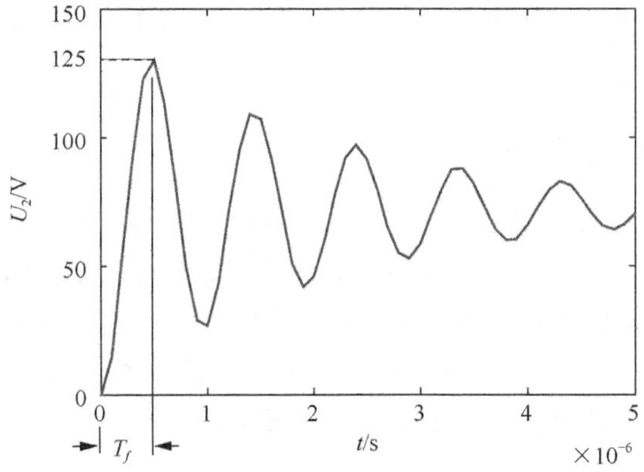

图 5.3.4　开关器件两端电压波形中振荡部分波形的仿真结果

与图 5.3.1 中实测波形的振荡部分相比较，图 5.3.4 中振荡波形的仿真结果显示，第一个上升波段的峰值约为 125V，与实测波形中第一个上升波段的峰值相等。占用时间 T_f 约等于 0.05×10^{-6} s，与实测波形结果相当。对比结果表明仿真波形与实测波形的关键特征一致，振荡规律大体相同，波形存在差异的原因主要是在原始电路的等效处理过程中，忽略了线路和元件引脚的电感，以及开关器件的结电容对回路阻抗的贡献。此外，在读取波形幅值和时间间隔时也存在误差，使得计算等效回路中参数时有一定误差，从而使最终的仿真波形与实测波形存在一定差别。

至此，推导出了振荡波形部分的产生机理和对应的近似数学模型，应用前面对干扰信号特征提取的方法，求解出振荡波形在频域内的累积能量特征，如图 5.3.5 所示。

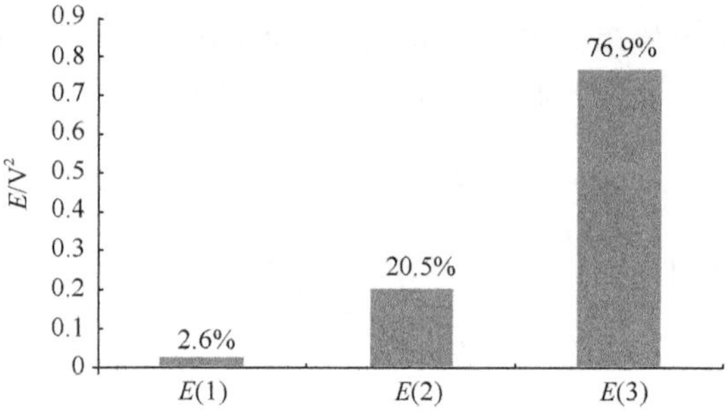

图 5.3.5 振荡波形小波系数的累积能量特征

$E(1).(f/2\sim f)$；$E(2).(f/4\sim f/2)$；$E(3).(f/8\sim f/4)$

图 5.3.5 中 f 为传导干扰研究的频率上限(30MHz)，从图中可以看出开关器件两端电压波形中振荡部分所对应的频域能量分布情况，其主要能量分布在传导干扰的较低频段(3.75M~7.5MHz)，占有 76.9%。在高频段(15M~30MHz)分布的能量很少，大约占据总能量的 2.6%。

5.3.2 上升/下降沿产生的干扰

在变换器桥臂上增加阻尼电容，相当于减小了一部分电压变化量，但变换器直流输入电压为 280V，开关器件的 dv/dt 较大，即上升/下降沿对 EMI 的贡献是主要需要考虑的。图 5.3.1 中方波的上升和下降时间由开关器件本身决定，通常为几十纳秒到几百纳秒之间，将实测信号中上升/下降沿部分单独提取出来，采用小波变换提取频域内累积能量特征，如图 5.3.6 所示。

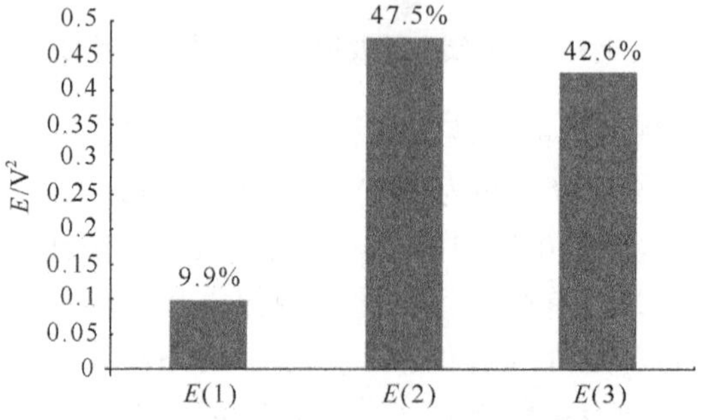

图 5.3.6 上升/下降沿频域内的累积能量特征

$E(1).(f/2\sim f)$；$E(2).(f/4\sim f/2)$；$E(3).(f/8\sim f/4)$

图 5.3.6 表明，上升/下降沿部分产生的干扰能量主要部分在频域 $E(2)$ 和 $E(3)$ 的中低频范围内，对应频率范围为 3.75M~15MHz，占据该部分信号总能量的 90.1%。上升/下降沿产生的干扰能量仅有 9.9%分布在较高的频段(15M~30MHz)内。

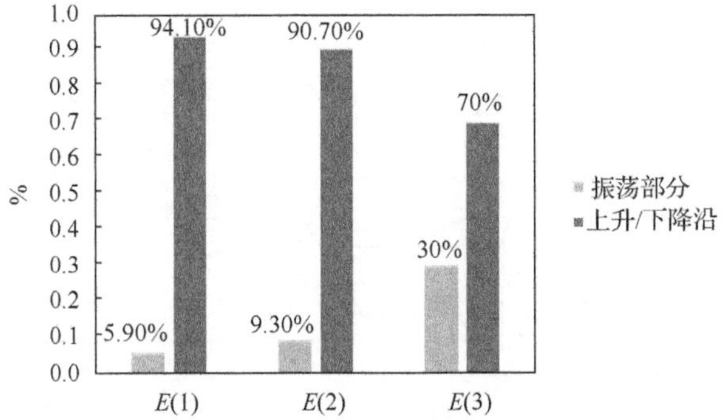

图 5.3.7　振荡部分和上升/下降沿频域内的累积能量特征

$E(1)$.(f/2~f)；$E(2)$.(f/4~f/2)；$E(3)$.(f/8~f/4)

此外，振荡部分和上升/下降沿部分在频域内分别占整个波形累积能量的比重如图 5.3.7 所示，$E(1)$代表的高频范围内(15M~30MHz)，振荡波形对该频段的累积能量贡献只有 5.9%，在$E(2)$代表的中频范围内(7.5M~15MHz)，振荡波形占据该频段累积能量的 9.3%，只有在低频段 3.75M~7.5MHz 范围内，占据该频段的累积能量达到 30%。总体来看，在传导干扰的中高频范围内，振荡波形对整个干扰信号累积能量贡献较小，而矩形波的上升/下降沿在中高频范围内对整个波形的累积能量贡献较大，说明开关器件的 dv/dt 是 DC/DC 变换系统 EMI 的主要来源。

5.3.3　干扰耦合路径分析

全桥结构的 DC/DC 变换系统对角桥臂 Q_1、Q_4 和 Q_2、Q_3 轮流导通，4 支 MOSFET 开关管参数相同，工作状态相同，因此，以 Q_1、Q_4 的导通关断过程为研究对象分析 EMI 的共模耦合路径。

对于 DC/DC 变换系统工作时产生的高频干扰，系统内部的分布电容不可忽略。如图 5.3.8 所示，C_{10}、C_{20}、C_{30} 和 C_{40} 为开关器件的对地寄生电容，C_{T0} 为变压器初、次级绕组之间的分布电容，C_{50}、C_{60} 为二极管 D_5、D_6 的对地寄生电容。当 Q_1、Q_4 导通时，EMI 高频干扰的传播路径主要有 3 条：①在初级侧，一部分高频干扰通过 Q_1 的对地电容 C_{10} 直接进入机壳。②初级侧的另一部分高频干扰通过 C_2 进入变压器初级绕组，其中一部分通过初、次级绕组之间的分布电容 C_{T0} 耦合到次级侧，没有耦合到次级侧的高频干扰则通过 Q_4 的对地电容 C_{40} 再到机壳。③耦合到变压器次级侧的高频干扰有一部分直接进入蓄电池，其余部分通过二极管 D_5 的对地电容 C_{50} 进入机壳。DC/DC 变换系统的机壳用螺钉与车体相连，因此，DC/DC 产生的共模电磁干扰除了通过负载传播(12V 蓄电池)，对车载低压电器设备安全和可靠工作产生影响，同时还会通过公共地影响到其他的电器设备。

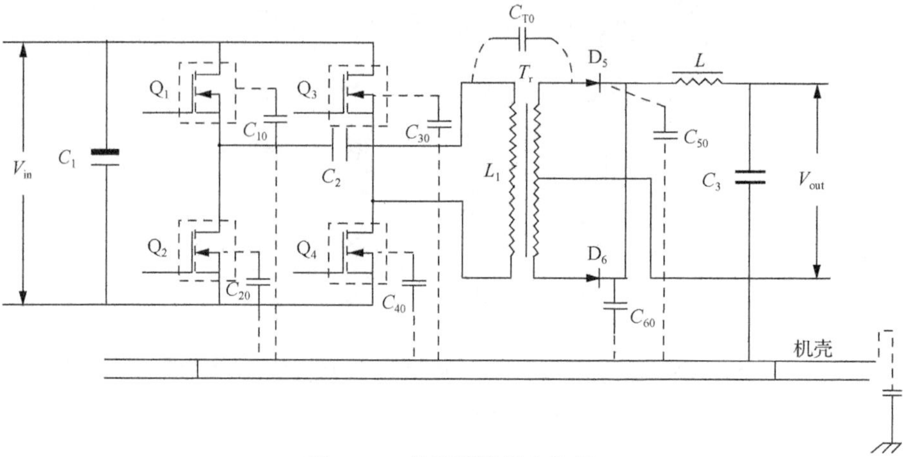

图 5.3.8　共模干扰耦合路径

1）变压器绕组寄生电容对高频 EMI 的耦合机理

DC/DC 中的变压器利用电磁感应作用，将一种电压的交流电转换成另一种电压的交流电，这一过程中高频 EMI 通过变压器的磁耦合比较困难，所以研究高频 EMI 传播模型时重点考虑分布电容耦合的作用。因为变压器内部不可避免地存在分布电容参数，在高频开关电压的作用下该电容效应影响 EMI 的传播。研究表明在开关电源 EMI 分析中，变压器初级和次级之间的寄生电容是共模干扰的重要通道。初级绕组和次级绕组之间的寄生电容能够为高频 EMI 传播提供低阻抗路径，这种复杂的传播方式可用基于寄生电容效应的电路模型等效，即把初级绕组和次级绕组之间的寄生电容考虑成部分电容，如图 5.3.9 所示。

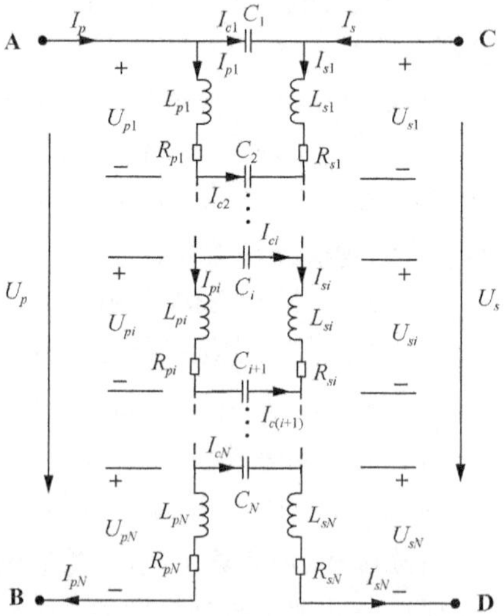

图 5.3.9　高频 EMI 在变压器中的传播路径分析模型

在图 5.3.9 中，将变压器初级绕组和次级绕组沿绕组轴线方向等分为 N 段，形成 N 个由漏电感、部分电容和电阻组成的分段电路。图中初级绕组每段漏电感为绕组总漏电感 L_p 的 1/N，即 $L_{p1}=L_{p2}\cdots=L_{pi}\cdots=L_p/N$，每段电阻为初级绕组电阻 R_p 的 1/N，次级侧与初级侧的处理方式相同。初、次级绕组之间的寄生电容也沿轴向等分成 N 个部分电容，即 $C_1=C_2\cdots=C_i\cdots=C_N$。因此初级侧输入端的高频 EMI 电流 I_p 可表示成

$$\begin{aligned}I_p(\omega)&=I_{c1}(\omega)+I_{p1}(\omega)\\&=I_{c1}(\omega)+I_{c2}(\omega)+I_{p2}(\omega)\\&\cdots\cdots\quad\cdots\cdots\quad\cdots\cdots\\&=I_{c1}(\omega)+I_{c2}(\omega)+\cdots+I_{ci}(\omega)+\cdots+I_{cN}(\omega)+I_{pN}(\omega)\end{aligned}\tag{5.3.25}$$

式中，I_{pN} 为初级侧输出端的高频 EMI 电流。

次级侧高频 EMI 电压 $U_s(\omega)$ 可表示成

$$\begin{aligned}U_s(\omega)&=U_{s1}(\omega)+U_{s2}(\omega)+\cdots+U_{si}(\omega)+\cdots+U_{sN}(\omega)\\&=Z_{s1}I_{s1}(\omega)+Z_{s2}I_{s2}(\omega)+\cdots+Z_{si}I_{si}(\omega)+\cdots+Z_{sN}I_{sN}(\omega)\end{aligned}\tag{5.3.26}$$

式中，$Z_{si}=R_{si}+\mathrm{j}\omega L_{si}$；$I_{si}(\omega)=I_{ci}(\omega)-I_{s(i-1)}(\omega)$。

式(5.3.25)和式(5.3.26)表明，正是由于部分电容 C_i 的存在，为高频 EMI 电流提供了低阻抗通路，使得初级侧的 EMI 电压 $U_p(\omega)$ 通过寄生电容耦合到次级侧，形成次级侧的高频 EMI 干扰电压 $U_s(\omega)$。

变压器初次级绕组间寄生电容作为高频 EMI 的耦合路径，当初级侧的干扰电压一定时，要使得耦合到次级侧的干扰电压幅值降低，部分电容上的电压降落必须增加。因此增大初次级绕组之间距离，能够增大寄生电容耦合路径的阻抗，EMI 信号就不容易耦合到次级侧。另外，在不影响变压器工作的前提下，减小变压器线圈的高度，能够减小初级线圈和次级线圈相对的面积，即减小了寄生电容分布的面积，相当于减小 EMI 耦合的有效面积。

在工程应用中减小线圈高度时，应该注意匝与匝之间的绝缘问题，对所选材料和制作方式的要求也会增加，此外采用这些方法降低 EMI 的同时可能会影响变压器传输能效，对正常工作造成影响。因此，降低 EMI 的前提是保证系统正常工作。这里选用的全桥变换器主电路中的平波电抗器 L 和电容 C_3 本身对传播到负载设备的差模 EMI 有滤波作用，能够充分减小从变压器初级耦合到次级的 EMI，最大限度减小对负载设备的影响。

2)开关器件寄生电容对高频 EMI 的耦合机理

MOSFET 开关器件与散热器之间同样存在寄生电容，为高频 EMI 提供低阻抗传播路径。由于实际电路安装时 MOSFETQ_1、Q_2、Q_3 和 Q_4 都是通过导热硅脂或绝缘衬垫紧贴散热器的，因此 MOSFET 的导热片与散热器之间形成了对地寄生电容 C_{10}、C_{20}、C_{30} 和 C_{40}，必将对高频 EMI 的传播产生影响，如图 5.3.10 所示。DC/DC 工作时产生的高频 EMI 通过开关器件的对地寄生电容效应传播到散热器中，散热器与机壳相连形成共模干扰。

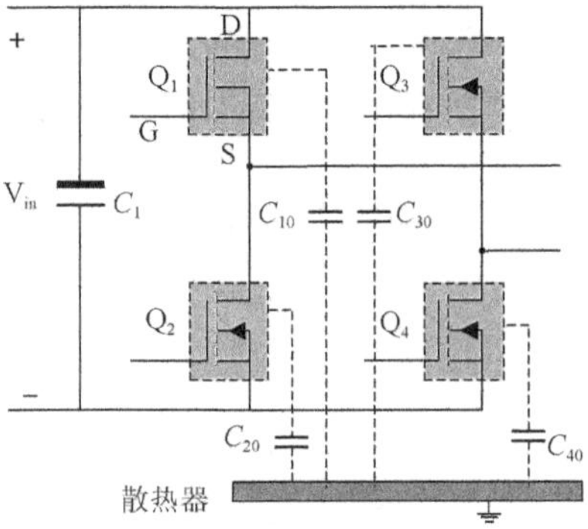

(a) 开关器件对地寄生电容示意图

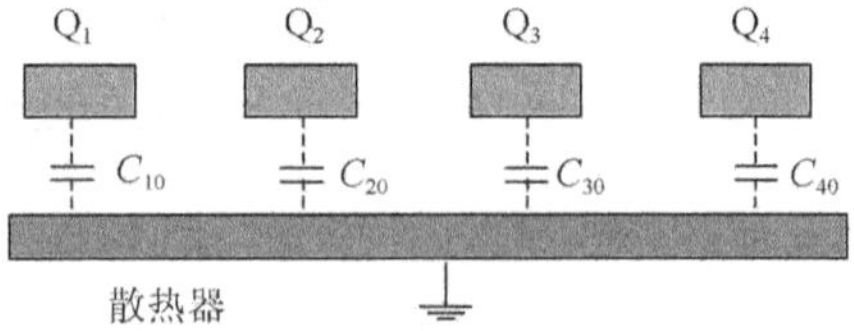

(b) 开关器件布置侧面示意图

图 5.3.10　开关器件共模 EMI 路径分析

图 5.3.10 中的对地共模寄生电容作为耦合路径时，在干扰电压一定的前提下，由共模寄生电容构成的耦合路径阻抗大小，决定了流向公共地(散热器)的 EMI 电流的多少。根据电容的定义可以得出影响共模 EMI 电流流向地的因素主要有：①MOSFET 导热片与散热器之间的安装距离；②填充在 MOSFET 导热片与散热器之间的导热硅脂或绝缘衬垫的介电常数；③MOSFET 导热片与散热器的有效接触面积。在工程实际中增大 MOSFET 导热片与散热器之间的安装距离，减小填充在 MOSFET 导热片与散热器之间的导热硅脂或绝缘衬垫的介电常数，以及减小 MOSFET 导热片与散热器的有效接触面积，以上三种方法都能够达到减小流向公共地的 EMI 电流，关于采用这三种方法减小系统 EMI 的研究会在本章后面详细阐述。

5.4　DC/DC 电源变换系统的传导 EMI 仿真模型

5.4.1　独立 DC/DC 变换系统的实验平台

EMI 仿真模型正确与否需要实验验证，因此，为排除混合动力汽车上系统与系统之间的互相干扰，建立独立的 DC/DC 变换系统传导 EMI 实验平台是必要的，实验平台的结构如图 5.4.1 所示。

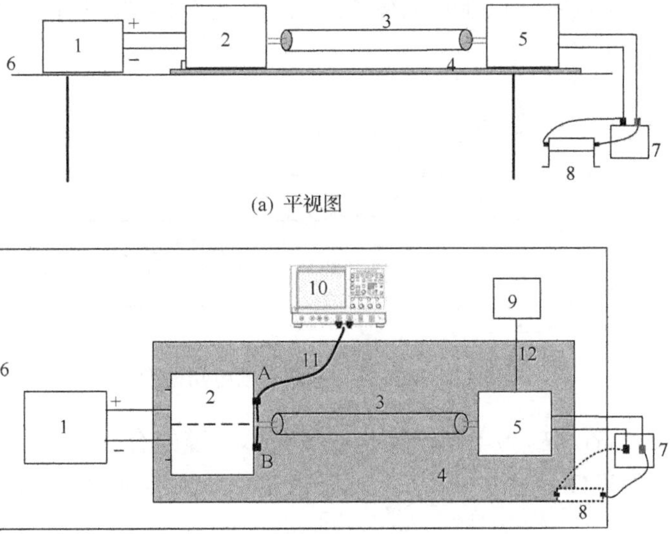

(a) 平视图

(b) 俯视图

图 5.4.1　DC/DC 系统传导 EMI 实验平台结构图

1.高压直流电源；2. LISN；3.电缆；4.镀锌钢板(公共地)；5. DC/DC 系统；6.测试台架；7.12V 蓄电池；8.功率电阻；9.上位机；10.频谱分析仪；11.同轴电缆；12. CAN 总线

在 DC/DC 变换系统的实验平台中，高压直流电源、DC/DC 和 LISN 的外壳都与公共地平面良好接触，构成共模干扰的传播路径。LISN 安装于电源与干扰源之间，目的是测量变换器产生的传导电磁干扰。整个系统的工作由 CAN 控制完成，对应的控制软件位于上位机中。频谱分析仪用来提取系统的频域干扰信号，与蓄电池相连的功率电阻代替汽车低压电器系统。

5.4.2　DC/DC 变换系统的仿真建模

针对 DC/DC 系统的仿真建模，应按照图 5.4.1 中实验平台的结构分别对高压直流电源、LISN、连接电缆、DC/DC 和蓄电池五个部分进行建模。其中 LISN 已将高压直流电源与 DC/DC 隔离，实际上高压直流电源对 DC/DC 的仿真模型没有影响。LISN 的电路参数由厂家提供，参见前面章节，所以建模重点是 DC/DC、电缆和蓄电池。

1) 连接电缆

实验平台的电缆参数为：长度 1m，单根圆柱形铜导线半径为 1.21mm，电导率 5.8×10^{7}S/m；外绝缘层外径 5mm，内径 4.27mm，相对介电常数 4.3；内绝缘层外径 2mm，内径 1.21mm，相对介电常数 3.5；各材料的相对磁导率为 1，地平面(0 号导体)采用厚度为 1mm 的镀锌钢板。

采用多导体传输线理论建立电缆的高频等效电路模型，单位长度多导体传输线等效电路如图 5.4.2 所示。

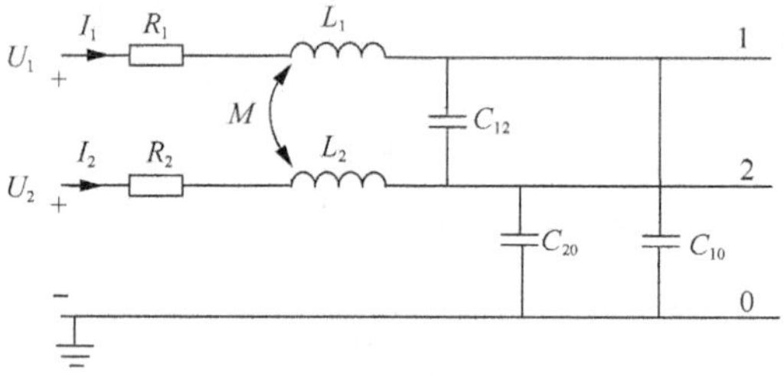

图 5.4.2　多导体传输线等效电路模型

图 5.4.2 中，R_1、R_2 为单位长度电阻，表示电缆的有功损耗；L_1、L_2 为单位长度电感；M 为单位长度互感；C_{10}、C_{20} 为单位长度对地自电容；C_{12} 为单位长度互容。

均匀传输线电磁能量的传播模式为 TEM 模式，因此在垂直于传输线方向的横截面内电磁感应定律的积分形式为

$$\oint_l \boldsymbol{E}_T \cdot \mathrm{d}\boldsymbol{l} = -\mu \frac{\mathrm{d}}{\mathrm{d}t}\int_S \boldsymbol{H}_z \cdot \mathrm{d}\boldsymbol{S} = 0 \tag{5.4.1}$$

式中，$\boldsymbol{E}_T$ 为垂直于传输线的电场分量；$\boldsymbol{H}_z$ 为沿传输线方向的磁场分量。

由于 TEM 模式的 $\boldsymbol{H}_z$=0，所以该方程右边等于零，表明电场与静电场的情况类似。虽然场随时间变化，但仍可以用静电场的方法计算单位长度的电容。

同样，在垂直于传输线方向的横截面上的全电流定律的积分形式为

$$\oint_l \boldsymbol{H}_T \cdot \mathrm{d}\boldsymbol{l} = \int_S \boldsymbol{J} \cdot \mathrm{d}\boldsymbol{S} + \varepsilon \frac{\mathrm{d}}{\mathrm{d}t}\int_S \boldsymbol{E}_z \cdot \mathrm{d}\boldsymbol{S} \tag{5.4.2}$$

式中，$\boldsymbol{H}_T$ 为垂直于传输线的磁场分量；$\boldsymbol{E}_z$ 为沿传输线方向的电场分量。

由于 $\boldsymbol{E}_z$=0，式(5.4.2)改写成

$$\oint_l \boldsymbol{H}_T \cdot \mathrm{d}\boldsymbol{l} = \int_S \boldsymbol{J} \cdot \mathrm{d}\boldsymbol{S} = I \tag{5.4.3}$$

式中，$\boldsymbol{J}$ 为传输线上的电流密度；I 为穿过回路 l 所界定曲面的传导电流，与静磁场的情况类似。因此，尽管场随时间变化，但仍可以用静磁场的方法计算单位长度的电感。

由此可知，多导体传输线单位长度的电感和电容参数可以利用静态电磁场来计算。根据求解场域的边界条件和场量满足的拉普拉斯方程，构成电磁场的边值问题，利用有限元法求得电容参数和电感参数。

(1) 电容参数。

电缆模型的边值问题求解区域如图 5.4.3(a)所示，满足求解区域内的静电场方程为

$$
\begin{aligned}
&\nabla\times\boldsymbol{E}=0\Rightarrow\boldsymbol{E}=-\nabla\varphi\\
&\nabla\cdot\boldsymbol{D}=0\\
&\boldsymbol{D}=\varepsilon\boldsymbol{E}
\end{aligned}
\tag{5.4.4}
$$

式中，ε 为介电常数；$\boldsymbol{E}$ 为电场强度；$\boldsymbol{D}$ 为电位移矢量；φ 为电位。

由式(5.4.4)可以得到电缆模型的边值问题为

$$
\begin{cases}
\nabla^2\varphi=0 & \in V_1\\
\varphi=U & \in S_1\\
\varphi=0 & \in S_2
\end{cases}
\tag{5.4.5}
$$

式中，S_1 为金属导体面；S_2 为地平面。通过有限元方法求取电缆单位长度剖分区域 V_1 的电位函数 φ，有限元网格剖分情况如图 5.4.3(b)所示。

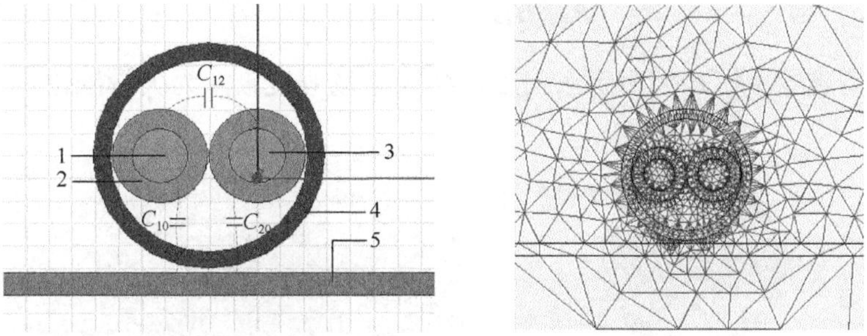

(a) 计算区域横截面　　(b) 网格剖分情况

图5.4.3　电缆电容参数有限元计算模型

1.导体 1；2.内绝缘层；3.导体 2；4.外绝缘层；5.地平面

根据式(5.4.4)求出 $\boldsymbol{E}$ 与 $\boldsymbol{D}$，然后按照式(5.4.6)求取计算区域 V_1 内的静电能量 W_e。

$$
W_e=\frac{1}{2}\int_{V_1}\boldsymbol{E}\cdot\boldsymbol{D}\mathrm{d}V_1 \tag{5.4.6}
$$

该静电能量又可以表示成

$$W_e = \frac{1}{2}C_{10}{U_1}^2 + C_{12}U_1U_2 + \frac{1}{2}C_{20}{U_2}^2 \tag{5.4.7}$$

式中，U_1、U_2 分别为导线 1、2 的对地电压。

联立解式(5.4.6)和式(5.4.7)，可得导线单位长度电容矩阵如下：

$$\boldsymbol{C} = \begin{bmatrix} 26.609 & 41.112 \\ 41.112 & 26.609 \end{bmatrix} \text{pF} \tag{5.4.8}$$

式(5.4.8)中主对角线元素为导体 1 和导体 2 的对地自电容 C_{10} 和 C_{20} 的值，由于电缆对称结构，所以 $C_{10}=C_{20}$。非主对角线元素为两导体之间的互电容 C_{12} 的值，互电容具有互易性，所以非主对角线上的两个元素值相等。

(2) 电感参数。

电缆模型中电感参数的计算模型如图 5.4.4 所示，模型中自电感的计算需要施加电流激励源，为了使得电流的流通路径为闭环，需要建立一个电缆的镜像模型才能有效计算出电感参数。

计算电缆模型中电感参数的镜像模型如图 5.4.4(a)所示，有限元计算时网格剖分情况如图 5.4.4(b)所示。满足模型求解区域内的静磁场方程为

$$\begin{aligned} &\nabla \times \boldsymbol{H} = \boldsymbol{J} \\ &\nabla \cdot \boldsymbol{B} = 0 \quad \Rightarrow \boldsymbol{B} = \nabla \times \boldsymbol{A} \\ &\boldsymbol{B} = \mu \boldsymbol{H} \end{aligned} \tag{5.4.9}$$

式中，μ 为磁导率；$\boldsymbol{B}$ 为磁感应强度；$\boldsymbol{H}$ 为电场强度；$\boldsymbol{A}$ 为矢量磁位。

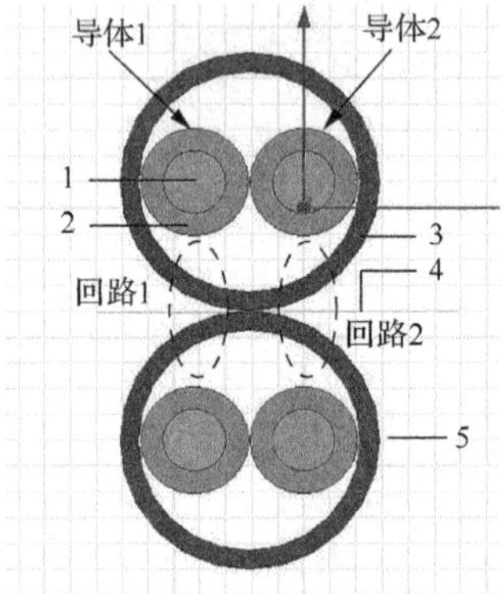

(a) 计算区域横截面

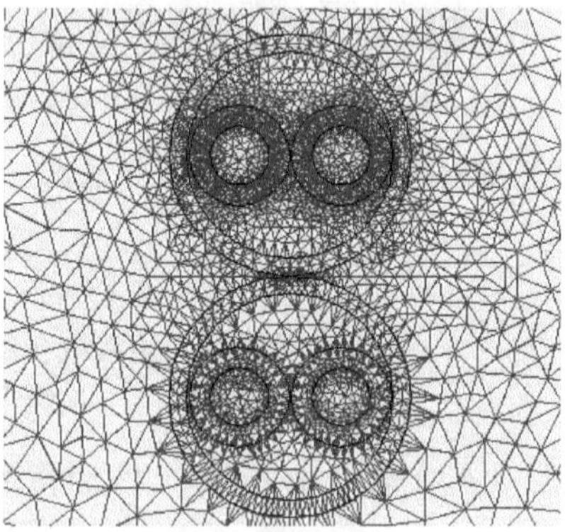

(b) 网格剖分情况

图 5.4.4　电缆电感参数有限元模型

1.导体；2.内绝缘层；3.外绝缘层；4.地平面；5.镜像体

由式(5.4.9)可以得到矢量磁位 $\boldsymbol{A}$ 所满足的边值问题

$$\begin{aligned} &\nabla \times (\nabla \times \boldsymbol{A}_1) = \mu \boldsymbol{J} \qquad && \boldsymbol{A}_1 \in \Omega \\ &\nabla \times (\nabla \times \boldsymbol{A}_2) = 0 \qquad && \boldsymbol{A}_2 \in \Omega_0 \end{aligned} \tag{5.4.10}$$

式中，Ω 为有源区域；Ω_0 为无源区域，且 $V_2 = \Omega + \Omega_0$。计算区域的外边界条件为

$$(\nabla \times \boldsymbol{A}_2) \cdot \boldsymbol{e}_n = 0 \tag{5.4.11}$$

不同介质分界面(导体与绝缘介质、绝缘介质与空气)上有

$$\begin{aligned} &\boldsymbol{A}_1 = \boldsymbol{A}_2 \\ &\frac{1}{\mu_1}(\nabla \times \boldsymbol{A}_1) \times \boldsymbol{e}_n = \frac{1}{\mu_2}(\nabla \times \boldsymbol{A}_2) \times \boldsymbol{e}_n \end{aligned} \tag{5.4.12}$$

通过有限元方法求取电缆单位长度剖分区域 V_2 的 $\boldsymbol{A}$，进而由式(5.4.9)求出磁感应强度 $\boldsymbol{B}$ 和磁场强度 $\boldsymbol{H}$，在此基础上按照式(5.4.13)求取计算区域 V_2 的磁场能量 W_{m}。

$$W_{\mathrm{m}} = \frac{1}{2}\int_{V_2} \boldsymbol{B} \cdot \boldsymbol{H} \mathrm{d}V_2 \tag{5.4.13}$$

该磁场能量又可以表示成为

$$W_{\mathrm{m}} = \frac{1}{2}L_1 I_1^2 + M I_1 I_2 + \frac{1}{2}L_2 I_2^2 \tag{5.4.14}$$

式中，I_1、I_2 分别为导线 1、2 的电流。传输线系统的磁场能量 W_{m} 在给定 I_1、I_2 的条件下求解静磁场边值问题获得。联立解式(5.4.13)和(5.4.14)，计算出导线单位长度电感矩阵如下：

$$\boldsymbol{L} = \begin{bmatrix} 0.5728 & 0.8467 \\ 0.8467 & 0.5728 \end{bmatrix} \mu\mathrm{H} \tag{5.4.15}$$

式中，主对角线上的元素为导体自电感 L_1 和 L_2 的值，非主角线上的元素为导体互感 M 的值。

至此，通过有限元数值计算方法计算出了电缆传输线模型中所有的电容和电感参数。

(3) 电阻参数。

单位长度导体电阻参数的计算采用解析法，计算式为

$$R_{\mathrm{HF}} = \frac{1}{\gamma S_{\mathrm{eff}}} = \frac{1}{\gamma[\pi \mathrm{r}^2 - \pi(r-d)^2]} \approx \frac{1}{\gamma 2\pi r d} \quad (r >> d) \tag{5.4.16}$$

式中，R_{HF} 为高频交流电阻；S_{eff} 为导体有效横截面积；γ 为电导率；r 为导体半径；$d=\sqrt{2/(\omega\mu\gamma)}$ 为透入深度。通过式(5.4.16)计算出电缆传输线等效电路模型中的电阻参数 $R_1=R_2=0.19367\Omega$。

2) 变压器

通过 5.3 节对 DC/DC 变换系统干扰耦合路径的分析，变压器是耦合路径上的一个重要器件，并且为磁性元件，对传导 EMI 的传播有重要作用，建立准确的变压器高频模型对系统传导 EMI 的分析至关重要。实际中很难从厂家获得变换器的具体结构和详细参数，因此应用 PExprt 软件和 Maxwell2D 软件对 DC/DC 变换系统中的变压器进行建模，建模流程如图 5.4.5 所示。

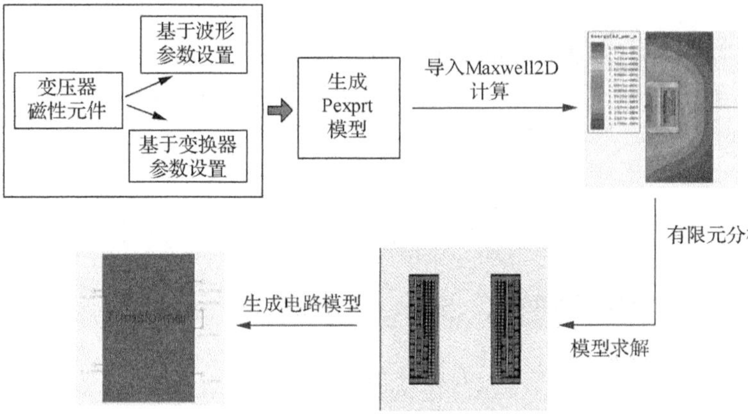

图 5.4.5　变压器建模流程

在 PExprt 软件中，变压器可以采用基于波形参数设置和基于变换器参数设置两种方法：①基于变换器参数设置，使用 PExprt 软件中固定的半桥、全桥、buck、boost、推挽等 DC/DC 固定电路拓扑，设置变换器相应的输入、输出电压、开关频率、占空比、功率等变换器参数即可；②基于波形参数设置，只需设置好变压器绕组一二次侧电压幅值、频率、占空比、变比等波形参数。

这里采用基于变换器参数设置的方法，所需电气参数如表 5.4.1 所示，仿真模型中主要参数的选择参考实物测量结果。如变压器磁芯选择 E55/28/21，中柱无气隙，材质选用 FERROXCUBE 3C92、3C93、3C94 和 3C96，AL=6620.802642；初级侧导线为 AWG20，次级侧导线为 AWG14，直径分别为 0.89mm 和 1.74mm；绝缘层长度 32.54mm，材料为 TAPE_interlayer4；绕线方式采用便于实施的层叠式，初级位于磁芯内侧。变压器模型的线圈布置方案如图 5.4.6 所示。

表 5.4.1　变压器建模所需电气参数

变压器设计	
主电路结构	全桥
输入电压/V	260 ~ 340
输出电压/V	14.3
开关频率/kHz	52.5
功率/W	700
纹波电压(峰-峰值)/V	<0.1
占空比	0.3393

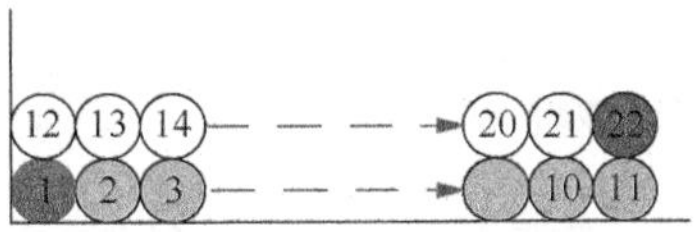

(a) 叠层式绕线方法

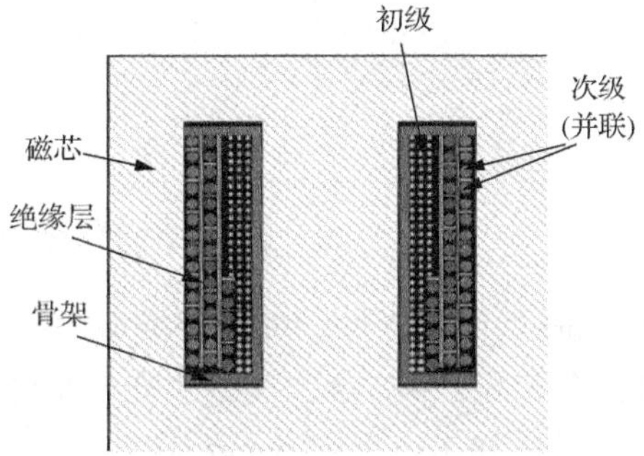

(b) 变压器有限元模型横截面

图 5.4.6　变压器模型线圈布置方案

设置好模型求解的相关参数之后，基于有限元法对模型进行求解，得到若干种可行性方案，每种方案计算得到的参数有：磁芯的尺寸、磁芯的材料、体积、绕组的规格、窗口填充率、功率损耗、绕组的匝数、并联绕组数、漏感等。对比分析这些参数，并根据实际情况选定其中最接近的方案。然后按照该方案确定的参数和结构从新调整变压器绕组结构，确定最终的变压器高频模型。调整后的变压器绕组排列情况如图 5.4.7 所示，ABC 端口表示绕组端线，初级绕组匝数为 26，并联绕组数为 3，次级绕组匝数为 2，并联绕组数为 9。

表 5.4.2 是该模型仿真结果，直流变换器开关器件工作在 52.5kHz，所以表中的参数值都是 52.5kHz 时的结果。仿真结果表明直流电阻、交流电阻和漏感等都较小，满足变压器实际要求。

表 5.4.2　选定变压器方案的有限元仿真结果参数

线圈	直流电阻/mΩ	交流电阻/mΩ	直流损耗/W	漏感/μH	电感/μH
初级	36.02	39	0.33	4.8	4480
次级	0.62	1	0.69	0.03	26.48

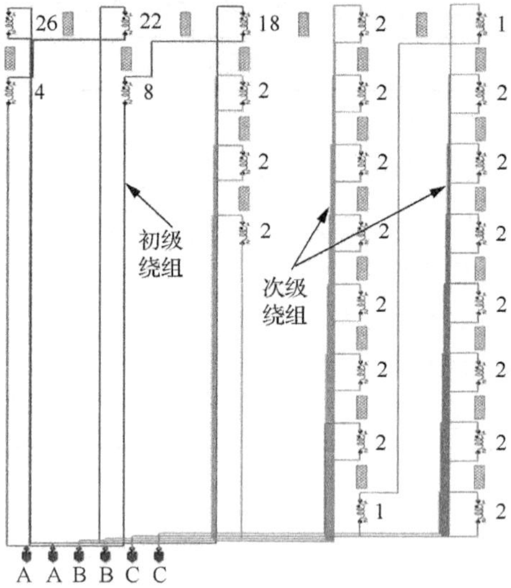

图 5.4.7　重新排列的变压器绕组

PExprt 软件对磁性元件物理模型进行计算后生成基于 Saber 软件的模型(*.sin 文件)，在 Saber 中为这个模型建立一个同名的符号(*.ai_sym 文件)，并设置两个属性值，就创建了可以在 Saber 中使用的变压器模型，如图 5.4.8 所示。图 5.4.8(b) 中 ap_center、am_center、bp_center、bm_center、cp_center 和 cm_center 六个引脚分别对应变压器绕组绕组的 6 个出线端，其中 bp_center 和 cm_center 引线短接，构成变压器的输出端的中线出头。

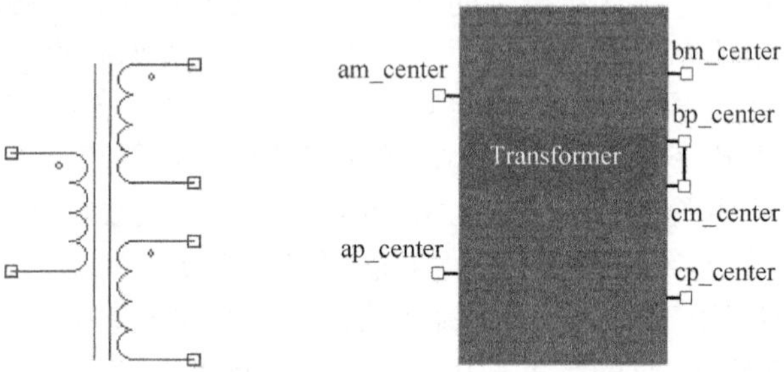

(a) 传统变压器模型　　(b) 通过PExprt建立的变压器模型

图 5.4.8　Saber 电路中的变压器模型

PExprt 对磁性元件的建模和分析要优于传统电路软件中的元件模型。首先整个建模过程对磁性元件涉及的各种场进行了分析，便于对各种场的表现有直观的理解。另一方面，PExprt 建立的磁性元件(变压器)模型，包含了漏感、磁芯绕组损耗、直流/交流损耗、绕组间寄生电容等，因此该的模型可以最大程度的接近实际特性，具有一定的实用性。

3) 铁芯电感

直流变换器中带铁芯的电感同样对 EMI 的传播有重要影响，其 EMI 高频模型的建立与变压器的建模方法和过程一致，所需电气参数见表 5.4.3，最终建立的 EMI 高频模型如图 5.4.9 所示。

表 5.4.3　电感器建模电气参数

电感设计	
正端电压/V	7.34
端电压波形	方波
导电模式	连续
开关频率/kHz	105
功率/W	700
纹波电流(峰- 峰值)/A	< 8%*I 均值
占空比	0.672

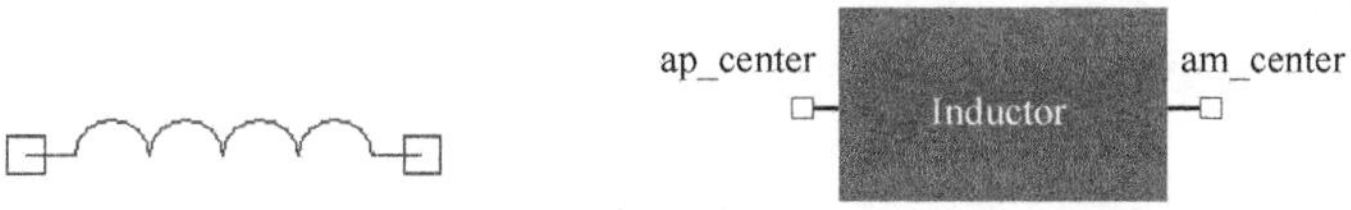

(a) 传统电感模型　(b) 通过PExprt建立的电感模型

图 5.4.9　Saber 电路中的电感模型

4) 对地寄生电容

直流变换器在高频下工作时，功率模块和散热器之间存在寄生电容效应，该寄生电容是共模电流传播的主要路径。通常功率模块导热片和变换器散热器之间填有两种介质，比如导热硅脂和绝缘衬垫等，如图 5.4.10(a)所示。此时将开关器件导热片、导热硅脂、绝缘衬垫和散热器四者构成的系统视为平板电容器模型，如图 5.4.10(b)所示。导热片和散热器分别为电容器模型的上下两个极板，导热硅脂和绝缘衬垫视为电容器介质，分别用 ε_1 和 ε_2 表示。

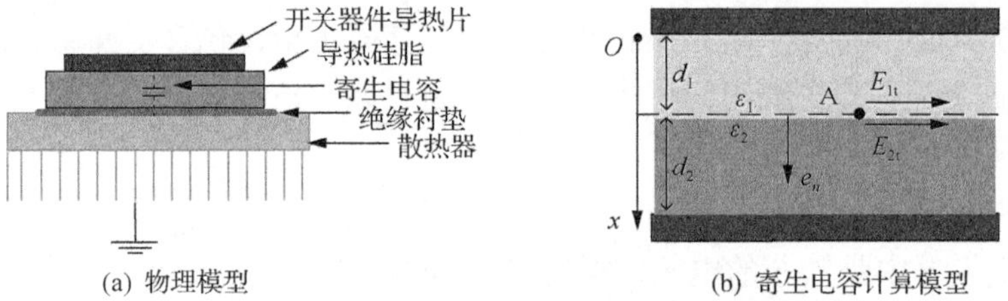

图 5.4.10　多介质的平板电容器计算模型

描述图 5.4.10(b) 电容器内的静电场仍然满足式(5.4.4)的基本方程，在介质分不连续界面上，如图 5.4.10(b)中的 A 点，场量满足如下衔接条件：

$$\begin{aligned} &\boldsymbol{e}_n \times (\boldsymbol{E}_2 - \boldsymbol{E}_1) = 0 \\ &\boldsymbol{e}_n \cdot (\boldsymbol{D}_2 - \boldsymbol{D}_1) = 0 \end{aligned} \tag{5.4.17}$$

在紧靠上导体和下导体分界面上分别有

$$\begin{aligned} \boldsymbol{e}_n \times \boldsymbol{E}_1 = 0 \\ \boldsymbol{e}_n \cdot \boldsymbol{D}_1 = \sigma \end{aligned} \text{和} \begin{aligned} \boldsymbol{e}_n \times \boldsymbol{E}_2 = 0 \\ \boldsymbol{e}_n \cdot \boldsymbol{D}_2 = -\sigma \end{aligned} \tag{5.4.18}$$

因为导热硅脂和绝缘衬垫分别为两种电介质，且由于金属导热片和散热器的尺寸远远大于导热硅脂和绝缘衬垫的厚度，所以两种介质里的电场可视为均匀的，假设在金属导热片和散热器之间施加电压 U，联立式(5.4.4)、式(5.4.17)和式(5.4.18)，可解得

$$\begin{aligned} \boldsymbol{E}_1 &= \frac{\varepsilon_2 U}{\varepsilon_1 d_2 + \varepsilon_2 d_1} \boldsymbol{e}_x \\ \boldsymbol{E}_2 &= \frac{\varepsilon_1 U}{\varepsilon_1 d_2 + \varepsilon_2 d_1} \boldsymbol{e}_x \end{aligned} \tag{5.4.19}$$

在此基础上可求取上极板上的电荷

$$Q = \int_S \boldsymbol{D}_1 \cdot \boldsymbol{e}_n \mathrm{d}S \tag{5.4.20}$$

式中，S 是上极板的面积。利用电容定义可得两平板之间的电容

$$C = \frac{Q}{U} \tag{5.4.21}$$

式(5.4.21)中的 C 即为功率开关器件导热片与散热器之间的寄生电容，也称为系统的共模电容。该寄生参数的计算模型是基于实际物理模型而建立，能够真

实准确的反映出寄生参数的大小。图 5.3.8 中的 C_{50}、C_{60} 按同样的方法计算。

5)功率场效应管(MOSFET)仿真模型

MOSFET 的开关速度很快，一般在纳秒级，其开关特性是衡量动态特性的重要指标。Saber 元件库中提供了丰富的 MOSFET 电路模型，而且模型充分考虑了直流特性寄生电容特性及寄生二极管特性。

根据 IXYS 公司 IXTQ23N60Q 芯片手册中提供的 I_D-V_{DS}，I_D-V_{GS} 和 C_{ap}-V_{DS} 等特性曲线及相关参数(如表 5.4.4)，利用 Saber 提供的 Model Architect 菜单下 Power MOSFET Tool 建立 IXTQ23N60Q 仿真模型，完成 MOSFET DC Characteristics 和 MOSFET Capacitance Characteristics 设置，Body Diode 参数采用默认设置。

表 5.4.4　MOSFET 主要参数

参数名称(获得参数的条件)		最小值	典型值	最大值	单位
g_{fs}	V_{DS}=10V；I_D=0.5 I_{D25}，pulse test	10	20		S
C_{iss} C_{oss} C_{rss}	V_{GS}=0V，V_{DS}=25V，f=1MHz		3300 410 130		pF pF pF
$t_{d(on)}$ t_r $t_{d(off)}$ t_f	V_{GS}=10V，V_{DS}=0.5V_{DSS}，I_D=0.5I_{D25} R_G=1.5Ω(外接电阻)		20 20 45 20		ns ns ns ns
$Q_{g(on)}$ Q_{gs} Q_{gd}	V_{GS}=10V，V_{DS}=0.5V_{DSS}，I_D=0.5I_{D25}		90 20 45		nC nC nC
R_{thJC} R_{thCK}			0.25	0.31	K/W K/W

由于 MOSFET 的开关速度会受到输入电容 C_{iss} 的充、放电过程的影响，栅极电阻 R_g 大小也影响 MOSFET 的开关速度，所以，本章建立的 MOSFET 仿真模型与理想模型相比更能反映实际器件的开关特性。

6)二极管模型

硅堆二极管在开关电源中与功率 MOSFET 管一起组成了电路的开关器件，通过两者交替开通和关断来传输能量。本书中 DC/DC 变换系统采用的二极管是 IXYS 公司生产的 DSEI 2x61 型快速恢复二极管，这种二极管在正向偏置时呈低阻状态，近似短路，反向偏置时，二极管呈高阻状态，反向电流很小，近似于开路。由于元件的非理想性，在高频电路中二极管开通关断时，其反向恢复电流尖峰频谱很宽、幅度很大，会和周围其他元件一起形成很强的电磁干扰。

二极管建模同样通过查阅 IXYS 公司 DSEI 2x61 芯片手册中提供的相关参数，在 Saber 软件中完成二极管模型的建立。

7) 蓄电池

Saber 软件提供了铅酸蓄电池组的模型如图 5.4.11，在模型中可以方便地设置蓄电池的容量、内阻、端电压、荷电状态、运行温度、充放电终止电压等参数，模型能够模拟电池的实际运行状态。

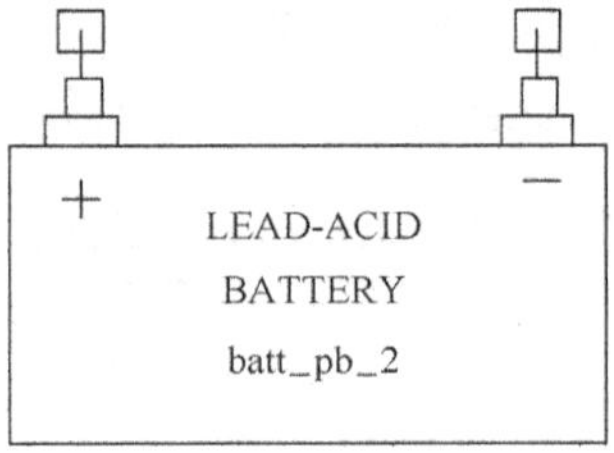

图 5.4.11　12V 铅蓄电池模型

5.4.3　DC/DC 系统传导电磁干扰模型的实验验证

1) DC/DC 系统的高频仿真模型与实验平台

根据已获得的各器件高频等效模型及主要分布参数和寄生参数，在 Saber 软件中建立了全桥 DC/DC 变换系统的的传导 EMI 高频仿真电路模型，如图 5.4.12 所示。其中标注有 T、L 的部分分别是在 PExprt 软件中计算得到高频变压器和滤波电感的物理模型，然后导入 Saber 后的高频电路仿真模型。最右端的 BATTERY 是根据蓄电池实际参数在 Saber 中建立的铅蓄电池模型。Q1、Q2、Q3 和 Q4 则根据 IXYS 公司 IXTQ23N60Q 开关管使用手册建立的高频模型，VD1、VD2 同样根据 IXYS 公司 DSEI2x61 的实际参数建立的 Saber 高频模型。

测量混合动力汽车 DC/DC 变换系统传导 EMI 的实验平台参照相关 EMC 测试标准搭建，如图 5.4.13 所示。通过验证仿真模型计算出的 EMI 与实际系统产生的 EMI 是否一致，来说明建立 DC/DC 变换系统传导 EMI 模型的方法是否正确有效。

为了模拟汽车上 DC/DC 变换器的真实安装结构，车身由实验平台的镀锌钢板代替，因此安装在车身上的 DC/DC 变换器在实验平台中应放置在镀锌钢板上。将 LISN 和变换器都放置在镀锌钢板上并良好接地以保障共模传导 EMI 有完整的流通路径，镀锌钢板的厚度和面积选择参考相关 EMC 测量标准。未接测量仪器的 LISN 端子应该安装一个标准的 50Ω 电阻，为防止 DC/DC 变换器给 12V 蓄电池充满导致变换器处于待机状态，需要在蓄电池两端并联一个功率为 1kW，阻值为 50Ω 的消耗型电阻。DC/DC 变换系统正常工作时通过 CAN 总线和上位机控制完成，

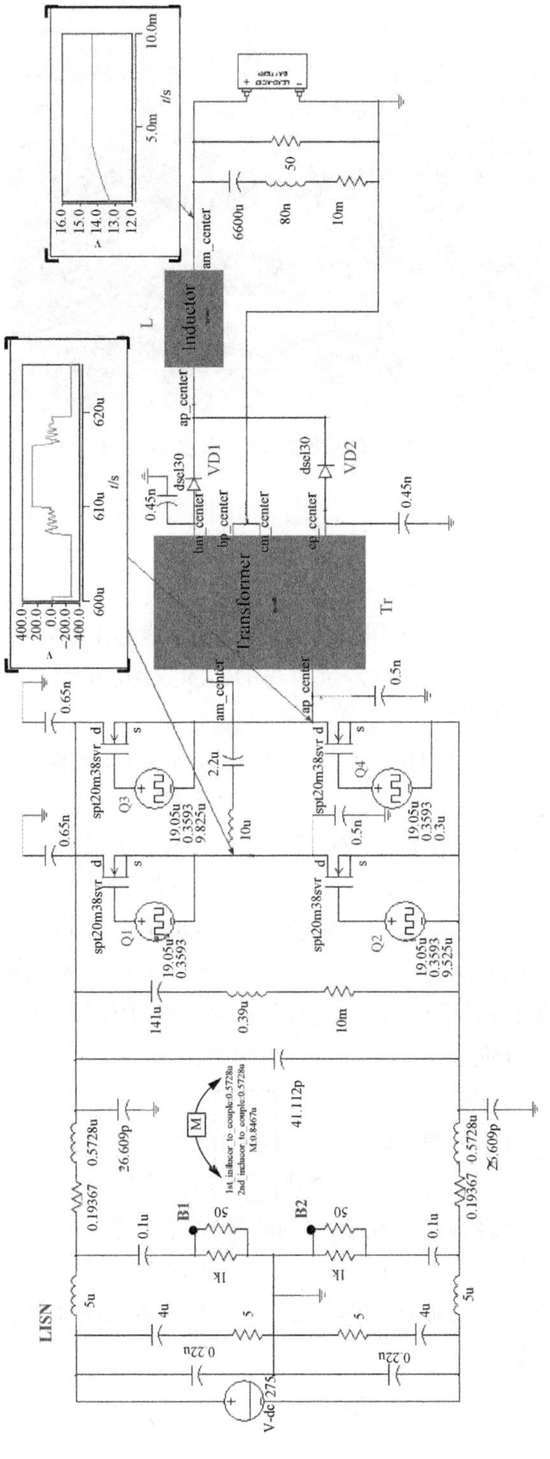

图5.4.12 DC/DC系统的传导EMI高频仿真电路模型

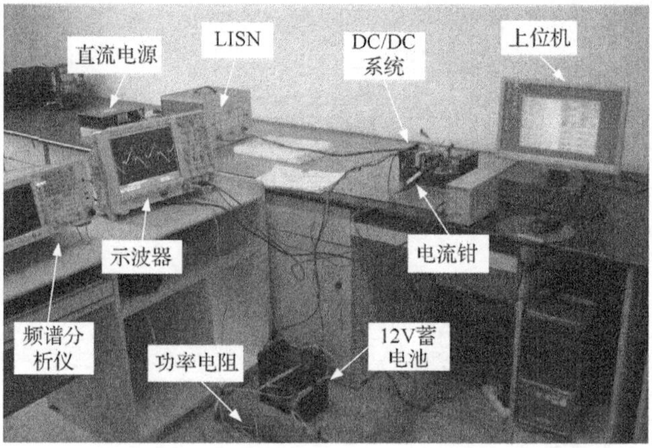

图 5.4.13　DC/DC 系统传导 EMI 实验平台

同轴电缆接到 LISN 的一个测量端子，采集 EMI 信号传输到频谱分析仪。实验平台的基本参数如下：

①DC/DC 变换器：输入 260~340V，输出 14.3V，开关频率 52.5kHz，功率 700W。

②直流电源：输出 275V 直流电压，为 DC/DC 变换器提供稳定的高压直流输入。

③蓄电池：12V 车载铅蓄电池作为负载与 DC/DC 输出正负极相连，由 DC/DC 对其充电(模拟汽车实际工况)。

④CAN 总线与上位机控制 DC/DC 系统的开通与关断，监测 DC/DC 系统工作状态，包括输入/输出电流、电压、功率、温度等信号。

⑤50Ω大功率标准电阻，代替车载低压电器系统，与 12 蓄电池正负极相连。

在图 5.4.13 所示实验平台中，接好输出 12V 车载蓄电池阻抗负载，接通 275V 直流电源，上位机给 CAN 控制器发送启动命令，DC/DC 开始工作。同时，环境数据(电压、电流、温度等)通过 CAN 总线发送给上位机，实现平台实时监控。通过频谱分析仪及示波器来提取 DC/DC 变换系统的时域和频域信号。

2)仿真结果的实验验证分析

(1)MOSFET 漏源极电压。

按图 5.4.12 的仿真电路计算，得到的 MOSFTT 开关管漏源极电压波形与实测电压波形的幅值如图 5.4.14(a)所示，两者周期 T 和占空比 D 完全相同，而且变化趋势基本一致，波形吻合度较高，仿真得到的开关管开通关断过程中产生的振荡幅度比实测结果要大一些。由图 5.4.14(b)可见，MOSFET 开关管导通和关断时都会产生很强的尖峰电压和阻尼振荡，尖峰幅值达 100V，振荡周期几十至数百纳秒，原因在本章前面已有分析。

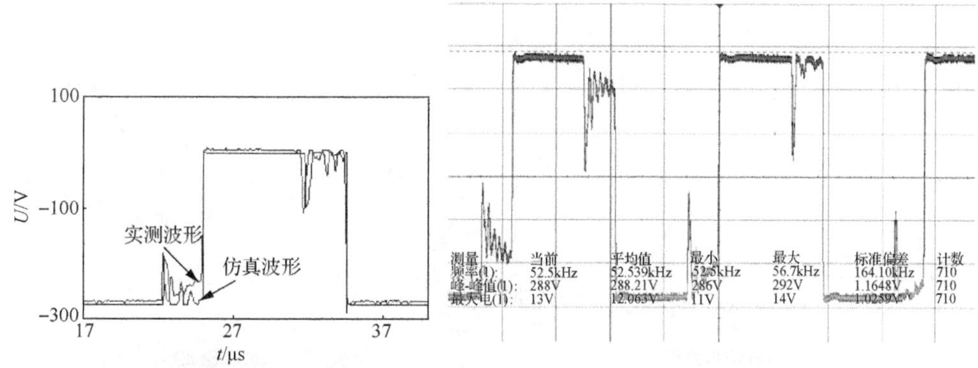

(a) 仿真和实验对比波形　　(b) 实测波形

图 5.4.14　MOSFET 开关管 Q4 的漏源极电压

(2)变压器一次侧电压电流波形。

图 5.4.15(a)是变压器一次侧输入电压仿真结果与实测结果的对比，在一个周期内，仿真、实测波形频率相同，变换趋势一致，振荡幅值和振荡周期也基本相等，吻合效果非常好。图 5.4.15(b)是实验中获得的电压波形，频率为 52.5kHz，峰峰值 256V。在电压波形上叠加了漏感产生的带有尖峰的衰减振荡，反映了 MOSFET 开关管在开、关时，由于变压器初级线圈漏感的存在，致使一部分能量没有从一次绕组传输到二次绕组，储藏在漏感中的这部分能量对电路中的电容 C_2 充放电构成了振荡回路，这种高频振荡电压是 DC/DC 主要干扰之一。

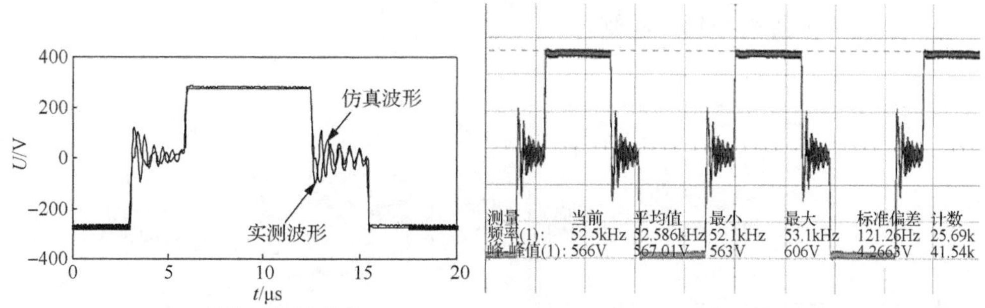

(a) 仿真实测对比波形　　(b) 实测波形

图 5.4.15　变压器输入电压

变压器一次侧电流仿真与实测波形对比可见图 5.4.16，实测与仿真波形的周期 T、占空比 D 完全相等，变化趋势也基本一致。在对角桥臂的开关管轮流导通过程中，输入电流换向时跟电压一样都有电流尖峰振荡产生，振荡频率都很高，振荡幅度相差不大，但是导通时电流幅值未能完全一样。这是由于蓄电池荷电状态(SOC)，负载等的变化会影响到电流幅值大小。

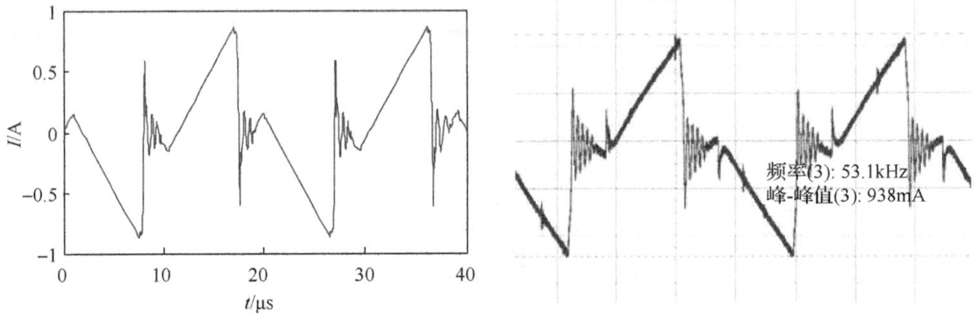

(a) 仿真波形　　(b) 实测波形

图 5.4.16　变压器电流仿真和实测波形

(3) 二极管反向恢复电流。

通过 Saber 软件仿真和实验测得的二极管电流波形如图 5.4.17 所示，仿真与实测波形的周期 T、占空比 D 相等，变化趋势一致。在二极管导通和关断时都有电流尖峰振荡产生，振荡频率都很高，振荡幅度相差不大。

在实验中，二极管导通和反向截止过程中出现的尖峰和振荡，如图 5.4.17(b) 所示。实测最大电流为 10A，而轻载情况下尖峰就已达到几安培，可见二极管产生的传导干扰不容忽视。这种干扰产生的原因一方面是由于二极管在反向恢复过程中，产生尖峰电流的固有物理特性引发与其连接的变压器次级绕组漏感，分布电容产生谐振；另一方面则是变压器一次侧 MOSFET 开通关断时产生很强的尖峰振荡，通过变压器耦合到二次侧。

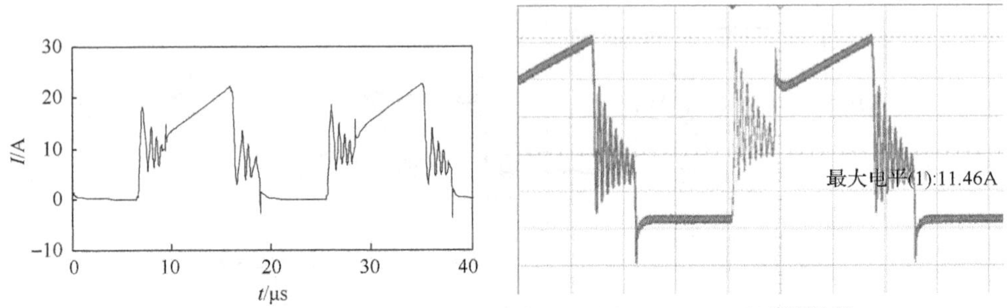

(a) 仿真波形　　(b) 实测波形

图 5.4.17　二极管电流波形

(4) DC/DC 系统共模传导 EMI 仿真分析。

在图 5.4.12 的电路模型中，利用 Saber 软件计算得到 B1、B2 处频率范围为 150k~108MHz 的电压(即 LISN 50Ω 电阻上的电压)，该电压即为 DC/DC 系统的共模传导 EMI 信号。仿真结果和实测数据的对比如图 5.4.18 所示。

在图 5.4.18 中，浅色曲线是由 Saber 仿真软件得到的计算结果，实验结果的深色曲线是由 Agilent 频谱分析仪连续扫描时测得(VBW、RBW 均设为 100kHz)，细线是通过频谱仪最大保持(MAX hold)功能获得，反映了最大干扰的幅频特性。

由图 5.4.18 的传导 EMI 幅频特性对比可见：①仿真结果与实测结果频谱分布基本趋势一致；②在 2~6MHz 范围内，仿真结果与频谱仪连续扫描时测得结果误差相对较大，最大误差有 18dBμV，高频时吻合较好，说明模型有较好的高频特性；③在 150k~20MHz 范围内，仿真结果与实测最大保持值吻合较好。但是，在 16.5MHz、37.2MHz、48.2MHz 和 76.9MHz 频点周围也有比较明显的误差，但误差都小于 15dBμV。

综上所述，对仿真值的验证结果表明，本章的建模方法和电路仿真模型能够满足对 DC/DC 变换系统共模传导 EMI 的分析与评价。

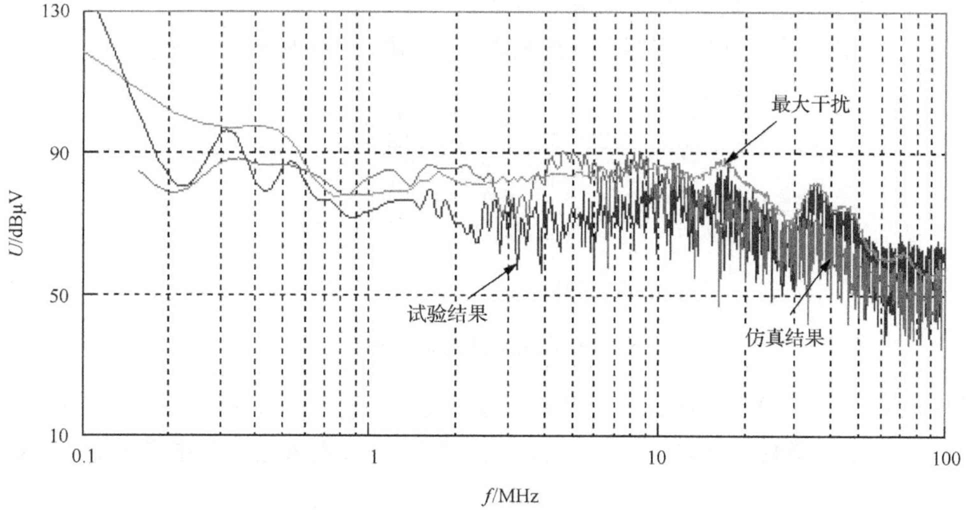

图 5.4.18　DC/DC 变换系统共模传导 EMI 仿真值与测量值对比

5.5　DC/DC 变换系统传导 EMI 的抑制措施

电磁干扰的抑制无疑应该从电磁兼容的三要素出发，即：①降低或抑制干扰源产生的电磁干扰；②切断或改变干扰耦合路径；③提高敏感设备的抗干扰能力。针对 DC/DC 变换系统的干扰问题，改变前两个要素是解决 DC/DC 变换系统 EMC 的最有效的方法。因此，根据前面 DC/DC 变换系统干扰产生机理和耦合路径的分析，通过对干扰信号滤波处理、干扰耦合路径优化等措施，最终可将 DC/DC 变换系统的传导 EMI 控制在合理范围内。

5.5.1 EMI 滤波器设计

一般来讲，EMI 滤波器输入端的干扰源阻抗和负载阻抗不相等，不可能满足阻抗匹配的条件，也就无法保证滤波器工作在最佳状态。作为干扰源的电力电子设备来说，其高频阻抗特性与电路结构、布线情况、使用的半导体器件和工作频率有关，干扰源的阻抗可能在较宽的范围内变化。同样，电力电子设备的负载接入情况也会在不同时间发生变化，负载阻抗和干扰源阻抗一样都具有不确定性，因此，在设计 EMI 滤波器时必然要面对这种情况。干扰源阻抗和负载阻抗大小对选择合适的 EMI 滤波结构至关重要，不同的滤波器电路结构对阻抗失配情况下的滤波器特性也具有重要的影响，所以，EMI 滤波器设计时应该尽量了解源阻抗与负载阻抗的情况。

1) EMI 滤波器阻抗失配下的插入损耗

一个无源滤波器可以用四端网络来表示，如图 5.5.1 所示。

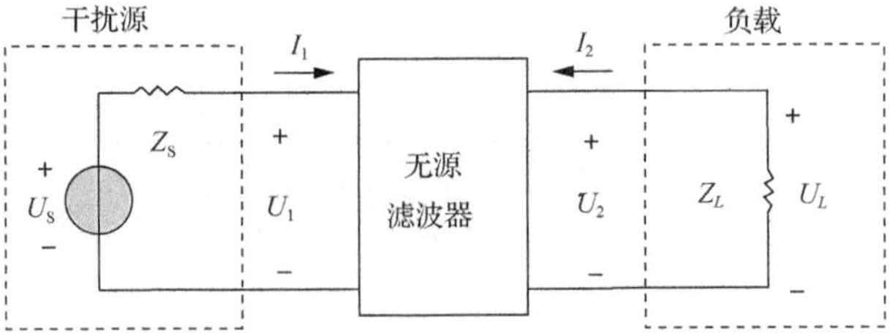

图 5.5.1　接入无源滤波器的参考电路

其中，$Z_S = R_S + jX_S$ 为干扰源内阻抗，$Z_L = R_L + jX_L$ 为负载阻抗。

为方便无源滤波器的分析与设计，通常采用 A 参数来描述四端网络特性，即

$$\begin{aligned} U_1 &= A_{11}U_2 + A_{12}(-I_2) \\ I_1 &= A_{21}U_2 + A_{22}(-I_2) \end{aligned} \tag{5.5.1}$$

分别令图 5.5.1 的四端网络输出端开路和短路，网络的 A 参数可按下列各式计算：

$$\begin{aligned} A_{11} &= \left.\frac{U_1}{U_2}\right|_{I_2=0}, \quad A_{21} = \left.\frac{I_1}{U_2}\right|_{I_2=0} \\ A_{12} &= \left.\frac{U_1}{-I_2}\right|_{U_2=0}, \quad A_{22} = \left.\frac{I_1}{-I_2}\right|_{U_2=0} \end{aligned} \tag{5.5.2}$$

在图 5.5.1 中，从滤波器干扰源侧看的输入端阻抗 Z_{1i} 为

$$Z_{1i}=\frac{A_{12}+A_{11}Z_L}{A_{22}+A_{21}Z_L}=R_{1i}+\mathrm{j}X_{1i} \tag{5.5.3}$$

从滤波器的负载侧看，输出端阻抗 Z_{2i} 为

$$Z_{2i}=\frac{A_{12}+A_{11}Z_S}{A_{22}+A_{21}Z_S}=R_{2i}+\mathrm{j}X_{2i} \tag{5.5.4}$$

滤波器的插入损耗(insertion loss,IL)定义为

$$\mathrm{IL}=10\lg\left(P_1/P_2\right) \tag{5.5.5}$$

式中，P_1 为不接滤波器时，从干扰源传输到负载上 Z_L 的功率；P_2 为接入滤波器后，传输到负载上 Z_L 的功率；IL 单位为 dB。通过计算可得

$$\mathrm{IL}=20\lg\frac{A_{11}Z_L+A_{12}+A_{21}Z_SZ_L+A_{22}Z_S}{Z_S+Z_L} \tag{5.5.6}$$

实际工程中，大多数 EMI 滤波器工作在阻抗不匹配情况下，通常不用复杂的公式来求解插入损耗，而用简化的关系式来研究各种失配情况下的插入损耗。

当滤波器输出端开路时，输入端的输入阻抗 Z_{10} 为

$$Z_{10}=\left|Z_{10}\right|\exp(-\mathrm{j}\theta_{10})=R_{10}+\mathrm{j}X_{10}=\frac{A_{11}}{A_{21}} \tag{5.5.7}$$

当滤波器输入端开路时，输出端的输入阻抗 Z_{20} 为

$$Z_{20}=\left|Z_{20}\right|\exp(-\mathrm{j}\theta_{20})=R_{20}+\mathrm{j}X_{20}=\frac{A_{22}}{A_{21}} \tag{5.5.8}$$

当滤波器输出端短路时，输入端的输入阻抗 Z_{1S} 为

$$Z_{1S}=\left|Z_{1S}\right|\exp(-\mathrm{j}\theta_{1S})=R_{1S}+\mathrm{j}X_{1S}=\frac{A_{12}}{A_{22}} \tag{5.5.9}$$

当滤波器输入端短路时，输出端的输入阻抗 Z_{2S} 为

$$Z_{2S}=\left|Z_{2S}\right|\exp(-\mathrm{j}\theta_{2S})=R_{2S}+\mathrm{j}X_{2S}=\frac{A_{12}}{A_{11}} \tag{5.5.10}$$

对 EMI 滤波器设计影响最重要的四种阻抗失配下的插入损耗计算如下：

(1) 低干扰源阻抗。

当干扰源呈现低阻抗$\left(Z_S \approx 0\right)$时，最低插入损耗对应的最坏负载阻抗为

$$R_L = 0 \ , \ X_L = \frac{{R_{2i}}^2 + {X_{2i}}^2}{X_{2i}} \tag{5.5.11}$$

此时对应的插入损耗为

$$\mathrm{IL}_{\min} = 20\lg\left(\left|A_{11}\right| \times \left|\frac{R_{2S}}{Z_{2S}}\right|\right) = 20\lg\left(\left|A_{11}\right| \times \cos\theta_{2S}\right) \tag{5.5.12}$$

(2) 高负载阻抗。

当负载接近开路状态$\left(Z_L \approx \infty\right)$时，最低插入损耗对应的最坏源阻抗为

$$R_S = 0 \ , \ X_S = -X_{10} \tag{5.5.13}$$

此时对应的插入损耗为

$$\mathrm{IL}_{\min} = 20\lg\left(\left|A_{11}\right| \times \left|\frac{R_{10}}{Z_{10}}\right|\right) = 20\lg\left(\left|A_{11}\right| \times \cos\theta_{10}\right) \tag{5.5.14}$$

(3) 已知干扰源阻抗。

有时候，实际工程中已知干扰源的阻抗特性，设计的滤波器能适应负载阻抗在较宽的范围内变化，一般来讲，干扰源的阻抗可以通过计算或者测量近似得到。所以当干扰源阻抗已知的前提下，最低插入损耗对应的最坏负载阻抗为

$$R_L = 0 \ , \ X_L = \frac{Z_{2i}^2 - Z_S^2 + \sqrt{Z}}{2(X_S - X_{2i})} \tag{5.5.15}$$

式中，

$$Z = \left(X_S - X_{2i}\right)^4 + \left(R_S^2 - R_{2i}^2\right)^2 + 2\left(X_S - X_{2i}\right)^2\left(R_S + R_{2i}\right)^2 \tag{5.5.16}$$

当源阻抗中的电阻分量不等于零，此时对应的最低插入损耗为

$$\mathrm{IL}_{\min} = 20\lg\left(\left|A_{11}\right| \times \left|\frac{Z_S + Z_{10}}{Z_{10}}\right| \times \left|\frac{\sqrt{Z_1}}{2R_S} - \frac{\sqrt{Z_2}}{2R_S}\right|\right) \tag{5.5.17}$$

式中，

$$\begin{aligned} Z_1 &= (R_{2i} + R_S)^2 + (X_{2i} + X_S)^2 \\ Z_2 &= (R_{2i} - R_S)^2 + (X_{2i} - X_S)^2 \end{aligned} \tag{5.5.18}$$

当源阻抗为纯电抗，即 $R_S=0$，最低插入损耗对应的最坏负载为

$$R_L=0\ ,\ \ X_L=\frac{{R_{2i}}^2}{X_S-X_{2i}}-X_{2i} \tag{5.5.19}$$

此时对应的插入损耗为

$$\mathrm{IL_{min}}=20\lg\left(|A_{11}|\times\left|\frac{Z_S+Z_{10}}{Z_{10}}\right|\times\sqrt{\frac{{R_{2i}}^2}{(X_S-X_{2i})^2+{R_{2i}}^2}}\right) \tag{5.5.20}$$

(4) 已知负载阻抗。

在有些情况下负载阻抗可近似知道，而干扰源的阻抗可能在较宽的范围内变化。此时，最低插入损耗对应的最坏源阻抗条件如下：

当负载阻抗中的电阻分量不等于零，此时对应的最低插入损耗为

$$\mathrm{IL_{min}}=20\lg\left(|A_{22}|\times\left|\frac{Z_1+Z_{20}}{Z_{20}}\right|\times\left|\frac{\sqrt{Z_1}}{2R_1}-\frac{\sqrt{Z_2}}{2R_1}\right|\right) \tag{5.5.21}$$

式中，

$$\begin{aligned}Z_1&=(R_{1i}+R_1)^2+(X_{1i}+X_1)^2\\Z_2&=(R_{1i}-R_1)^2+(X_{1i}-X_1)^2\end{aligned} \tag{5.5.22}$$

当负载阻抗为纯电抗，即 $R_L=0$，最低插入损耗对应的最坏源阻抗为

$$R_S=0\ ,\ \ X_S=\frac{{R_{1i}}^2}{X_1-X_{1i}}-X_{1i} \tag{5.5.23}$$

此时对应的插入损耗为

$$\mathrm{IL_{min}}=20\lg\left(|A_{22}|\times\left|\frac{Z_1+Z_{20}}{Z_{20}}\right|\times\sqrt{\frac{{R_{1i}}^2}{(X_1-X_{1i})^2+{R_{1i}}^2}}\right) \tag{5.5.24}$$

2) 干扰信号及内阻的测量

(1) 干扰信号测量。

按照滤波器的一般设计原则，首先对直流电源变换系统的干扰信号进行测量和诊断，判断干扰频带的分布范围，再进行对应干扰频带的滤波。根据共模电流和差模电流的流向特点，在没有引入噪声分离网络的前提下，对共模和差模电流进行了测量，测量方式如图 5.5.2 所示。

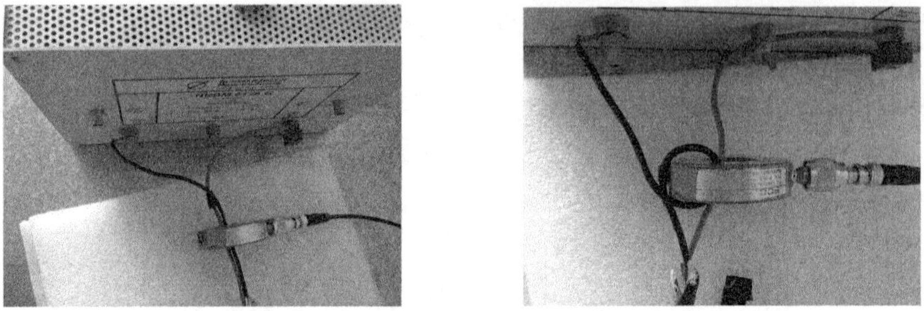

(a) 共模电流测量　　(b) 差模电流测量

图 5.5.2　传导干扰测试布置图

图 5.5.2 中右侧线代表正极，左侧线代表负极。图 5.5.2(a)中，差模电流反向流经电流探头，电流幅值相互抵消，测量结果仅为共模电流 $2I_{CM}$。测量差模电流时，将图 5.5.2(b)中的左侧线绕电流探头一圈，使两条线上的共模电流反向流经电流探头，互相抵消，差模电流同向流经电流探头，测量结果仅为差模电流 $2I_{DM}$。

采用上述方法对 DC/DC 输入和输出线上的共模和差模干扰电流进行测量，测量上限频率由 30MHz 扩展到 108MHz，目的是使滤波器的有效设计频段更加准确，测量结果如图 5.5.3 所示。

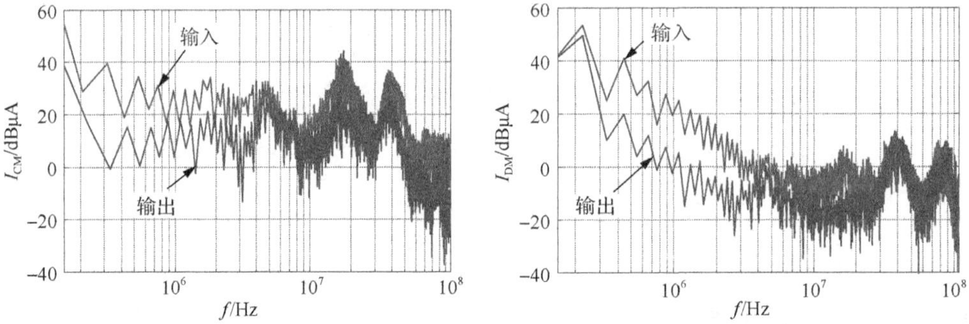

(a) 共模电流　　(b) 差模电流

图 5.5.3　DC/DC 变换系统输入和输出线上干扰电流频率特性

图 5.5.3(a)中，两条曲线分别代表电源变换器系统输入线和输出线上的共模干扰电流测量结果，从图中可以看出干扰电流信号主要分布在 150k~50MHz 的频率范围内，并且输入线上的干扰电流幅值整体大于输出线上的干扰电流幅值。最强烈的干扰频带主要分布在 12 MHz 和 40 MHz 附近，最大干扰幅值甚至超过了 40 dBμA。图 5.5.3(b)所示的两条曲线分别为电源变换系统输入线和输出线上的差模干扰电流测量值，从图中可以看出输出线上 EMI 幅值小于输入线上的幅值，而且差模干扰电流幅值整体要小于图 5.5.3(a)中的共模干扰电流幅值。因此在设计

EMI 滤波器时应该重点考虑抑制输入电源线上的共模干扰电流。采用本章对干扰信号累积能量特征参数的计算方法，确定电源变换器输入线上时域干扰信号的主要能量分布在频率范围 150k~50MHz 之间。

(2) 干扰源内阻抗测量。

在设计 EMI 滤波器之前，对干扰源阻抗和负载阻抗的确定是关键。DC/DC 变换系统的干扰源内阻抗测量采用双电流探头法，测量原理如图 5.5.4 所示。

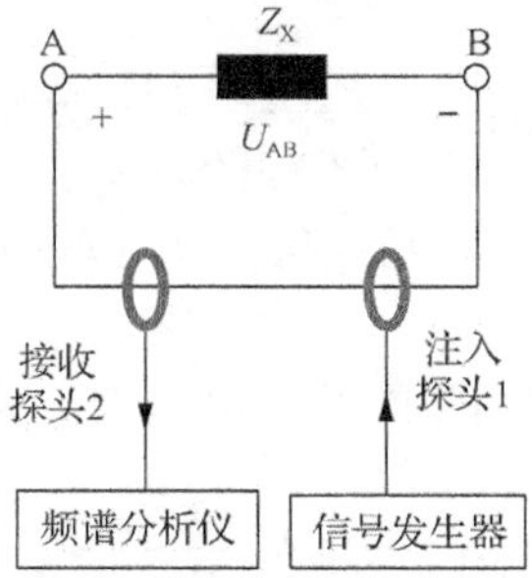

图 5.5.4　双电流探头频谱法测量原理图

图 5.5.4 中包含两个电流探头，一个是注入探头 1，连接信号发生器；另一个是接收探头 2，连接频谱分析仪。待测的源阻抗 Z_X 连接在 AB 端，信号发生器发出一个任意交流信号 I_W，通过注入探头 1 耦合到测试回路中，然后通过频谱分析仪接收回路中的电流信号，最后通过计算得到待测阻抗值。图 5.5.4 测量系统的等效电路模型如图 5.5.5 所示。

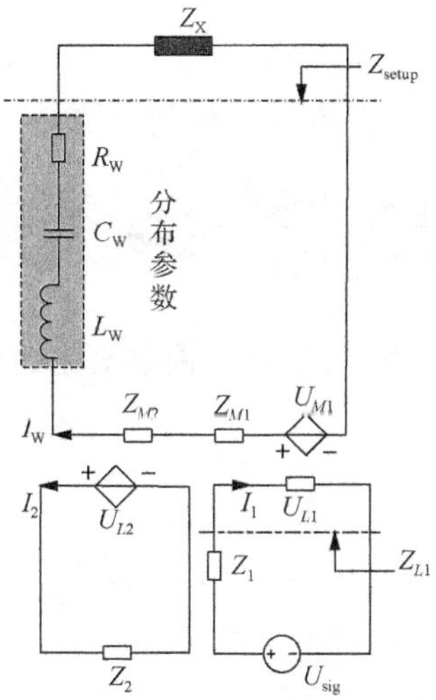

图 5.5.5　测量系统的耦合等效模型

图 5.5.5 中 U_{sig} 代表信号发生器的输出电压；U_{M1} 代表注入探头信号耦合到测试回路的等效电压源；U_{L2} 代表频谱分析仪的实测电压；Z_1 和 Z_2 表示信号发生器与频谱分析仪的内阻抗，为标准 50Ω；Z_X 代表待测阻抗；L_W、C_W 和 R_W 表示测试回路的分布参数与测试回路中其他阻抗一起用 Z_{setup} 表示如下：

$$Z_{setup} = Z_{M1} + Z_{M2} + R_W + j\omega L_W + \frac{1}{j\omega C_W} \tag{5.5.25}$$

式中，$Z_{M1} = -\frac{(\omega M_1)^2}{50 + j\omega L_1}$，$Z_{M2} = -\frac{(\omega M_2)^2}{50 + j\omega L_2}$，分别表示测试回路中由注入探头 1 和测量探头 2 引入的等效阻抗，L_1、L_2、M_1、M_2 分别表示两电流探头的线圈自感和测试回路线圈的互感。

注入探头信号耦合到测试回路的等效电压 U_{M1} 为

$$U_{M1} = -j\omega M_1 \frac{U_{sig}}{Z_1 + j\omega L_1} \tag{5.5.26}$$

由此得出测试回路中的电流 I_W 为

$$I_W = \frac{U_{M1}}{Z_{setup} + Z_X} \tag{5.5.27}$$

此外，根据电流探头的特性得出

$$U_{L2} = Z_{T2} I_W \tag{5.5.28}$$

式中，Z_{T2} 为电流探头的转移阻抗。

由式(5.5.25)~式(5.5.28)可以推导出待测阻抗 Z_X 的值为

$$Z_X = -\frac{j\omega M_1 Z_{T2}}{Z_1 + j\omega L_1}\left(\frac{U_{sig}}{U_{L2}}\right) - Z_{setup} = K\left(\frac{U_{sig}}{U_{L2}}\right) - Z_{setup} \tag{5.5.29}$$

式中，$K = -\frac{j\omega M_1 Z_{T2}}{Z_1 + j\omega L_1}$；$U_{sig}$ 和 U_{L2} 是随频率变化的量，代入实测参数可计算出 Z_X 的频域阻抗特性曲线。

测量步骤如下：

①设置输出 U_{sig} 幅值恒定，在 AB 端先后接入 560 Ω 和 620 Ω 电阻，忽略线路其他阻抗 Z_{setup}，由式(5.5.29)可以计算出

$$KU_{sig} \approx \frac{560U_{L2}\big|_{Z_X=560} + 620U_{L2}\big|_{Z_X=520}}{2} = C \tag{5.5.30}$$

②接入小电阻 $Z_{small}=2\ \Omega$，由式(5.5.29)计算得

$$Z_{setup}=\frac{KU_{sig}}{U_{L2}|_{Z_X=Z_{small}}}-Z_{small}=\frac{C}{U_{L2}|_{Z_X=Z_{small}}}-2=D \tag{5.5.31}$$

③接入待测 DC/DC 变换系统，测量 U_{L2}，并将式(5.5.30)和式(5.5.31)结果代入式(5.5.29)，即可计算得到 Z_X。

由于汽车电源变换系统的输入端已经具有大电容滤波器，相当于已进行了差模抑制处理，如果要进行差模内阻抗的测量，就要破坏设备的正常工作。另外，通过前面的分析和诊断，得出共模干扰是抑制的重点，因此，下面仅对设备共模内阻抗进行测量，测量原理如图 5.5.4 所示。

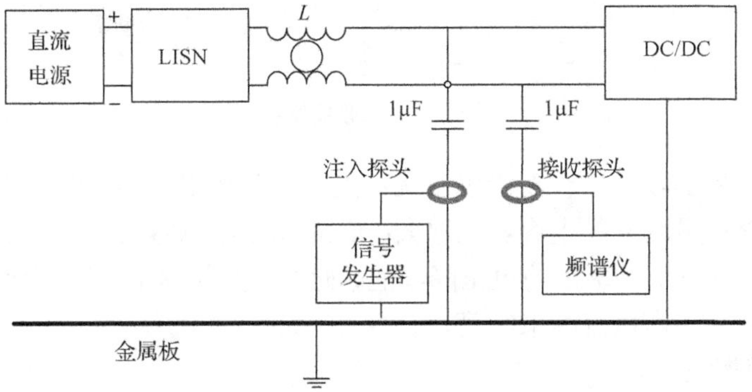

图 5.5.6　共模干扰源内阻抗测量示意图

如图 5.5.6 所示，在 DC/DC 输入侧接入一个大电感 L，使注入信号流入电源变换器系统而不流向 LISN 侧，两个 1μF 的电容起隔离直流作用，防止直流电对测量设备造成损害，在传导干扰频段内该电容呈现低阻抗，相当于短路。接通电源使 DC/DC 变换系统工作，提取相关测量结果，经过上述方法计算得到的干扰源内阻抗特性如图 5.5.7 所示。可见共模干扰源阻抗呈现高阻抗特性，这对 EMI 滤波器的设计至关重要。

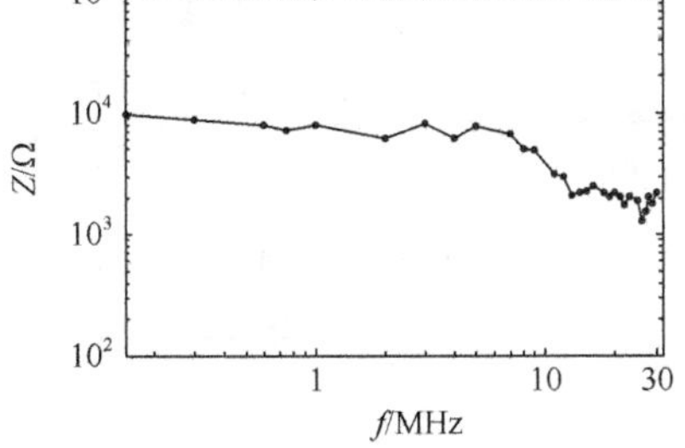

图 5.5.7　共模干扰源阻抗测量结果

3) EMI 滤波器结构及参数选择

共模干扰源内阻抗测量结果呈现高阻抗，滤波器输出负载与高压直流电源相连，负载呈现低阻抗。由于 DC/DC 输入端有差模大电容滤波，所以差模干扰源内阻抗为小阻抗，差模负载为 LISN 上两个串联的 50Ω 电阻。综合考虑后选择 LC 滤波器，其结构如图 5.5.8 所示。

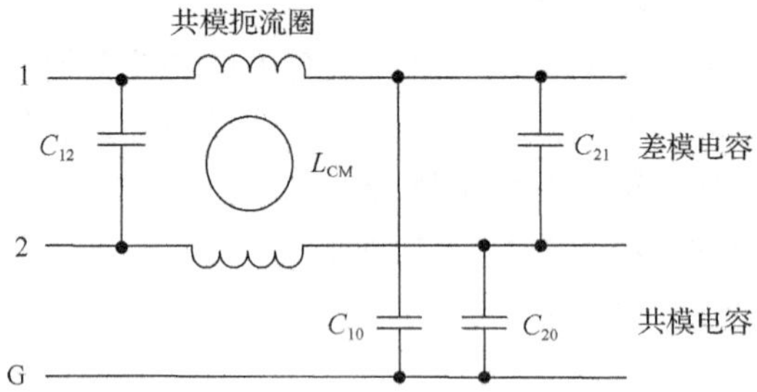

图 5.5.8　滤波器结构

EMI 滤波器的设计不仅要考虑干扰源阻抗和负载阻抗的匹配或不匹配因素，而且还要考虑选用元件的电容和电感大小。对地滤波电容要考虑对地漏电流的限值，电感要考虑电源频率下的电压降限值。此外，为能够最大限度地消耗 EMI 信号，通常要使用共模扼流圈来实现。

(1) 共模扼流圈。

滤波器设计最困难的问题是要保证较高的插入损耗，其中，最有效的解决方法之一是使用带磁芯的共模扼流圈。扼流圈对差模工作电流呈现极低的阻抗，但对电力电子设备产生的高频共模干扰信号则呈现较高的阻抗，因而能起到增大插入损耗的作用。

①扼流圈的高频共模模型。共模扼流圈是差模电感和共模电感的集成体，线圈的绕线等方式会对寄生电感和寄生电容有较大影响，因此需要建立高频等效模型，如图 5.5.9 所示。

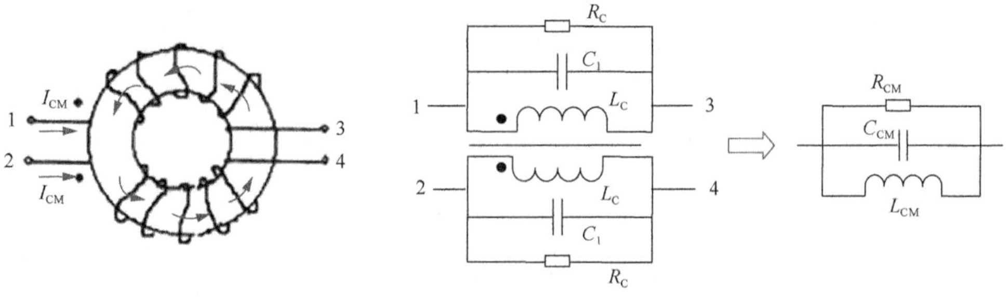

(a) 共模扼流圈原理图　　　　(b) 共模等效电路

图 5.5.9　共模扼流圈的共模等效电路

图 5.5.9(a)所示为共模扼流圈的原理图，图 5.5.9(b)为其高频等效电路模型，C_{CM} 表示线圈绕组之间的寄生电容，主要指线圈匝与匝之间以及匝与磁芯之间的寄生电容。L_{CM} 表示共模电感，一般值较大，R_{CM} 表示共模电感的等效电阻值。

②扼流圈的高频差模模型。共模扼流线圈的差模等效电路如图 5.5.10 所示，I_{DM} 表示回路中的差模电流；L_{DM} 为差模电感，它也是共模扼流圈的漏感；R_W 为绕组铜线的等效电阻，可以忽略；R_{DM} 表示差模电感磁损耗；C_{2p} 是两个绕组之间的寄生电容。C_{DM} 为单个绕组之间的漏电容，主要由匝与匝之间、匝与磁芯之间的寄生电容组成。

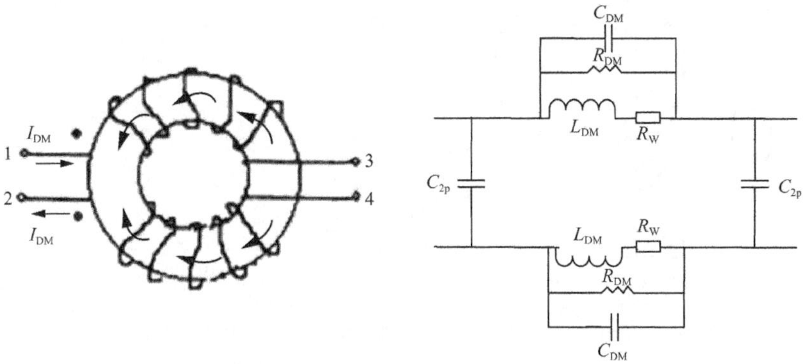

(a) 差模扼流圈原理图　　(b) 差模等效电路

图 5.5.10　共模扼流圈的差模等效电路

③扼流圈参数提取。扼流圈参数包含共模参数和差模参数，下面介绍不同类型参数的提取方法。

共模模型的参数提取方法如图 5.5.11(a)所示。将端子 1 和 2 短接，端子 3 和 4 短接，测量端口 12 和端口 34 之间的阻抗 $Z_{12\text{-}34}$，测量阻抗曲线如图 5.5.11(b)所示。图中的拟合曲线是由阻抗分析仪内部仿真电路自动生成，仿真电路的模型即为图 5.5.9(b)，由此得出共模等效电路的参数如表 5.5.1 所示。

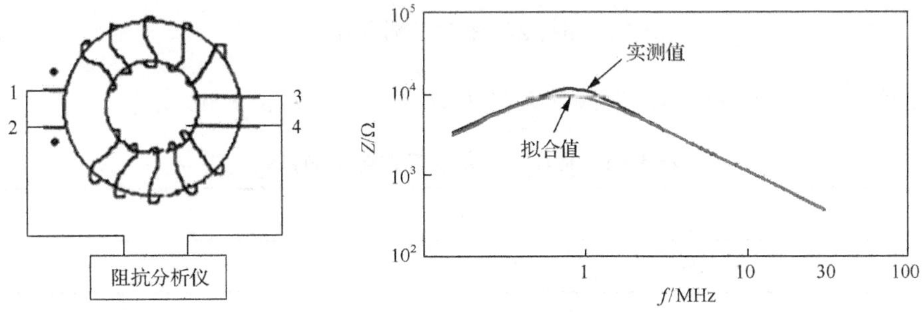

(a) 阻抗测量图　　(b) 测量结果与拟合结果对比

图 5.5.11　阻抗 $Z_{12\text{-}34}$ 测量结果

表 5.5.1　扼流线圈共模等效电路模型的参数

参数	L_{CM}/mH	C_{CM}/pF	R_{CM}/ kΩ
值	9.4444	14.1946	3.3783

差模模型的参数提取的方法如图 5.5.12(a)和(c)所示。将端子 3 和 4 短接，测量端口 12 之间的阻抗 $Z_{1\text{-}2}$，提取参数 C_{DM}、L_{DM} 和 R_{DM}，测量阻抗曲线如图 5.5.12(b)所示。将端子 3 和 4 开路，在同样的条件下测量端口 12 之间的阻抗 $Z'_{1\text{-}2}$，由此确定扼流线圈两绕组之间的寄生电容 C_{2p}，测量结果如图 5.5.12(d)所示。

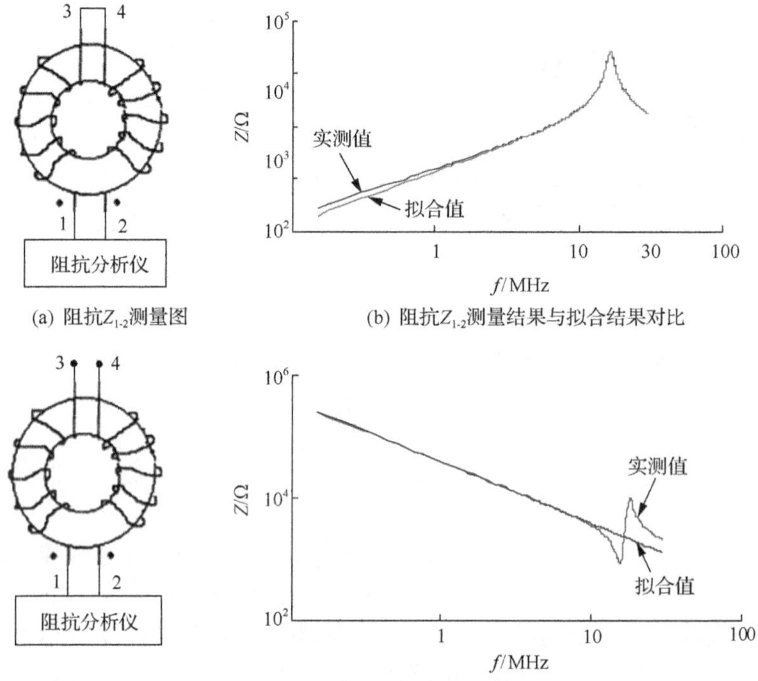

(a) 阻抗$Z_{1\text{-}2}$测量图　(b) 阻抗$Z_{1\text{-}2}$测量结果与拟合结果对比

(c) 阻抗$Z'_{1\text{-}2}$测量图　(d) 阻抗$Z'_{1\text{-}2}$测量结果与拟合结果对比

图 5.5.12　阻抗 $Z_{1\text{-}2}$ 和 $Z'_{1\text{-}2}$ 测量方法及结果

通过上述方法得出扼流线圈的差模等效电路参数如表 5.5.2 所示。

表 5.5.2　扼流线圈差模等效电路的参数

参数	L_{DM}/μH	C_{DM}/pF	R_{DM}/kΩ	C_{2p}/pF
值	21.6418/2	2.2686/2	25.3915/2	4.09/2

(2) 滤波电容器的高频模型及参数选择。

电容器的高频等效电路模型一般由电容 C、引线电感 L 和漏电阻 R 串联组成，如图 5.5.13 所示。

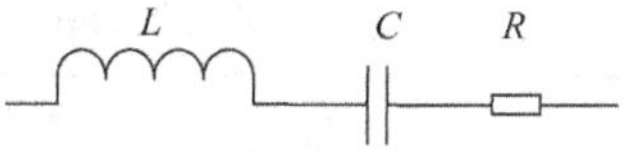

图 5.5.13　电容器的高频等效电路模型

差模电容的选择主要考虑耐压。图 5.5.8 中，跨接在电源线两端的差模电容 C_{12} 和 C_{21} 一旦被击穿，将会造成短路或设备损坏，一般选择金属薄膜电容，因为这种电容无极性，绝缘阻抗高，频率响应宽，自谐振频率在 1M~2MHz 之间，对于低频率的差模干扰信号有很好的抑制作用，一般选用的经验参数为 0.1~1μF。

对地共模电容 C_{10} 和 C_{20} 选用陶瓷电容，其自谐振频率较高，通常在 10MHz 以上，高频滤波效果比较好。此外，对地共模电容的选择还应该防止漏电流过大。

综上所述，滤波器元件参数选择为：差模滤波电容 C_{12} 和 C_{21} 为 1μF，共模滤波电容 C_{10} 和 C_{20} 按经验选 3300pF。

滤波器模型中差模电容 C_{12} 和 C_{21} 的阻抗测量曲线如图 5.5.14(a)所示，差模电容的谐振频率大致在 1M~2MHz 之间。共模电容 C_{10} 和 C_{20} 的阻抗测量曲线如图 5.5.14(b)所示，图共模电容的谐振频率在 30MHz 左右，二者都符合对电容选择的要求。

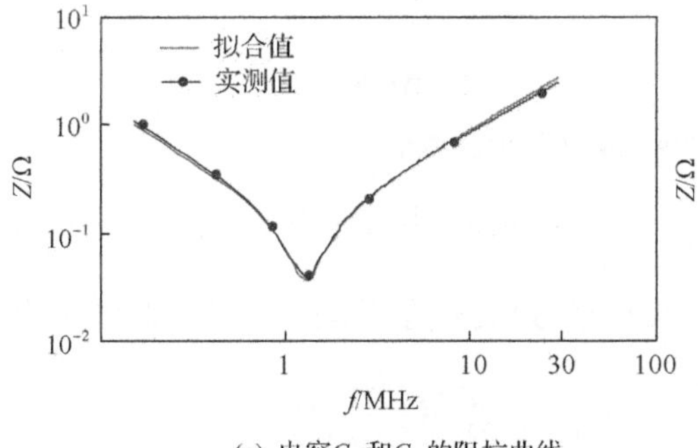

(a) 电容 C_{12} 和 C_{21} 的阻抗曲线

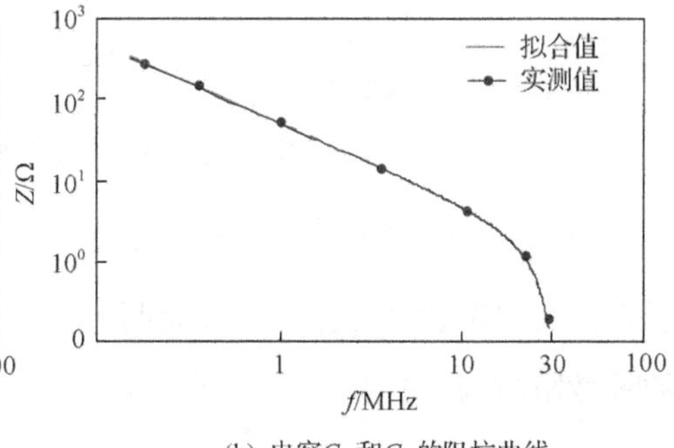

(b) 电容 C_{10} 和 C_{20} 的阻抗曲线

图 5.5.14　滤波电容阻抗测量值

通过阻抗分析仪测量和仪器内部对电容高频等效电路的拟合计算，得出滤波器中差模电容和共模电容的等效电路模型参数，如表 5.5.3 所示。表 5.5.3 中的 C_{12}(或 C_{21})、L'_{DM} 和 R'_{DM} 分别表示差模电容高频等效电路模型的电容、电感和电阻参数；C_{10}(或 C_{20})、L'_{CM} 和 R'_{CM} 分别表示对地共模电容的高频等效电路模型的电容、电感和电阻参数。

表 5.5.3　滤波电容高频参数测量值

等效电容 C/F		等效电感 L/nH		等效电阻 R/mΩ	
C_{12} 和 C_{21}	C_{10} 和 C_{20}	L'_{DM}	L'_{CM}	R'_{DM}	R'_{CM}
1.0536×10^{-6}	3.1354×10^{-9}	14.3933	8.93658	35.7076	149.81

4) EMI 滤波器对 DC/DC 变换系统干扰信号的抑制

(1) EMI 滤波器的共模插入损耗及抑制干扰仿真。

根据图 5.5.8 滤波器的基本电路模型和滤波器中扼流线圈及电容的高频电路模型，可得滤波器的共模高频等效电路和差模高频等效电路，分别如图 5.5.15 (a) 和图 5.5.15 (b) 所示。

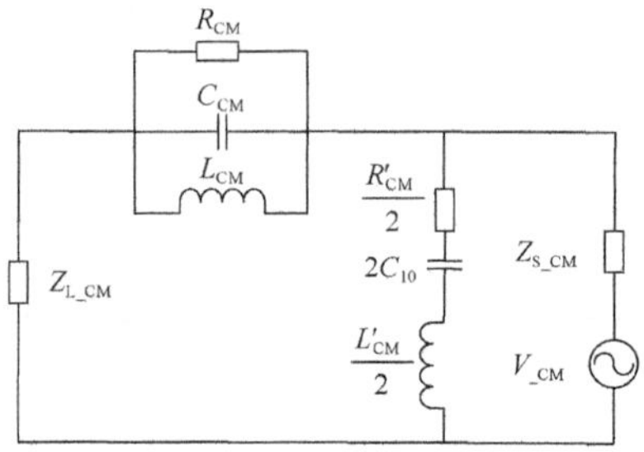

(a) 共模高频电路模型

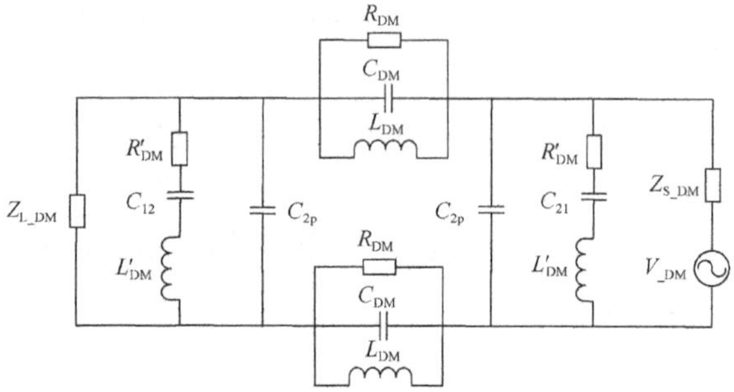

(b) 差模高频电路模型

图 5.5.15　EMI 滤波器高频等效电路模型

图 5.5.15 (a) 中，$Z_{\mathrm{S\_CM}} = \dfrac{1}{\mathrm{j}\omega C_{\mathrm{S}}} + \mathrm{j}\omega L_{\mathrm{S}} + R_{\mathrm{S}}$ 为共模干扰源阻抗，其值如图 5.5.7 所示；负载阻抗 $Z_{\mathrm{L\_CM}} = 25\,\Omega$ 为两个 LISN 中的 50 Ω 电阻并联。令共模滤波电容的等效阻抗为

$$Z_{\mathrm{C}} = \frac{R'_{\mathrm{CM}}}{2} + \frac{\mathrm{j}\omega L'_{\mathrm{CM}}}{2} + \frac{1}{2\mathrm{j}\omega C_{10}} \tag{5.5.32}$$

共模滤波电感，即扼流圈的等效阻抗为

$$Z_{\mathrm{L}} = \frac{1}{\dfrac{1}{\mathrm{j}\omega L_{\mathrm{CM}}} + \mathrm{j}\omega C_{\mathrm{CM}} + \dfrac{1}{R_{\mathrm{CM}}}} \tag{5.5.33}$$

于是，由式 (5.5.5) 或式 (5.5.6) 可得滤波器共模插入损耗为

$$IL_{CM} = 20\lg\left|\frac{(Z_L + Z_C + Z_{L\_CM})Z_{S\_CM} + (Z_L + Z_{L\_CM})Z_C}{(Z_{S\_CM} + Z_{L\_CM})Z_C}\right| \tag{5.5.34}$$

滤波器插入损耗仿真曲线如图 5.5.16 所示，滤波器的低频插入损耗较大，说明抑制效果好，而在高频段插入损耗有所下降。此外，将滤波器仿真电路导入图 5.4.12 的 DC/DC 变换系统仿真电路中，计算滤波器对 DC/DC 变换系统 EMI 的抑制效果，仿真结果如图 5.5.17 所示。在传导干扰范围(150k~30MHz)，滤波器对系统共模干扰电压有 20~30dB 的衰减，此外，图 5.5.17 的时域信号的仿真数据也清晰地表明了滤波器能够抑制尖峰噪声。

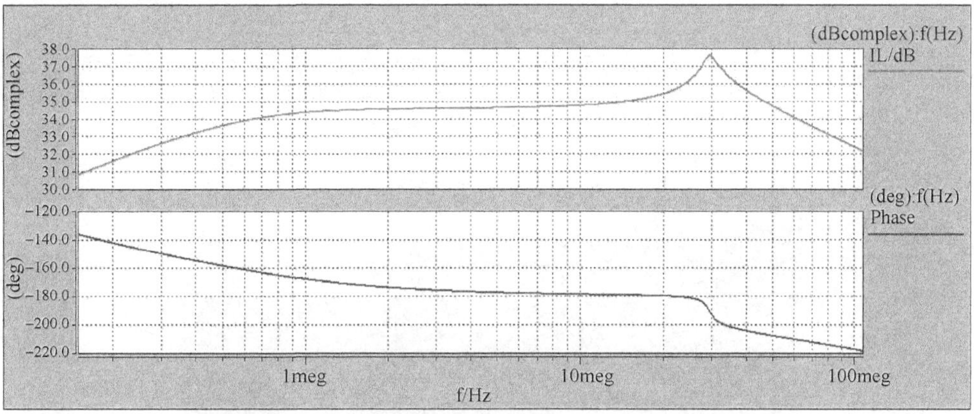

图 5.5.16　EMI 滤波器共模插入损耗仿真结果

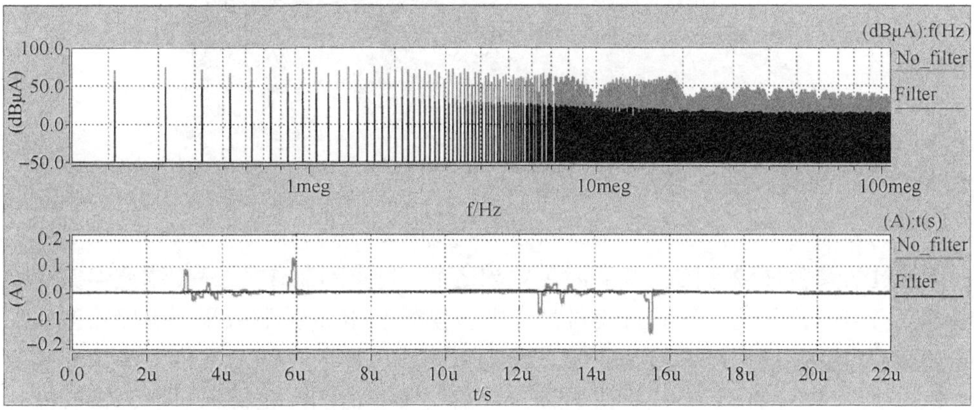

图 5.5.17　加入滤波器前后的共模干扰电流仿真对比

(2) 实验验证。

搭建滤波器测量平台时，应重点考虑以下几个方面：①测量环境应该尽量避免外部电磁干扰；②搭载滤波器前后的测量过程中，其余设备都不能改变原先的位置、工作条件等，以确保对比结果有效；③车载 DC/DC 变换系统不应该随意拆卸或改变相关结构，以保证电源线上的电磁干扰信号稳定；④测量平台的接线一定要正确，在系统工作开启前应该对负载蓄电池电压进行测量，以防止短路运行。

基于上述考虑，滤波器测试平台主要由直流电源、LISN、DC/DC 变换器、车用 12V 蓄电池和消耗电阻、频谱分析仪和上位机组成，滤波器搭载平台位于 LISN 和 DC/DC 系统之间，测量系统如图 5.5.18 所示。

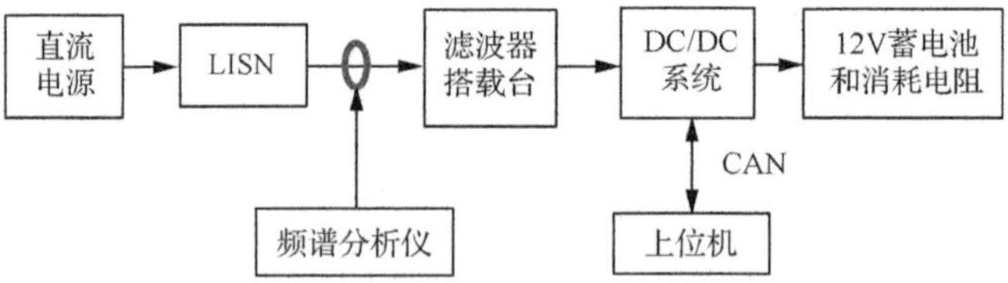

(a) 滤波测量系统接线图

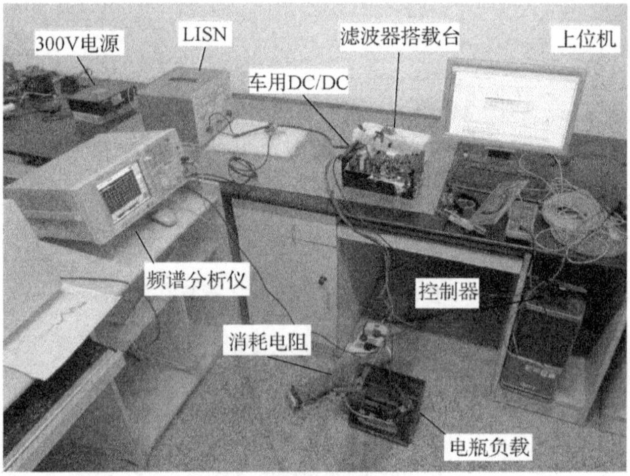

(b) 滤波测量系统布置

图 5.5.18　滤波测量系统平台

经过仿真验证设计的滤波器满足要求之后，将实际制作的 EMI 滤波器安装到电源变换器的输入端，验证滤波器对共模和差模 EMI 的抑制效果。确保滤波器加载到直流电源变换系统中接线正确，检测系统输入输出指标合格后，测量滤波器安装后电源线上的传导干扰电流数据，并与未安装前的测量数据对比，得到滤波器对干扰电流的抑制结果如图 5.5.19 所示。

图 5.5.19(a)的对比结果表明，在传导干扰频率研究范围内(150k~30MHz)，EMI 滤波器对共模传导干扰电流信号有明显的衰减，滤波器对共模电流的抑制效果较好。图 5.5.19(b)中的对比结果表明，滤波器对电源变换系统电源上的差模电

流也有一定抑制效果，在传导研究频率范围内对差模电流大约有 10~20dB 左右的衰减，但差模干扰总体衰减效果不如共模干扰衰减明显，这与 DC/DC 系统的输入端已经接有大电容滤波器有关。

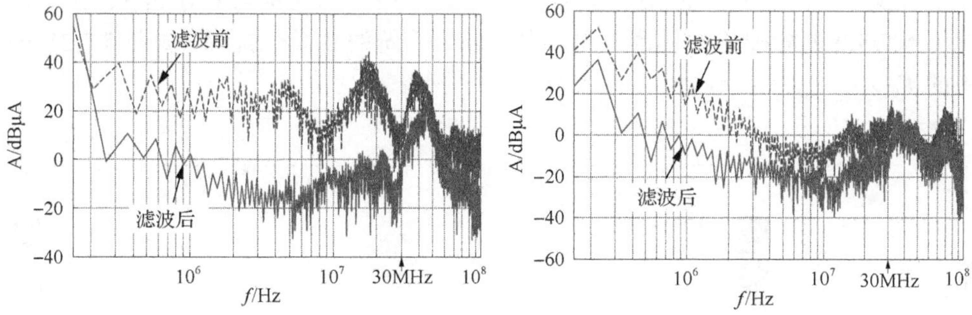

(a) 共模干扰电流　　(b) 差模干扰电流

图 5.5.19　DC/DC 变换系统电源线干扰电流抑制效果

滤波器的实验验证结果表明，在干扰源和负载阻抗失配情况下设计的 EMI 滤波器结构合理，参数提取正确，能够在较宽的频率范围内对传导 EMI 起到抑制作用。

5.5.2　干扰耦合路径的优化设计

1) 干扰路径阻抗的定性分析

根据电磁干扰在 DC/DC 变换系统中的传播路径不同，将其分为共模和差模两种形式。共模干扰通常指信号在系统与地构成的回路中传播，差模干扰一般指信号在系统自身的回路中传播，二者的区别是干扰信号有无流过公共地，简化的干扰传播路径如图 5.5.20 所示。

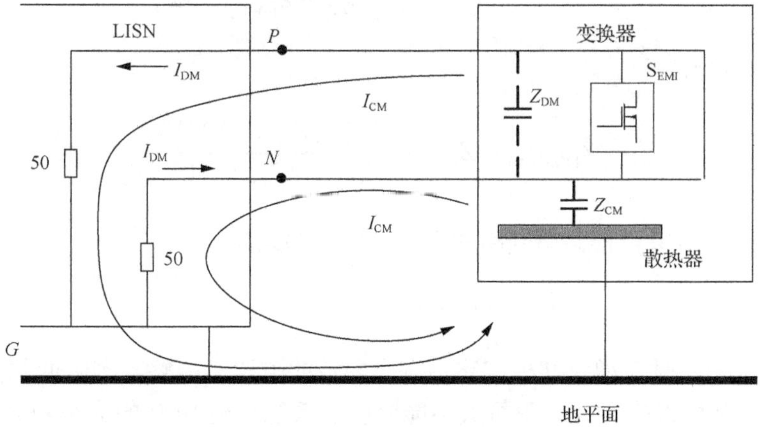

图 5.5.20　传导干扰信号的传播路径

根据图 5.5.20，构建出系统差模回路和共模回路的等效电路，如图 5.5.21 所示。由于 DC/DC 变换系统的 4 个 MOSFET 交替工作，在一个周期内 MOSFET 两端电压被视为差模噪声源，将全桥臂输出两端电压的测量波形作为系统的差模干扰源，如图 5.5.21(a)中的 V_{DM}。由于 MOSFET 的漏极与其导热片连通，因此将 MOSFET 漏极与公共地之间的电压作为系统的共模干扰源，如图 5.5.21(b)中的 V_{CM}。

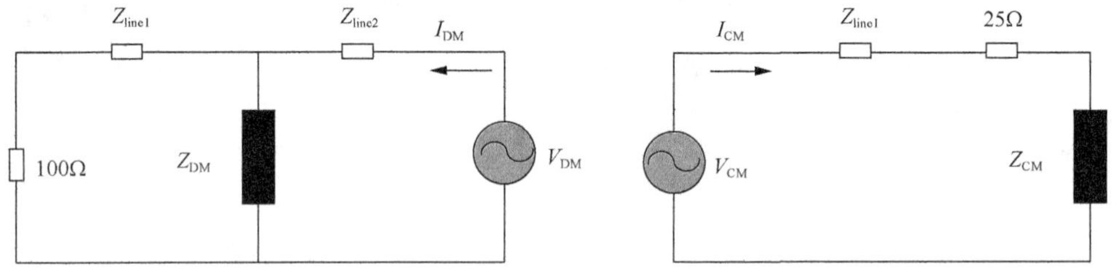

(a) 差模等效回路　　(b) 共模等效回路

图 5.5.21　电磁干扰传播等效回路

图 5.5.21(a)中，Z_{line1} 为线路阻抗，Z_{line2} 为回路中其他器件阻抗，是系统的固有值；Z_{DM} 为功率器件之间的寄生电容构成的阻抗，Z_{DM} 通常由空气介质构成，因此阻抗较大；100 Ω 电阻表示 LISN 的两个 50 Ω 电阻串联。图 5.5.21(b)中，Z_{line} 为线路阻抗，Z_{CM} 为功率器件与散热器之间的寄生电容构成的阻抗，25 Ω 电阻表示 LISN 的两个 50 Ω 电阻并联。因此，由图 5.5.21(a)可得差模回路的电压—电流关系为

$$V_{DM} = I_{DM} \cdot \left(Z_{line2} + \frac{Z_{DM} \cdot (Z_{line1} + 100)}{Z_{DM} + Z_{line1} + 100} \right) \tag{5.5.35}$$

差模回路阻抗为

$$Z_{DM\text{-}loop} = Z_{line2} + \frac{Z_{DM} \cdot (Z_{line1} + 100)}{Z_{DM} + Z_{line1} + 100} \tag{5.5.36}$$

由图 5.5.21(b)可得共模回路的电压—电流关系为

$$V_{CM} = I_{CM} \cdot (Z_{line} + Z_{CM} + 25) \tag{5.5.37}$$

当 V_{CM} 一定时，增大共模回路中寄生参数的阻抗，能够起到降低共模电流的作用，因此共模寄生参数的阻抗大小能够影响系统共模 EMI 的大小和分布。

2）寄生参数的计算

在 DC/DC 变换系统中，功率器件导热片和散热器之间通常填充导热硅脂等介质，一方面起热量传递作用，另一方面起固定绝缘的作用。当功率器件工作在高频状态下，导热硅脂的厚度、电磁参数等会影响共模 EMI 的传播。如果功率器件之间靠得很近，也会为差模 EMI 传播提供路径。除此之外，功率器件结电容会影响系统差模 EMI 的传播，典型的 MOSFET 高频电路模型如图 5.5.22(a)所示，其数据手册中，漏源极之间的结电容 C_{DS}=375pF，门源极结电容 C_{GS}=3345pF，漏门极结电容 C_{GD}=55pF。由于门极驱动信号为弱电，其电压的参考地与漏源极电压参考地不同，结电容 C_{GS} 和 C_{GD} 不是系统差模 EMI 传播的主要路径，否则功率电路就对控制电路造成严重干扰。

通常开关管两端电压指的是漏源极之间的电压，器件产生的 EMI 最容易通过结电容 C_{DS} 传播，从而在系统中形成差模干扰，但是该结电容与器件本身结构有关，而且存在于封装好的器件内部，对结电容 C_{DS} 直接进行处理不现实，从工程实际角度出发若想降低该结电容对差模 EMI 的影响，推荐选择合适的器件作为解决方案。因此，一旦器件选定之后，可从开关器件对地以及开关器件之间的寄生电容入手，改变系统传导 EMI 的传播路径。寄生电容分布如图 5.5.22(b)和(c)所示。

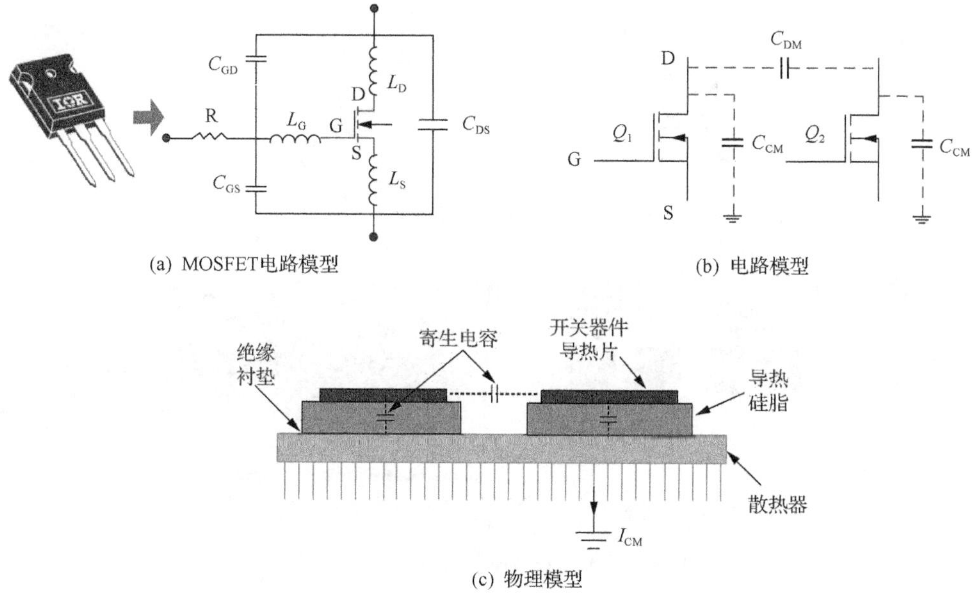

(a) MOSFET电路模型　　(b) 电路模型

(c) 物理模型

图 5.5.22　寄生电容分布

寄生电容参数的计算区域由四个 MOSFET 的导热片和二极管整流硅堆，以及散热器一起构成 6 导体系统，如图 5.5.23 所示。其中，M1、M2、M3、M4 分别代表四个 MOSFET 的导热片，D 代表二极管整流硅堆，D 对地的寄生电容包括图 5.3.8 的两个二极管对地的寄生电容，即 $C_{D0}=C_{50}+C_{60}$，散热器为参考地。将功率器件导热片、导热硅脂、绝缘衬垫和散热器四者构成的系统视为平板电容器模型，与此同时多个金属导热片之间也形成若干电容器模型。此时多个功率器件和散热器构成了一个多电容系统，采用有限元数值算法求解系统的寄生电容。根据实际电路中元件的放置位置，建立求解寄生参数的有限元模型，如图 5.5.24 所示。

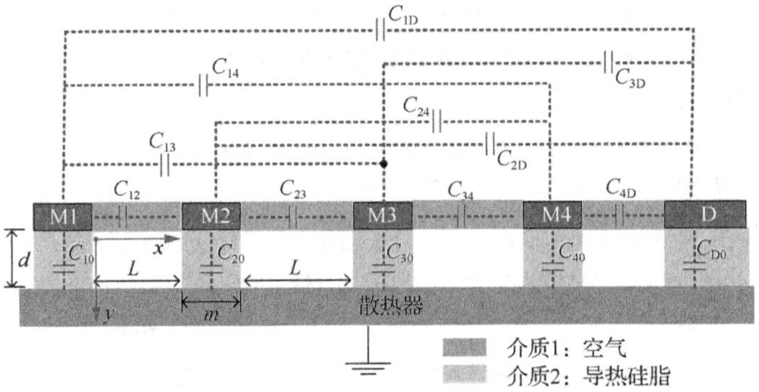

图 5.5.23　多导体寄生电容模型

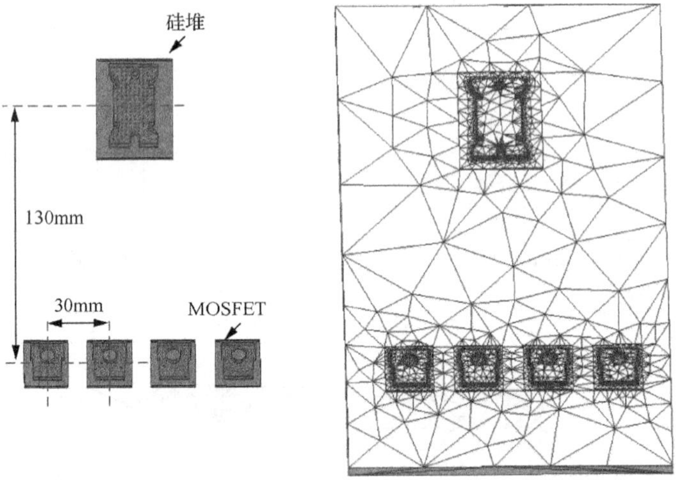

(a) 有限元模型　　(b) 网格剖分

图 5.5.24　寄生电容有限元计算模型及网格剖分

应用有限元法可计算得到图 5.5.23 所对应的分布电容矩阵

$$
\boldsymbol{C}=\begin{bmatrix} C_{10} & C_{12} & C_{13} & C_{14} & C_{1D} \\ C_{21} & C_{20} & C_{23} & C_{24} & C_{2D} \\ C_{31} & C_{32} & C_{30} & C_{34} & C_{3D} \\ C_{41} & C_{42} & C_{43} & C_{40} & C_{4D} \\ C_{D1} & C_{D2} & C_{D3} & C_{D4} & C_{D0} \end{bmatrix} \tag{5.5.38}
$$

式中，主对角线上的电容为功率器件导热片与散热器之间的对地寄生电容，非主对角线上的电容为功率器件导热片之间的寄生电容，且 $C_{ij}=C_{ji}$。

3) 寄生参数优化设计

高频干扰电流一部分通过对地寄生电容流向地形成共模干扰，一部分则会在功率模块之间形成电流环路，形成差模干扰。功率模块差模寄生参数分布如图 5.5.25 所示，对差模干扰传播路径有影响的寄生电容为 C_{12}、C_{13}、C_{14}、C_{23}、C_{24} 和 C_{34}。MOSFET Q1 和 Q2 的漏极相连，而漏极与金属导热片相连，所以此处 C_{14} 和 C_{34} 并联，C_{12} 和 C_{23} 并联，C_{13} 和 C_{24} 存在于两桥臂之间。系统差模干扰源应该为开关器件两端的开通或关断电压，如图 5.5.25 中 V_{DM} 所示，该电压源能够反映四个 MOSFET 任意时刻的工作电压。

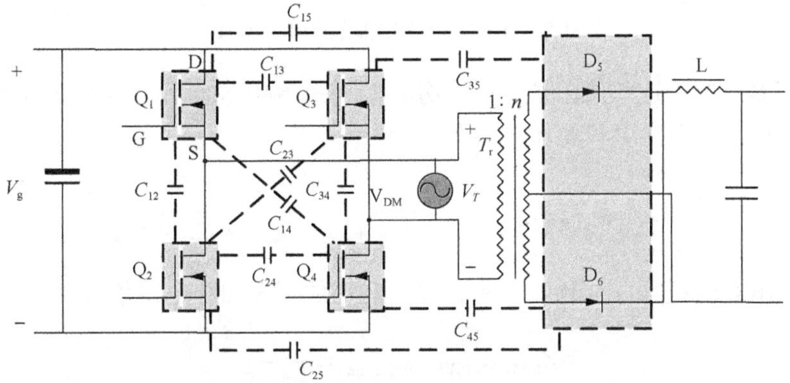

图 5.5.25　差模寄生参数分布示意图

由于导热片之间的介质为空气，而且导热片之间相距较远，所以计算得到的差模寄生电容远远小于共模寄生电容，即差模寄生电容的阻抗远大于共模寄生电容的阻抗。分析式(5.5.36)可得出，当差模寄生电容的阻抗很大时，对差模回路阻抗的贡献可以忽略。因此，理论上可以通过改变元件的摆放位置来减小差模寄生电容，从而降低系统差模干扰电流的大小，但这种方法只适用于元件之间摆放距离非常近的情况。

直流电源变换系统中，共模寄生电容参数分布如图 5.5.26 所示，四个 MOSFET

的对地寄生电容和硅堆的对地寄生电容形成共模路径的寄生阻抗，功率器件漏极与散热器之间的电压差值为系统的共模干扰电压源 V_{CM}。

图 5.5.26 中的寄生电容 C_{10}、C_{20}、C_{30}、C_{40} 和 C_{D0} 分别代表五个功率器件对地的共模寄生电容，根据图 5.5.21(b)所示，共模回路中电压—电流关系为

$$I_{CM}=\frac{V_{CM}}{Z_{line}+Z_{CM-MOSFET\ \&\ Diode}} \tag{5.5.39}$$

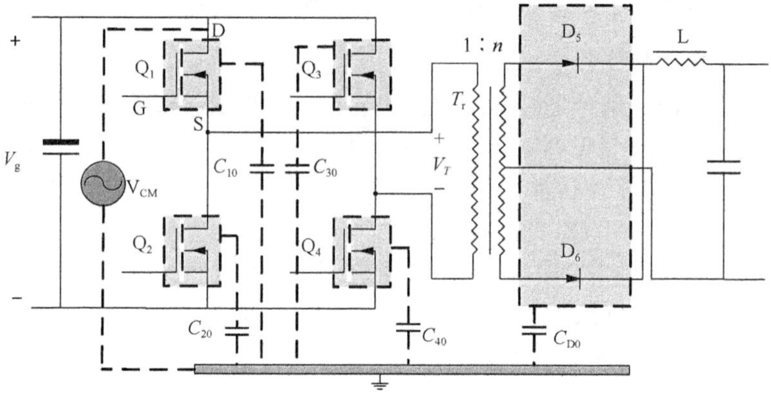

图 5.5.26　共模寄生参数分布示意图

变压器被视为连接线阻抗的一部分，与对地寄生电容引起的阻抗相比可以忽略。由此得出回路中共模寄生电容阻抗为

$$Z_{CM-MOSFET\ \&\ Diode}=\frac{1}{j\omega}\left(\frac{1}{C_{10}+C_{20}+C_{30}+C_{40}+C_{D0}}\right) \tag{5.5.40}$$

共模寄生电容阻抗与导热片的面积、导热硅脂的厚度和介电常数有如下关系：

$$Z_{CM-MOSFET\ \&\ Diode}\propto\frac{d}{j\omega\varepsilon S} \tag{5.5.41}$$

式中，d 为导热硅脂的厚度；ε 为导热硅脂的介电常数；S 为功率器件导热片的面积。因此，通过改变这三个参数的大小能够达到改变干扰回路阻抗的大小，从而降低系统产生的共模干扰电流。

(1) 功率器件位置的优化分析。

改变开关器件的相对位置主要影响差模寄生电容，对共模寄生电容无影响。当 d、ε 和 S 三个参数固定不变，导热硅脂相对介电常数 ε_r=6，导热硅脂厚度 d=1mm，金属导热片面积 MOSFET 为 233.65mm^2，二极管硅堆为 758.4mm^2 时，应用有限元法计算功率器件三种不同位置的寄生电容，功率器件的位置关系如图

5.5.27 所示。式(5.5.42)为图 5.5.27 中位置 1 的寄生电容矩阵。

$$
C=\begin{bmatrix}
1.431\times10 & 1.0814\times10^{-2} & 4.1981\times10^{-5} & 2.1981\times10^{-7} & 8.3056\times10^{-9}\\
 & 1.4297\times10 & 1.0813\times10^{-2} & 4.1943\times10^{-5} & 1.5344\times10^{-8}\\
 & & 1.4297\times10 & 1.082\times10^{-2} & 1.0788\times10^{-8}\\
 & & & 1.431\times10 & 4.9005\times10^{-8}\\
 & & & & 4.5819\times10
\end{bmatrix}\text{pF}
\tag{5.5.42}
$$

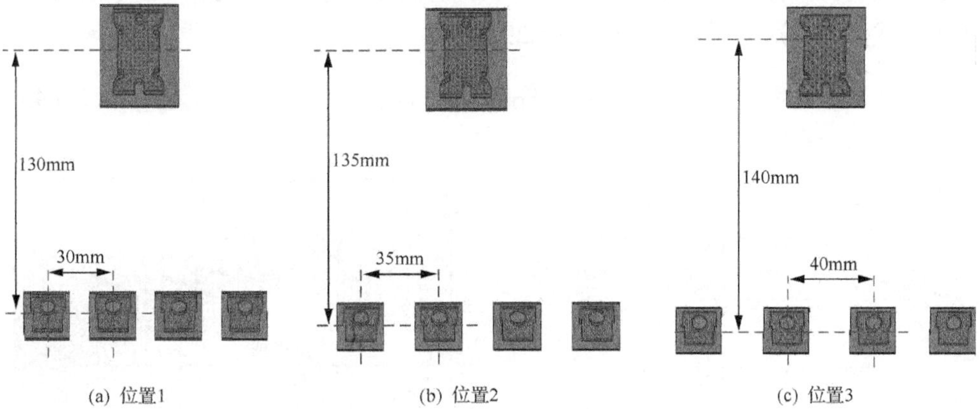

图 5.5.27　功率器件不同摆放位置

矩阵式(5.5.42)中，主对角线上元素为功率器件对地共模寄生电容，其余元素为功率器件之间的差模寄生电容。当功率器件摆放位置不同时，系统差模回路的阻抗特性仿真结果如图 5.5.28 所示。仿真结果只说明元件摆放位置不同对差模回路阻抗大小的影响程度。

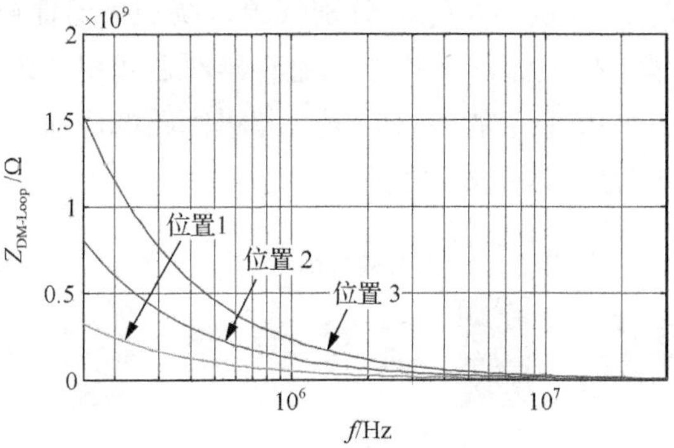

图 5.5.28　差模等效回路频率—阻抗特性

从图 5.5.28 中可以得出，随着器件之间的距离增大，系统差模干扰回路的阻抗逐渐增大。但是由于寄生参数的容性效应，在频率较高的范围内阻抗幅值都有所降低，特别是超过 10MHz 以后表现较为明显，但此时回路阻抗仍然要远远大于回路中其他部件阻抗。例如频率为 30MHz 时，最大差模寄生电容 C_{21} 为 0.010814pF，对应的阻抗约为 497kΩ。因为差模寄生电容的介质主要是器件之间的空气，形成较大阻抗，所以差模干扰信号很难通过该路径。但如果器件之间摆放很近，他们之间的电容效应就容易突显出来，因此改变器件之间摆放距离能够为系统差模电磁干扰提供一种解决方案。

按图 5.5.21(a)计算元件摆放位置距离不同时的差模干扰电流，差模电流的计算如公式(5.5.43)，计算结果如图 5.5.29 所示。

$$I_{\mathrm{DM}}=V_{\mathrm{DM}}/Z_{\mathrm{DM-Loop}} \tag{5.5.43}$$

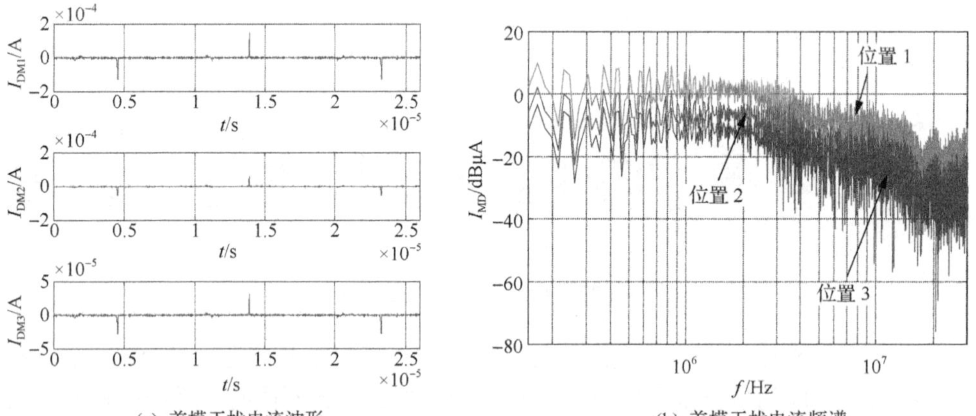

(a) 差模干扰电流波形　　(b) 差模干扰电流频谱

图 5.5.29　位置不同时差模干扰电流时域波形及其频谱

图 5.5.29 中，I_{DM1}、I_{DM2} 和 I_{DM3} 分别代表系统功率器件按位置 1、位置 2 和位置 3 摆放时的差模干扰电流。干扰电流随着器件之间相对距离的增加而减小。

将元器件按图 5.5.30 所示的方式布置，差模回路的阻抗特性和差模干扰电流仿真结果分别如图 5.5.31 和图 5.5.32 所示。

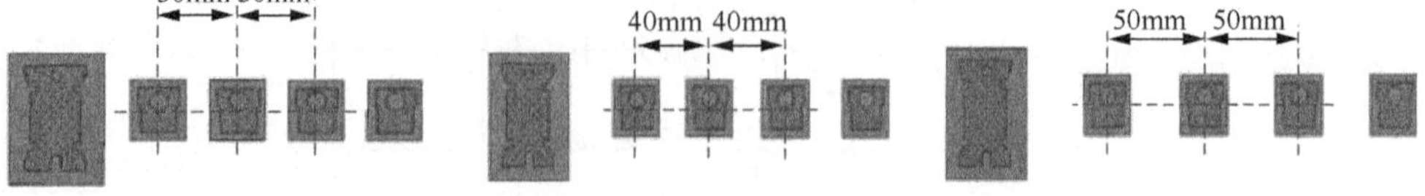

(a) 位置4　　(b) 位置5　　(c) 位置6

图 5.5.30　功率器件不同摆放位置

由此可见，以上两个仿真算例的结果说明在器件摆放方式一定的前提下，增大器件之间的距离有助于减小差模回路中的干扰电流。

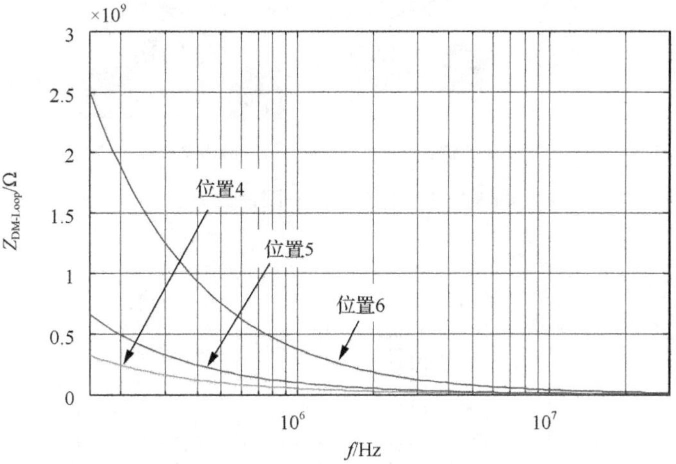

图 5.5.31　差模等效回路频率-阻抗特性

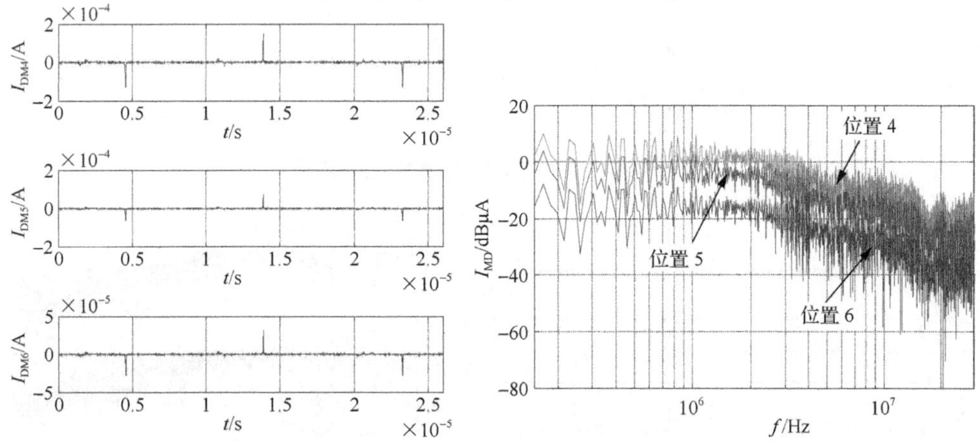

(a) 差模干扰电流波形　　(b) 差模干扰电流频谱

图 5.5.32　不同位置时差模干扰电流时域波形及其频谱

当元器件以图 5.5.33 的不同方式布置时，计算得到的差模回路的阻抗特性和差模干扰电流仿真结果分别如图 5.5.34 和图 5.5.35 所示，图中也包含了位置 1 和位置 4 的差模阻抗和差模干扰电流。

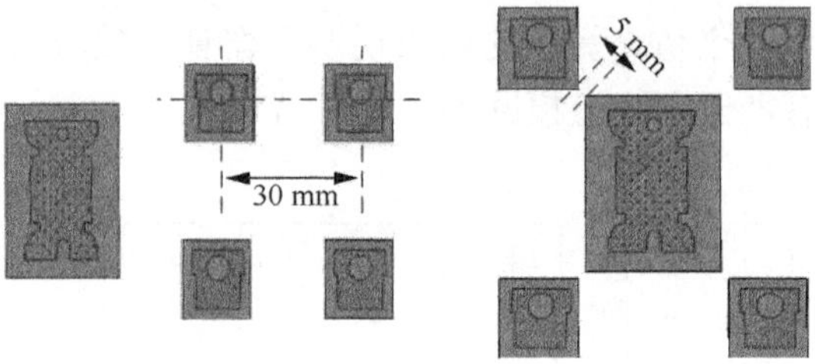

(a) 位置7　　(b) 位置8

图 5.5.33　功率器件不同摆放方式

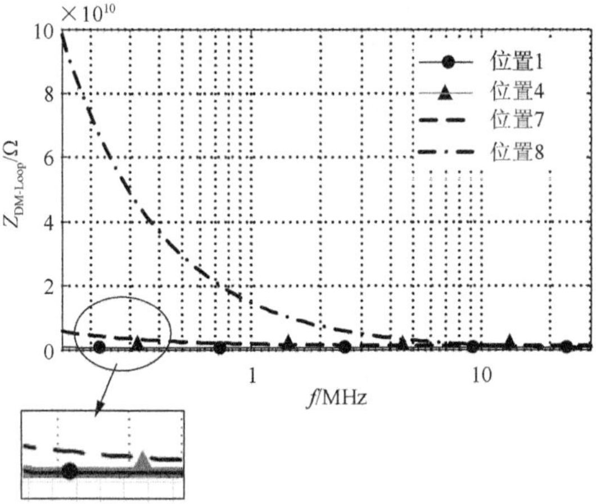

图 5.5.34　差模等效回路频率-阻抗特性

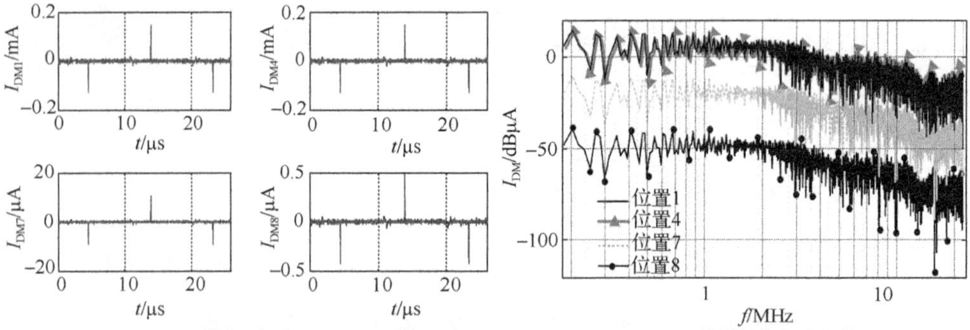

(a) 差模干扰电流波形　　(b) 差模干扰电流频谱

图 5.5.35　不同布置方式的差模干扰电流时域波形及其频谱

图 5.5.34 显示元器件按照位置 8 摆放时，差模回路的阻抗值最大，此时完全可以忽略功率器件之间的电容耦合效应。四种不同布置方式的差模电流时域和频域特性如图 5.5.35 所示，位置 8 的差模电流与其他三种元件布置方式相比，几乎

小了 3 个数量级。

(2)共模电容阻抗的优化分析。

功率器件的布置方式如图 5.5.24 所示，并保持相对位置不变，绝缘衬垫相对介电常数约为 3，当功率器件的金属导热片面积 S、导热硅脂的相对介电常数 ε_r 和厚度 d 发生变化时，观察寄生电容阻抗和共模干扰电流的变化。

①导热片有效面积优化。设导热硅脂相对介电常数 $\varepsilon_r=6$，导热硅脂厚度 d=1mm。当功率器件导热片面积 S 取不同值时，通过有限元仿真计算出 4 组不同金属导热片面积下($S_1>S_2>S_3>S_4$)的差模寄生电容和共模寄生电容，面积取值如表 5.5.4 所示。式(5.5.44)为功率器件的金属导热片面积为 S_2 时的寄生电容。

表 5.5.4　不同金属导热片面积

面积	MOSFET/mm²	二极管硅堆/mm²
S_1	233.65	758.40
S_2	163.34	614.40
S_3	140.34	413.40
S_4	102.84	357.90

$$\boldsymbol{C}=\begin{bmatrix} 1.1418\times10 & 6.963\times10^{-3} & 2.9125\times10^{-5} & 1.7092\times10^{-7} & 8.6849\times10^{-9} \\ & 1.1414\times10 & 6.974\times10^{-3} & 2.9093\times10^{-5} & 2.5798\times10^{-9} \\ & & 1.1412\times10 & 6.957\times10^{-5} & 6.0295\times10^{-9} \\ & & & 1.1418\times10 & 2.4403\times10^{-9} \\ & & & & 4.3756\times10 \end{bmatrix}\text{pF} \tag{5.5.44}$$

同样，式(5.5.44)中主对角线上元素为功率器件对地的共模寄生电容，其余元素为系统中功率器件之间的差模寄生电容，且 $C_{ij}=C_{ji}$。

当功率器件金属导热片面积取不同值时，系统差模回路和共模回路的阻抗特性仿真计算结果如图 5.5.36 所示。仿真结果仅说明当金属导热片面积不同时对差模和共模回路阻抗大小的影响程度。

图 5.5.36(a)表明，不同金属导热片面积的差模阻抗值相同，因此图中只有一条曲线，改变导热片面积对系统差模干扰回路阻抗大小几乎不产生影响，说明面积 S 的变化不会影响系统差模干扰的传播，其中 100Ω 左右的阻抗为 LISN 的两个 50 Ω 电阻串联值和线路阻抗值之和。图 5.5.36(b)表明，随着金属导热片面积的减小，系统共模干扰回路的阻抗逐渐增大。但是由于寄生参数的容性效应，在频率较高的范围内阻抗幅值都有所降低，特别是在 10 MHz 以上时表现得尤为明显，此时回路阻抗大小几乎与回路中其他部件阻抗的大小接近，共模干扰信号很容易

通过寄生参数构成的路径传播。

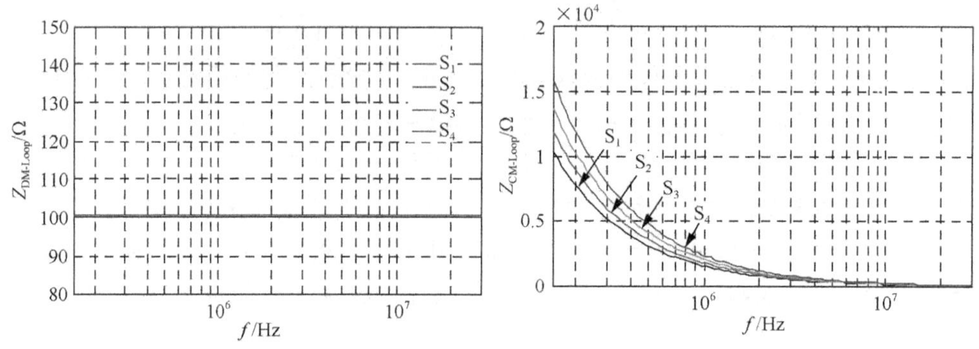

(a) 差模电容阻抗　　(b) 共模电容阻抗

图 5.5.36　不同导热片面积的寄生电容阻抗频率特性

系统共模电磁干扰计算模型参照图 5.5.21(b)，当金属导热片面积不同时，通过电路仿真计算出不同面积对系统共模电流时域和频域特性的影响，共模电流按式(5.5.39)计算，仿真结果如图 5.5.37 所示。

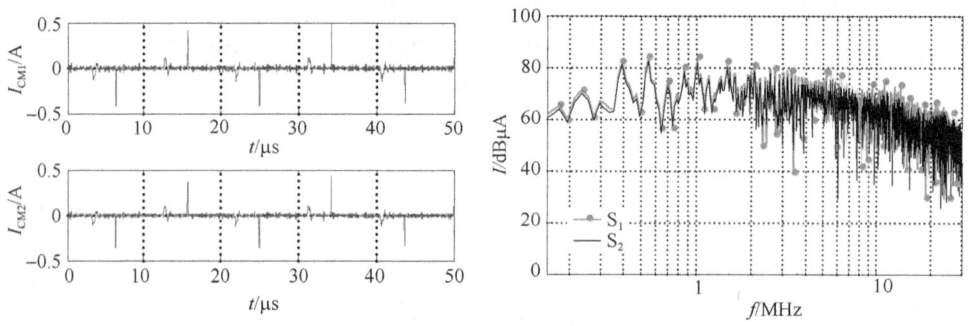

(a) 共模回路干扰电流时域波形及对应频谱(S_1和S_2)

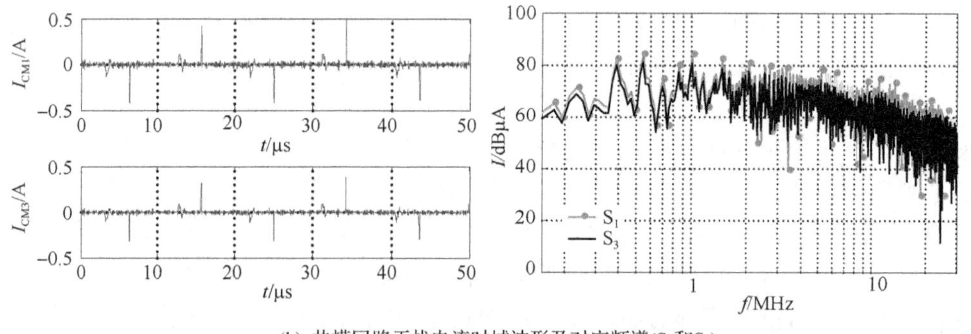

(b) 共模回路干扰电流时域波形及对应频谱(S_1和S_3)

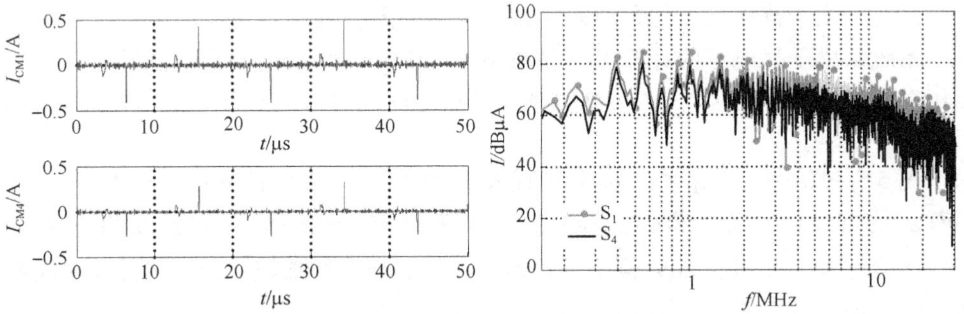

(c) 共模回路干扰电流时域波形及对应频谱(S_1和S_4)

图 5.5.37 不同导热片面积的共模干扰电流时域波形及其频谱

图 5.5.37 中，I_{cm1}、I_{cm2}、I_{cm3} 和 I_{cm4} 分别对应面积为 S_1、S_2、S_3 和 S_4 的共模干扰电流波形。比较图 5.5.37(a)、(b)和(c)三组时域电流波形可以得出，随着金属导热片面积的减小，干扰电流幅值随之减小。在传导干扰频率范围内，随着金属导热片面积的减小，干扰电流对应的频谱幅值也相应减小，图 5.5.37(c)所示的频谱图中可以明确地反映出这一特征。因此，在不影响功率器件散热的条件下，优化功率器件金属导热片面积能够为改善系统共模电磁干扰提供一种解决方案。

②导热硅脂介电常数优化。设导热硅脂厚度 d=3mm，MOSFET 导热片面积为 233.65mm^2，二极管硅堆导热片面积为 758.4mm^2。选取 9 个导热硅脂相对介电常数值：ε_r=1.0、1.5、2.1、2.8、3.6、4.2、5.0、6.0、7.0。通过有限元仿真计算出不同介电常数下的差模寄生电容和共模寄生电容，式(5.5.45)为 ε_r=4.2 时的电容矩阵。

$$\boldsymbol{C}=\begin{bmatrix} 1.0147\times10 & 1.1163\times10^{-2} & 4.3649\times10^{-5} & 2.5378\times10^{-7} & 4.8651\times10^{-9} \\ & 1.0135\times10 & 1.1161\times10^{-2} & 4.3705\times10^{-5} & 1.7813\times10^{-8} \\ & & 1.0137\times10 & 1.168\times10^{-2} & 2.5804\times10^{-8} \\ & & & 1.0148\times10 & 3.505\times10^{-8} \\ & & & & 3.2118\times10 \end{bmatrix}\text{pF} \tag{5.5.45}$$

当导热硅脂相对介电常数 ε_r 取不同值时，系统差模回路和共模回路阻抗特性的仿真电路参考图 5.5.21，仿真结果如图 5.5.38 所示。

同样，导热硅脂 ε_r 的变化对差模干扰回路阻抗无影响。随着导热硅脂相对介电常数的增大，共模干扰回路的阻抗逐渐减小，减小幅度较明显。由于寄生参数的容性效应，随着频率的增大系统共模阻抗幅值都大幅降低，为共模干扰信号的传播提供了低阻抗路径。因此，改变导热硅脂的介电常数能够在一定频率范围内改善系统电磁干扰问题，但是对高频共模干扰的改善效果不明显。

系统共模干扰电流的计算模型参照图 5.5.21(b)，通过电路仿真计算出导热硅脂相对介电常数分别为 1.0 和 7.0 时系统共模电流的时域波形和频域特性，结果如图 5.5.39 所示。

图 5.5.39(a)中，I_{CM1} 和 I_{CM9} 分别代表 ε_r 为 1.0 和 7.0 时的共模时域电流波形，随着 ε_r 的增大，干扰电流幅值也随之增大。在传导干扰频率范围内对应的频谱幅值也相应增大，如图 5.5.39(b)所示。因此，相对介电常数较小的导热硅脂，能够使系统共模干扰电流幅值降低。

③导热硅脂厚度优化。设导热硅脂相对介电常数 ε_r=8，MOSFET 导热片面积为 233.65mm^2，二极管硅堆导热片面积为 758.4mm^2。计算导热硅脂厚度 d 取 6 个不同的值：0.5 mm、0.7mm、0.9mm、1.1mm、1.3mm、1.5mm 的寄生电容。式(5.5.46)为导热硅脂厚度 d=0.5 mm 时的寄生电容矩阵。

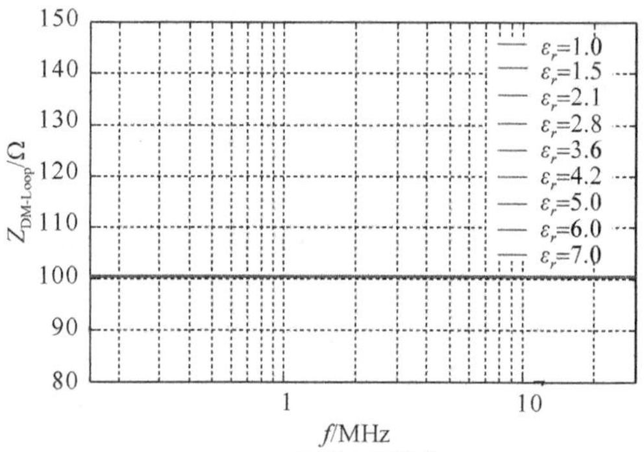

(a) 差模电容阻抗

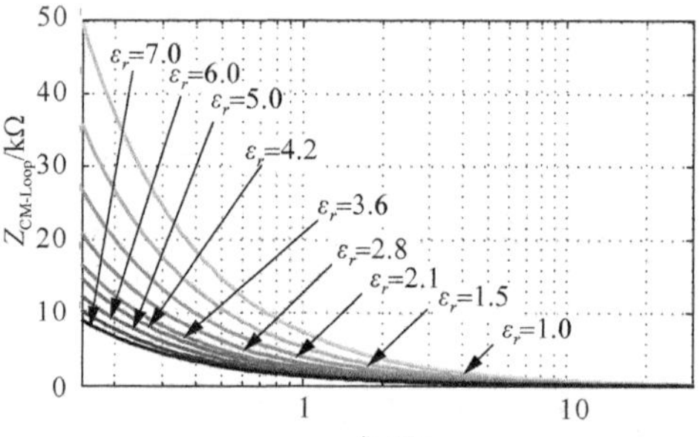

(b) 共模电容阻抗

图 5.5.38 不同介电常数的寄生电容阻抗频率特性

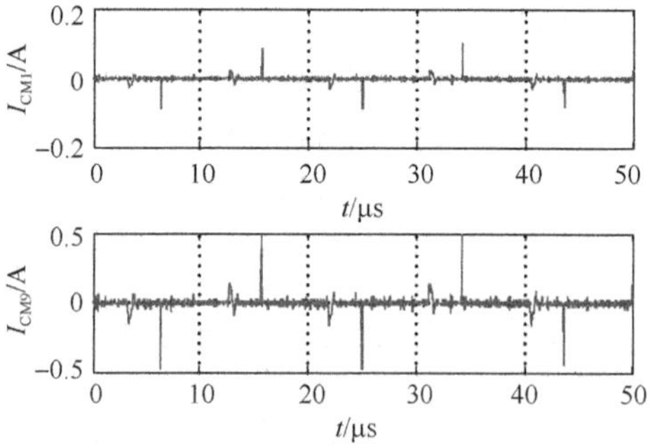

(a) 时域电流波形

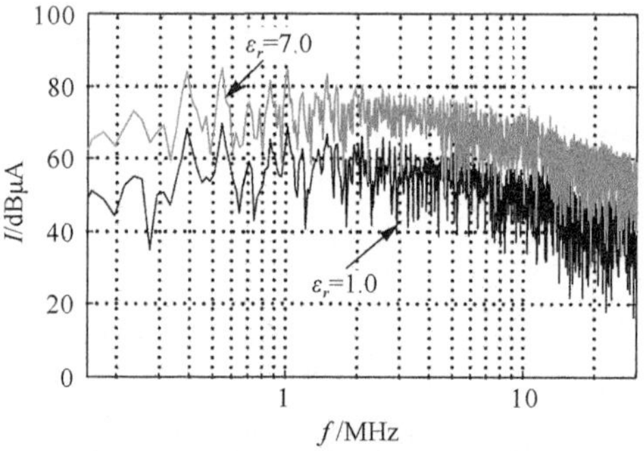

(b) 电流频谱特性

图 5.5.39 相对介电常数分别为 1.0 和 7.0 的共模干扰电流

$$
\boldsymbol{C}=\begin{bmatrix}
2.5836\times 10 & 9.17\times 10^{-3} & 3.2112\times 10^{-5} & 1.5733\times 10^{-7} & 1.3999\times 10^{-9}\\
 & 2.5827\times 10 & 9.182\times 10^{-5} & 3.2014\times 10^{-5} & 4.3529\times 10^{-9}\\
 & & 2.5836\times 10 & 9.149\times 10^{-5} & 1.072\times 10^{-8}\\
 & & & 2.5836\times 10 & 9.8988\times 10^{-8}\\
 & & & & 8.6268\times 10
\end{bmatrix}\text{pF}
\tag{5.5.46}
$$

当导热硅脂厚度取不同值时，系统差模回路和共模回路的阻抗特性仿真结果如图 5.5.40 所示，仿真结果只说明导热硅脂厚度不同对差模和共模回路阻抗的影响程度。

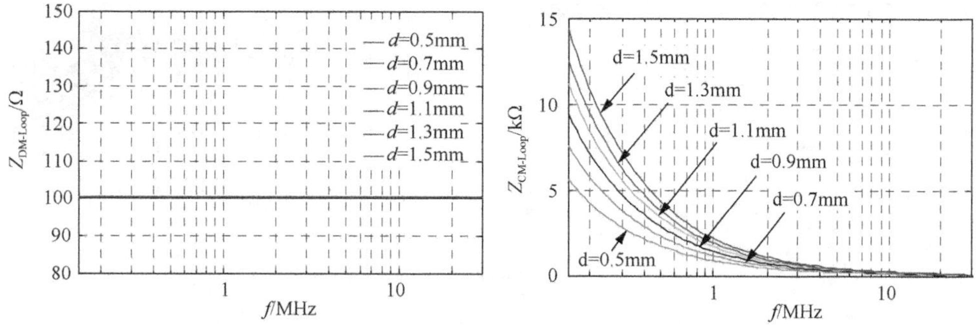

(a) 差模电容阻抗　　(b) 共模电容阻抗

图 5.5.40　不同导热硅脂厚度对应的寄生电容阻抗频率特性

导热硅脂厚度的改变仅对共模阻抗产生影响，随着导热硅脂厚度的增大，系统共模干扰回路的阻抗逐渐增大。同样，由于寄生参数的容性效应，在频率较高的范围内阻抗幅值都有所降低，特别是在 10 MHz 以上阻抗幅值降低尤为明显，此时回路阻抗大小几乎与回路中其他部件阻抗的大小接近，为共模干扰信号的传播提供了主要的通路。

通过仿真模型计算出不同厚度的导热硅脂对系统共模电流的影响情况，如图 5.5.41 所示。

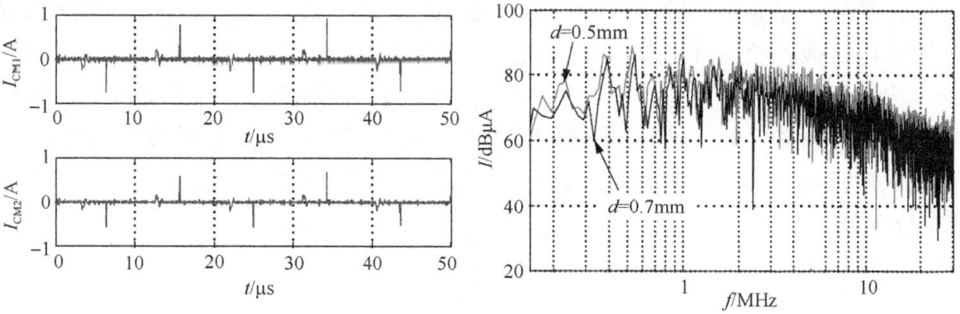

(a) d=0.5 mm和0.7 mm的共模干扰电流

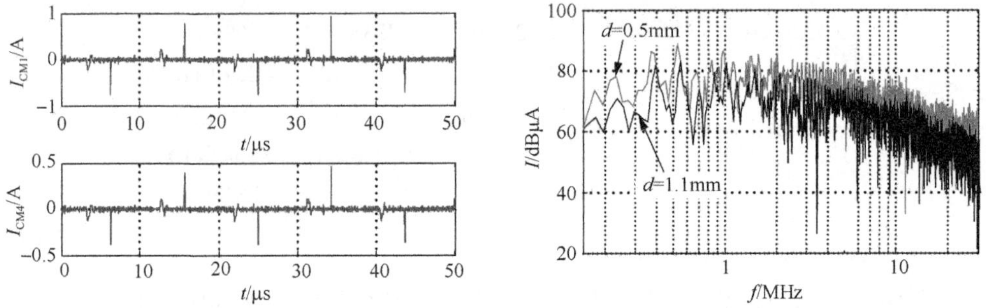

(b) d=0.5 mm和1.1 mm的共模干扰电流

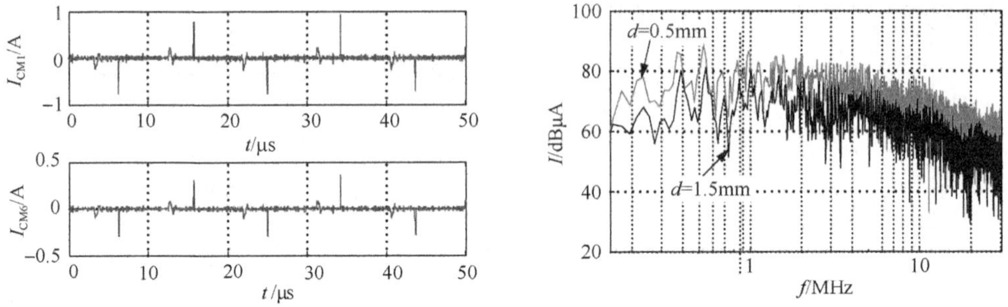

(c) d=0.5 mm和1.5 mm的共模干扰电流

图 5.5.41　不同导热硅脂厚度对应的共模干扰电流时域波形及其频谱

图 5.5.41 中 I_{cm1}、I_{cm2}、I_{cm4} 和 I_{cm6} 分别代表 d=0.5mm、0.7mm、1.1mm 和 1.5mm 时的共模电流，随着导热硅脂厚度的增大，共模干扰电流的尖峰值随之减小。此外在传导干扰频率范围内，随着导热硅脂厚度的增大，干扰电流对应的频谱幅值也相应减小。

(3) 优化方案的实验验证。

受实验条件限制，EMC 优化方案的验证仅针对共模干扰回路，从导热硅脂的介电常数和厚度两个参数的变化验证系统共模 EMI 的影响情况。

①导热硅脂介电常数优化验证。在图 5.4.13 所示的实验平台中，仅改变导热硅脂介电常数，验证 DC/DC 变换系统输入电源线上传导共模干扰电流的变化情况。选择相对介电常数为 4 和 8 的两种导热硅脂，分别填充在功率器件 MOSFET 导热片和散热器之间，两种导热硅脂的填充厚度均为 3 mm，其他参数保持不变。对输入电源线的共模电流进行测量，测量位置参见图 5.4.1(b)，测量结果如图 5.5.42 所示。

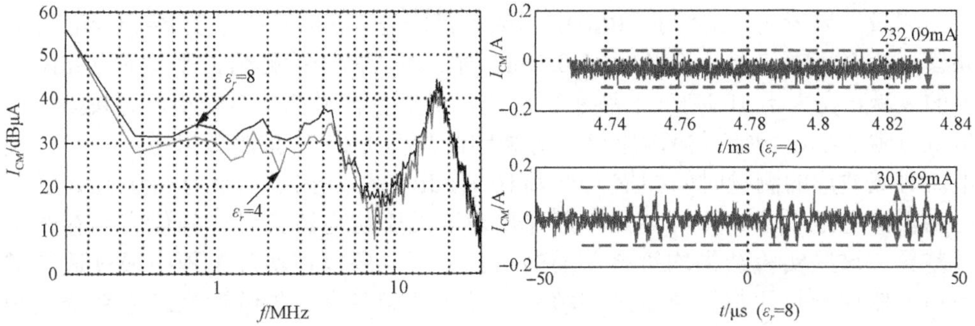

(a) 共模干扰电流频谱对比　　(b) 共模干扰电流时域波形对比

图 5.5.42　不同介电常数对应的 DC/DC 电源线上实测共模电流

实测结果表明，在传导干扰（150k~30MHz）较低频率范围内，导热硅脂相对介电常数越小，DC/DC 变换系统电源线上的传导干扰电流频谱幅值越小。在 10MHz 以上的频率范围，由于寄生电容阻抗非常小，对共模干扰回路阻抗的贡献变小，所以不同导热硅脂对 EMI 的抑制效果不明显。此外，分别截取一段时域干扰电流波形如图 5.5.42(b) 所示，图 5.5.42(b) 的上下两幅图分别表示导热硅脂相对介电常数为 4 和 8 时的时域干扰电流波形，测量时间扫描大小为 10μs/div，幅度扫描大小为 500mA/div，干扰电流信号峰峰值的平均值大小分别为 232.09mA 和 301.69mA，从中可以很清楚地看出干扰电流信号的峰峰值存在明显差异。频域和时域的实验对比结果均与前述的仿真分析一致。

因此，在保证绝缘不受影响的情况下，通过选择相对介电常数较小的导热硅脂填充在功率器件与散热器之间，能够达到降低系统共模 EMI 的目的。

②导热硅脂厚度优化验证。验证当导热硅脂厚度不同时，DC/DC 变换系统输入电源线上传导共模干扰电流的变化情况。选择相对介电常数为 8，厚度为 0.1 mm 和 2.0 mm 的导热硅脂，分别填充在导热片与散热器之间，并且不改变其他参数。对输入电源线的共模电流进行测量，共模电流的测量结果如图 5.5.43 所示。

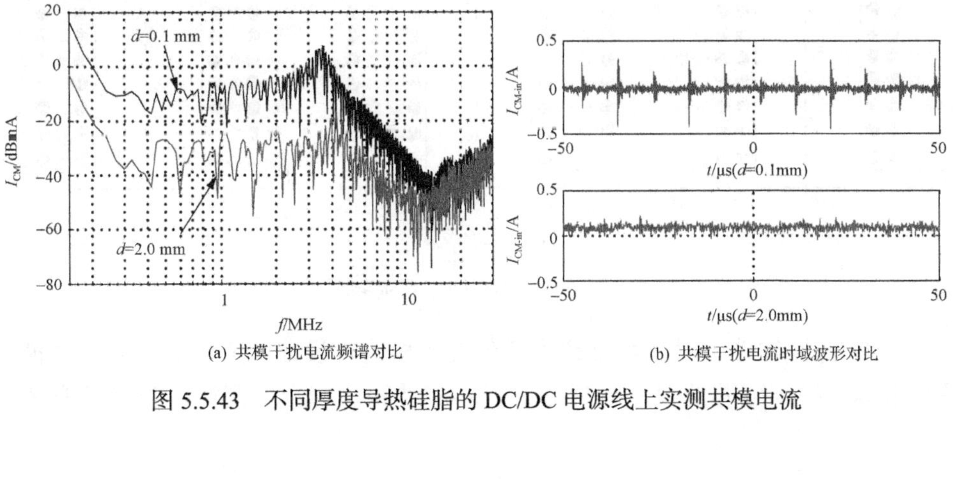

(a) 共模干扰电流频谱对比　　(b) 共模干扰电流时域波形对比

图 5.5.43　不同厚度导热硅脂的 DC/DC 电源线上实测共模电流

测量结果表明，在小于 10MHz 的频率范围内，导热硅脂厚度 d=2.0mm 时的共模干扰电流幅值远小于厚度 d=0.1mm 时所对应的干扰幅值，平均有 10dB 以上的衰减。在大于 10 MHz 的频率范围内，寄生电容阻抗变得较小，对共模回路阻抗贡献变小，增加导热硅脂厚度对高频段共模 EMI 的抑制效果不明显。共模电流时域波形的测量时间扫描大小为 10 μs/div，幅度扫描大小为 500 mA/div，可以很清楚地看出，不同导热硅脂厚度对应的干扰电流信号峰峰值大小存在明显差异。这些实验结果均符合前面的仿真分析，所以在实际工程中通过适当增加功率器件导热片与散热器之间填充的导热硅脂厚度，能够达到减小系统低频共模传导 EMI 的目的。

5.5.3 变压器绕线方式优化设计

1) 绕线方式设计

DC/DC 变换系统中，高频变压器是传导 EMI 耦合路径上的一个重要器件，如果对变压器的绕组结构进行 EMC 优化设计，通过改变耦合路径上的共模阻抗，将会达到减小 EMI 的目的。

变压器绕线技术可分为传统方式、夹层方式和交错方式，绕组采用不同的方式进行绕线，主要目的是减小变压器的漏感，从而减小开关器件上的电压震荡，三种绕线方式如图 5.5.44 所示。

这三种绕线方式的主要区别在于初级绕组（黑色）和次级绕组（灰色）的位置不同。传统的绕线方式将初级绕组放在靠近铁芯的内侧，次级绕组在外侧，如图 5.5.44(a) 所示；夹层方式是将次级绕组置于初级绕组之间，如图 5.5.44(b) 所示；而交错方式则是一层初级绕组一层次级绕组再一层初级绕组按顺序交错放置，如图 5.5.44(c) 所示。

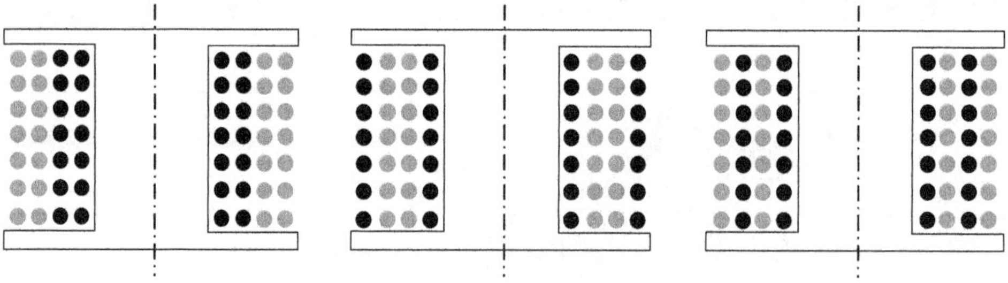

(a) 传统绕线方式 (b) 夹层绕线方式 (c) 交错绕线方式

图 5.5.44 变压器的三种绕线方式

在 PExprt 软件中对三种绕线方式的变压器进行设计，应用有限元法对模型进行求解，得到磁芯的尺寸、磁芯的材料、体积、绕组的规格、窗口填充率、功率损耗、绕组的匝数、并联绕组数、漏感等。将 PExprt 建立的变压器模型导入 Saber 软件，在图 5.4.12 的 DC/DC 变换系统仿真电路中观察变压器输入端电压振荡波形的变化。

变压器的三种不同绕组排列方式如图 5.5.45 所示，初级绕组匝数为 20，并联绕组数为 4；次级绕组匝数为 4，并联绕组数为 4；磁芯为 ETD49，材质选用铁氧体 3C94；一次侧导线为 AWG20，二次侧导线为 AWG15，直径分别为 0.89mm 和 1.56mm。

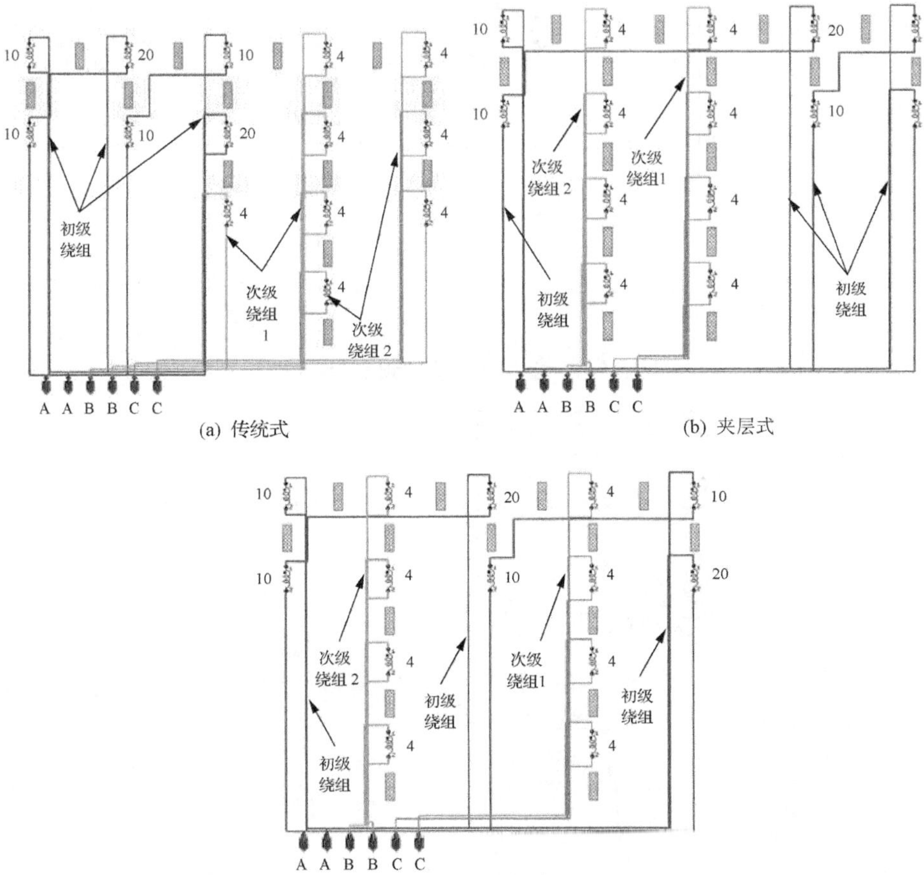

(a) 传统式　(b) 夹层式　(c) 交错式

图 5.5.45　PExprt 变压器绕组设计

图 5.5.46 给出了三种变压器绕组的漏感在 150k~30MHz 范围内的变化曲线。对三种不同绕组的变压器进行建模，并在 DC/DC 变换系统的传导电磁干扰仿真模型(图 5.4.12)进行计算，得到的变压器输入端电压振荡波形如图 5.5.47 所示。

由图 5.5.46 显而易见，传统绕线方式漏感最大，夹层式次之，交错式绕线方式漏感最小，因此，可以预测，交错式绕线方式产生的电压振荡尖峰也最小。从图 5.5.47 的变压器输入端电压时域仿真波形可以看出，交错式绕线方式变压器引起的电压振荡最小(约 10V)，传统绕线方式的变压器引起的电压振荡最大(约 50V)，夹层式和交错式绕线方式的变压器能有效地减小电磁干扰源的电压振荡，对传导 EMI 有一定的抑制作用。

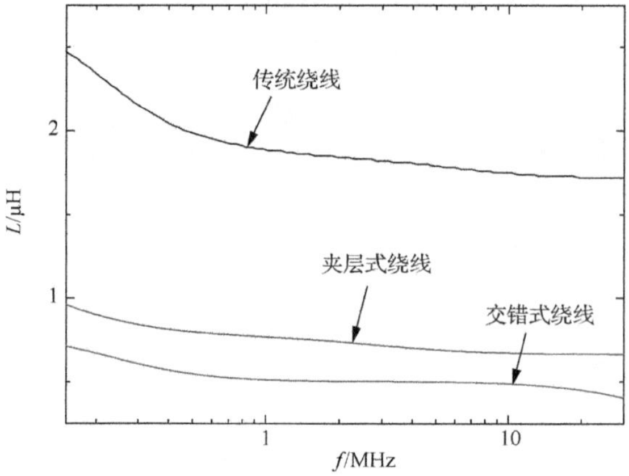

图 5.5.46　变压器漏感的频率特性

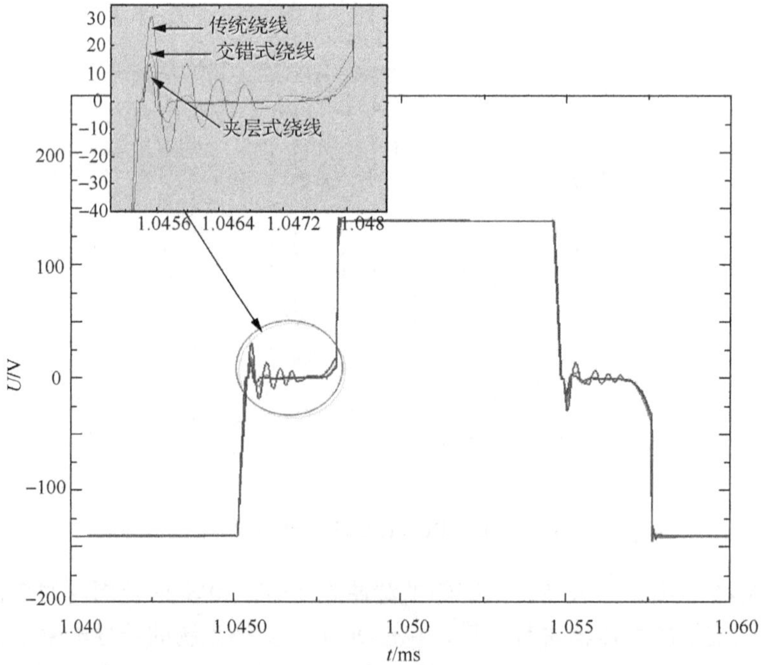

图 5.5.47　变压器输入端电压时域仿真波形

2)实验验证

为验证三种变压器的实际效果，将 PExprt 软件设计的三种绕线方式的变压器进行手工绕制，实物见图 5.5.48，将其置入全桥 DC/DC 变换系统实验平台上进行试验，测量变压器两端的电压。

图 5.5.48　变压器实物图

图 5.5.49 为实测的三种变压器输入端的电压波形，实测值与仿真值一致，显然，夹层式绕组和交错式绕组能有效减小变压器两端的电压振荡，即对干扰源有一定的抑制作用。

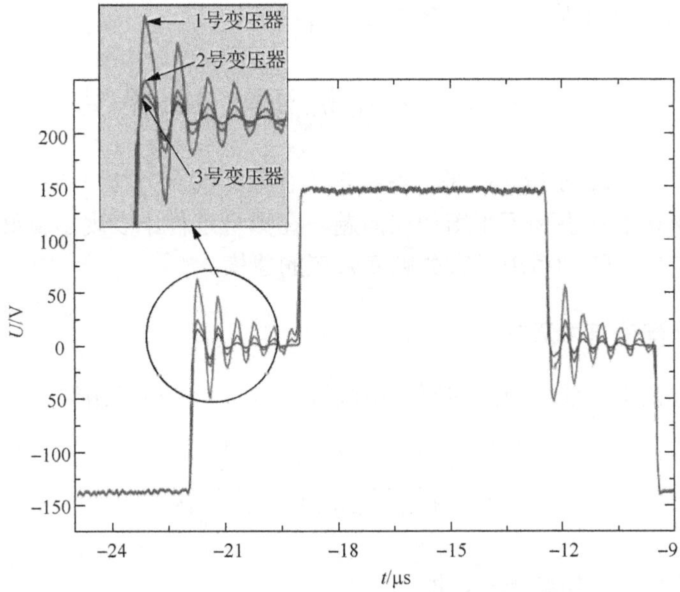

图 5.5.49　变压器端电压实测波形

第 6 章　电机驱动系统的电磁干扰仿真建模与实验

电机驱动系统是电动汽车区别于燃油汽车的重要标志。在汽车行驶过程中，电机驱动系统频繁与外界进行能量转换，系统中功率器件的高 dv/dt 和 di/dt 开关特性、牵引电机的速度或转矩变化等都将产生高幅值和宽频带的电磁干扰，使电动汽车的 EMC 问题变得异常复杂。因此，分析研究电机驱动系统传导 EMI 和辐射 EMI 的产生机理、传播路径以及建立 EMI 预测模型的方法，对于掌握和改善电动汽车整体的电磁兼容性有着极为重要的意义。

本章首先讨论永磁同步电机仿真模型的建模方法，这是电机驱动系统仿真模型中最重要的环节；然后简述驱动系统的组成及工作原理，分析研究 EMI 产生机理与传播路径，建立电机驱动系统传导 EMI 仿真电路模型，并在实验平台上以空载运行形式，验证驱动系统仿真模型的有效性；之后，根据电动汽车的实际运行状态，设计电机驱动系统多种工况的实验，并搭建实验平台，完成对驱动系统仿真模型实际工况的实验验证；最后分析电机驱动系统辐射 EMI 的干扰源、建立辐射 EMI 的仿真模型，并将仿真结果与实验结果进行对比分析。

对于电机驱动系统电磁干扰的抑制问题，因其方法与前面章节在其他系统采用的方法类似，受篇幅限制，本章不再赘述。

6.1　永磁同步电机高频电路模型

矢量匹配法(vector fitting)是一种稳定、有效的拟合方法，该方法避免了有理逼近过程中出现的病态和不平衡加权问题，在拟合过程中表现出良好的鲁棒性、有效性和稳定性，特别适用于有关频变效应的建模。

6.1.1　矢量匹配法基本原理

电网络理论中，线性电路的网络函数可表达为一个有理函数

$$f(s)=\frac{a_0+a_1s+a_2s^2+\cdots+a_ms^m}{1+b_1s+b_2s^2+\cdots+b_ns^n} \tag{6.1.1}$$

将此函数写成极点、留数形式，即

$$f(s) \approx \sum_{n=1}^{N} \frac{r_n}{s - p_n} + d + es \tag{6.1.2}$$

式中，留数 r_n 和极点 p_n 为实数或共轭复数对；d 和 e 为实数。

1) 矢量匹配法求解过程

给定一组测试数据 $f(s_k)$ (k=1、2、…、P)，当极点 p_n 给定时，式(6.1.2)就变成关于待求参数 r_n、d 和 e 的线性函数，采用矢量匹配法可解出式(6.1.2)中所有参数 r_n、p_n、d 和 e，其求解过程如下：

设 $\overline{p}_n$ (n =1、2、…、N)是函数 $f(s)$ 给定的一组初始极点，同时引入辅助函数 $\sigma(s)$，将 $\sigma(s)$ 与 $f(s)$ 相乘，假设 $\sigma(s)f(s)$ 与 $\sigma(s)$ 有相同的极点 $\overline{p}_n$，可得如下方程：

$$\sigma(s) f(s) \approx \sum_{n=1}^{N} \frac{r_n}{s - \overline{p}_n} + d + se \tag{6.1.3}$$

$$\sigma(s) \approx \sum_{n=1}^{N} \frac{\tilde{r}_n}{s - \overline{p}_n} + 1 \tag{6.1.4}$$

式中，$\tilde{r}_n$ 是未知函数 $\sigma(s)$ 的留数；函数 $\sigma(s)$ 的 $d + se$ 项被强制为 1。

将式(6.1.4)两端同乘 $f(s)$ 并与式(6.1.3)进行减法运算，可得关于待求参数 r_n 、$\tilde{r}_n$ 、d 和 e 的线性方程：

$$\left(\sum_{n=1}^{N} \frac{r_n}{s - \overline{p}_n} + d + se \right) - \sum_{n=1}^{N} \frac{\tilde{r}_n}{s - \overline{p}_n} f(s) = f(s) \tag{6.1.5}$$

将一组测试数据 $f(s_k)$ (k =1、2、…、P)及其对应频点 s_k 代入式(6.1.5)，可得一组线性方程，其矩阵形式为

$$\boldsymbol{Ax} = \boldsymbol{b} \tag{6.1.6}$$

式中，系数矩阵 $\boldsymbol{A}_{P\times(2N+2)}$ 的第 k 行元素为

$$A_k = \left[\frac{1}{s_k - \overline{p}_1} \quad \cdots \quad \frac{1}{s_k - \overline{p}_N} \quad 1 \quad s_k \quad \frac{-f(s_k)}{s_k - \overline{p}_1} \quad \cdots \quad \frac{-f(s_k)}{s_k - \overline{p}_N} \right] \tag{6.1.7}$$

解向量 $\boldsymbol{x}$ 和已知向量 $\boldsymbol{b}$ 分别为

$$\boldsymbol{x} = \left[r_1 \quad \cdots \quad r_N \quad d \quad e \quad \tilde{r}_1 \quad \cdots \quad \tilde{r}_N \right]^{\mathrm{T}} \tag{6.1.8}$$

$$\boldsymbol{b}=\left[f(s_1)\quad f(s_2)\quad \cdots \quad f(s_k)\quad \cdots \quad f(s_P)\right]^{\mathrm{T}} \tag{6.1.9}$$

假设第 i 和 i+1 极点或留数为一组共轭复数对时，形式如下：

$$\begin{aligned}&\overline{p}_i=p'+\mathrm{j}p'',\quad \overline{p}_{i+1}=p'-\mathrm{j}p''\\&\overline{r}_i=r'+\mathrm{j}r'',\quad \overline{r}_{i+1}=r'-\mathrm{j}r''\end{aligned} \tag{6.1.10}$$

则矩阵 $\boldsymbol{A}$ 中对应元素为

$$\begin{aligned}A_{k,i}&=\frac{1}{s_k-\overline{p}_i}+\frac{1}{s_k-\overline{p}_{i+1}}\\A_{k,i+1}&=\frac{\mathrm{j}}{s_k-\overline{p}_i}-\frac{\mathrm{j}}{s_k-\overline{p}_{i+1}}\end{aligned} \tag{6.1.11}$$

此时矩阵 $\boldsymbol{x}$ 相应的留数分别是 r' 和 r''。

对于式(6.1.6)一般有 $P>2N+2$，因此它是超定的，可以用最小二乘法求解得到 r_n、d、e 和 $\tilde{r}_n$。但是，由给定的初始极点 $\overline{p}_n$ 求解式(6.1.6)计算得到的 r_n、d 和 e 并不准确，因此需要修正初始极点 $\overline{p}_n$，求解下一次迭代过程中 $\overline{p}_n$ 的初始值，使 $f(s_k)$ 逐步逼近 $f(s)$。

用 $(\sigma f)(s)$ 表示式(6.1.3)的右边，将 $(\sigma f)(s)$ 和 $\sigma(s)$ 写成零极点形式有

$$(\sigma f)(s)=e\frac{\prod_{n=1}^{N+1}(s-z_n)}{\prod_{n=1}^{N}(s-\overline{p}_n)} \tag{6.1.12}$$

$$\sigma(s)=\frac{\prod_{n=1}^{N}(s-\tilde{z}_n)}{\prod_{n=1}^{N}(s-\overline{p}_n)} \tag{6.1.13}$$

式中，z_n 和 $\tilde{z}_n$ 分别是 $(\sigma f)(s)$ 和 $\sigma(s)$ 的零点。用式(6.1.12)除以式(6.1.13)可得

$$f(s)=\frac{(\sigma f)(s)}{\sigma(s)}=e\frac{\prod_{n=1}^{N+1}(s-z_n)}{\prod_{n=1}^{N}(s-\tilde{z}_n)} \tag{6.1.14}$$

式(6.1.14)表明，$f(s)$ 的极点与 $\sigma(s)$ 的零点相等。由于有理函数 $\sigma(s)f(s)$ 和

$\sigma(s)$ 具有相同的极点 $\overline{p}_n$，这样，初始极点在运算的过程中相互抵消，求解得到 $\sigma(s)$ 的零点就是下一次迭代 $f(s)$ 的极点。

由式(6.1.4)和(6.1.13)可得

$$\prod_{n=1}^{N}(s-\tilde{z}_n)=\left(\sum_{n=1}^{N}\frac{\tilde{r}_n}{s-\overline{p}_n}+1\right)\cdot\left(\prod_{n=1}^{N}(s-\overline{p}_n)\right) \tag{6.1.15}$$

将上式右边写成行列式形式有

$$\prod_{n=1}^{N}(s-\tilde{z}_n)=\begin{bmatrix} s-\overline{p}_1+\tilde{r}_1 & \tilde{r}_2 & \tilde{r}_3 & \cdots & \tilde{r}_n \\ \tilde{r}_1 & s-\overline{p}_2+\tilde{r}_2 & \tilde{r}_3 & \cdots & \tilde{r}_n \\ \tilde{r}_1 & \tilde{r}_2 & s-\overline{p}_3+\tilde{r}_3 & \cdots & \tilde{r}_n \\ \vdots & \vdots & \vdots & & \vdots \\ \tilde{r}_1 & \tilde{r}_2 & \tilde{r}_3 & \cdots & s-\overline{p}_n+\tilde{r}_n \end{bmatrix} \tag{6.1.16}$$

构建矩阵 $\boldsymbol{H}$，

$$\boldsymbol{H}=\boldsymbol{P}-\boldsymbol{U}\tilde{\boldsymbol{r}}^{\mathrm{T}} \tag{6.1.17}$$

式中，$\boldsymbol{P}$ 是包含初始极点 $\overline{p}_n$ 的对角矩阵，$\boldsymbol{U}$ 是元素为 1 的列向量，$\tilde{\boldsymbol{r}}^{\mathrm{T}}$ 是包含 $\sigma(s)$ 留数 $\tilde{r}_n$ 的行向量，即

$$\boldsymbol{P}=\begin{bmatrix} \overline{p}_1 & 0 & 0 & \cdots & 0 \\ 0 & \overline{p}_2 & 0 & \cdots & 0 \\ 0 & 0 & \overline{p}_3 & \cdots & 0 \\ \vdots & \vdots & \vdots & & \vdots \\ 0 & 0 & 0 & \cdots & \overline{p}_n \end{bmatrix} \tag{6.1.18}$$

$$\tilde{\boldsymbol{r}}^{\mathrm{T}}=\begin{bmatrix} \tilde{r}_1 & \tilde{r}_2 & \tilde{r}_3 & \cdots & \tilde{r}_n \end{bmatrix} \tag{6.1.19}$$

因此矩阵 $\boldsymbol{H}$ 的特征多项式 $|s\boldsymbol{E}-\boldsymbol{H}|$ 就是式(6.1.16)，由此，$\sigma(s)$ 的零点 $\tilde{z}_n$ 可通过求解矩阵 $\boldsymbol{H}$ 的特征值得到。

当 $\boldsymbol{P}$ 中极点和 $\tilde{\boldsymbol{r}}^{\mathrm{T}}$ 中对应留数是共轭复数时，各矩阵相应部分的子矩阵为

$$\widehat{\boldsymbol{P}}=\begin{bmatrix} p' & p'' \\ -p'' & p' \end{bmatrix},\quad \widehat{\boldsymbol{U}}=\begin{bmatrix} 2 \\ 0 \end{bmatrix},\quad \tilde{\boldsymbol{r}}^{\mathrm{T}}=\begin{bmatrix} \tilde{r}' & \tilde{r}'' \end{bmatrix} \tag{6.1.20}$$

将计算得到 $\boldsymbol{H}$ 的特征值替代式(6.1.5)的给定的初始极点 $\overline{p}_n$，再求解式(6.1.6)。重复这一迭代过程数次，最后得到满足精度要求的 p_n、r_n、d 和 e。

2) 初始极点和拟合阶数的选择

初始极点的选择与关心的频率范围有关。对于光滑的函数，初始极点应当选择实数；对于含有谐振点的函数，初始极点应当包含共轭复数对，而且复数极点的虚部要远大于实部。复数极点可表示为

$$\overline{p}_n = -\alpha + \mathrm{j}\beta,\ \overline{p}_{n+1} = -\alpha - \mathrm{j}\beta \tag{6.1.21}$$

式中，$\beta = k\alpha$。为避免病态方程组的问题，取复数极点的虚部比实部大 100 倍及以上，通常取 k=100。

函数拟合的阶数与初始极点数相等。一般来说，极点数越多、拟合次数越高，函数拟合越准确，但过高的拟合次数会使拟合后的函数变得很复杂，不利于随后的电路建模。通常，在需要拟合的频段范围内，如果被拟合的函数曲线上有 n 个峰值点，那么至少需要选择 $2n$ 个初始的拟合极点。

6.1.2 网络函数对应的等效电路

式 (6.1.2) 中网络函数的未知参量 p_n、r_n、d 和 e 通过矢量匹配法求得后，需要将网络函数转化为相对应的等效电路，然后在电路仿真软件中进行仿真分析。通常情况下，可将网络函数 $f(s)$ 看作电路的阻抗参数或者导纳参数，因此，在求解 $f(s)$ 的等效电路时会有两种不同的等效电路形式。但无论是哪种形式，函数 $f(s)$ 对应等效电路的求解过程都分为三个步骤：①常数项 d 和一次项 e 的等效电路；②当极点和留数是实数时的等效电路；③当极点和留数是共轭复数对时的等效电路。

为了使分步建模过程中公式表达更为清晰，将式 (6.1.2) 写成如下形式：

$$f(s) \approx \sum_{n=1}^{N} \frac{r_n}{s - p_n} + d + se = \sum_{n=1}^{N} f_n(s) + d + se \tag{6.1.22}$$

1) $f(s)$ 为阻抗参数的等效电路

(1) 常数项 d 和一次项 e 。

对于式 (6.1.22) 的常数项和一次项，其阻抗形式下的等效电路如图 6.1.1 所示，参数 R、L 的值分别为 $R = d$，$L = e$。

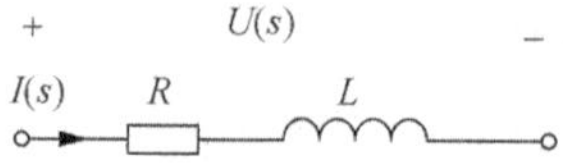

图 6.1.1 *RL* 串联电路

(2) 极点和留数为实数。

当式 (6.1.22) 的极点和留数为实数时，可用 RC 并联电路来等效，这就意味着

等效电路的阻抗必须满足

$$f_n(s)=\frac{r_n}{s-p_n} \tag{6.1.23}$$

RC 电路拓扑如图 6.1.2 所示。

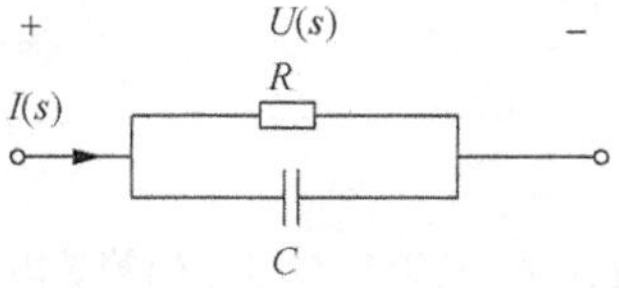

图 6.1.2　RC 并联电路

图 6.1.2 中，RC 并联电路阻抗为

$$Z(s)=\frac{U(s)}{I(s)}=\frac{1/C}{s+1/(RC)} \tag{6.1.24}$$

对比式(6.1.23)和(6.1.24)可得

$$r_n=\frac{1}{C},\quad p_n=-\frac{1}{RC} \tag{6.1.25}$$

由上式可解得图 6.1.2 的电路参数 R 和 C。

$$R=-\frac{r_n}{p_n},\quad C=\frac{1}{r_n} \tag{6.1.26}$$

(3) 极点和留数为共轭复数。

当式(6.1.22)的极点和留数以共轭复数对的形式出现时，其电路阻抗表达式为

$$\begin{aligned}f_n(s)+f_{n+1}(s)&=\frac{r_n}{s-p_n}+\frac{r_{n+1}}{s-p_{n+1}}\\&=\frac{(r_n+r_{n+1})s-(r_np_{n+1}+r_{n+1}p_n)}{s^2-(p_n+p_{n+1})s+p_np_{n+1}}\\&=\frac{(r_n+r_{n+1})s}{s^2-(p_n+p_{n+1})s+p_np_{n+1}}+\frac{-(r_np_{n+1}+r_{n+1}p_n)}{s^2-(p_n+p_{n+1})s+p_np_{n+1}}\end{aligned} \tag{6.1.27}$$

式中，r_n、r_{n+1} 是留数的一组共轭复数对；p_n、p_{n+1} 是极点的共轭复数对。

从式(6.1.27)的电路阻抗表达式可以看出，对应的等效电路是一个二阶电路，电路中包含两个储能元件。等效电路拓扑如图 6.1.3 所示，图中包含两个电阻元件、一个电感元件和一个电容元件。

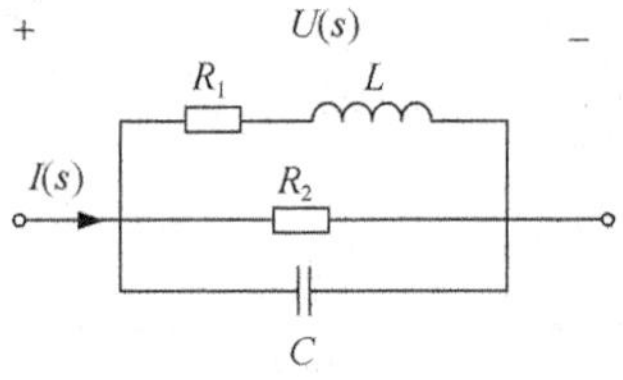

图 6.1.3　共轭复数极点的等效电路

图 6.1.3 等效电路图的阻抗表达为

$$
\begin{aligned}
Z(s)=\frac{U(s)}{I(s)}&=\frac{sLR_2+R_1R_2}{s^2R_2CL+(R_1R_2C+L)s+R_1+R_2}\\
&=\frac{s/C}{s^2+\left[(R_1R_2C+L)/R_2CL\right]s+(R_1+R_2)/R_2CL}\\
&\quad+\frac{R_1R_2/R_2CL}{s^2+\left[(R_1R_2C+L)/R_2CL\right]s+(R_1+R_2)/R_2CL}
\end{aligned}
\tag{6.1.28}
$$

要使式(6.1.27)和(6.1.28)相等，必须满足以下关系：

$$
\begin{aligned}
&\frac{1}{C}=r_n+r_{n+1}\\
&\frac{R_1+R_2}{R_2CL}=p_np_{n+1}\\
&\frac{R_1R_2C+L}{R_2CL}=-(p_n+p_{n+1})\\
&\frac{R_1R_2}{R_2CL}=-(r_np_{n+1}+r_{n+1}p_n)
\end{aligned}
\tag{6.1.29}
$$

解式(6.1.29)可得图 6.1.3 的电路元件值，即

$$
\begin{aligned}
&C=\frac{1}{r_n+r_{n+1}}\\
&L=\frac{1}{KC+M^2C^3-JMC^2}\\
&R_1=MCL\\
&R_2=\frac{MCL}{KCL-1}
\end{aligned}
\tag{6.1.30}
$$

式中，

$$
\begin{aligned}
J &= -\left(p_n + p_{n+1}\right) \\
K &= p_n p_{n+1} \\
M &= -\left(r_n p_{n+1} + r_{n+1} p_n\right)
\end{aligned}
\tag{6.1.31}
$$

因此，式(6.1.2)中的网络函数 $f(s)$ 若被看成阻抗参数，可以分解为三种分式，每个分式用一个相应的子电路等效，最后将所有的子电路按串联方式连接，即可得到网络函数 $f(s)$ 对应的等效电路，如图 6.1.4 所示。

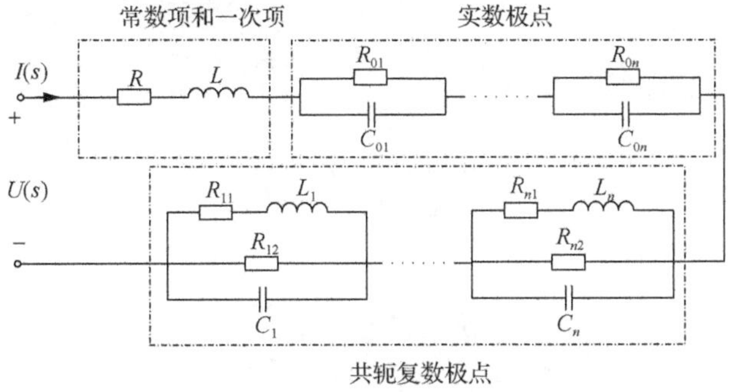

图 6.1.4　$f(s)$ 为阻抗参数的等效电路

2) $f(s)$ 为导纳参数的等效电路

(1) 常数项 d 和一次项 e。

对于式(6.1.22)的常数项和一次项，导纳形式的等效电路如图 6.1.5 所示。

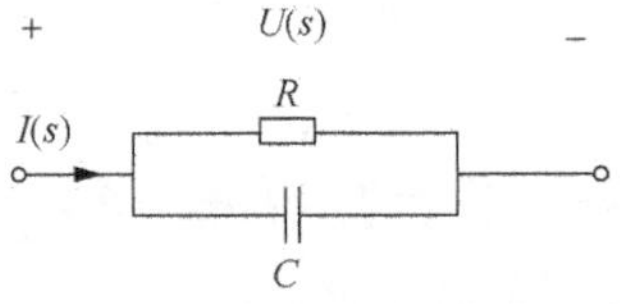

图 6.1.5　RC 并联等效电路

图 6.1.5 中，RC 并联电路的导纳为

$$
Y(s) = \frac{I(s)}{U(s)} = \frac{1}{R} + sC \tag{6.1.32}
$$

比较式(6.1.22)的常数项和一次项，可得 R 和 C 的值分别为 $R = 1/d$，$C = e$。

(2) 极点和留数为实数。

当式(6.1.22)的极点和留数为实数时，可用 RL 串联电路来等效，这就意味着等效电路的导纳必须满足式(6.1.23)，RL 电路拓扑如图 6.1.6 所示。

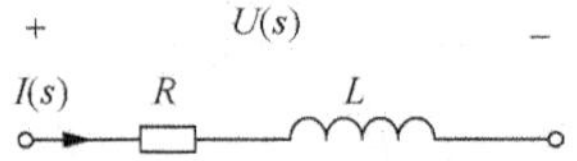

图 6.1.6　实数极点的 RL 串联等效电路

图 6.1.6 中，RL 串联电路的导纳为

$$Y(s)=\frac{I(s)}{U(s)}=\frac{1}{R+sL}=\frac{\frac{1}{L}}{s+\frac{R}{L}} \tag{6.1.33}$$

对比式(6.1.23)和式(6.1.33)可得

$$p_n=-\frac{R}{L},\ r_n=\frac{1}{L} \tag{6.1.34}$$

于是

$$R=-\frac{p_n}{r_n},\ L=\frac{1}{r_n} \tag{6.1.35}$$

(3)极点和留数为共轭复数。

当式(6.1.22)的极点和留数以共轭复数对的形式出现时，对应等效电路的导纳函数为

$$\begin{aligned}f_n(s)+f_{n+1}(s)&=\frac{r_n}{s-p_n}+\frac{r_{n+1}}{s-p_{n+1}}=\frac{(r_n+r_{n+1})s-(r_np_{n+1}+r_{n+1}p_n)}{s^2-(p_{n+1}+p_n)s+p_np_{n+1}}\\&=\frac{(r_n+r_{n+1})s}{s^2-(p_{n+1}+p_n)s+p_np_{n+1}}+\frac{-(r_np_{n+1}+r_{n+1}p_n)}{s^2-(p_{n+1}+p_n)s+p_np_{n+1}}\\&=\frac{as}{s^2+cs+d}+\frac{b}{s^2+cs+d}\end{aligned} \tag{6.1.36}$$

式中，

$$\begin{aligned}a&=r_n+r_{n+1}\\b&=-(r_np_{n+1}+r_{n+1}p_n)\\c&=-(p_{n+1}+p_n)\\d&=p_np_{n+1}\end{aligned} \tag{6.1.37}$$

一般地，RLC 串联电路的导纳为

$$Y(s)=\frac{I(s)}{U(s)}=\frac{1}{\left(R+sL+\frac{1}{sC}\right)}=\frac{\frac{1}{L}s}{s^2+\frac{R}{L}s+\frac{1}{LC}} \tag{6.1.38}$$

比较式(6.1.36)和式(6.1.38)，可以发现，当 $b=0$ 时，$f(s)$ 可以由串联 RLC 电路完全等效，此时电路的参数可通过下式计算

$$L=\frac{1}{r_n+r_{n+1}},\quad R=-\frac{p_n+p_{n+1}}{r_n+r_{n+1}},\quad C=\frac{r_n+r_{n+1}}{p_n p_{n+1}} \tag{6.1.39}$$

通常 b 并不等于 0， RLC 串联电路中的电容电压可以表示为

$$U_C(s)=\frac{I(s)}{sC}=\frac{1}{LC}\frac{1}{\left(s^2+s\frac{R}{L}+\frac{1}{LC}\right)}U(s) \tag{6.1.40}$$

重写上式为

$$\frac{LCU_C(s)}{U(s)}=\frac{1}{\left(s^2+s\frac{R}{L}+\frac{1}{LC}\right)} \tag{6.1.41}$$

观察式(6.1.36)和式(6.1.38)可知，$f(s)$ 剩余部分与(6.1.41)式有如下关系：

$$\frac{b}{s^2+sc+d}=\frac{bLCU_C(s)}{U(s)} \tag{6.1.42}$$

式(6.1.42)左边为导纳函数，故等式右边分子项为电流参数，其幅值为 $bLCU_c(s)$，是与电路中电容电压 $U_c(s)$ 相关的量，可以用一个电压控电流源表示，且系数 $g_m=bLC$，这样 $f(s)$ 剩余部分也被表达出来、与共轭复数极点对应的等效电路如图 6.1.7 所示。

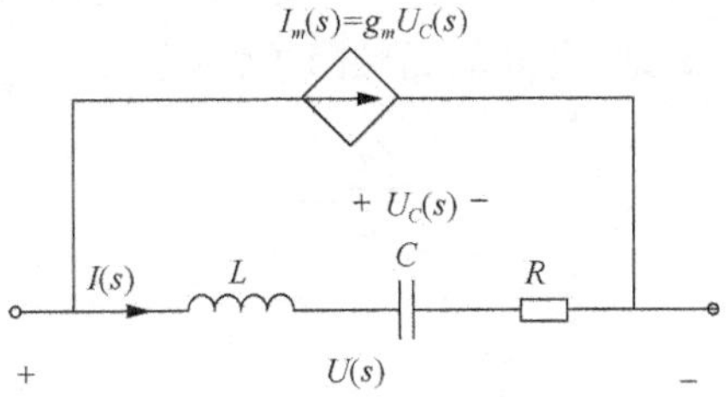

图 6.1.7　RLC 串联等效电路

综上所述，式(6.1.2)的网络函数 $f(s)$ 如被看成导纳参数，同样可以分解为三种分式，每个分式用一个相应的子电路等效。最后，将所有的子电路按并联方式

连接，即可得网络函数 $f(s)$ 的等效电路，如图 6.1.8 所示。

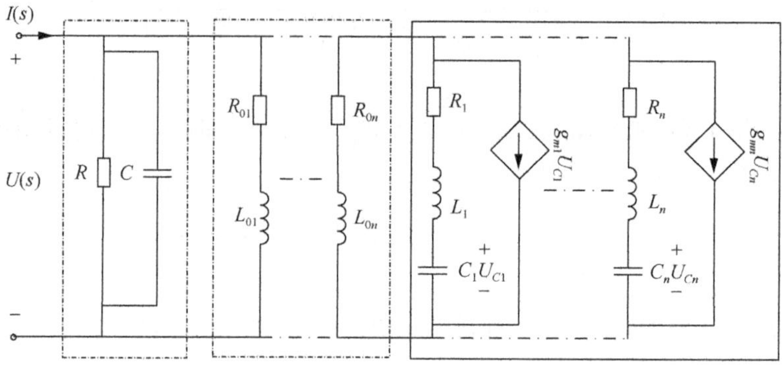

图 6.1.8　$f(s)$ 为导纳参数的等效电路

6.1.3　基于矢量匹配法的永磁同步电机高频模型

用矢量匹配法建模只需知道电机端部的阻抗特性，所以可将电机看成一个“黑盒子”，通过测量获得电机端部的阻抗特性，然后，按照前面介绍的建模步骤，建立高频电路模型。

永磁同步电机的定子三相绕组对称，转子为永磁体，电机的定子绕组接线方式分星形和三角形，因此，对星形接线和三角形接线的电机需要分别建模。需要强调的是，在矢量匹配法建模过程中，将 $f(s)$ 取为阻抗参数还是导纳参数，与定子绕组的接线方式无关，这两个参数是可以相互转换的。

1) 星形接线电机建模

星形连接电机绕组模型的电路拓扑如图 6.1.9 所示，此模型为交流电机模型，考虑了电机内部绕组相电阻、电感、匝间分布电容、绕组对机壳杂散电容及铁芯和机壳的涡流等因素。因此，将该模型用于永磁同步电机建模时，模型中的 Z_{DM} 是单相绕组的差模阻抗，代表定子绕组的高频阻抗特征；Z_{CM} 是单相绕组的共模阻抗，代表绕组与机壳(或地)之间的高频阻抗特征。

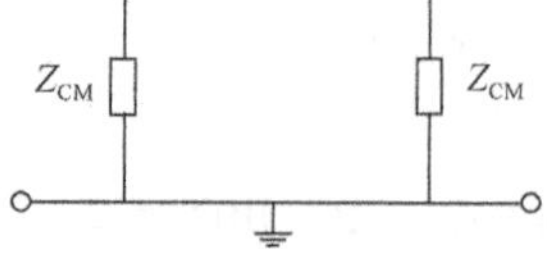

图 6.1.9　永磁同步电机单相模型

(1) 阻抗测量。

建立高频电路之前，首先需要实测电机端部阻抗频率特性，利用阻抗分析仪 Agilent4194A 对电机端部进行阻抗测量。电机端部阻抗测量的方法采用共模测量和差模测量两种测试方式，测试频段 9k~110MHz，测试点数为 201 个，获得每个频点处阻抗的实部和虚部数据。

共模测量即测试三相绕组并联后和机壳(地)之间的阻抗 Z'_{CM}，其端口连接方式和等效阻抗如图 6.1.10(a)、(b)所示。如果被测电机定子绕组中性点有引出线，则可对图 6.1.10(a)的共模测量做一些处理，将每相定子绕组的端部和中性点之间用一条阻抗可以忽略的导线连接，即短接 Z_{DM}，如图 6.1.10(c)、(d)所示，测出的 Z'_{CM} 仅包含了 Z_{CM}，可简化 Z_{CM} 的计算过程。差模测量即测试两相绕组并联后和第三相绕组之间的阻抗 Z'_{DM}，这种阻抗连接方式的优点在于计算得到的差模阻抗 Z'_{DM} 表达式简单、便于计算，其测试图如图 6.1.11 所示。

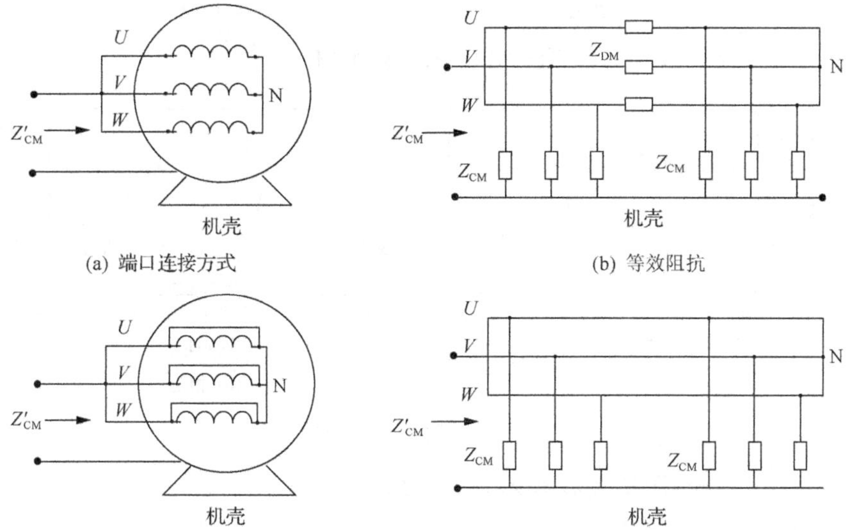

(a) 端口连接方式　(b) 等效阻抗

(c) 短接测量　(d) 等效阻抗

图 6.1.10　共模测量 Z'_{CM}

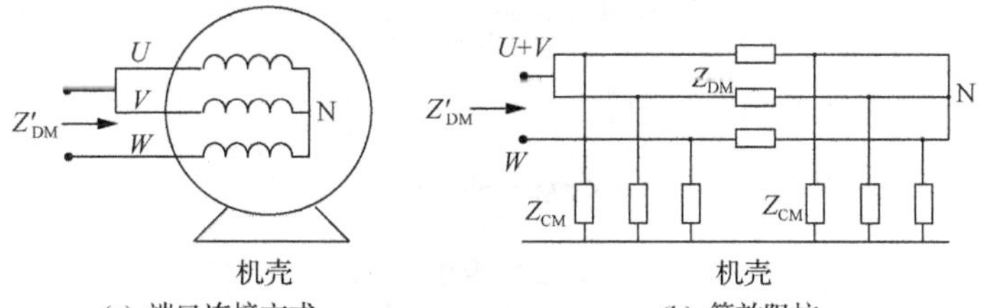

(a) 端口连接方式　(b) 等效阻抗

图 6.1.11　差模测量 Z'_{DM}

(2) 数据处理。

这里仅对中性点有引出线的电机进行数据处理，没有引出线的电机的数据处理过程与之类似，不再赘述。

根据图 6.1.10(d) 和图 6.1.11(b) 测量阻抗 Z'_{CM} 和 Z'_{DM} 的阻抗特性曲线分别如图 6.1.12 和图 6.1.13 所示。

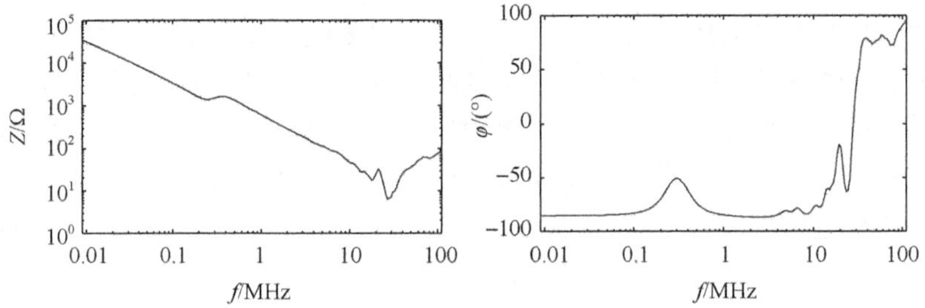

(a) 幅值　　　　(b) 相位

图 6.1.12　Z'_{CM} 测量数据

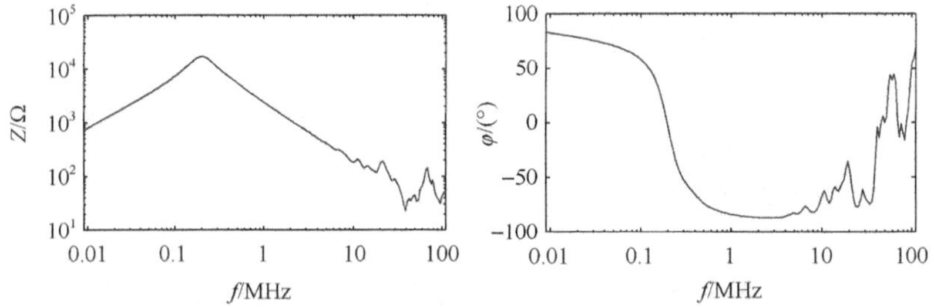

(a) 幅值　　　　(b) 相位

图 6.1.13　Z'_{DM} 测量数据

它们与单相绕组阻抗 Z_{CM} 和 Z_{DM} 的关系为

$$Z'_{\mathrm{CM}} = \frac{Z_{\mathrm{CM}}}{6} \tag{6.1.43}$$

$$Z'_{\mathrm{DM}} = \frac{3}{2}\frac{Z_{\mathrm{DM}}Z_{\mathrm{CM}}}{Z_{\mathrm{DM}} + Z_{\mathrm{CM}}} \tag{6.1.44}$$

求解式 (6.1.43) 和式 (6.1.44)，可得

$$Z_{\mathrm{CM}} = 6Z'_{\mathrm{CM}} \tag{6.1.45}$$

$$Z_{\mathrm{DM}} = \frac{2Z'_{\mathrm{DM}}Z'_{\mathrm{CM}}}{3Z'_{\mathrm{CM}} - 2Z'_{\mathrm{DM}}} \tag{6.1.46}$$

阻抗 Z_{CM} 和 Z_{DM} 的频率特性曲线分别如图 6.1.14、图 6.1.15 所示，阻抗 Z_{CM} 特性曲线与图 6.1.12 类似，相频特性不变，幅值是 Z'_{CM} 的 6 倍。

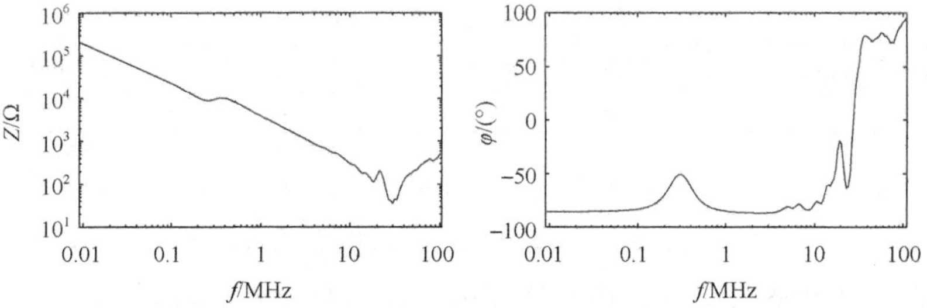

(a) 幅值　　(b) 相位

图 6.1.14　共模阻抗 Z_{CM} 的频率特性

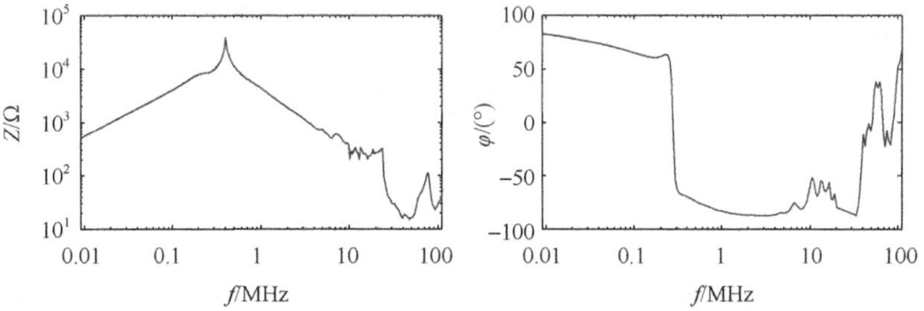

(a) 幅值　　(b) 相位

图 6.1.15　差模阻抗 Z_{DM} 的频率特性

将共模阻抗 Z_{CM} 数据代入矢量匹配法程序，求解其极点和留数等参数，权衡电路复杂性和精度，由图 6.1.13 可以观察到曲线峰值点较少，对该函数进行 8 阶拟合，得到极点、留数等参数值如表 6.1.1 所示。

表 6.1.1　$f(s)=Z_{CM}$ 的 8 阶矢量拟合

极点 p_n	留数 r_n	d	e
-1.5375×10^3	1.1881×10^{10}	11.746	9.1344×10^{-7}
-0.0015×10^8	$372.170-\mathrm{j}801.14$		
$-0.0080\times10^8+\mathrm{j}0.0204\times10^8$	$4.5124\times10^9+\mathrm{j}9.1781\times10^7$		
$-0.0080\times10^8-\mathrm{j}0.0204\times10^8$	$4.5124\times10^9-\mathrm{j}9.1781\times10^7$		
$-0.1086\times10^8+\mathrm{j}1.3412\times10^8$	$1.1699\times10^9-\mathrm{j}8.2363\times10^8$		
$-0.1086\times10^8-\mathrm{j}1.3412\times10^8$	$1.1699\times10^9+\mathrm{j}8.2363\times10^8$		
$-0.6998\times10^8+\mathrm{j}5.2620\times10^8$	$5.0748\times10^9-\mathrm{j}5.9745\times10^9$		
$-0.6998\times10^8-\mathrm{j}5.2620\times10^8$	$5.0748\times10^9+\mathrm{j}5.9745\times10^9$		

将表 6.1.1 中的数据按照前面给出的求解等效电路及其参数的方法计算出与此阻抗函数相对应的等效电路，等效电路按图 6.1.4 进行连接，电路元件参数值如表 6.1.2 所示。

表 6.1.2　Z_{CM} 等效电路参数

常数项的等效电路参数		实数极点的等效电路参数		共轭复数极点的等效电路参数			
R/Ω	L/μH	R_{0n}/kΩ	C_{0n}/pF	R_{n1}/Ω	R_{n2}/Ω	C_n/pF	L_n/μH
11.746	0.91344	7727.3	84.171	1651.4	10685	110.81	2168.3
		8.6297	759.08	9.1559	−27.997	427.4	0.086966
				10.592	−18.47	98.5	0.01563

将此等效电路在 Saber 仿真软件中进行仿真分析，得到共模阻抗 Z_{CM} 在 9k~110MHz 频率范围内的阻抗特性曲线，仿真值与实测值的对比如图 6.1.16 所示。

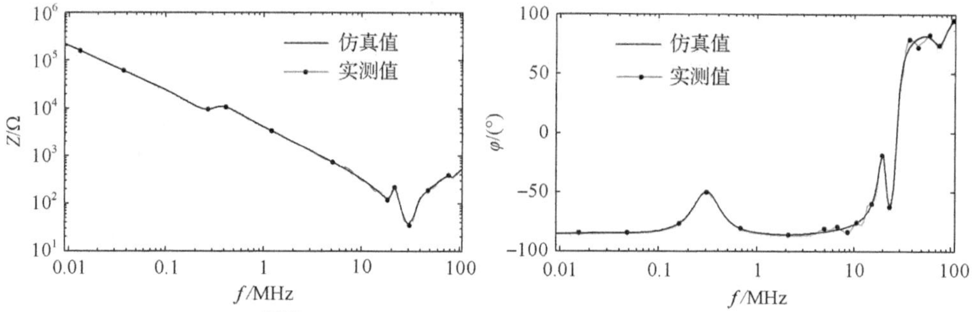

(a) 幅值　　(b) 相位

图 6.1.16　Z_{CM} 仿真和实测结果对比

求解差模阻抗 Z_{DM} 的等效电路过程与上面方法相同，Z_{DM} 阻抗曲线的峰值点较多，对其进行 12 阶矢量拟合，其阻抗函数的极点、留数值如表 6.1.3 所示，与之对应的等效电路参数如表 6.1.4 所示，等效电路的仿真和实测对比图如图 6.1.17 所示。

表 6.1.3　$f(s)=Z_{DM}$ 的 12 阶矢量拟合

极点 p_n	留数 r_n	d	e
-0.0001×10^{10}	-6.139×10^{9}	−2555.3	2.4015×10^{-7}
-1.7445×10^{10}	4.4943×10^{13}		
$-7.0328\times10^{4}+j1.7312\times10^{6}$	$4.3689\times10^{9}+j1.5183\times10^{8}$		
$-7.0328\times10^{4}-j1.7312\times10^{6}$	$4.3689\times10^{9}-j1.5183\times10^{8}$		
$-2.0323\times10^{6}+j1.6692\times10^{6}$	$6.2054\times10^{9}-j5.4414\times10^{9}$		
$-2.0323\times10^{6}-j1.6692\times10^{6}$	$6.2054\times10^{9}+j5.4414\times10^{9}$		
$-2.0088\times10^{7}+j9.4717\times10^{7}$	$1.8121\times10^{9}-j4.6921\times10^{8}$		
$-2.0088\times10^{7}-j9.4717\times10^{7}$	$1.8121\times10^{9}+j4.6921\times10^{8}$		
$-7.1629\times10^{8}+j1.4937\times10^{8}$	$-2.0839\times10^{9}-j9.6262\times10^{8}$		
$-7.1629\times10^{8}-j1.4937\times10^{8}$	$-2.0839\times10^{9}+j9.6262\times10^{8}$		
$-3.7479\times10^{7}+j4.2491\times10^{8}$	$2.7979\times10^{9}+j2.0186\times10^{8}$		
$-3.7479\times10^{7}-j4.2491\times10^{8}$	$2.7979\times10^{9}-j2.0186\times10^{8}$		

表 6.1.4　Z_{DM} 等效电路参数

常数项对应的等效电路参数		实数极点对应等效电路参数		共轭复数极点对应的等效电路参数			
aR/Ω	$L/\mu H$	$R_{0n}/k\Omega$	C_{0n}/pF	R_{n1}/Ω	R_{n2}/Ω	C_n/pF	$L_n/\mu H$
–2555.3	0.24015	–6.273	–157.75	29.591	66960	114.44	2911.8
		2.576	0.0225	8803	21827	80.575	2518
				16.89	–816.69	275.93	0.37858
				9.5198	–54.724	–239.93	–0.15396
				0.21034	82.127	178.71	–0.030833

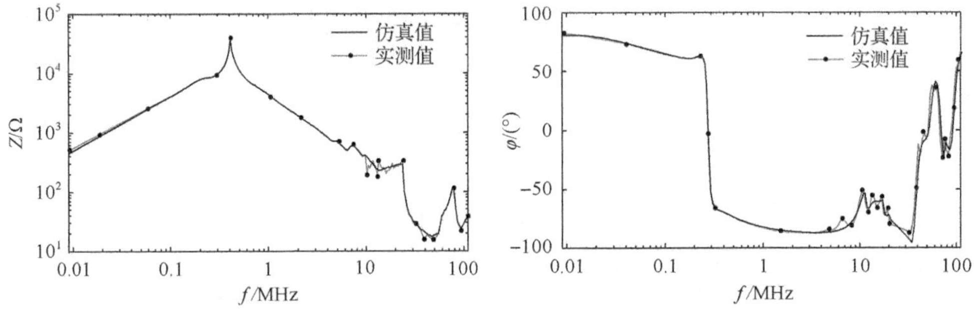

(a) 幅值　　(b) 相位

图 6.1.17　Z_{DM} 仿真和实测结果对比

从图 6.1.16 和图 6.1.17 可以看出，等效电路的阻抗仿真特性曲线和实测值在各个频点处，幅值和相位都吻合得很好，且有很高的精度。需要注意的是，从表 6.1.2 和表 6.1.4 可以看到，用矢量匹配法计算出来的电路参数中会出现负值，在实际电路中，这种情况是不可能出现的。事实上，采用矢量法拟合出来的等效电路中单个元件参数没有具体的意义，需要以整体对待。负值的出现在仿真电路中可以通过添加对应的受控源进行处理，或者直接在电路中定义元件参数为负值，这在仿真软件中是可以实现的。

(3) 电机高频电路模型验证。

获得 Z_{CM} 和 Z_{DM} 等效电路后，在 Saber 软件中按照图 6.1.10(d) 和图 6.1.11(b) 分别建立阻抗 Z'_{CM} 和 Z'_{DM} 的仿真电路模型，仿真计算 Z'_{CM} 和 Z'_{DM} 在 9k~110MHz 的阻抗特性，并与测量结果进行对比。比对结果如图 6.1.18、图 6.1.19 所示，阻抗 Z'_{CM} 和 Z'_{DM} 的仿真值与测量值在整个频段范围内的幅频特性曲线和相频特性曲线吻合都很好，精度完全满足仿真建模要求。

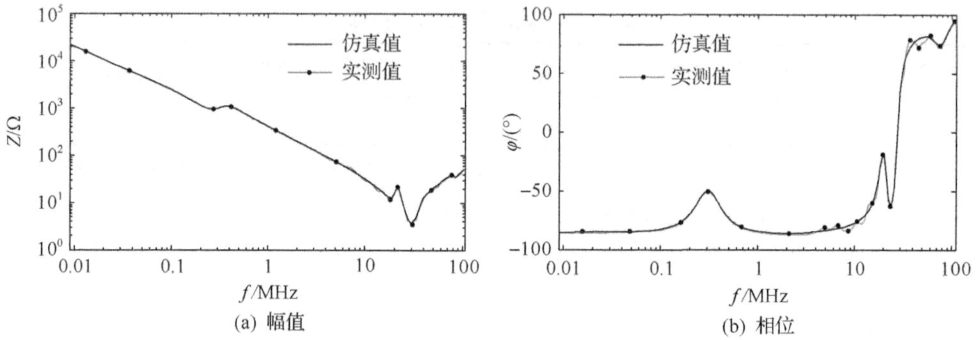

图 6.1.18　Z'_{CM} 仿真与实测结果

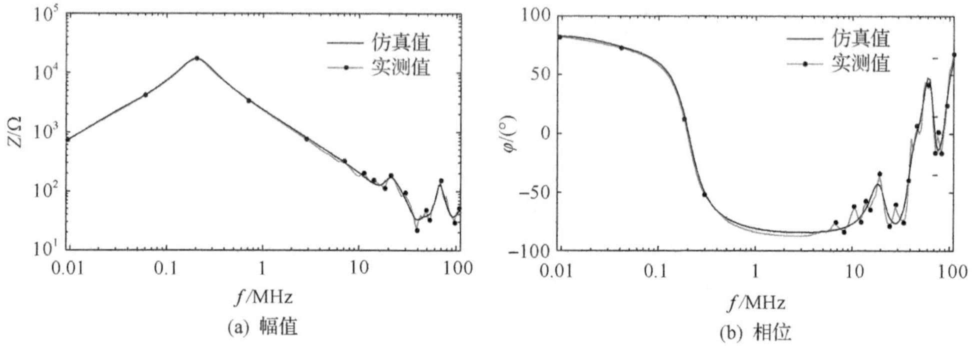

图 6.1.19　Z'_{DM} 仿真与实测结果

2) 三角形接线电机建模

与星形连接电机不同，三角形连接电机定子绕组没有中性点，一些用于测量星形连接电机阻抗参数的方法不再适用，而采用将三角形电机绕组拆卸获取电路参数的方法通用性差，提取过程复杂。因此，有必要对三角形连接的电机高频模型进行研究。

(1) 电机高频模型。

三角形接线电机的高频阻抗网络模型如图 6.1.20 所示，图中，Z_{CM} 表示三相绕组对地共模阻抗，Z_{DM} 表示三相绕组之间的差模阻抗。永磁同步电机的转子是永磁体，忽略其涡流损耗和磁饱和效应，因此在建模中同样不考虑转子的影响。

(2) 阻抗测量。

电机阻抗测量采用共模测量和差模测量两种方式，测试设备 Agilent4294A，测试频段为 100k~100MHz，测试的频点数共 201 个。共模测量即测试电机三端口并联后和机壳间的共模阻抗 Z'_{CM}，如图 6.1.21 所示。差模测量即测试电机两端口并联后和第三端口间的差模阻抗 Z'_{DM}，如图 6.1.22 所示。

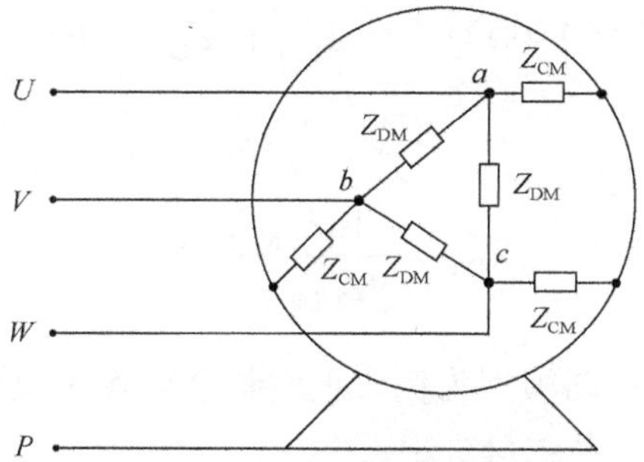

图 6.1.20　三角形接线电机模型

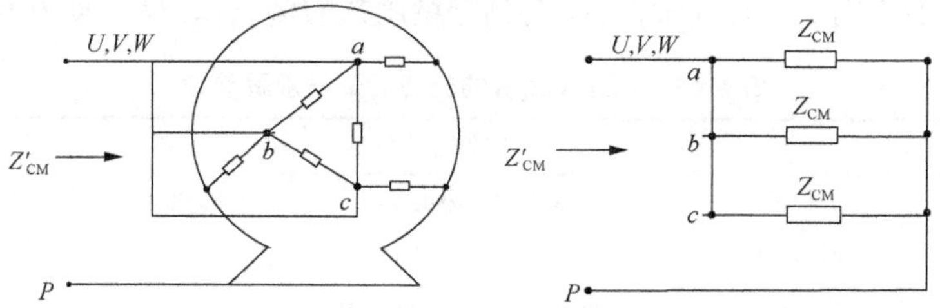

(a) 端口连接方式　　(b) 等效阻抗

图 6.1.21　共模阻抗 Z'_{CM}

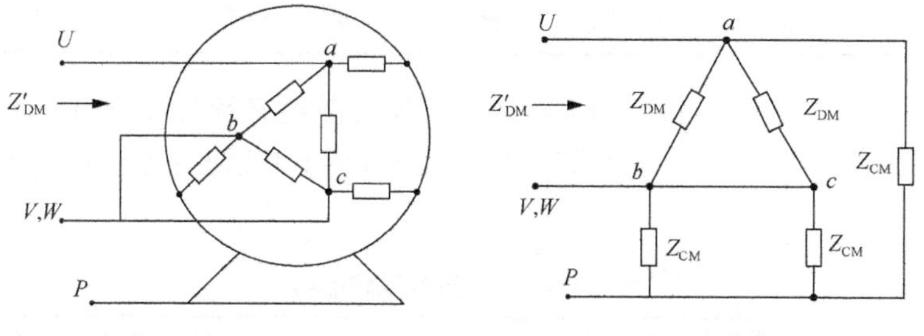

(a) 端口连接方式　　(b) 等效阻抗

图 6.1.22　差模阻抗 Z'_{DM}

(3)数据处理。

根据图 6.1.21(b)和图 6.1.22(b)，阻抗 Z'_{CM} 和 Z'_{DM} 与绕组阻抗 Z_{CM} 和 Z_{DM} 的关系为

$$Z'_{CM}=\frac{Z_{CM}}{3} \tag{6.1.47}$$

$$Z'_{DM}=\frac{\frac{3}{4}Z_{CM}Z_{DM}}{\frac{1}{2}Z_{DM}+\frac{3}{2}Z_{CM}} \tag{6.1.48}$$

根据式(6.1.47)和式(6.1.48)可求出 Z_{CM} 和 Z_{DM}，即

$$Z_{CM} = 3Z'_{CM} \tag{6.1.49}$$

$$Z_{DM} = \frac{18Z'_{CM}Z'_{DM}}{9Z'_{CM} - 2Z'_{DM}} \tag{6.1.50}$$

以建立 Z_{CM} 的等效电路模型为例，说明整个求解建模过程，并采用基于导纳函数的矢量匹配法对测试数据进行拟合。

通过式(6.1.49)可得 Z_{CM} 的阻抗特性数据，将获得的阻抗数据转换为导纳，代入矢量匹配法程序，进行 6 阶拟合，得到导纳函数的极点和留数，如表 6.1.5 所示。

表 6.1.5　$f(s)=1/Z_{CM}$ 的矢量匹配法求解参数

极点 p_n	留数 r_n	d	e
$-0.0186\times10^8+j0.0119\times10^8$	$372.170+j801.14$	-0.00022667	5.9043×10^{-12}
$-0.0186\times10^8-j0.0119\times10^8$	$372.170-j801.14$		
$-0.1224\times10^8+j1.7810\times10^8$	$1.2648\times10^6+j0.0744\times10^6$		
$-0.1224\times10^8-j1.7810\times10^8$	$1.2648\times10^6-j0.0744\times10^6$		
$-0.2896\times10^8+j4.3151\times10^8$	$0.1715\times10^6-j0.0222\times10^6$		
$-0.2896\times10^8-j4.3151\times10^8$	$0.1715\times10^6+j0.0222\times10^6$		

将表 6.1.5 中的数据按照前面给出的求解等效电路及其参数的方法计算出与此导纳函数相对应的等效电路参数，等效电路按图 6.1.8 进行连接，电路元件参数值见表 6.1.6。

表 6.1.6　Z_{CM} 等效电路参数

共轭复数极点电路参数				常数项对应的等效电路参数	
R/Ω	$L/\mu H$	C/pF	g_m	$R_0/k\Omega$	C_0/pF
5000	1343.5	152.48	-107.14×10^{-6}	-4.41	5.904
9.674	0.3953	79.38	139.789×10^{-6}		
168.86	2.92	1.83	155.48×10^{-6}		

阻抗 Z_{DM} 的阻抗特性数据由式(6.1.50)获得，用导纳函数的矢量匹配法对函数 $1/Z_{DM}$ 采用了 20 阶拟合，其等效电路的求解过程和 Z_{CM} 的方法相同，这里不再赘述。

在 Saber 软件中搭建阻抗 Z_{CM} 和 Z_{DM} 的等效电路模型，Z_{CM} 和 Z_{DM} 的仿真与实测结果对比如图 6.1.23 所示。由图可知，应用基于导纳函数的矢量匹配法拟合得到的电路参数与电机绕组的高频阻抗特性能很好的吻合。

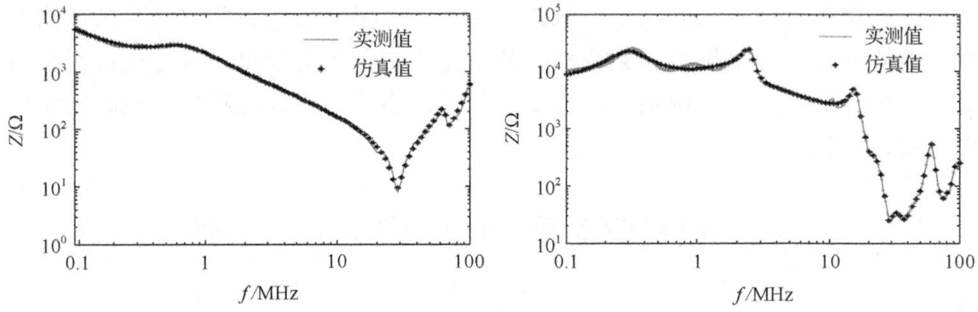

(a) 绕组共模阻抗Z_{CM}　(b) 绕组差模阻抗Z_{DM}

图 6.1.23　阻抗的仿真和实测结果对比

(4) 电机高频电路模型验证。

将得到的Z_{CM}和Z_{DM}等效电路按图 6.1.20(b)和图 6.1.22(b)的连接方式在 Saber 软件中搭建电机高频模型，计算Z'_{CM}和Z'_{DM}在 100k~100MHz 范围的阻抗特性，并与测量结果进行对比，仿真值与测量值高度吻合，如图 6.1.24 和图 6.1.25 所示。

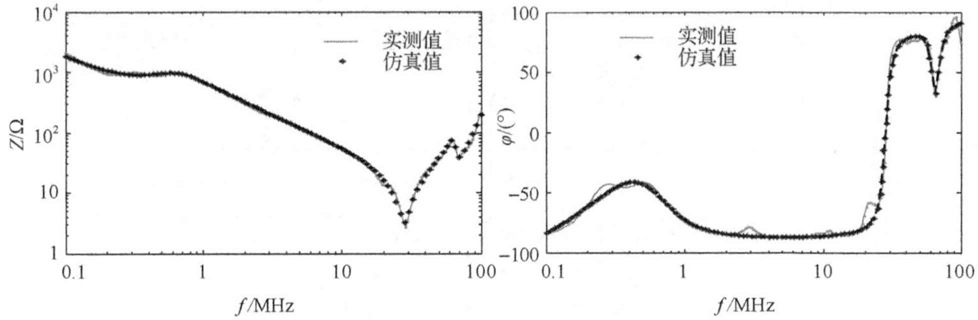

(a) 幅值　(b) 相位

图 6.1.24　Z'_{CM}仿真与实测结果

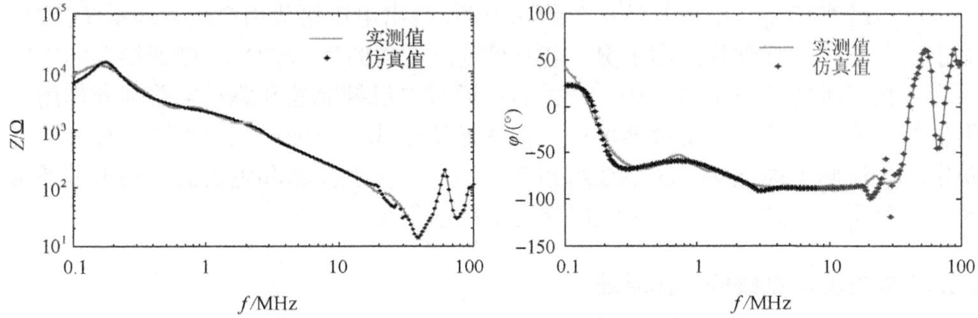

(a) 幅值　(b) 相位

图 6.1.25　Z'_{DM}仿真与实测结果

以上建模结果表明，应用矢量匹配法建立永磁同步电机的高频等效电路模型，能够准确反应电机的高频特性。整个建模过程较为简单，且建模过程中只需改变拟合阶数，即可调整电路的复杂程度。当然，在此过程中，电路的精度也会受到影响。

6.2 电机驱动系统的组成及工作原理

6.2.1 电机驱动系统的组成

以纯电动汽车电机驱动系统为例，电机驱动系统主要由高压动力电池组、直流侧电缆、DC/AC 变换器、交流侧三相电缆和电机构成。电机驱动系统的电路拓扑结构如图 6.2.1 所示，其中电池管理系统、驱动电路和电机控制器是系统各单元的控制电路。

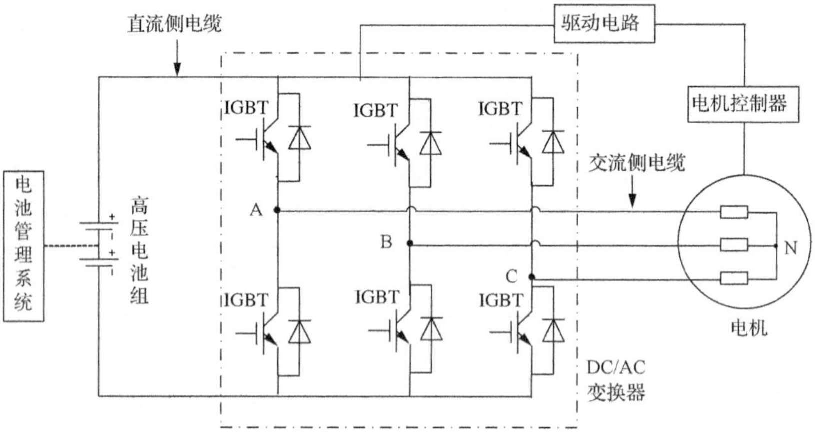

图 6.2.1　电机驱动系统原理图

纯电动汽车高压电池组是汽车的动力源，输出电压幅值由电池管理系统控制，对于汽车不同的行驶状态和工况，电池组输出不同的功率。DC/AC 变换器的主电路为三相三桥臂双电平逆变桥，开关器件通过电机控制器和驱动电路共同作用，提供相应的驱动信号。变换器可以工作在逆变模式和整流模式，由汽车行驶状态决定。直流侧电缆连接高压电池组和变换器，连接变换器和电机的三相电缆通常带有屏蔽层，起到减小驱动系统电磁场干扰的作用。

6.2.2 电机驱动系统的工作原理

纯电动汽车的工作状态和燃油汽车类似，有启动、上坡、正常行驶、下坡、减速 5 种工况，如图 6.2.2 所示。

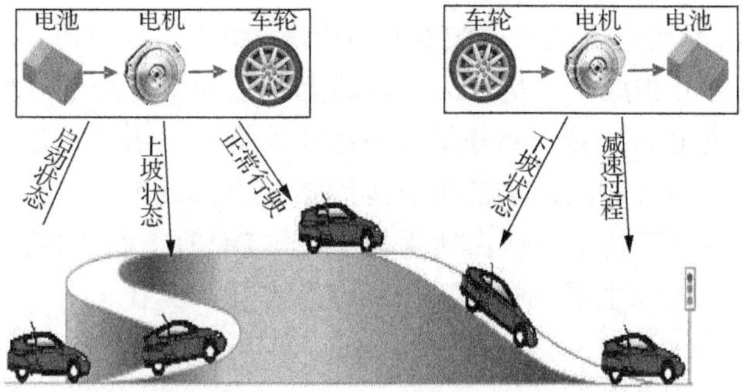

图 6.2.2　纯电动汽车不同工况示意图

电机驱动系统在不同的工况下起到不同的作用。

(1) 启动状态、上坡状态、正常行驶。汽车行驶在这三种状态下，高压电池向电机驱动系统供电，使电机带动车轮转动，驱动车轮向前行驶。在这些状态下，高压电池提供汽车行驶的能量，DC/AC 变换器工作在逆变模式。

(2) 下坡状态、减速过程。当汽车减速或下坡时，车轮制动将多余的能量通过电机驱动系统回馈给高压动力电池，实现能量回收的作用。在此过程中，DC/AC 变换器工作在整流模式，给蓄电池充电。

6.3　电机驱动系统 EMI 产生机理及耦合路径

6.3.1　传导电磁干扰产生机理

电机驱动系统 EMI 产生机理和开关器件的状态有密切关系，以图 6.3.1 所示的变换器单相桥为例，当上桥臂导通时，A 点电位为 $U_d/2$，关断时，A 点电位变为 $-U_d/2$。开关器件开通和关断过程中伴随着较大的 dv/dt 和 di/dt，产生强烈的电磁干扰。

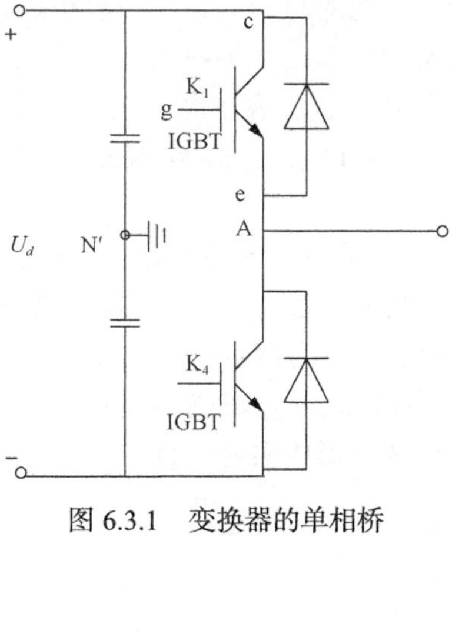

图 6.3.1　变换器的单相桥

IGBT 两极间实测电压波形如图 6.3.2 所示。图中可以看出，开关器件产生的干扰主要由两个部分构成。一是开关电压的上升沿和下降沿部分 (dv/dt)，这是由器件本身的性能决定的；另一部分是图中标注的振荡波形，这是由 IGBT 开关过程中的端口间寄生电容和回路杂散电感等因素综合形成的。研究表明，在高频范围内震荡波形在整个干扰信号所占比重较小，与 DC/DC 系统中的情况类似，开关器件的 dv/dt 是 EMI 的主要干扰源，分析过程参见 5.3 节。

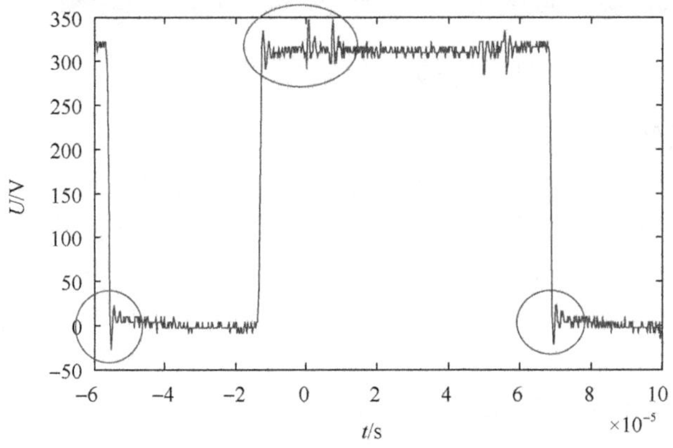

图 6.3.2　IGBT 两极间(发射极和集电极)实测电压

6.3.2　传导 EMI 耦合路径分析

1) 共模 EMI 耦合路径

电机驱动系统的共模干扰主要是由开关过程中的瞬时电压跳变和系统内部的寄生电容相互作用形成。系统中的寄生电容主要由高压电池组和线缆对地、开关器件 IGBT 对散热器、电机绕组对机壳等寄生电容组成。在开关管动作瞬间，电压跳变会作用于系统中的寄生电容，产生很大的充放电电流，形成共模电流，其流经路径如图 6.3.3 所示。图中 C_{battery} 表示高压电池组对公共地的杂散电容；C_{cable} 表示电缆对公共地的寄生电容；$C_{\text{convertor}}$ 表示 IGBT 对散热器的寄生电容；C_{motor} 表示绕组对电机外壳的寄生电容。

图 6.3.3 中共模传导干扰电流流通的路径如虚线所示，其主要的几条传播路径有：①IGBT→$C_{\text{convertor}}$→公共地→C_{battery}→直流侧电缆→变换器；②IGBT→交流侧电缆→C_{cable}→公共地→C_{battery}→直流侧电缆→变换器；③IGBT→交流侧电缆→电机绕组→C_{motor}→公共地→C_{battery}→直流侧电缆→变换器。同时，路径上流经的共模电流会通过线缆的天线效应形成辐射干扰。

2) 差模 EMI 耦合路径

电机驱动系统的差模干扰是由开关器件在开通和关断过程中产生的 di/dt 与系统中的杂散电感相互作用形成的。系统中的杂散电感主要包含 IGBT 引脚寄生电感、交流侧线缆和电机绕组漏电感。

电机驱动系统差模 EMI 耦合路径如图 6.3.4 所示。若 K_1、K_6、K_2 开通，则干扰从 A 相流经交流侧电缆、电机、直流侧电缆后进入高压电池组形成回路。

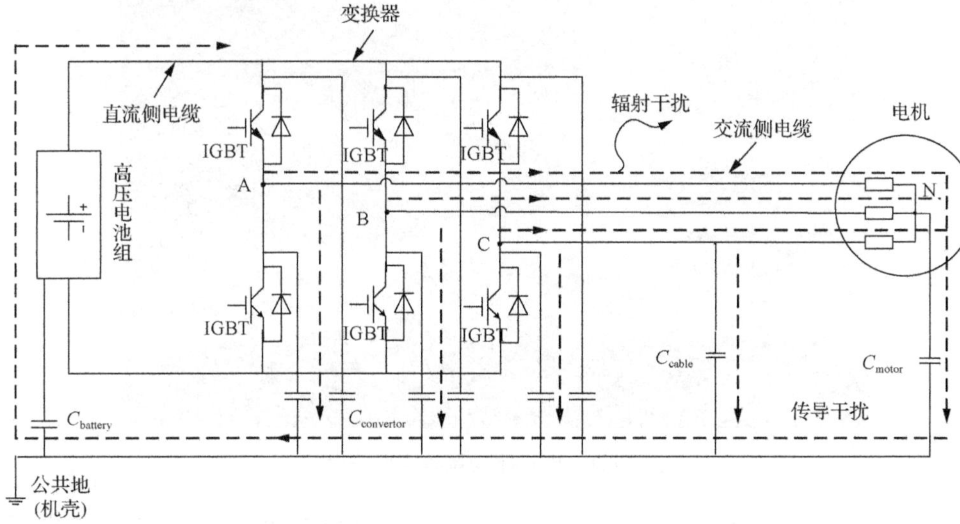

图 6.3.3　共模 EMI 耦合路径

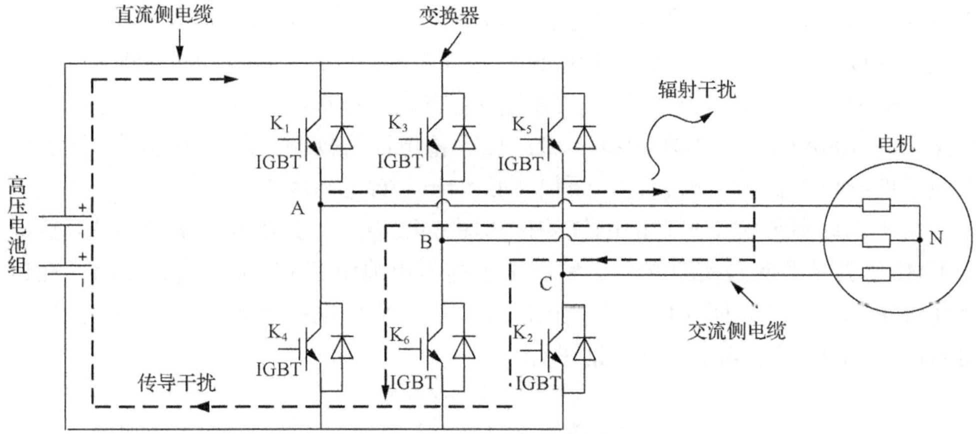

图 6.3.4　差模 EMI 耦合路径

6.4　电机驱动系统传导 EMI 仿真建模

6.4.1　实验平台

首先建立验证电机驱动系统 EMI 仿真模型的实验平台，如图 6.4.1 所示。

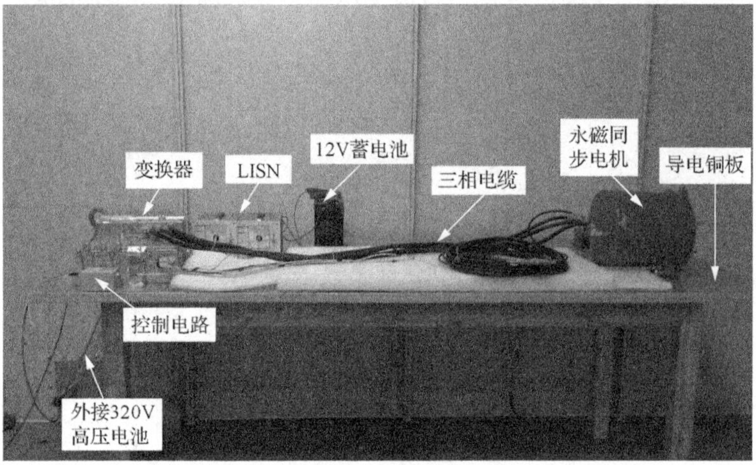

图 6.4.1　电机驱动系统实验平台

图 6.4.1 中实验平台各部件参数为：电池组 320V(DC)；变换器额定电压 320V(DC)，最大输出电流 410A(AC)，标称输出容量 45kVA，冷却方式为水冷；电缆为型号 EX30SW 绝缘耐热高压电线，其中，直流侧电缆长度 1m(两根)，三相电缆长度 3m(三根)；永磁同步电机型号 YTD045W01，额定功率 45kW，额定转速 3500r/min，极对数 3 对，三相绕组连接方式为星形，冷却方式为水冷；LISN 额定电流 100A(DC)，匹配阻抗 50Ω；12V 蓄电池为控制电路提供电源；试验台架表面的导电铜板与大地相连，面积 2.4m×1m，对地高度 1m。

电机驱动系统实验平台的电气结构如图 6.4.2 所示，共由 6 个部分组成，拟建的 EMI 仿真模型应与实验平台一致。由于高压电池组有 LISN 的隔离作用，在仿真建模中无需考虑，而 LISN 电路由厂家提供，所以电机驱动系统仿真建模主要是对图 6.4.2 中其余 4 个部分分别进行。

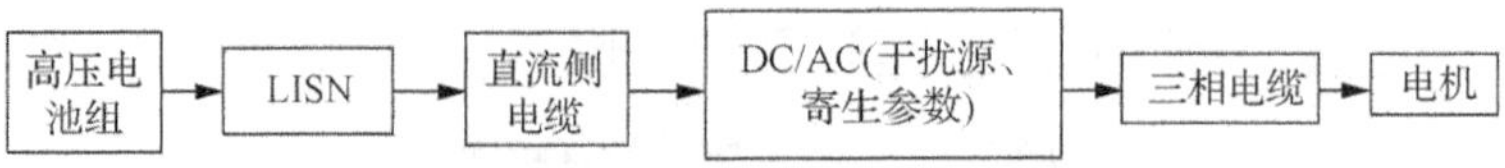

图 6.4.2　实验平台电气结构

6.4.2　电机驱动系统传导 EMI 仿真模型

1) 干扰源建模

前面分析得到电机驱动系统产生的电磁干扰与开关器件 IGBT 的状态密切相关，主要由开关器件(IGBT)的电压迅速变化引起。定义共模电压为逆变桥输出中点对参考地的电位，因此，三相逆变桥的共模电压可以认为是：当逆变桥输出接三相绕组星形连接的电动机负载时，星形连接的中点对参考地的电位为共模电压。通常也可人为设置一个星形连接负载来得到共模电压，三相逆变电路如图 6.4.3 所示。

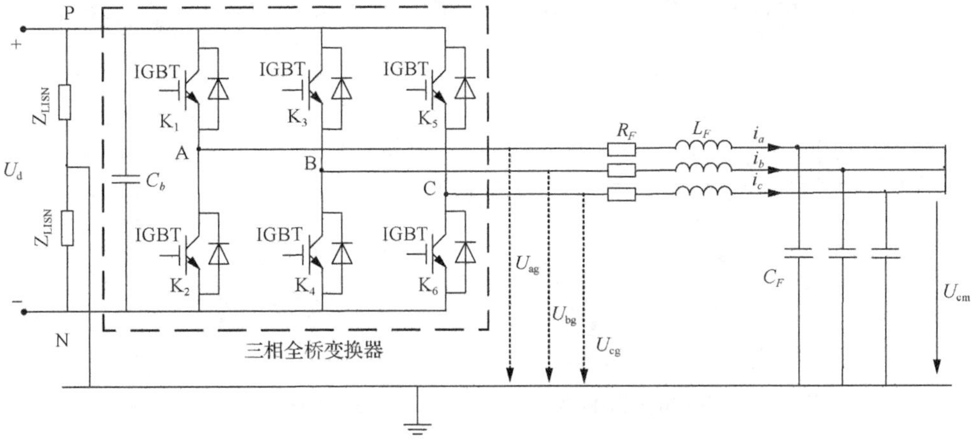

图 6.4.3　逆变电路原理图

(1) 变换器控制原理。

电机控制系统的脉宽调制是控制系统的重要环节，在纯电动汽车电机驱动系统中常采用空间矢量脉宽调制(space vector PWM，SVPWM)，相较于传统 PWM 调制方式，具有输出电流波形好、直流环节电压利用率高且宜于数字控制实现等优点。为建立干扰电压源模型，先对 SVPWM 控制方式做简单分析，而控制系统中其他的变换和反馈环节则不再赘述。一般情况下，三相全桥变换器主电路如图 6.4.3 虚框所示。

在电动汽车电机驱动系统中，开关器件为 IGBT，图中用 K_1~K_6 表示。逆变桥共有六个 IGBT，每个桥臂分配两个开关管，开关状态相反，当上桥臂为开通时，下桥臂必关断，上下两个桥臂的导电角度为 180°。六个开关器件的开通关断驱动电压信号通过电机控制器进行控制。

定义三个上桥臂 IGBT(K_1、K_3、K_5)的开通、关断状态分别对应数字“1”、“0”，共有“000—111”八种组合状态，其中 000、111 这两种状态不能产生有效的电流，称其为零矢量，而另外六种组合状态分别对应六个有效矢量，其幅值

均为 $2/3U_d$，U_d 为直流电源输入电压。这样，它们可以将 360°的电压空间分为六个扇区，如图 6.4.4 所示。

根据交流电动机当前运行状态，控制系统能够计算出一个电压空间矢量，将其直接分解到距离它最近的两个基本矢量上，每个基本矢量的大小利用作用时间长短来表示，从而用这两个基本矢量来表示这个空间矢量。控制 8 个基本矢量的作用时间就可以合成所需的空间矢量，确保生成的电压波形近似于正弦波。SVPWM 调制技术示意图如图 6.4.5 所示，图中 $\boldsymbol{u}_g$ 是给定的电压空间矢量值。

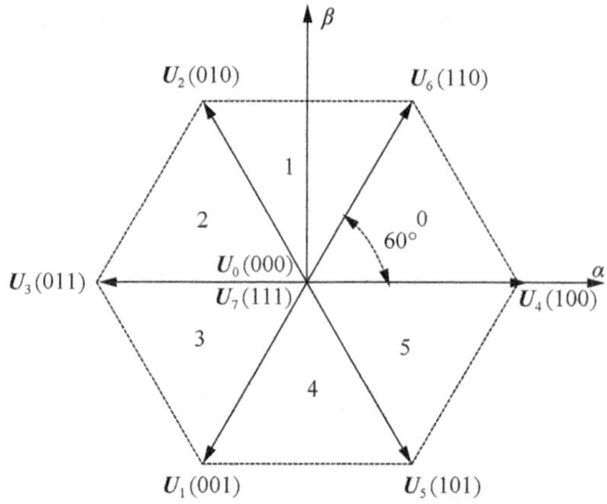

图 6.4.4　基本电压空间矢量

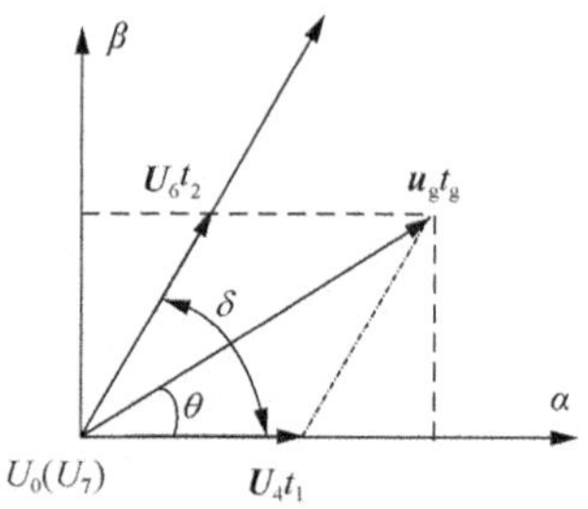

图 6.4.5　空间矢量脉宽调制技术示意图

根据 $\boldsymbol{u}_g$ 所处的空间扇区位置选取非零的基本电压矢量 $\boldsymbol{U}_4$ 和 $\boldsymbol{U}_6$，设它们各自的作用时间分别为 t_1 和 t_2，则有

$$\boldsymbol{U}_4 t_1 + \boldsymbol{U}_6 t_2 = \boldsymbol{u}_g t_g \tag{6.4.1}$$

根据图 6.4.5 中各矢量的关系，上式可写成

$$\begin{aligned} &U_1 t_1 + U_2 t_2 \cos\delta = u_g t_g \cos\theta \\ &U_2 t_2 \sin\delta = u_g t_g \sin\theta \end{aligned} \tag{6.4.2}$$

式中 $\delta = 60°$；$U_1 = U_2 = 2/3U_d$，则根据上式可以计算出 t_1 和 t_2，即

$$\begin{aligned} &t_1 = \frac{3}{2} t_g \left(\frac{u_g \cos\theta}{U_d} - \frac{1}{\sqrt{3}} \frac{u_g \sin\theta}{U_d} \right) \\ &t_2 = \sqrt{3} t_g \frac{u_g \sin\theta}{U_d} \end{aligned} \tag{6.4.3}$$

一般情况下，$t_1+t_2\leqslant t_g$，多余的时间 t_0 就可以平均分配在两个零电压矢量 $\boldsymbol{U}_0$ 和 $\boldsymbol{U}_7$ 上，而它们的作用并不会影响到变换器输出电压矢量的积分。

$$\begin{aligned} t_0 &= t_g-(t_1+t_2) \\ T_0 &= T_7=\frac{t_0}{2} \end{aligned} \tag{6.4.4}$$

当输出的 PWM 波形对称性比较好时，那么变换器输出的电压谐波就比较少，图 6.4.6 为各电压矢量时间分配图，由于一个开关周期内变换器先后输出了 7 个电压矢量，故称为七段式 SVPWM。

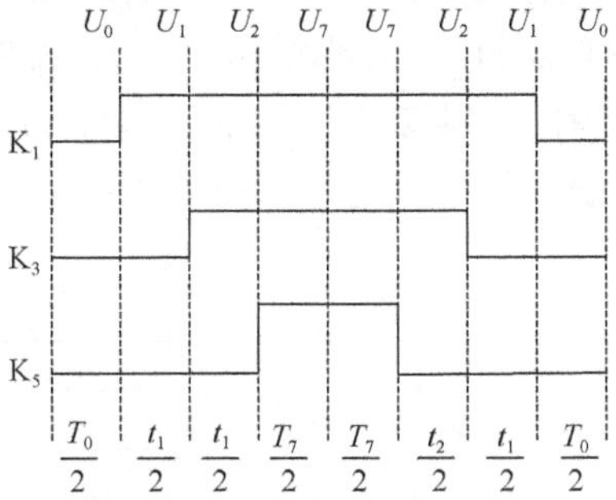

图 6.4.6　各电压矢量分配图

(2) 干扰源建模。

图 6.4.3 中，逆变桥接入三相星形对称负载，单相负载参数用 RLC 电路表示，共模电压就是图中的 U_{CM}。根据基尔霍夫电压定律可以得到

$$\begin{cases} U_{ag}-U_{CM}=R_Fi_a+L_F\dfrac{di_a}{dt} \\ U_{bg}-U_{CM}=R_Fi_b+L_F\dfrac{di_b}{dt} \\ U_{cg}-U_{CM}=R_Fi_c+L_F\dfrac{di_c}{dt} \end{cases} \tag{6.4.5}$$

式中，U_{ag}、U_{bg}、U_{cg} 是变换器每相的输出相电压；i_a、i_b、i_c 是逆变桥每相的输出电流；R_F、L_F、C_F 分别表示星形负载每相的电阻、电感和电容。

将式 (6.4.5) 中的三个方程相加可得

$$U_{ag}+U_{bg}+U_{cg}-3U_{CM}=R_F(i_a+i_b+i_c)+L_F\frac{1}{dt}d(i_a+i_b+i_c) \tag{6.4.6}$$

因为三相负载对称，则有$\left(i_a+i_b+i_c\right)=0$，解得

$$U_{\mathrm{CM}}=\frac{1}{3}\left(U_{\mathrm{ag}}+U_{\mathrm{bg}}+U_{\mathrm{cg}}\right) \tag{6.4.7}$$

图 6.4.3 中 LISN 的阻抗 Z_{LISN}起分压器的作用，使系统输入直流母线上 P、N 两点的电压分别为 $U_{\mathrm{d}}/2$ 和$-U_{\mathrm{d}}/2$。变换器的控制方式采用 SVPWM 模式，每相上下桥臂开关交替导通，上桥臂三个开关(K_1、K_3、K_5)一周期的开通关断驱动信号如图 6.4.7(a)所示。在开关管工作一周期内，当上桥臂开通时，相电压(U_{ug}、U_{vg}、U_{wg})的电压幅值达到 $U_{\mathrm{d}}/2$；当下桥臂开关导通时，相电压的幅值达到$-U_{\mathrm{d}}/2$。将单个周期每相相电压($U_{\mathrm{d}}/2$ 或$-U_{\mathrm{d}}/2$)代入式(6.4.7)，得到的共模电压理论波形如图 6.4.7(b)所示。从图中可以看出，共模电压波形为 $U_{\mathrm{d}}/3$ 阶梯波，伴随着变换器六个开关管单个开通关断瞬间，共模电压波形就有$\pm U_{\mathrm{d}}/3$ 幅值的跳变，这种电压跳变现象正是电机驱动系统正常工作时产生电磁干扰的根源所在。

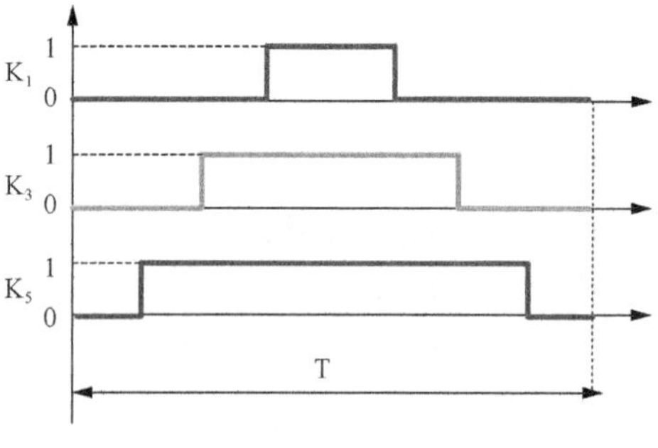

(a) SVPWM控制信号

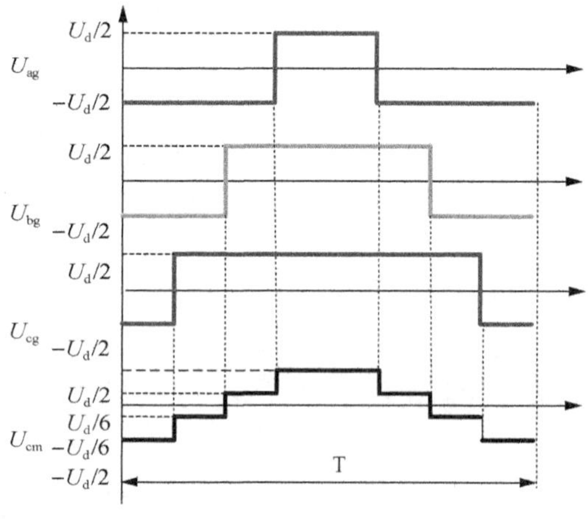

(b) 共模电压理论波形

图 6.4.7 开关器件电压和共模干扰电压理论波形

实验平台中，车用变换器采用 SVPWM 控制方式进行控制。逆变桥输出端的每相相电压采用实验测量的方法获取，其测量图如图 6.4.8(a)所示，使用安捷伦 DSO7104B 示波器和三个 10076B 高压探头对变换器输出三相相电压同时进行测量，将测量数据代入式(6.4.7)，即可获得该系统正常工作时的共模干扰电压的时域波形，如图 6.4.8(b)所示，图中干扰电压实测波形和理论分析波形一致。

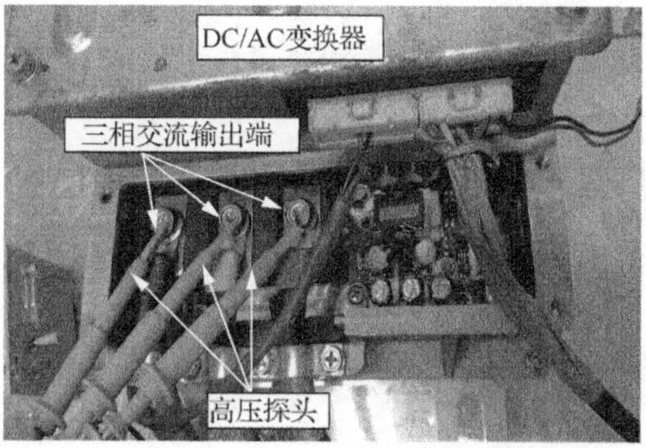

(a) 干扰电压测试图

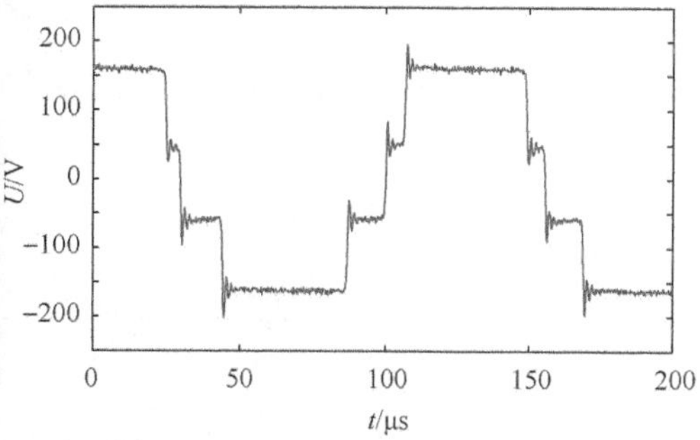

(b) 共模电压测试波形

图 6.4.8　共模电压的测试布置及测试结果

将得到的共模电压测量数据存入 Saber 仿真软件的存储器模块中，进行数据的核查和编辑，如图 6.4.9(a)所示。利用 MAST 语言将存储器中的数据进行建模，得到干扰电压的仿真模型，如图 6.4.9(b)所示，然后将此仿真模型导入软件的元件库中，便完成了干扰源仿真电路模型的建立。该干扰源模型包含干扰电压波形的阶梯性及六个开关管的开通关断电压特性，能够准确的反应系统共模干扰电压的特征。当在仿真软件中建立电机驱动系统的共模传导干扰电路模型时，调用该元件模型，作为干扰源。

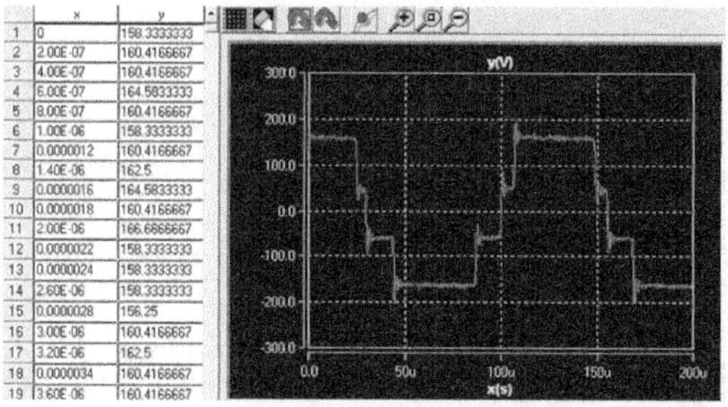

(a) 导入测量数据

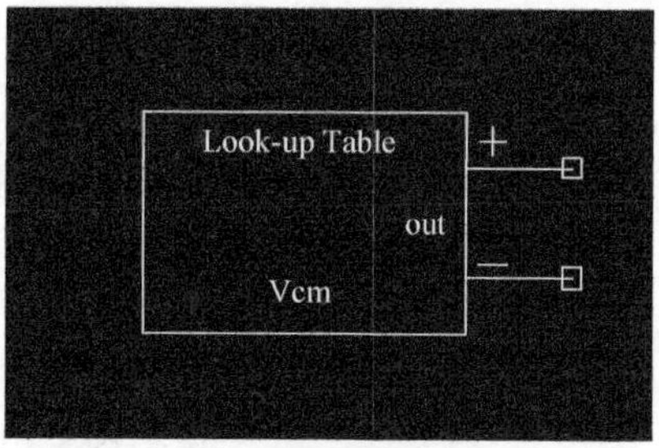

(b) MAST语言建模

图 6.4.9　共模电压建模过程

变换器的差模电压 U_{DM} 定义为逆变桥输出的线电压，即输出的相电压之差。以 A、B 两相为例，差模电压的计算式为

$$U_{DM} = U_{ag} - U_{bg} \tag{6.4.8}$$

差模电压建模过程和共模干扰电压一样，这里不再赘述，只给出差模干扰电压的实测波形，如图 6.4.10 所示。

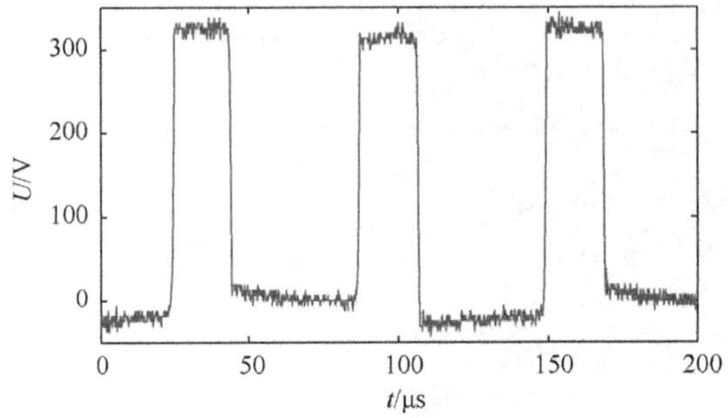

图 6.4.10　差模电压实测波形

2) 变换器建模

(1) 提取寄生参数。

DC/AC 变换器中的主要寄生参数如图 6.4.11 所示，图中 C_0 存在于 IGBT 导热片与散热器之间，散热器直接连接在机壳上，是共模干扰电流流经的主要路径。IGBT 物理结构如图 6.4.11(a) 所示，IGBT 导热片、导热胶、散热器构成共模寄生电容 C_0。电容 C_0 的大小可以用阻抗分析仪 Agilent 4194A 测量获得，其测试夹具 16047E 的两个端口通过连接导线分别接 IGBT 导热片与散热器。测试结果如图 6.4.12 所示，图中 Z_1、Z_3、Z_5 分别表示 K_1、K_3、K_5 三个 IGBT 共模寄生电容实测阻抗。

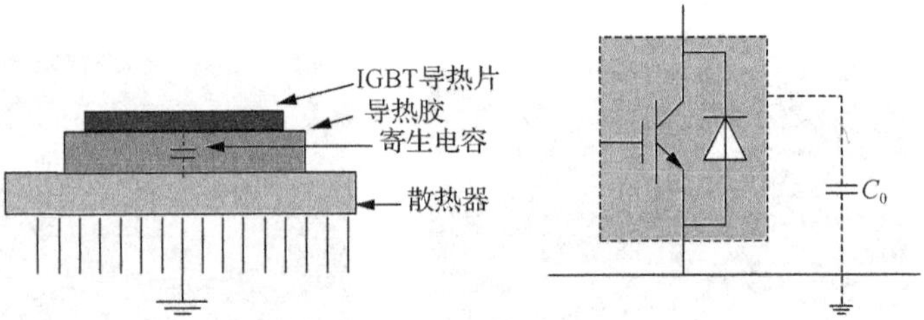

(a) 物理模型　　(b) 电路模型

图 6.4.11　共模寄生电容模型

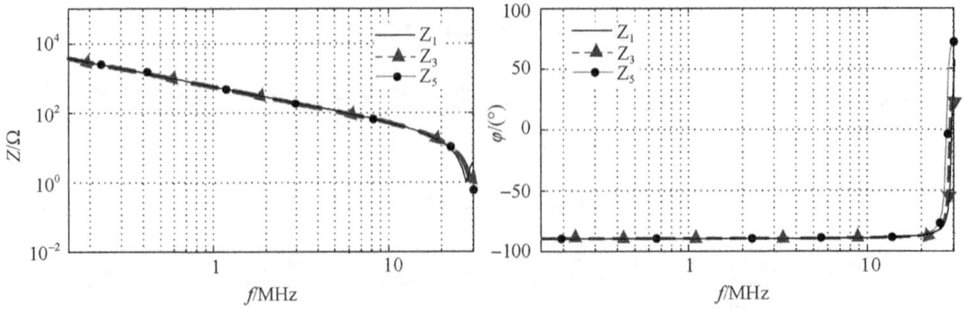

(a) 幅值　　(b) 相位

图 6.4.12　阻抗测试曲线

从测试结果可以看出，Z_1、Z_3、Z_5 的阻抗曲线幅值和相位特性一致性很好，三条线几乎重合。在 25MHz 以下的频率范围内，阻抗呈现容性，在频点 28MHz 左右发生并联谐振，并开始呈现感性，这主要是由测量时引入的连接导线的电感引起。通过图 6.4.11 的阻抗曲线，可以计算出发生并联谐振时，电感值约为 0.129μH。阻抗测量连接 IGBT 导热片与散热器的导线长度约为 15cm，在高频情况下，1m 长导线的寄生电感约为 1μH，换算到 15cm 导线的自感为 0.15μH，与实验测试得到的电感值接近，因此测试阻抗曲线中的电感效应可以推断是由连接导线电感引起的。

传导干扰研究频段为 150k~30MHz，图 6.4.12 中的曲线在 25MHz 以后，由于电感的影响，不能真实地反应需要测量的寄生电容参数的阻抗特性。由于在测量的过程中，连接导线的长度与被测件的体积、大小都有一定的关系，不能通过无限缩短导线长度来提高测量精度。为了获得被测件在传导干扰频段内准确的阻抗特性曲线，采用“二次测量”的方法。

“二次测量”法的原理如图 6.4.13 所示。图中 Z_{total} 表示测量获得的阻抗数据，Z_C 表示连接导线的阻抗，Z_B 表示被测件阻抗。则

$$Z_{total} = Z_C + Z_B \tag{6.4.9}$$

为了得到 Z_B，需要分两次测试量，分别获得 Z_{total} 和 Z_C。

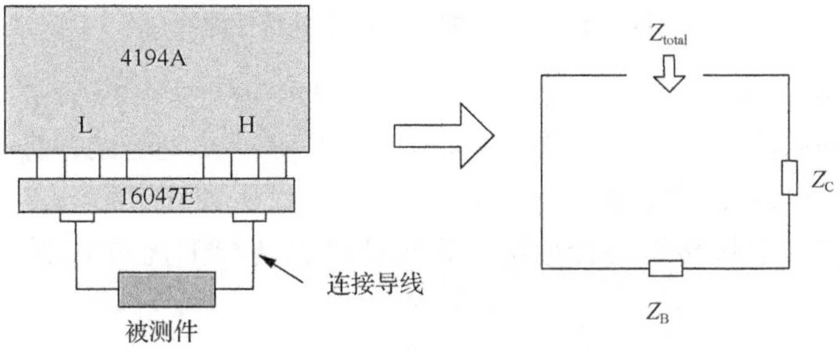

图 6.4.13　“二次测量”法原理

通过上述方法，为了精确地得到变换器寄生电容 C_0 的值，除了已测试到的图 6.4.12 的阻抗数据 Z_{total} 外，还需使用阻抗分析仪测试连接导线在 150k~ 30MHz 范围内的阻抗曲线 Z_C，测试数据如图 6.4.14 所示。根据式(6.4.9)得到寄生电容 C_0 的阻抗特性(Z_B)，如图 6.4.15 所示，消除连接导线影响后的三条导线完全重合。由寄生电容的阻抗数据可以计算出 C_0 的大小为 267pF。

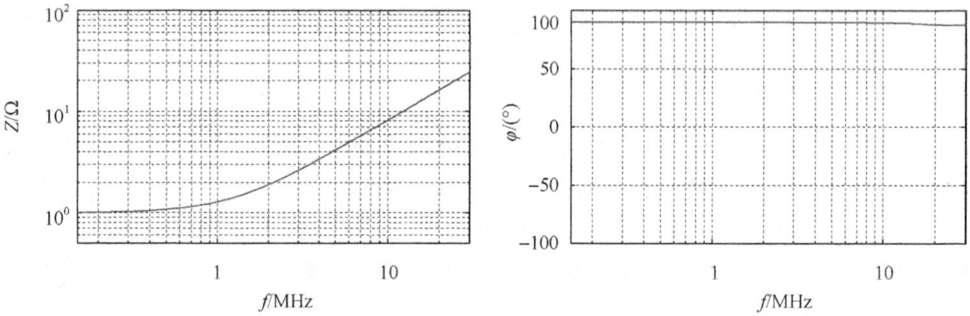

(a) 幅值　　(b) 相位

图 6.4.14　连接导线 Z_C 的阻抗特性曲线

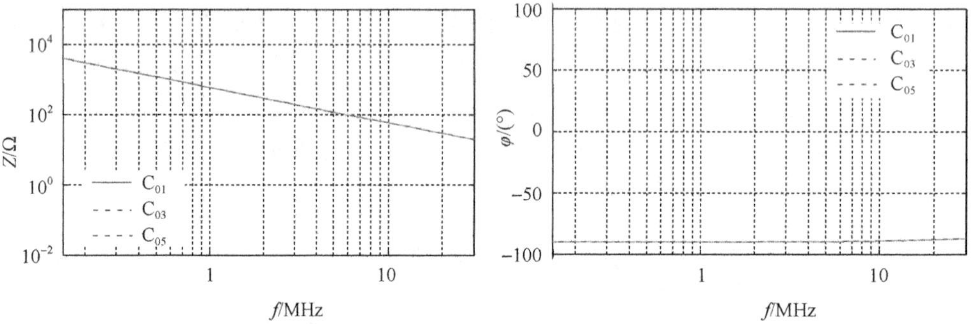

(a) 幅值　　(b) 相位

图 6.4.15　寄生电容 C_0 的阻抗特性曲线

图 6.4.3 中直流侧稳压电容 C_b 的高频模型可参见图 5.5.13，设 R_b 和 L_b 分别为 C_b 的漏电阻和引线电感。用同样的阻抗测量方法可得 R_b=30mΩ、L_b=143nH。

(2) 变换器的共模模型和差模模型。

根据对传导干扰传播路径分析，得出变换器传导干扰的电路仿真模型如图 6.4.16 所示。

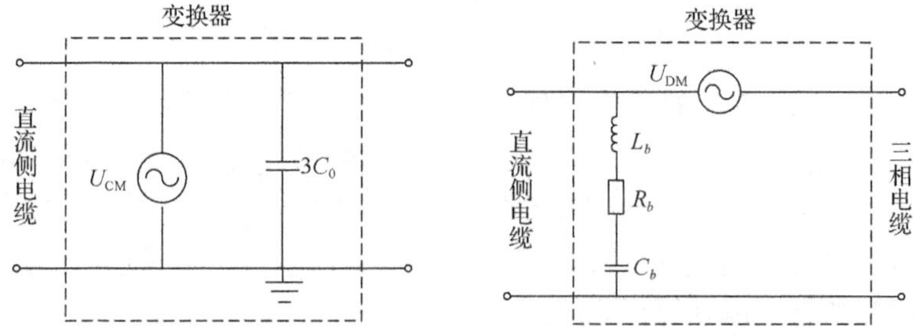

(a) 共模模型　　(b) 差模模型

图 6.4.16　变换器传导干扰模型

3) 电机建模

交流电机是整个电机驱动系统中最重要、最复杂的部件。为了能够准确预测传导电磁干扰，电机高频仿真模型的正确性至关重要。图 6.4.1 的实验平台中，永磁同步电机定子绕组的连接方式为星形接线，应用 6.1 节中提出的建模方法，得到图 6.1.9 所示的共模阻抗 Z_{CM} 和差模阻抗 Z_{DM} 的等效电路，如图 6.4.17 所示。表 6.4.1 和表 6.4.2 分别给出了 Z_{CM} 和 Z_{DM} 的等效电路的各元件参数。

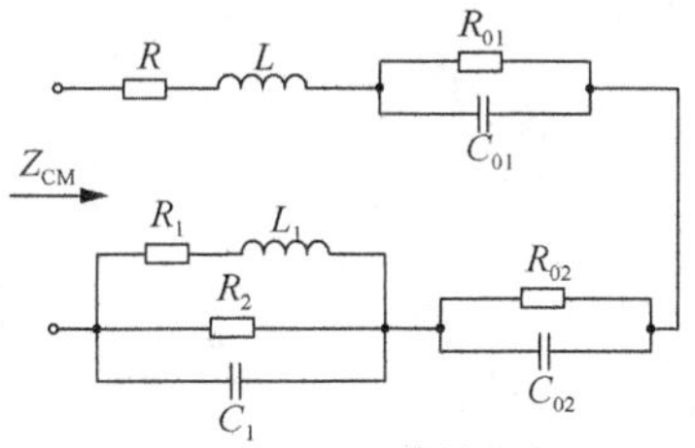

(a) Z_{CM}等效电路

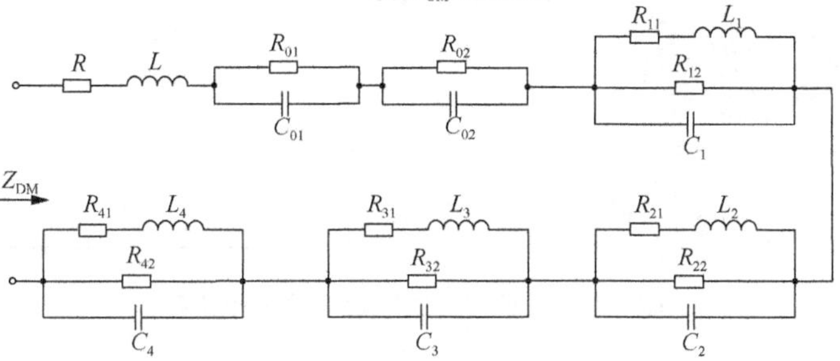

(b) Z_{DM}等效电路

图 6.4.17　单相绕组高频阻抗

表 6.4.1　Z_{CM} 等效电路参数

常数项对应的等效电路参数		实数极点对应的等效电路参数		共轭复数极点对应的等效电路参数			
R/Ω	L/μH	R_{0n}/Ω	C_{0n}/pF	R_1/Ω	R_2/Ω	C_1/pF	L_1/μH
3.26	0.0552	22527	9.79	2.06	17.43	21.7	1.1
		–3.01	–2.31				

表 6.4.2　差模阻抗 Z_{DM} 等效电路

常数项对应的等效电路参数		实数极点对应的等效电路参数		共轭复数极点对应的等效电路参数			
R/Ω	L/μH	R_{0n}/Ω	C_{0n}/pF	R_{n1}/Ω	R_{n2}/Ω	C_n/pF	L_n/μH
–16.408	0.1752	–25.553	–26.934	29.207	662.98	2.7309	72.102
		5.7917	10.141	0.041681	–7.3438	52.877	0.0068473
				–0.14334	1.9889	15.489	0.012042
				19.329	72.382	0.22518	0.12378

依据对传导电磁干扰传播路径分析，可以分别建立电机传导干扰的共模电路模型和差模电路模型：共模电路模型为三个单相绕组并联，差模电路模型为两个单相绕组并联后再与另一个单相绕组串联。鉴于电路元件数量较多，电机传导干扰的共模电路和差模电路图形读者可以尝试自行画出。

4) 电缆建模

实验平台使用的电缆型号为 EX30SW 的交联聚乙烯绝缘电缆，其横截面的结构和物理参数如图 6.4.18 所示。

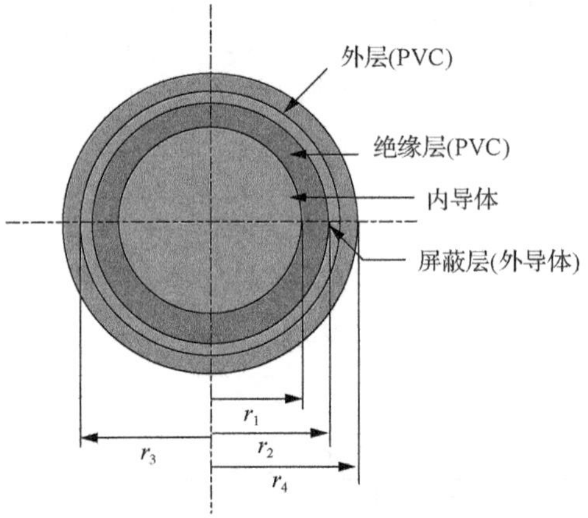

参数	数值
r_1/mm	3.25
r_2/mm	4.35
r_3/mm	4.75
r_4/mm	5.75
μ_r	1
ε_r	4.3
$\rho/(\Omega/m)$	1.72×10^{-8}

图 6.4.18　单根电缆横截面结构和参数

电缆内导体由 19 根细小的铜导线构成，因此，可以忽略高频下导体的集肤效应，将电缆内导体电阻视为直流电阻。电缆间距为 50mm，内导体和屏蔽层之间是绝缘层，最外层同样是绝缘材料。电缆屏蔽层连接变换器的散热器和同步电机外壳，构成共模电流流通回路。

由于电缆屏蔽层的作用，电缆之间单位长度的互容为零，同时由于电缆间距较大，导体间的互感远小于自感，所以导体间单位长度互感可以近似为零，简化后的多导体传输线模型如图 6.4.19 所示。

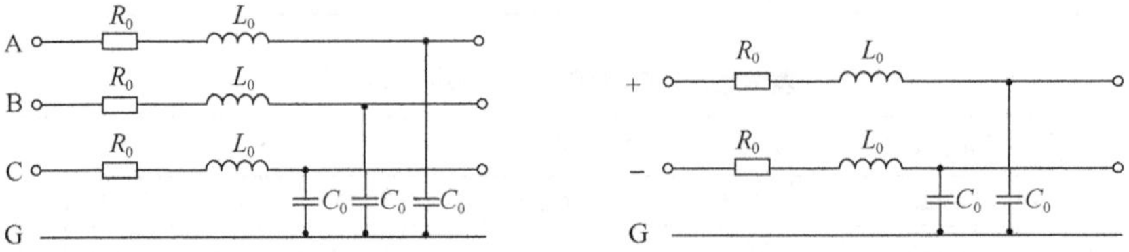

(a) 三相电缆　　(b) 变换器输入电缆

图 6.4.19　多导体传输线等效电路模型

图 6.4.19 中，单位长度的 RLC 参数的计算方法参见 5.4.2，计算结果为 R_0=0.5199mΩ，L_0=0.11766μH，C_0=0.891nF。

对于差模传导干扰来说，干扰是通过一相电缆流进再通过另外两相电缆流出，所以参数是两相并联再与另一相串联，故其差模电路如图 6.4.20(a)所示。根据共模传导干扰流通路径，三相电缆参数在流通路径上是并联关系，因此可得三相电缆的共模电路如图 6.4.20(b)所示。

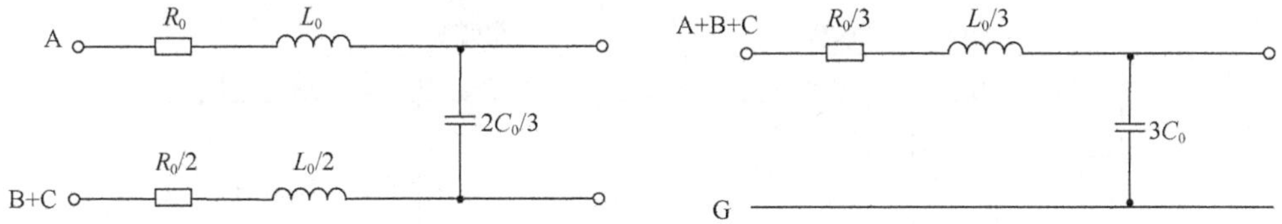

(a) 差模电路　　(b) 共模电路

图 6.4.20　三相电缆单位长度仿真电路模型

在实验平台中变换器直流侧输入电缆与 LISN 相连，其共模电路模型和差模电路模型如图 6.4.21 所示。

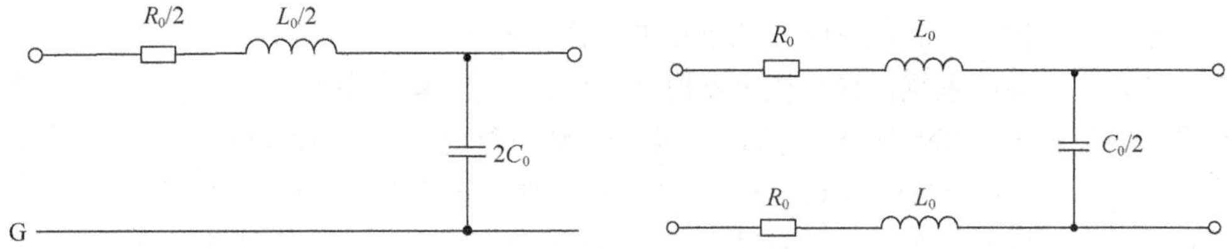

(a) 共模电路　　(b) 差模电路

图 6.4.21　变换器输入电缆单位长度仿真电路模型

6.4.3　电机驱动系统传导 EMI 仿真模型及实验验证

1) 电机驱动系统传导 EMI 高频电路模型

将各模块的高频电路模型按照图 6.4.2 顺序组合起来，得到电机驱动系统传导 EMI 仿真电路模型。根据干扰传播路径不同，分别建立驱动系统共模和差模仿真电路，如图 6.4.22 所示。

图 6.4.22 中，U_{CM}、U_{DM}表示干扰源，I_{cable}和I_{motor}分别为三相电缆初始端(变换器输出端)共模电流和电机进线端上的共模电流，它们将作为测试和仿真的研究对象。

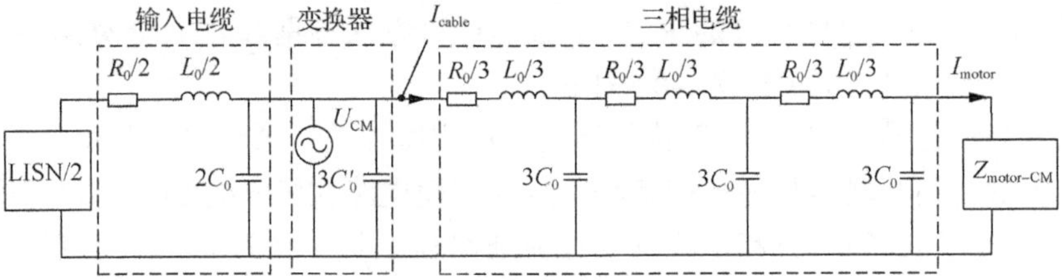

(a) 共模高频仿真电路

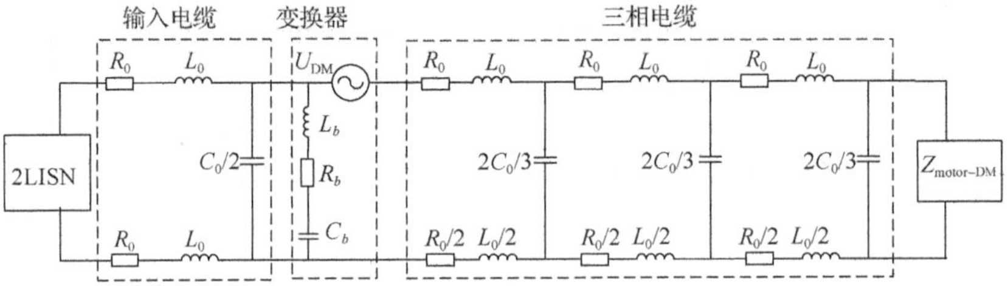

(b) 差模高频仿真电路

图 6.4.22　电机驱动系统传导 EMI 高频电路模型

2) 实验验证

(1) 共模干扰电压与差模干扰电压的分离与提取。

通常电机驱动系统传导干扰电路模型的验证，是将模型中 LISN 上的干扰电压频谱和实验过程中 LISN 上测量得的干扰电压频谱进行对比，从而评价仿真模型的精度和有效性。仿真电路中，获取 LISN 上干扰电压频谱过程较为简单，而实验结果的获取比较复杂，因此，需要对实验过程中 LISN 上测得的传导干扰信号进行分析。

LISN 上实测的干扰信号，包含两部分：一部分是由 L 线和 N 线构成回路的差模信号，另一部分是 L 线和 N 线与地构成回路的共模信号，其干扰信号分布如图 6.4.23 所示，I_{CM} 和 I_{DM} 分别表示传导干扰电流中的共模电流和差模电流。

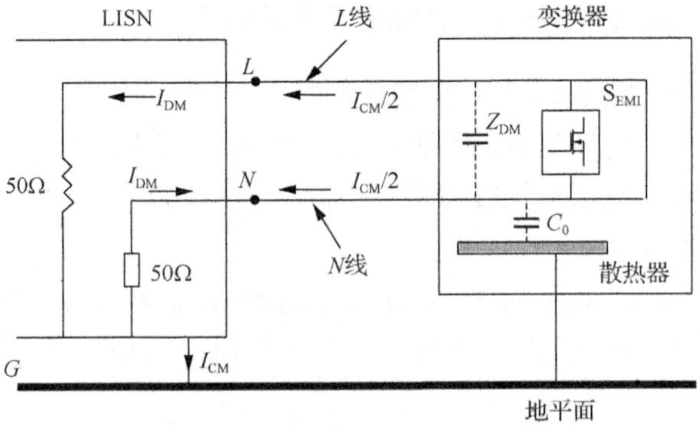

图 6.4.23　LISN 上干扰信号的分布

按照图 6.4.23 中电流分布，流经 L 点和 N 点上的传导干扰电流 I_L 和 I_N 可以表示为

$$I_L = \frac{I_{CM}}{2} + I_{DM} \tag{6.4.10}$$

$$I_N = \frac{I_{CM}}{2} - I_{DM} \tag{6.4.11}$$

电机驱动系统在 LISN 上耦合的共模干扰电压定义为 L 和 N 点对地电压的平均值，差模干扰电压定义为 L 和 N 点之间的压差。由此可以得到

$$U_{CM} = 25I_{CM} \tag{6.4.12}$$

$$U_{DM} = 100I_{DM} \tag{6.4.13}$$

将式(6.4.10)和式(6.4.11)等式两边同时乘以 50Ω，结合式(6.4.12)和式(6.4.13)可得

$$U_L = U_{CM} + \frac{U_{DM}}{2} \tag{6.4.14}$$

$$U_N = U_{CM} - \frac{U_{DM}}{2} \tag{6.4.15}$$

式中，U_L 和 U_N 分别表示 LISN 上 L 和 N 点上的测量的干扰电压信号，该电压信号同时包含有共模信号和差模信号。

因此，为了分别提取驱动系统在 LISN 上产生的 U_{CM} 和 U_{DM}，需要同时测量 LISN 两个端口的电压数据，并通过下式进行计算：

$$U_{CM} = \frac{U_L + U_N}{2} \tag{6.4.16}$$

$$U_{DM} = U_L - U_N \tag{6.4.17}$$

如果 LISN 上测量的是时域电压，则通过上式计算后还需要进行 FFT 变换为频域信息。如果测量的是电压频谱，则必须包含幅值和相位信息，只有幅值信息的数据则不能通过上式计算。

(2) 仿真模型实验验证。

为了模拟变换器实际工作状况，在 Saber 仿真软件中使用了瞬态仿真模块，设置合理的仿真条件后，在 100k~30MHz 频率范围内分别对图 6.4.22 中的仿真电路进行仿真分析。

在图 6.4.1 所示的实验平台上测取干扰电压，将实测结果与仿真结果对比，如图 6.4.24 所示。共模干扰电压在 750k~20MHz 频率范围内，仿真和实测值误差不超过 5dB，在其他频段，误差不超过 10dB。差模干扰电压与实测值误差大都小于 10dB，特别在 800kHz 以后的范围内，仿真和实测的误差小于 2dB。共模和差模干扰电压仿真值与测量值变化趋势吻合，说明电机驱动系统的传导 EMI 电路仿真模型有很好的高频特性。

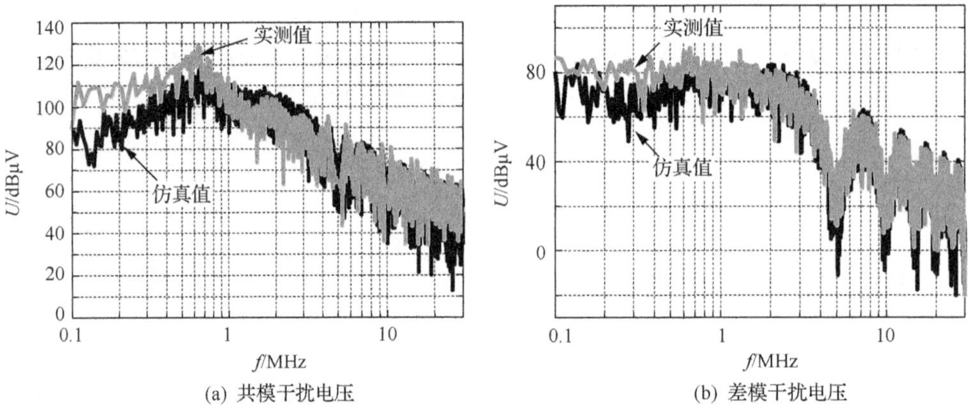

图 6.4.24　传导 EMI 仿真值与测量值对比

此外，从图 6.4.24 还可以看出，电机驱动系统实测共模干扰电压频谱在整个频段范围内较差模干扰电压高约 20dB，说明对于传导电磁干扰来说，共模干扰是其主要分量。另外，共模干扰是驱动系统辐射干扰最重要的辐射源，因此有必要进一步研究系统产生的共模干扰电流。

将实验平台上测量的三相电缆靠近变换器输出端的共模干扰电流 I_{cable} 和电机输入端的共模干扰电流 I_{motor} 与仿真结果做比对，如图 6.4.25 所示。

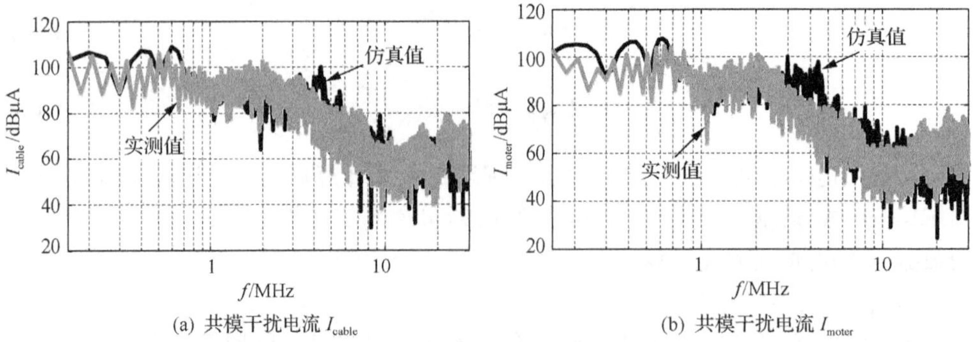

图 6.4.25　三相电缆上的共模干扰电流

图 6.4.25 中，在频率范围 2M~4MHz 内，有些频点的仿真和实测误差超过 10dB，但在其他大多数频段范围内，误差都在 10dB 范围内，在大部分频段上，变换器输出端的共模干扰电流 I_{cable} 都略大于电机输入端的共模干扰电流 I_{moter}。整体上看，三相电缆在电机输入端和变换器输出端的共模干扰电流仿真值与实测值在整个频段范围相吻合，变化趋势一致。

6.5　仿真模型在不同工况下的实验验证

在图 6.4.1 的实验平台上，6.4 节建立的电机驱动系统仿真模型得到了验证，但这仅仅验证了仿真模型在驱动系统空载状态下是有效的。在实际情况下，驱动系统往往工作在带载运行或者反向充电运行状态，因此，图 6.4.22 的仿真模型在驱动系统的其他工况下是否仍然有效，需要进一步分析。

6.5.1　驱动系统不同工况下的传导 EMI 实验设计

1) 实验平台

搭建模拟驱动系统多种工况的实验平台，需要借助两个关键设备：电源柜和电力测功机。图 6.5.1(a)所示的电源柜的工作模式，分为测试功能模式和模拟功能模式两种，前者用于完成动力电池标准和工况等试验，后者在车用电机系统的测功台架试验中，为被测电机系统提供高质量的能量转换。当被测电机系统处于电动状态时，电源柜为被测电机系统提供高质量的电压源；当被测电机系统处于发电状态时，电源柜接收电机系统发出的电能。因此，在进行电机驱动系统传导 EMI 实验时，电源柜工作在第二种模式。即：当变换器工作在逆变状态时，为系统提供稳定的输入功率，相当于车载设备中的动力电池组；当变换器工作在整流状态，驱动系统处于充电模式时，模拟电源系统吸收驱动系统产生的能量。

电力测功机是利用电机测量各种动力机械轴上输出的转矩，结合转速从而确定输出功率的设备，如图 6.5.1(b)所示。电力测功机有三种工作模式：一是吸能模式，测功机将加载的能量通过交流负载发电机回馈电网；二是驱动模式，此时测功机可以看成电动机，为测试系统提供机械能；三是混合模式，即测功机可以根据测试情况，在吸能和驱动两种模式间任意转换。在进行电机驱动系统实验时，若变换器工作在逆变状态，测功机处于吸能模式，相当于驱动系统的负载，可以稳定电机转速，同时测量电机输出扭矩；若变换器工作在整流模式，测功机工作在驱动模式，产生机械能，使驱动系统稳定在发电状态，可以测试电机转速和转轴上的扭矩。

(a) 电源柜

(b) 电力测功机

图 6.5.1 实验设备

电机驱动系统实验连接图如图 6.5.2 所示，实验平台主要设备包括：电源柜、LISN、连接电缆、DC/AC 变换器、三相电缆、永磁同步电机和电力测功机及配套设备，该平台能够实现电动汽车实际运行时电机驱动系统各种工况。实验平台主要部件的参数如下：

①电源柜，型号：FTF2-500-1000BS，额定功率：300kW。

②变换器，输入电压 276~384VDC，额定功率：20kW，冷却方式：水冷。

③永磁同步电机，额定功率：20kW，额定电压：180V，额定转速：3600r/min，冷却方式：水冷；额定扭矩：53N·m，联接方式：星形。

④LISN，额定电流：100A(DC)，匹配阻抗：50Ω。

⑤电力测功机，最大功率：560kW，最大电压：400V，最大电流：756A，最大转速：6000r/min。

搭建实验平台是为了研究系统在各种工况下的传导电磁干扰，因此，需要考虑平台的接地问题。在实验平台中，除电源柜外(因为 LISN 的隔离作用，干扰不会传播到该设备上)，其他设备需保证外壳与测试系统的地铁板(减小测试系统震荡作用)良好接触，这样地铁板就可以作为驱动系统的公共地，为系统的共模干扰电流提供流通路径。此外，平台上电力测功机转轴与永磁同步电机转子没有直接的电气连接，如图 6.5.3 所示，因此，测功机不在电磁干扰流经的路径上，建模中不考虑测功机的高频模型。

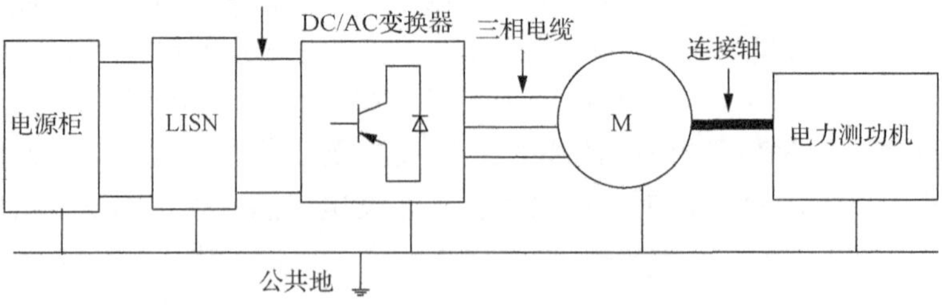

图 6.5.2 电机驱动系统实验连接图

图 6.5.3　同步电机与测功机的连接方式

2) 实验方案

根据车辆的不同工作状态，实验项目选择与 EMC 有密切关系、具有代表性的两种状态(正常工作和充电模式)作为测试对象。这两种状态的具体描述如下：

① 正常工作状态。变换器工作在逆变模式，保持电机转速为 2000r/min，依次测试系统空载、电机输出扭矩为 16N·m 和 45N·m 三种情况，并将这三种工况作为系统正常工作状态。

② 反向充电状态。变换器工作在整流状态，电机转速为 2000r/min，测功机输出扭矩稳定在 68N·m。这是因为在此次实验台架上电机作为发电机运行时，其电机控制器设定该扭矩为 68N·m，无法更改，这个值超出了电机额定扭矩(53N·m)，因此，在进行电机驱动系统反向充电实验时，需要控制实验时间，不能让电机长时间处于发电状态。

对每种工作状态，需要进行以下测量：

①使用频谱分析仪测量驱动系统线束上的干扰电流频谱，测取单根线上的差模电流和三根线上的共模电流。

②使用示波器同时测量 DC/AC 变换器桥臂中点对地的电压波形，以及电源线的时域电流波形。实际测量过程中，示波器的测试电压探头要求一端接测试端，另一端接地。因此实验中电压探头一端接三相桥臂的输出端，另一端接 DC/AC 机壳(公共地)。

③用阻抗分析仪测试电机端口的共模和差模阻抗。

④测量 LISN 上时域和频域干扰电压。

用于测量传导干扰的实验设备主要有频谱分析仪 Agilent N9000A、阻抗分析仪 Agilent 4294A、示波器 Agilent MSO7104B 及与它们配套的组件。

依据实验方案，对电机驱动系统在 100kHz 到 30MHz 频率范围内的传导电磁干扰进行测量，测试结果如下：

(1) 三相电缆差模干扰电流。

使用频谱仪和电流探头，测量了驱动系统在各种工况下的干扰电流，三相电缆的差模干扰电流测试现场如图 6.5.4 (a) 所示，差模电流的测试结果如图 6.5.4 (b) 所示。

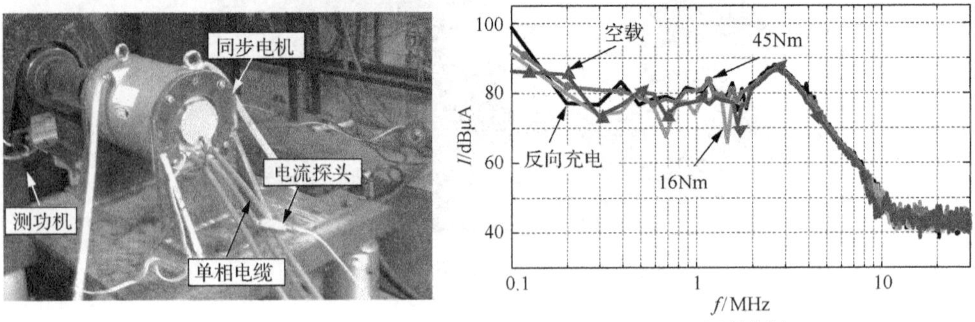

(a) 测试现场　(b) 测量结果

图 6.5.4　三相电缆差模干扰电流测试布置及测试结果

图 6.5.4 (b) 可见，在传导电磁干扰整个频段范围内 (150k~30MHz)，干扰电流频谱幅值变化范围在 40~100dBμA。在 0.1M~2MHz 频段，驱动系统在不同工况下的干扰电流幅值变化明显。对比四种工况下的干扰电流测试结果发现，在频段 0.1M~2MHz 内，电机驱动系统反向充电状态和电机扭矩为 45N·m 状态下的差模干扰电流幅值大部分都要大于空载状态和 16N·m 状态下的电流幅值。但在 2MHz 以后的，四种状态下差模干扰电流幅值大小和变化趋势基本相同。

(2) 三相电缆共模干扰电流。

电机驱动系统三相电缆共模干扰电流测试现场如图 6.5.5 (a) 所示，测试结果如图 6.5.5 (b) 所示。

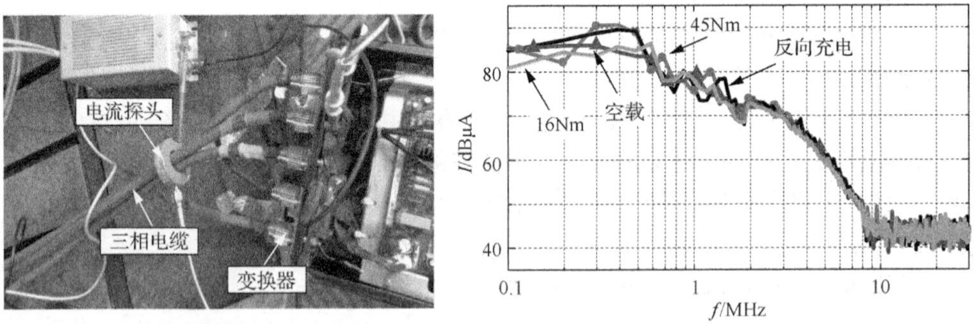

(a) 测试现场　(b) 测量结果

图 6.5.5　三相电缆共模干扰电流测试布置及测试结果

从图 6.5.5 测试结果可以看出，在传导电磁干扰整个频段内，共模干扰电流频谱幅值变化范围在 40~90dBμA，四种状态下的共模干扰电流频谱变化趋势与差模干扰电流频谱(图 6.5.4(b))较为相似。与之不同的是，在 1MHz 以下频段内，共模干扰电流幅值大于差模电流，在 1M~10MHz 频段，共模干扰电流频谱整体上要略小于差模干扰电流。在 0.1k~2MHz 频段，共模干扰电流频谱下降速度高于差模电流，且差模干扰电流幅值整体较为平缓，基本在 80dBμA 上下浮动；共模干扰电流在 2MHz 以后快速下降，而差模干扰电流在 4MHz 以后才开始明显的下降。

(3) 干扰电压。

使用示波器同时测量了 DC/AC 变换器每相桥臂中点的对地电压及 LISN 上的时域干扰电压，驱动系统工作在电机扭矩 16N·m 状态下的每相对地电压和此时相对应的 LISN 上时域干扰电压波形如图 6.5.6 所示。

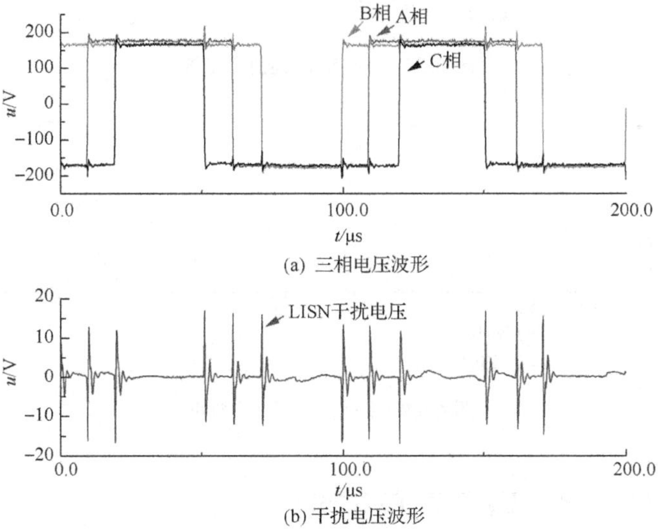

图 6.5.6　DC/AC 每相相电压和 LISN 上干扰电压波形

从图 6.5.6(a) 可以看出，变换器内部 IGBT 开关频率为 10kHz，周期 100μs，桥臂中点对地电压峰—峰值为 350V，图(b)是 LISN 上测得的干扰电压波形，干扰电压跳变时刻正好与变换器桥臂中点电压跳变时刻相对应，说明逆变桥每相桥臂上开关器件开通关断瞬间，伴随有严重的电磁干扰，峰—峰值可达到 30V。其他三种工况下，产生的时域干扰电压和 16N·m 工况基本相同。

(4) 电机阻抗测量。

根据 6.1 节提出的关于电机阻抗的共模和差模测量方法，使用阻抗分析仪对该系统电机的端口阻抗进行测试，共模测量获得的电机端口阻抗幅频特性曲线如图 6.5.7 所示，差模测量结果如图 6.5.8 所示。

从图 6.5.7 可以看出，电机阻抗随着频率的增大在共模传导干扰路径上由容性渐变为感性，电路发生串联谐振的频点约为 2.3MHz。图 6.5.8 表明，电机阻抗在差模干扰传播路径上，随着频率的增加，阻抗先由感性变为容性，而后又变为感性，阻抗曲线有两个谐振点，并联谐振的谐振频率约为 0.39MHz，串联谐振频点约为 4.0MHz。

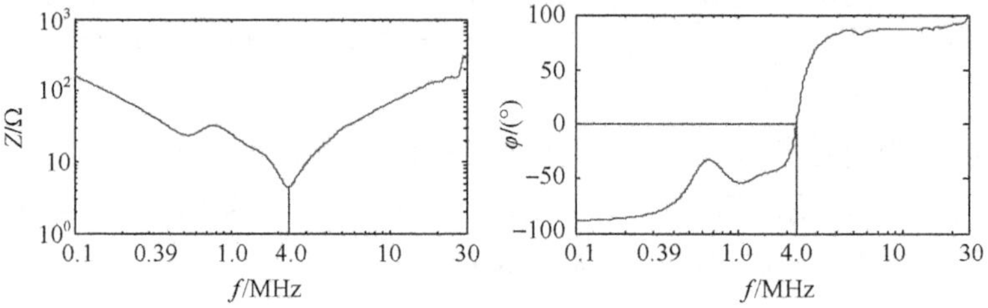

(a) 幅值　　(b) 相位

图 6.5.7　阻抗共模测试数据

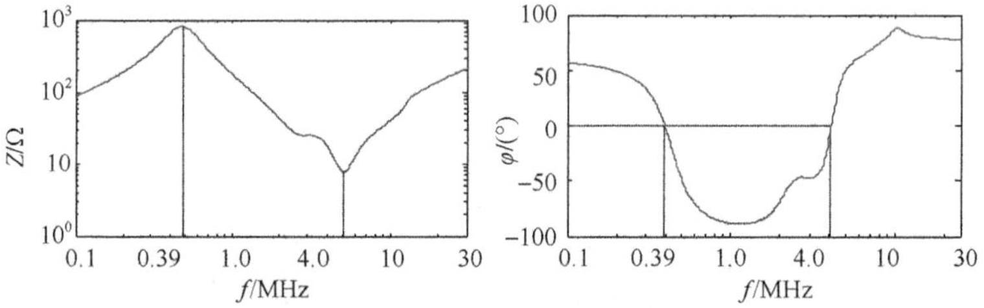

(a) 幅值　　(b) 相位

图 6.5.8　阻抗差模测试数据

6.5.2　传导 EMI 仿真模型对不同工况的分析

根据前面提出的电机驱动系统传导 EMI 仿真电路模型的建模方法，对本节的实验平台设备建立传导 EMI 高频电路模型，Saber 软件中的共模和差模干扰高频电路模型如图 6.5.9 所示。图中，电机建模采用了基于导纳形式矢量匹配法的电路模型。

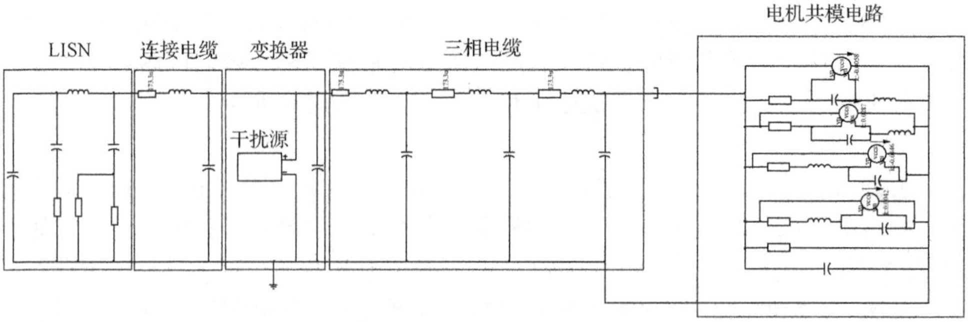

(a) 共模传导EMI仿真电路

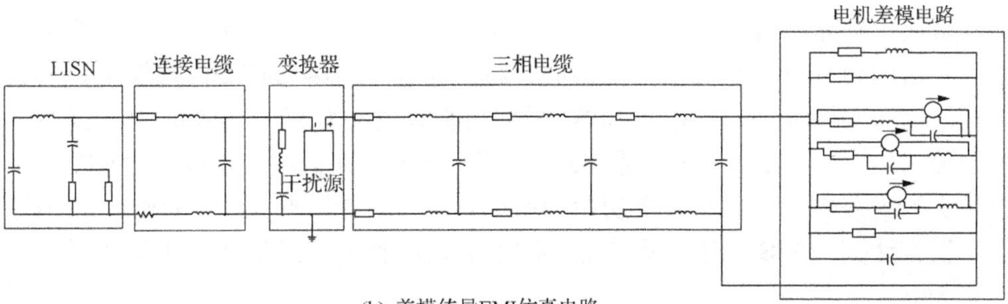

(b) 差模传导EMI仿真电路

图 6.5.9　电机驱动系统传导 EMI 高频仿真电路

选取电机驱动系统在空载、带载 45N·m 及反向充电三种工况，根据图 6.5.9 所示的电路模型，依次计算得到电机驱动系统在这三种工况下 LISN 上的共模、差模干扰电压频谱，以及 DC/AC 输出端三相电缆上的共模干扰电流频谱，并与实验结果进行对比。

图 6.5.10 是三种工况下 LISN 上共模干扰电压仿真与实测对比图。

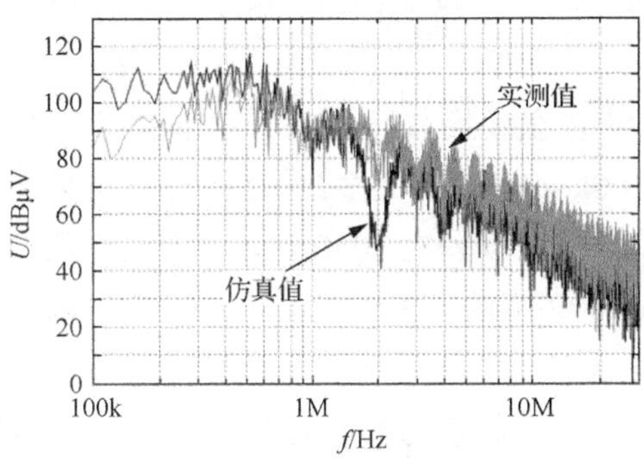

(a) 空载

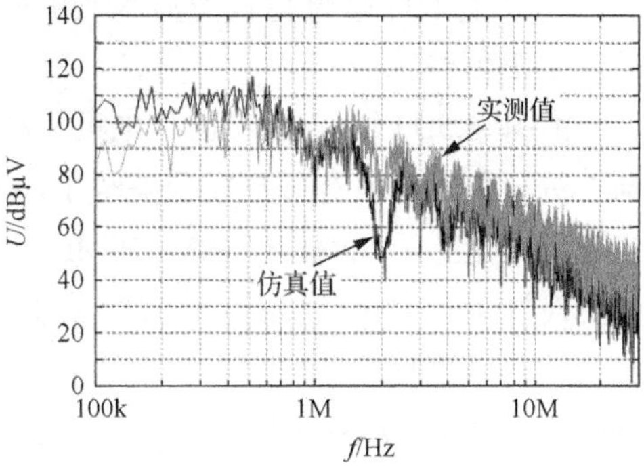

(b) 带载45N·m

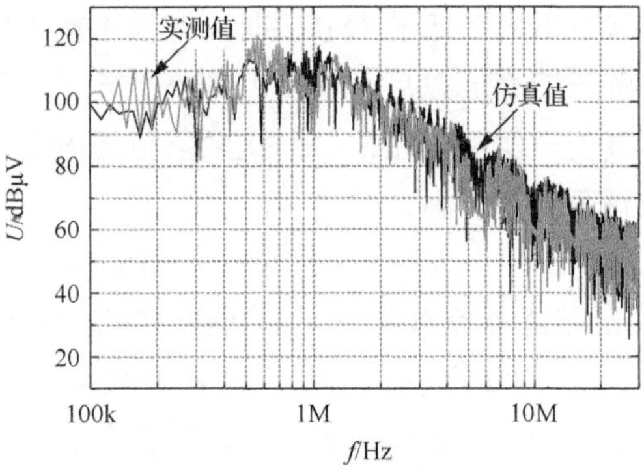

(c) 反向充电

图 6.5.10　LISN 共模电压仿真与实测对比

可以看出，整体而言，在传导干扰 100k~30MHz 频段，三种工况下，共模干扰电压频谱的仿真值和实测值吻合很好，特别是在 400k~30MHz，共模传导干扰仿真幅值与实测值的误差小于 5dB，说明仿真模型有较好的高频特性，这与 6.4 节的结论相同。对于空载和带载 45N·m 两种状态，在低频段 100k~400kHz，仿真和实测误差较大，特别是在初始频率处，误差达 10dB；在少数频点(2MHz)上，误差达到 20dB。对于反向充电状态来说，整个频段仿真和实测值误差均小于 5dB。

对比三种状态下的实测共模干扰电压，它们的变化趋势基本相同。整体而言，带载 45N·m 和反向充电状态的共模干扰电压频谱幅值大于空载状态，其中带载 45N·m 状态下电压频谱幅值在大部分频段上略高于空载，而反向充电状态几乎在整个频段上高出空载约 10dB。这是因为，电机驱动系统在不同工况下，共模干扰源幅值不同，系统内各模块流经的共模传导干扰电流大小不同，干扰源幅值越大，在各部分共模阻抗不变的情况下，流经各个模块的干扰电流变大。带载 45N·m 和反向充电状态这两种工况下，系统干扰源幅值较空载状态下大，产生的共模干扰电流也较空载大(图 6.5.5(b))，因此耦合在 LISN 上的共模干扰电压幅值也大。

由图 6.5.11(a)可以看出，电机驱动系统在空载状态下，LISN 上的差模干扰电压仿真和实测值在低频段误差较小，在 100k~4MHz 内大多数频点，仿真结果和实测值误差小于 6dB。在 10M~30MHz 的高频段，误差在 10dB 左右，但在少数频点上误差达到 15dB。系统工作在带载 45N·m 状态下的差模干扰电压如图 6.5.11(b)所示，差模干扰电压在 100k~500kHz 的低频段，误差较大，少数频点误差可达 15dB。在 500k~8MHz 频段，模型的差模干扰电压幅值与实测值误差都小于 5dB，大多数频点误差小于 2dB，在高频段，误差基本在 10dB 以下。从图 6.5.11(c)可知，系统在反向充电状态下，在低于 1MHz 时，差模干扰电压仿真值和实测值误差在 10dB 左右，在高于 1MHz 以后，误差大都小于 5dB。整体而言，三种工况下的差模干扰电压仿真值与实测值在传导干扰频段范围内变化趋势基本一致，除了少数频点，大多数频段误差较小。

对比图 6.5.11(a)和(b)可以发现，在 100k~4MHz 频率范围内，系统差模电压测量值在带载 45N·m 状态比空载状态下高出约 10dB。这是因为，空载状态下，电机输出功率很小，电流幅值较小，在变换器开关频率一定的情况下，对应的电流的变化率 $\mathrm{d}i/\mathrm{d}t$ 也小，而电流的变化率是系统差模干扰的主要干扰源，故系统在带载 45N·m 状态下测得的差模干扰电压较空载状态大。对比图 6.5.12(b)和(c)可以发现，在传导干扰频段内，系统在带载 45N·m 和反向充电状态下测得的差模干扰电压在幅值和变化趋势上基本一致，反向充电状态整体略高 2dB。这说明在这两种状态下，系统电流的变化率(di /dt)基本相同，由此产生的差模干扰频谱近乎一致。

三相电缆的共模干扰电流如图 6.5.12(a)反映了系统空载时，在 100k~10MHz，共模干扰电流的仿真值与实测值相比误差较大，大部分在 10dB 以内，个别频点达到 15dB。系统在带载 45N·m 状态下，共模电流仿真值和实测值在低频段 100k~1MHz 的误差很小，在 5dB 以下；在 1M~10MHz 范围内，误差较大，在 10dB 以内，如图 6.5.12(b)所示。从图 6.5.12(c)可以看出，当系统工作在反向充电状态时，在 1MHz 以下的频段，仿真和实测结果误差不到 3dB，在整个频段范围内，误差大都小于 5dB。整体而言，三种工况下的共模电流在 150k~30MHz 频段范围内，仿真值和实测值的变化趋势基本一致，误差在可允许的范围。

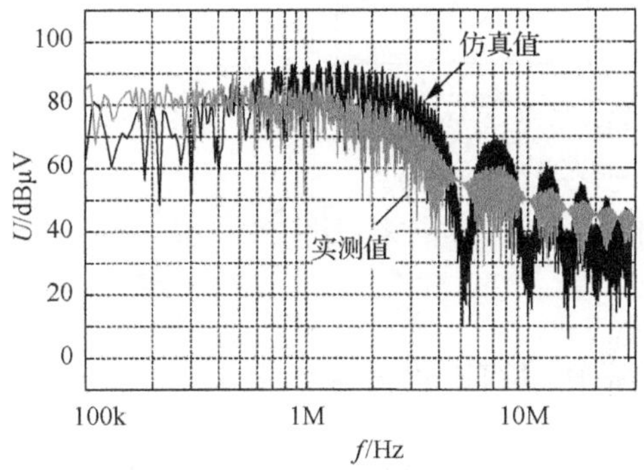

(a) 空载

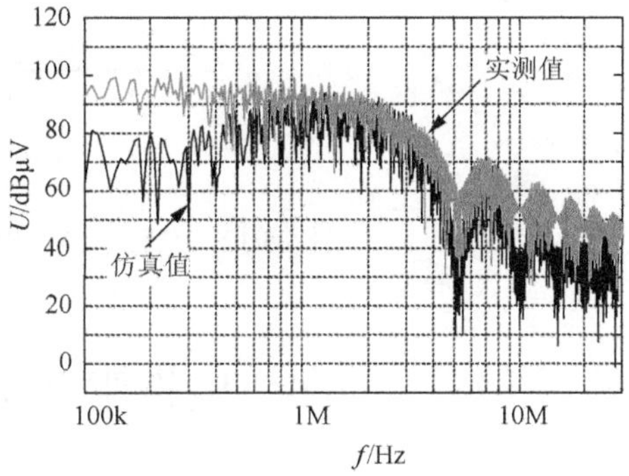

(b) 带载45N·m

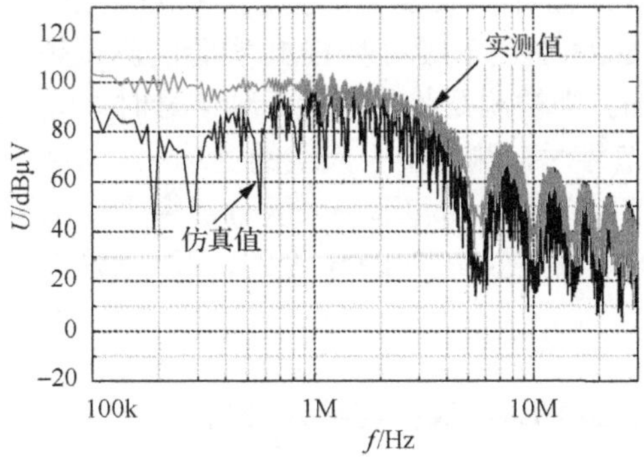

(c) 反向充电

图 6.5.11　LISN 差模干扰电压仿真与实测对比

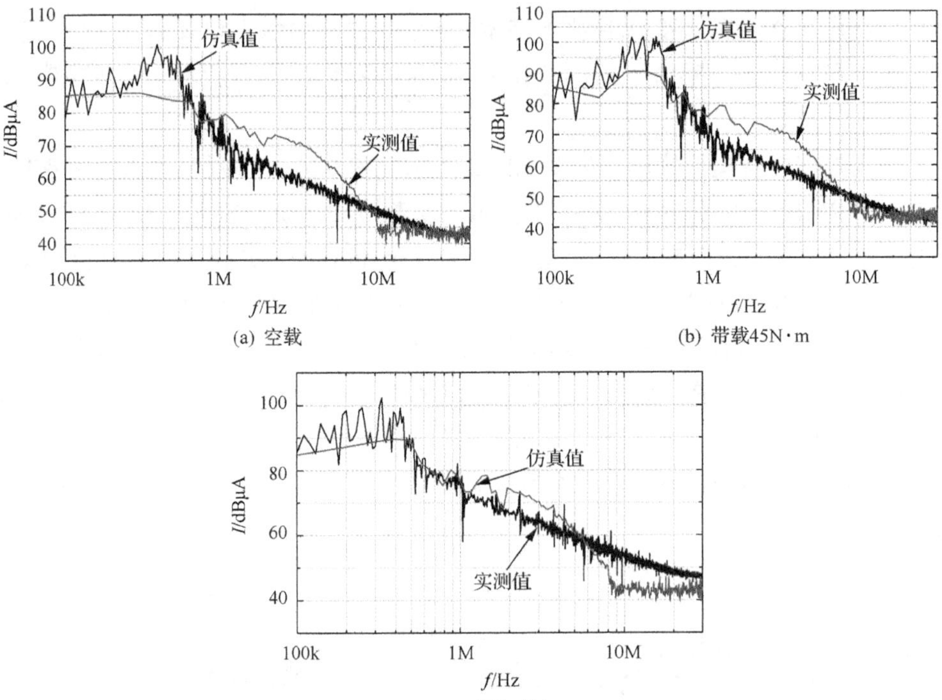

(a) 空载　(b) 带载45N·m　(c) 反向充电

图 6.5.12　三相电缆共模干扰电流仿真与实测对比

6.6　电机驱动系统辐射电磁干扰

电机驱动系统的电磁兼容性，除了传导电磁干扰，辐射干扰是另一个重要方面。国标 GB18655 对系统级辐射 EMI 实验的测试频率规定在 150k~1GHz 范围，测量距离为 1m；国标 GB14023 对整车级辐射 EMI 实验的测试频率规定在 30M~1GHz 范围，测试距离为 10m。当被测系统在测量低频信号时，测点位于天线的近场区(即感应区)，测量高频信号时，测点位于天线的远场区，因此在仿真计算电机驱动系统辐射 EMI 时，不能简单用近场和远场来区分，需采用全波数值计算方法。

本节讨论电机驱动系统的辐射 EMI 模型，整车级辐射 EMI 模型将在第 8 章中讨论。

6.6.1　电机驱动系统辐射 EMI 实验与结果分析

电机驱动系统辐射电磁干扰测量必须通过国家颁布的 GB/18655《车辆、船和内燃机无线电骚扰特性 用于保护车载接收机的限值和测量方法》，现在标准是 GB/T 18655-2010。

根据测试标准要求，实验应在屏蔽暗室中进行。受条件限制，本节实验部分虽然在屏蔽室内完成，但对于建模与模型验证之用途，其试验结果还是可以接受的。在进行辐射测量时，应使用具有标称 50Ω 输出阻抗的线性极化电场天线。为了保证实验室结果的一致性，采用如图 6.6.1 所示的单级天线、双锥天线和对数周期天线，它们的测试频段范围依次是 0.15M~30MHz、30M~200MHz 和 200M~ 1GHz。

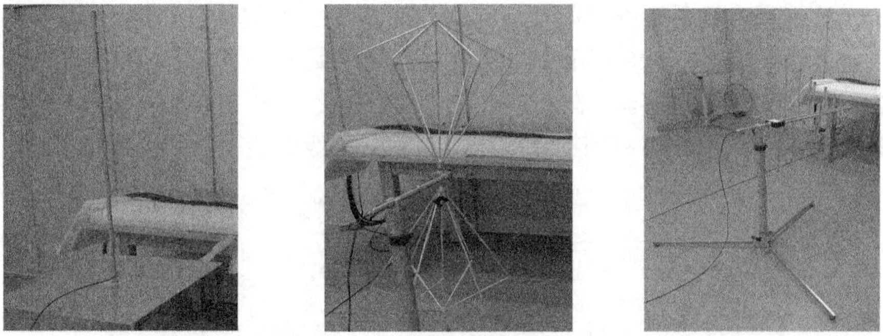

(a) 单级天线　(b) 双锥天线　(c) 对数周期天线

图 6.6.1　测量天线实物图

在测试辐射 EMI 时，对于 30 MHz 以上频点的测量，按照标准天线应定向于水平极化方向和垂直极化方向，以便测量接收机收到最大的射频噪声电平。在 150k~30MHz 范围内，只需进行垂直极化测试，在 30M~200MHz 及 200M~1000MHz 频段需要进行水平极化和垂直极化测试。

电机驱动系统的辐射测试实验布置示意图如图 6.6.2 所示。

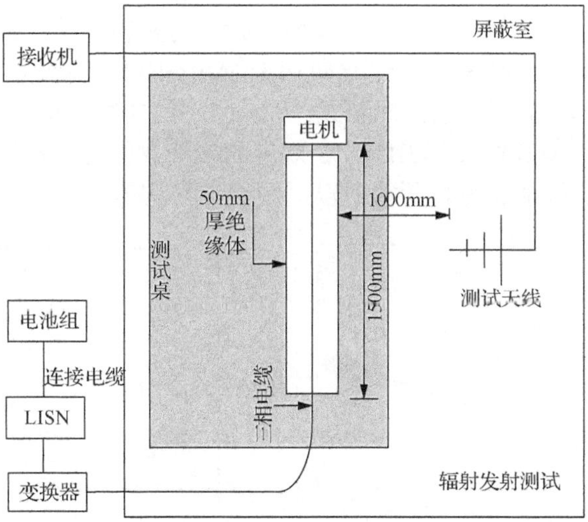

图 6.6.2　电机驱动系统辐射 EMI 实验布置图

图 6.6.2 为辐射测试时整个测试系统的构架和各个器件摆放位置。按照布置图，测试了混合动力汽车和纯电动汽车两种不同电机驱动系统在不同转速下空载运行的辐射干扰。

(1)混合动力汽车电机驱动系统辐射干扰测试。

混合动力汽车电机驱动系统三相电缆长度为 3m，在实验桌上的长度约为 2m，通过屏蔽室过孔和室外变换器相连，电机的转速通过屏蔽室外控制模块调节，系统辐射干扰测试现场如图 6.6.3 所示。图 6.6.3 描述的是驱动系统在 200M~1GHz 频率范围内的垂直极化测试实验，在 0.15M~30MHz 以及 30M~200MHz 频段，辐射测试实验只需将图中所示的对数周期天线替换为垂直单级天线和双锥天线即可。

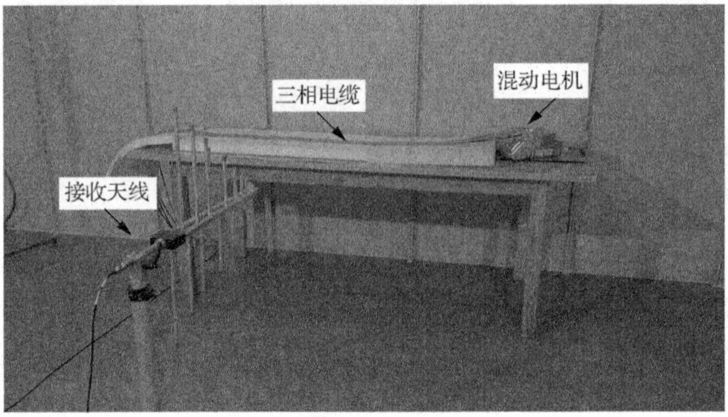

图 6.6.3　混动电机驱动系统辐射干扰测试现场

根据驱动系统工作时电机的不同转速，分别测量了电机转速在 800r/min、2500r/min 和 4500r/min 情况下产生的辐射干扰。每种转速下，接收机采集的水平极化方向(30M~1GHz)和垂直极化方向(0.15M~1GHz)上天线测量的电场强度幅值如图 6.6.4 所示。每幅图有四条曲线，从上向下的曲线依次表示 GB18655 规定的带宽发射的骚扰峰值限值、GB18655 规定的带宽发射的骚扰平均值限值、测量所得的辐射骚扰的峰值和测量所得的辐射骚扰的平均值。

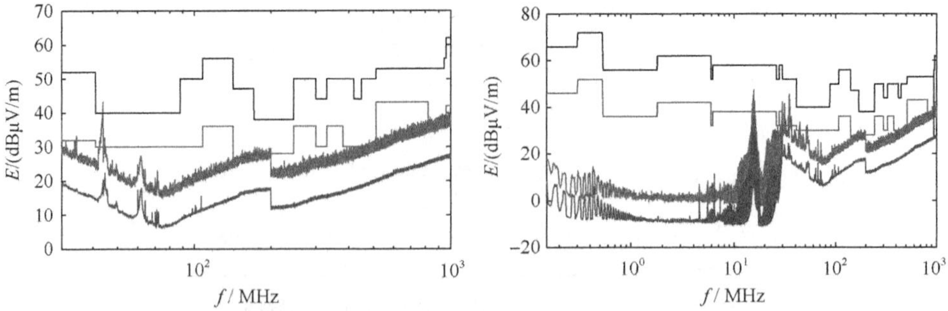

(a) 800r/min水平极化　(b) 800r/min垂直极化

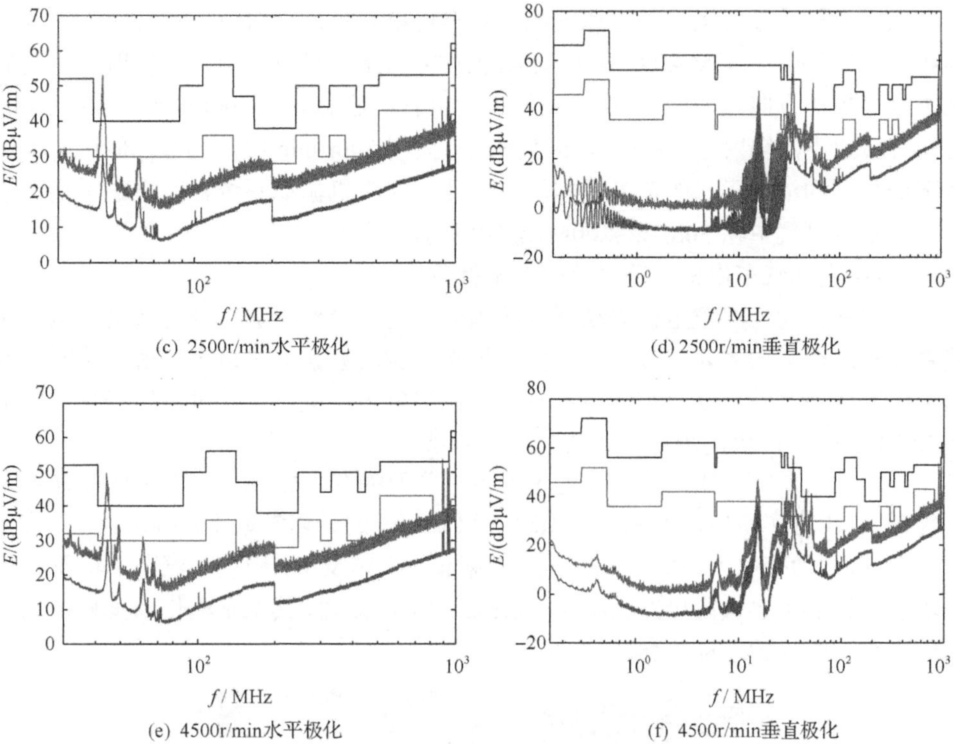

图 6.6.4 混合动力汽车电机驱动系统辐射骚扰测试结果

对图 6.6.4 电机驱动系统电场辐射值的测量结果分析如下：

在 150k~30MHz 测试频段范围内，随着电机转速的提高，垂直极化辐射干扰幅值变化不大，其平均值和峰值测量结果均未超过标准限值，只是在频点 20MHz 左右，测量到的干扰平均值接近限值。

在 30M~200MHz 测试频段范围内，随着电机转速的提高，水平极化和垂直极化辐射干扰都有所增加，特别在 30M~100MHz 频率范围内，每个转速上辐射干扰测试值均有超标频点。其中，转速为 800r/min 时，超过标准限值的频点较少，在 2500r/min、4250r/min 这两个测试转速上超标的频点明显增加。在任意一种极化状态下，对比每个转速下峰值测试的测量结果和平均值测量结果可以看出，驱动系统辐射干扰幅值在峰值测试下超标频点明显高于平均值测试中的超标频点。此外，对比每个转速下水平极化和垂直极化测试结果发现，在大多数频点上垂直极化测量结果的幅值略高于水平极化，且垂直极化超标频点的数量多于水平极化。

在 200M~1000MHz 测试频段范围内，三种转速下的水平极化辐射干扰相差很小，除极个别频点外，这个频段的辐射干扰很微小。

从整个测试频段上三种转速的测试数据可以看出，电机驱动系统辐射干扰超标频段主要集中在 30M~200MHz，垂直极化方向上超标频点数量及辐射强度明显多于水平极化方向。此外，转速对辐射强度也有明显影响，2500r/min 和 4500r/min 这两种转速下的辐射干扰幅值在多数频点上大于 800r/min 时的幅值，但这两种转速下测量到的辐射干扰幅值基本相同。因此，对电机驱动系统辐射电磁干扰水平的研究重点可集中在 30MHz~200MHz 频段内。

(2) 纯电动汽车电机驱动系统辐射干扰测试。

在对混合动力汽车电机驱动系统的辐射干扰实验数据进行分析得出：电机转速在 2500r/min 时基本可以反映在空载情况下驱动系统产生最大辐射干扰的运行情况，因此在对纯电动汽车的电机驱动系统辐射干扰进行试验时，现场只对电机在 2500r/min 时产生的辐射干扰情况进行测试。

纯电动汽车电机驱动系统辐射干扰测试现场如图 6.6.5 所示，图中的驱动系统即为图 6.4.1 中实验所用的系统，系统各组成部分的具体参数不再详述。

图 6.6.6 为接收天线测量到的电场辐射值，不难发现，纯电动汽车电机驱动系统辐射干扰的主要频段仍然集中在 30M~200MHz 以内，其水平极化和垂直极化测量结果都有明显的超标情况。

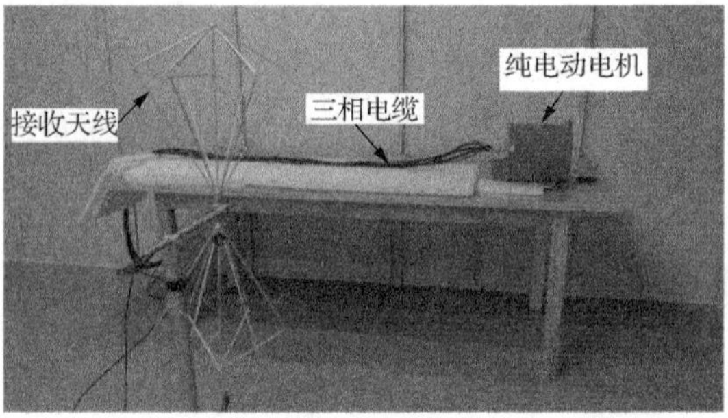

图 6.6.5　纯电动汽车电机驱动系统辐射干扰测试现场

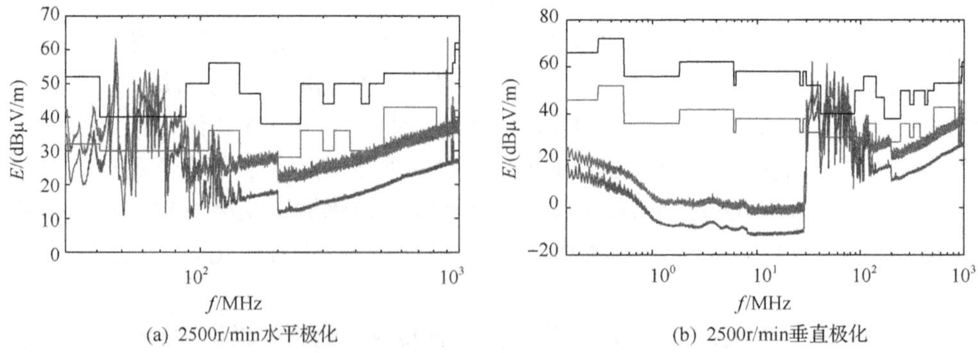

图 6.6.6　纯电动汽车电机驱动系统辐射骚扰测试结果

总之，根据独立电机系统辐射干扰实验的测量结果，可以得到以下结论：无论是混合动力汽车还是纯电动汽车，电机驱动系统的电场辐射值超标的频段主要集中在 30M~200MHz 之间。因此，在建立电机驱动系统辐射仿真模型的过程中，着重研究这个频段系统辐射模型的建立方法。

6.6.2　电机驱动系统辐射 EMI 仿真

1) 干扰源分析

从本章 6.3 节对电机驱动系统传导电磁干扰的研究可知，电机驱动系统辐射干扰主要来自 DC/AC 变换器和电机之间流过的干扰电流，并通过三相电缆的天线效应对外辐射。三相电缆上流经的电流由差模电流和共模电流构成，因此需要确定哪种类型的电流是辐射发射的主要干扰源。

首先从最简单的模型来分析差模电流和共模电流对外辐射情况。假设有一对长度为 L、间距为 s 的平行双导线，导线上同一横截面上的电流向右流过，分别表示为电流 I_1 和 I_2，如图 6.6.7(a)所示。这两个电流由差模电流和共模电流构成，即

$$\begin{cases} I_1 = I_{CM} + I_{DM} \\ I_2 = I_{CM} - I_{DM} \end{cases} \tag{6.6.1}$$

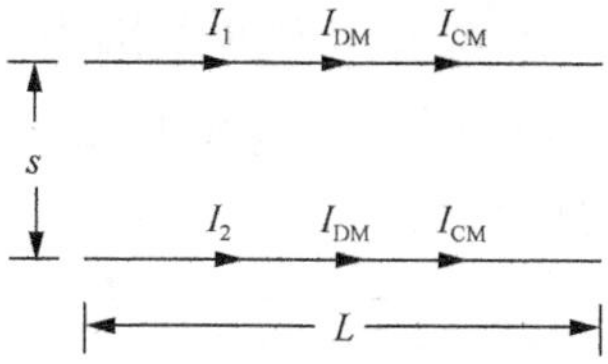

(a) 总电流分解为差模电流和共模电流

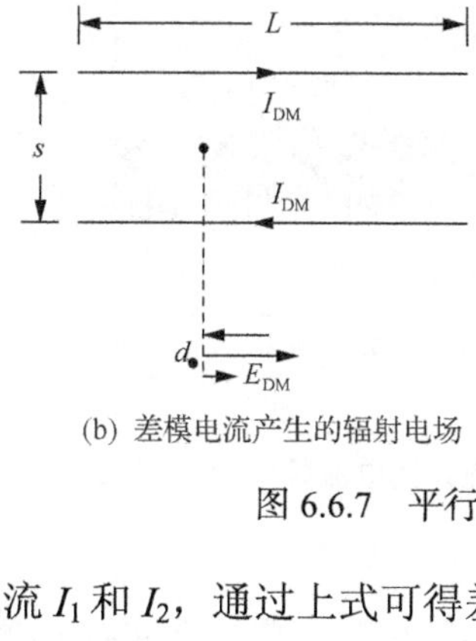

(b) 差模电流产生的辐射电场

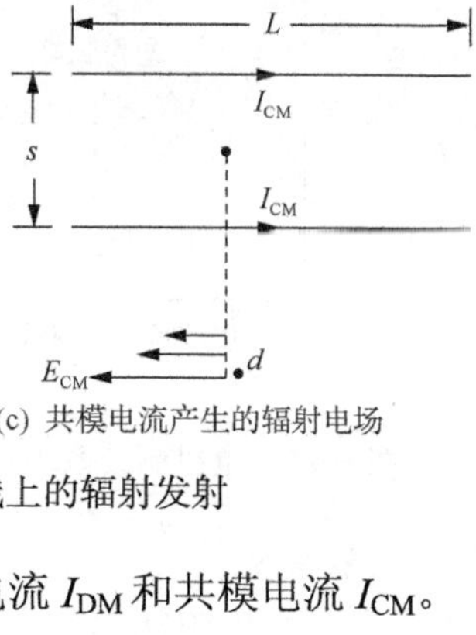

(c) 共模电流产生的辐射电场

图 6.6.7　平行双导线上的辐射发射

已知电流 I_1 和 I_2，通过上式可得差模电流 I_{DM} 和共模电流 I_{CM}。

$$\begin{cases} I_{\mathrm{DM}} = \dfrac{I_1 - I_2}{2} \\ I_{\mathrm{CM}} = \dfrac{I_1 + I_2}{2} \end{cases} \tag{6.6.2}$$

在导线所在平面上，考虑与两条导线中心点距离为 d 的辐射电场，如图 6.6.7(b)和(c)所示。图 6.6.7(b)中，差模电流大小相同，方向相反，产生的辐射电场方向相反，相互抵消，但并未完全抵消，见图中的 E_{DM}。而共模电流因方向相同，产生的辐射电场相互叠加，如图 6.6.7(c)中的 E_{CM}。有数据表明，对于 1m 长的带状传输线，导线间距为 1.27mm，频率为 30MHz，幅值为 20mA 的差模电流产生的辐射发射与只有 8μA 的共模电流产生的辐射大小一致，而电流幅值前者却是后者的 2500 倍，也就是 68dB。

对于本章研究的电机驱动系统的三相电缆辐射来说，其电流辐射机理和双导线一致。6.5 节中测得流经三相电缆的共模电流和差模电流幅值相差不大，结合图 6.6.7 的研究结果，可以认为三相电缆对外辐射主要是共模电流引起的，也就是说，电机驱动系统辐射干扰的干扰源主要是共模电流。

在仿真过程中，需要获得共模干扰电流的频谱特性，采用实测的共模干扰电流频谱作为干扰源。共模干扰电流测量时，使用的电流探头型号为 F-33-1，频率范围为 10k~250MHz。在辐射实验结果分析中可知，辐射干扰的主要频段集中在 30M~200MHz，故测试干扰电流频谱也在此范围内，实验测得的电流频谱如图 6.6.8 所示。测量得到的电流频谱取点较密集(共 425 个点)，为了减小仿真计算时间，从中选取 86 个点作为仿真数据。

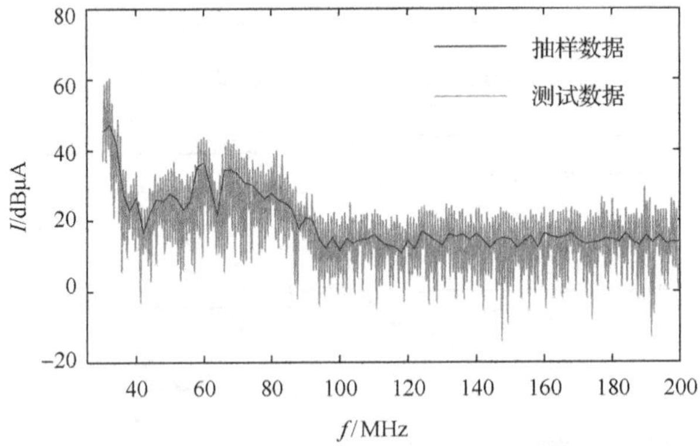

图 6.6.8　电机驱动系统功率电缆共模电流频谱测试结果

2)驱动系统辐射模型

如图 6.6.2 所示，电机驱动系统变换器与高压动力电池之间有 LISN 隔离，所以可忽略动力电池的影响，并将电机驱动系统三相电缆靠近变换器端测得的共模干扰电流作为干扰源，同时将三相电缆看成一根导线；把电机端口的共模阻抗作为负载，共模阻抗电路及其参数通过矢量匹配法获得；处理后的电机驱动系统电磁辐射模型如图 6.6.9 所示，终端 1 和终端 2 分别接地，地为实验室的公共地。

图 6.6.9　电机驱动系统电磁辐射模型

按照图 6.6.9 所示的辐射模型，在 HFSS 软件中建立仿真计算模型，如图 6.6.10 所示。图中导线距离地面垂直距离 5cm，长度 3m，测试点距离导线水平垂直距离 1m，和辐射实验接收天线的位置相同。

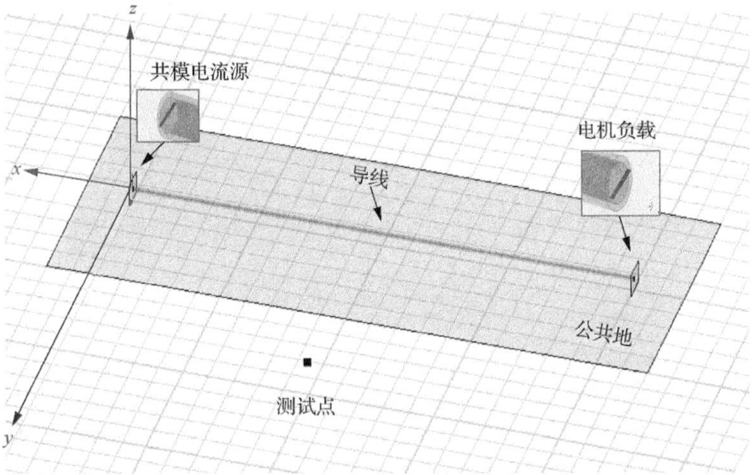

图 6.6.10　纯电动汽车电机驱动系统电磁辐射仿真模型

测试点的电场强度水平极化方向和垂直极化方向的仿真和实测结果如图 6.6.11 所示。从图中可以看出，在少数频段上仿真和实测结果相差大于 10dB，这与仿真计算时取的频点数较少有关，除此之外，在绝大多数的频段上，两者相差小于 10dB。整体而言，仿真结果和实测结果的电场强度随频率变化的规律基本吻合。

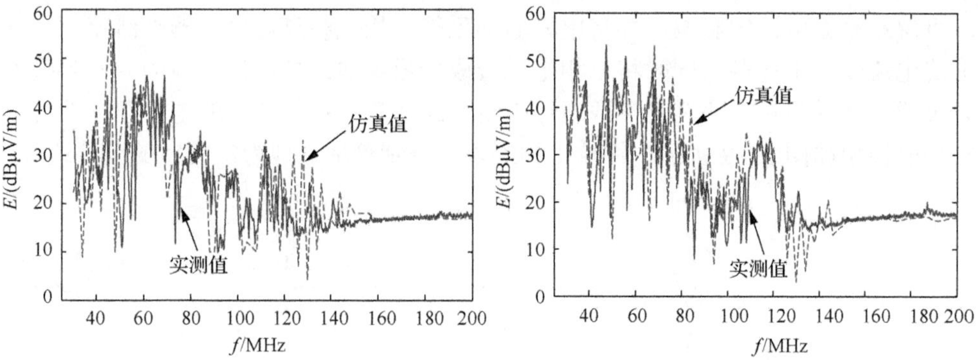

(a) 水平极化电场　　(b) 垂直极化电场

图 6.6.11　电机驱动系统辐射 EMI 的仿真与测试结果对比

第 7 章　线束的电磁兼容性研究

汽车线束一般由电线、端末部件及包裹胶带组成的。线束电线又称低压电线，为铜质多芯软线。常用标称截面积为 0.5mm^2、0.75mm^2、1.0mm^2、1.5mm^2 等规格的电线，它们具有不同的电流限值，配用于不同功率的用电设备。以整车线束为例，0.5mm^2 规格线适用于仪表灯、指示灯、门灯、顶灯等；0.75mm^2 规格线适用于牌照灯，前后小灯、制动灯等；1.0mm^2 规格线适用于转向灯、雾灯等；1.5mm^2 规格线适用于前大灯、喇叭等。而大负载的主电源线，例如蓄电池的搭铁线、正极电源线则是单独使用专门的汽车电线，它们的线径在十几平方毫米以上，这类电线不会编入主线束内。

汽车线束是将电气系统的电源信号或数据信号进行传递或交换，实现电气系统功能的设备。随着人们对汽车舒适性、安全性要求的提高，汽车上的电子产品种类也在增加，汽车线束的分布日趋复杂，如图 7.0.1 所示。

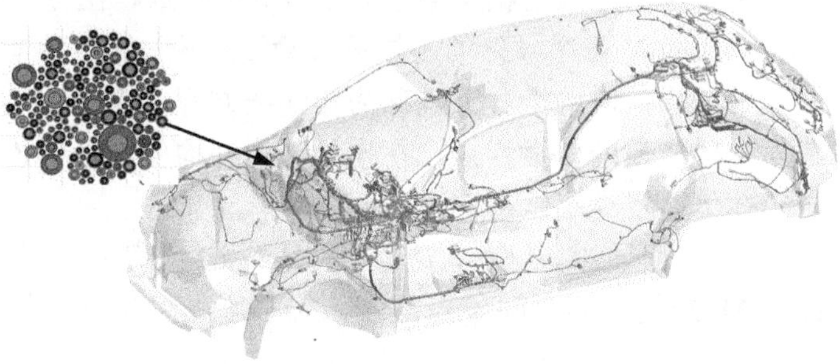

图 7.0.1　汽车线束分布

图 7.0.2 为导线数量和车内导线总长在 1950~2010 年的变化趋势。对于今天的汽车或电动汽车而言，这种趋势只会有增无减。

大量的理论和工程实践表明，90%的系统不能通过辐射发射试验或者对邻近的设备产生辐射干扰，都是由于电线、电缆的电磁辐射所致，因此，线束的电磁兼容问题也是汽车电磁兼容问题的重要组成部分。汽车线束的电磁兼容性主要涉及三个方面：①线束的串扰问题。串扰是指相互靠近的导线之间由于电磁耦合形成的干扰；②线束的电磁辐射发射问题。这一问题关注线束在自身有激励源的情况下，对周围空间产生的电磁辐射；③线束的电磁辐射敏感度问题。研究线束在外界电磁波的照射下，导线上的感应电流和感应电压。本章将对后两个问题进行详细阐述。

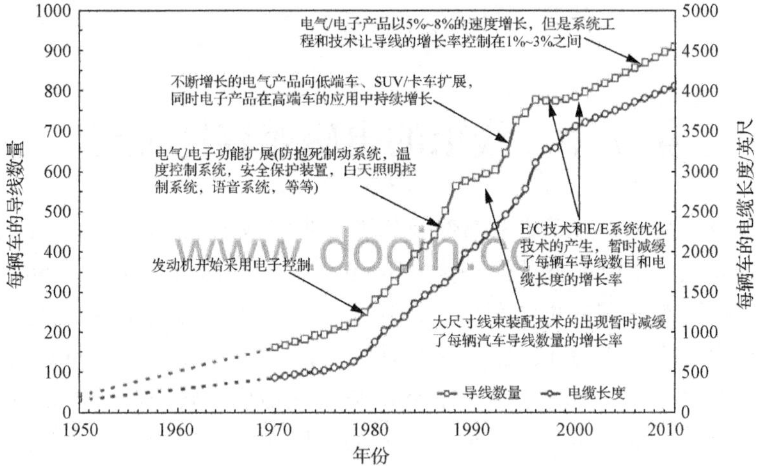

图 7.0.2　导线数量和车内导线总长

7.1　多导体传输线方程及电磁参数

多导体传输线系统由两个以上相距很近的平行导体构成，图 7.1.1 是由 N 根导线和参考地平面组成的 N+1 个导体的多导体传输线系统，其中参考地为 0 号导体。约束传输线上电压和电流的微分方程称为传输线方程，它们构成了传输线模型。根据传输线上电磁能量的传播特点，在推导无损耗均匀多导体传输线方程的过程中，认为多导体传输线满足以下 3 个条件：

①多导体传输线的导线周围电磁场基本结构是横电磁场 (transverse electromagnetic, TEM) 结构，即空间各点的电磁场强度矢量没有与传输线平行的分量。

②穿过所有传输线的横截面上的电流和为零，即参考导体上的电流为 $-\sum_{p=1}^{N} I_p(z,t)$。

③多导体传输线为均匀传输线且平行放置，同时忽略导线的电阻、内自感和沿线分布的漏电导。

在图 7.1.1 中，I_p 和 V_p 分别为 p 号导线上电流和电压的相量形式 (在后面章节中，电磁场量、电流、电压等除特别说明外，均为相量)。设导线周围介质为空气 (即导线为裸线)，导线编号为：1、…、p、q、…、N，对应导线的镜像为 1′、…、p'、q'、…、N'；r_p、r_q 和 h_p、h_q 分别为导线 p、q 的半径和对地高度；d_{pq} 是导线 p、q 之间的距离，$d_{pq'}$ 是导线 p 与导线 q 的镜像 q' 之间的距离。

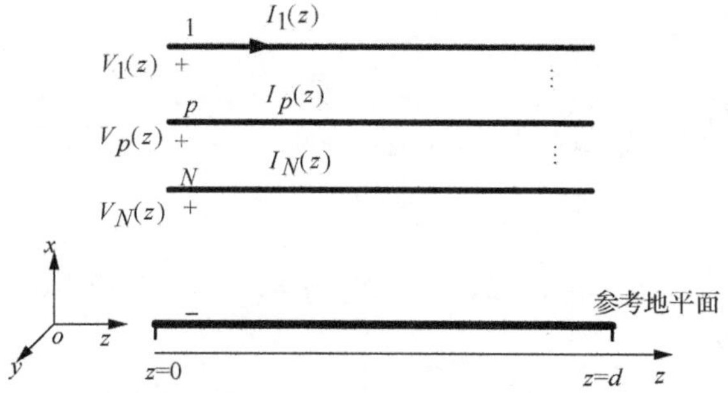

(a) 多导体系统

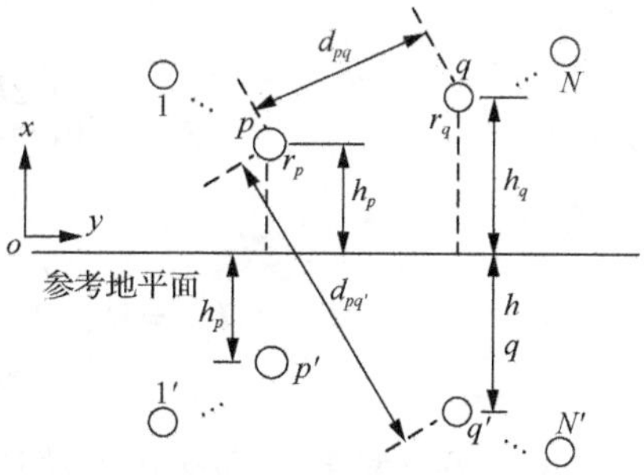

(b) 多导体系统横截面

图 7.1.1　N 根导线与地平面组成的多导体传输线系统

由 N+1 条传输线组成的多导体传输线系统的传输线矩阵方程为

$$\frac{\partial \boldsymbol{V}(z)}{\partial z} = -\mathrm{j}\omega \boldsymbol{L}\boldsymbol{I}(z) \tag{7.1.1}$$

$$\frac{\partial \boldsymbol{I}(z)}{\partial z} = -\mathrm{j}\omega \boldsymbol{C}\boldsymbol{V}(z) \tag{7.1.2}$$

式中，$\boldsymbol{V}(z) = \left[V_1(z) \cdots V_p(z) \cdots V_N(z)\right]^{\mathrm{T}}$ 和 $\boldsymbol{I}(z) = \left[I_1(z) \cdots I_p(z) \cdots I_N(z)\right]^{\mathrm{T}}$ 分别为电压矩阵列向量和电流矩阵列向量；

$$\boldsymbol{L} = \begin{bmatrix} L_{11} & \cdots & L_{1p} & \cdots & L_{1N} \\ \vdots & & \vdots & & \vdots \\ L_{p1} & \cdots & L_{pp} & \cdots & L_{pN} \\ \vdots & & \vdots & & \vdots \\ L_{N1} & \cdots & L_{Np} & \cdots & L_{NN} \end{bmatrix} = \frac{\mu_0}{2\pi} \begin{bmatrix} f_{11} & f_{12} & \cdots & f_{1N} \\ f_{21} & f_{22} & \cdots & f_{2N} \\ \vdots & \vdots & & \vdots \\ f_{N1} & f_{N2} & \cdots & f_{NN} \end{bmatrix} \tag{7.1.3}$$

和

$$\boldsymbol{C} = \begin{bmatrix} C_{11} & \cdots & C_{1p} & \cdots & C_{1N} \\ \vdots & & \vdots & & \vdots \\ C_{p1} & \cdots & C_{pp} & \cdots & C_{pN} \\ \vdots & & \vdots & & \vdots \\ C_{N1} & \cdots & C_{Np} & \cdots & C_{NN} \end{bmatrix} = 2\pi\varepsilon_0 \begin{bmatrix} f_{11} & f_{12} & \cdots & f_{1N} \\ f_{21} & f_{22} & \cdots & f_{2N} \\ \vdots & \vdots & & \vdots \\ f_{N1} & f_{N2} & \cdots & f_{NN} \end{bmatrix}^{-1} \tag{7.1.4}$$

分别为多导体传输线系统的单位长度电感矩阵和电容矩阵，且为对称阵，可利用解析方法获得。

式中，

$$f_{pp} = \ln\left(\frac{2h_p}{r_p}\right) \quad (p=1、2、\dots、N) \tag{7.1.5}$$

$$f_{pq} = \ln\left(\frac{d_{pq'}}{d_{pq}}\right) \quad (p、q=1、2、\dots、N，q \neq p) \tag{7.1.6}$$

需要注意的是，用解析方法计算电容矩阵有其局限性，它要求导线之间的间距满足 $d_{pq} > 5r$（r 为导线的半径），并且导线与参考地平面的距离 $h_p > 5r$ 时，解析方法求得的电容矩阵值才是有效的。

7.2 线束的等效原理与等效模型

7.2.1 线束的等效原理

1) 双导线无损耗均匀传输线的传输特性

传输线是用以引导电磁能量从一处传递到另一处的一种装置。若传输线由两根平行导线组成，每一导线沿线各处具有相同材料、相同截面，并且导线周围介质沿线均匀分布，则称之为二线均匀传输线。当在传输线两线间加上电压并有电流流过时，在传输线上及其周围空间便产生了电场和磁场。设双导体无损均匀传输线长 L，终端 $z=L$ 处接阻抗 Z_L，始端接电压源 V_s，电压源内阻抗为 Z_s，如图 7.2.1 所示。

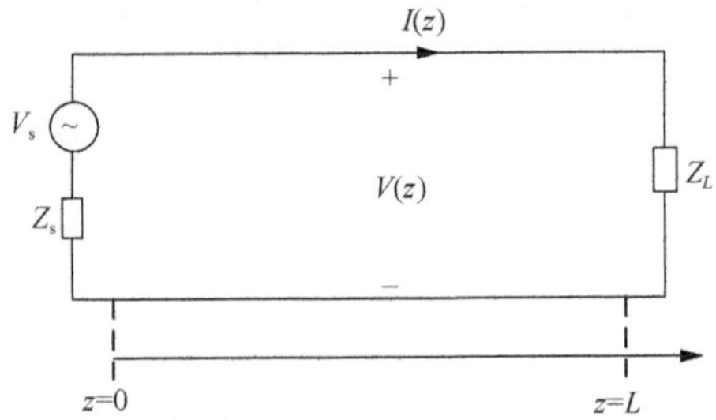

图 7.2.1　长度为 L 的双导体无损均匀传输线模型

用 L_0 表示单位长度电感，C_0 表示单位长度电容。由于是双导体无损均匀传输线，所以不考虑导线以及导线周围介质的损耗。

如图 7.2.2 所示，$z \sim z+\Delta z$ 的这段传输线，对环路 ABCD 应用基尔霍夫电压定律、对 F 点应用基尔霍夫电流定律后，可得双导体传输线的传输线方程为

$$\frac{\mathrm{d}V(z)}{\mathrm{d}z}=-\mathrm{j}\omega L_0 I(z) \tag{7.2.1}$$

$$\frac{\mathrm{d}I(z)}{\mathrm{d}z}=-\mathrm{j}\omega C_0 V(z) \tag{7.2.2}$$

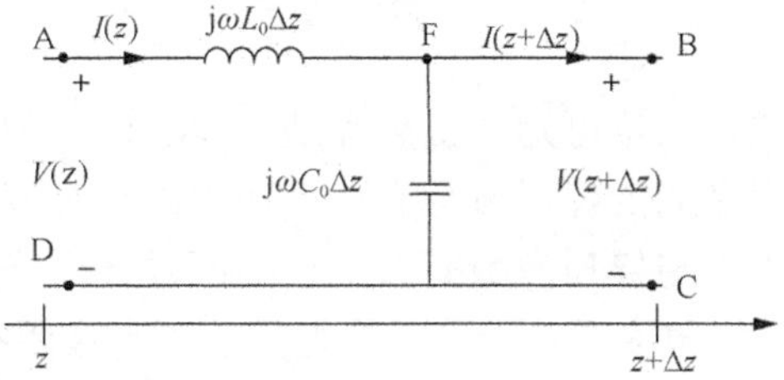

图 7.2.2　单位长度传输线的等效电路

先将式(7.2.1)、式(7.2.2)的方程两边对 z 微分后联立，得非耦合的二阶常微分方程，然后求解此常微分方程可得

$$V(z)=V^{+}\mathrm{e}^{-\mathrm{j}\gamma z}+V^{-}\mathrm{e}^{\mathrm{j}\gamma z} \tag{7.2.3}$$

$$I(z)=\frac{1}{Z_0}V^{+}\mathrm{e}^{-\mathrm{j}\gamma z}-\frac{1}{Z_0}V^{-}\mathrm{e}^{\mathrm{j}\gamma z} \tag{7.2.4}$$

式中，$\gamma=\dfrac{\omega}{v}$ ($v=\dfrac{1}{\sqrt{\mu\varepsilon}}$ 为传输线上波的传播速度) 为传播常数；$Z_0=\sqrt{\dfrac{L_0}{C_0}}$ (Ω)，为传输线的特性阻抗；$V^{+}\mathrm{e}^{-\mathrm{j}\gamma z}$、$V^{-}\mathrm{e}^{\mathrm{j}\gamma z}$ 分别为沿传输线传播的正向行波和反向行波，V^{+}、V^{-} 为待定常数。由此可知，沿线分布的电压和电流被看作是正向行波和反向行波的叠加。

需要说明的是，特性阻抗 Z_0 是从电路的观点来定义的，定义为电压的正向行波与电流的正向行波的比值，即为

$$Z_0=\frac{V^{+}}{I^{+}}=\sqrt{\frac{L_0}{C_0}} \tag{7.2.5}$$

由于双导线无损均匀传输线的 $C_0=\dfrac{\pi\varepsilon}{\ln d/r}$、$L_0=\dfrac{\mu\ln d/r}{\pi}$ (不考虑内自感)，将其代入式(7.2.5)可得

$$Z_0=\sqrt{\frac{\mu}{\varepsilon}}\ln\frac{d}{r} \tag{7.2.6}$$

式中，r 为导线半径；d 为两导线之间的距离。

在介质空间传播的 TEM 波的波阻抗定义为电场强度与磁场强度幅值的比值，即

$$Z_0 = \frac{|\boldsymbol{E}|}{|\boldsymbol{H}|} = \sqrt{\frac{\mu}{\varepsilon}} \tag{7.2.7}$$

比较式(7.2.6)和式(7.2.7)可知，虽然都是 TEM 波，但电磁波在介质空间传播时，波阻抗仅与传播空间的媒质参数有关。而电磁波在双导线无损均匀传输线上传播时，特性阻抗不仅与媒质参数有关，还与两导线之间的距离、尺寸、形状有关。尽管如此，从场的角度看，无论是特性阻抗还是波阻抗，其实质都是 TEM 波在不同传输途径中的阻抗，所以，双导线无损均匀传输线的特性阻抗也可称为波阻抗。在以后的讨论中均采用波阻抗这一提法。

传输线上任意点 z 处反向行波的电压与正向行波的电压之比被称为电压反射系数，即

$$\Gamma(z) = \frac{V^- \mathrm{e}^{\mathrm{j}\gamma z}}{V^+ \mathrm{e}^{-\mathrm{j}\gamma z}} = \frac{V^-}{V^+} \mathrm{e}^{\mathrm{j}2\gamma z} \tag{7.2.8}$$

由于电压反射系数 $\Gamma(z)$ 是 z 的函数，说明线上各点的反射系数是不同的。于是，式(7.2.3)、式(7.2.4)可用反射系数表示为

$$V(z) = V^+ \mathrm{e}^{-\mathrm{j}\gamma z}\left[1 + \Gamma(z)\right] \tag{7.2.9}$$

$$I(z) = \frac{V^+}{Z_0} \mathrm{e}^{-\mathrm{j}\gamma z}\left[1 - \Gamma(z)\right] \tag{7.2.10}$$

传输线上任意点的反射系数与负载端反射系数的关系为

$$\Gamma(z) = \Gamma_L \mathrm{e}^{-\mathrm{j}2\gamma(z-L)} \tag{7.2.11}$$

式中，$\Gamma_L = \Gamma(L) = \dfrac{Z_L - Z_0}{Z_L + Z_0}$ 为传输线终端负载端反射系数。

综合式(7.2.9)、式(7.2.10)、式(7.2.11)可知，对终端接有负载的有限长度的传输线来说，线上的电压与电流均与导线终端负载和导线的波阻抗有关，因此，双导线传输线的电磁特性由波阻抗和终端负载决定，这一结论可以推广到多导体传输线。

2) 线束等效波阻抗的引入与定义

线束属于多导体传输线，各导线不仅有自波阻抗（与地之间的波阻抗）还有互波阻抗（传输线之间的波阻抗），各导线终端负载也不相同，因此，不能直接引用双导体传输线波阻抗和终端负载的概念。为了减少线束处理的复杂度，有必要引入一个新的参数——线束的等效波阻抗。

如图 7.1.1 所示的多导线系统，设导线上单位长度电荷为 Q_1、Q_2、…、Q_N，则各导线对地电压 V_1、V_2、…、V_N 可用电压—电荷方程表示如下：

$$\begin{cases} V_1 = \eta_{11}Q_1 + \eta_{12}Q_2 + \cdots + \eta_{1N}Q_N \\ V_2 = \eta_{21}Q_1 + \eta_{22}Q_2 + \cdots + \eta_{2N}Q_N \\ \cdots \\ V_N = \eta_{N1}Q_1 + \eta_{N2}Q_2 + \cdots + \eta_{NN}Q_N \end{cases} \tag{7.2.12}$$

式中，η_{pq} 为电位系数，双下标相同时为自电位系数，双下标不同时为互电位系数，且有

$$\eta_{pp} = \frac{1}{2\pi\varepsilon_0}\ln\frac{2h_p}{r_p} \quad (p=1、2、\cdots、N)$$

$$\eta_{pq} = \frac{1}{2\pi\varepsilon_0}\ln\frac{d_{pq'}}{d_{pq}} = \frac{1}{4\pi\varepsilon_0}\ln\left(1+\frac{4h_p h_q}{d_{pq}^2}\right) \quad (p、q=1、2、\cdots、N，p\neq q)$$

设 $v = 1\big/\sqrt{\mu_0\varepsilon_0}$ 为传输线上电磁波的传播速度，用 v/v 乘以式(7.2.12)的右边，由于 $Qv = I$ 为导线的电流，故式(7.2.12)可以改写为

$$\begin{cases} V_1 = \zeta_{11}I_1 + \zeta_{12}I_2 + \cdots + \zeta_{1N}I_N \\ V_2 = \zeta_{21}I_1 + \zeta_{22}I_2 + \cdots + \zeta_{2N}I_N \\ \cdots \\ V_N = \zeta_{N1}I_1 + \zeta_{N2}I_2 + \cdots + \zeta_{NN}I_N \end{cases} \tag{7.2.13}$$

式中，$\zeta_{pq} = \eta_{pq}\big/v$ 为导线的波阻抗(Ω)，双下标相同为自波阻抗，双下标不同为互波阻抗。

对各导线施以相同的对地电压，即 $V_1=V_2=\cdots=V_N=V$，定义线束的对地电压 V 与各导线电流之和的比值为线束的等效波阻抗 ζ_{eq}，其定义式为

$$\zeta_{\text{eq}} = \frac{V}{I_1 + I_2 + \cdots + I_N} = \frac{1}{\sum\limits_{p=1}^{N}\sum\limits_{q=1}^{N} A_{pq}\big/|\zeta|} \tag{7.2.14}$$

式中，A_{pq}为行列式$|\zeta|$中元素ζ_{pq}的代数余子式。

与描述双导体传输线传播特性的波阻抗不同，等效波阻抗综合了线束中所有导线的自波阻抗和互波阻抗，有均值的含义。由式(7.2.14)可知，等效波阻抗ζ_{eq}只与线束中各导线的尺寸、导线之间的相对位置有关，与各导线上的电流、对地电压无关，因此，等效波阻抗是可用来描述线束传播特性的参数。

3)线束等效模型的建立依据

与双导线类似，线束的传输特性同样将由线束的等效波阻抗和线束中所有导线的终端负载决定。然而线束的终端负载多，负载性质也不尽相同，对线束终端负载的处理是建立线束等效模型的关键步骤和重要依据。

根据导线终端共模负载阻抗的幅值(共模阻抗将在后面定义)与线束等效波阻抗值的大小关系，对导线进行分组，分组方法见表 7.2.1，其中$|Z_{pj}|$为终端阻抗，p为导线编号，j 为相应的终端编号(导线只有两个终端，故 j=1，2)。这种分组方式实质，是将具有相同性质的终端负载(均比等效波阻抗大或小)的导线分在一个组里，使同组导线终端的反射性质相近。若导线终端负载与线束等效波阻抗ζ_{eq}相同，可认为导线在该终端达到终端匹配条件，则该导线的分组具有一定的灵活性。如导线 p 的终端阻抗$|Z_{p1}|<\zeta_{eq}$，$|Z_{p2}|=\zeta_{eq}$，可认为该导线终端 2 的阻抗达到终端匹配条件，将其分到表 7.2.1 中的第 1 组或第 2 组均可。

表 7.2.1　线束等效的分组方法

等效导线	终端 1	终端 2
第 1 组	$\lvert Z_{p1}\rvert < \zeta_{eq}$	$\lvert Z_{p2}\rvert < \zeta_{eq}$
第 2 组	$\lvert Z_{p1}\rvert < \zeta_{eq}$	$\lvert Z_{p2}\rvert > \zeta_{eq}$
第 3 组	$\lvert Z_{p1}\rvert > \zeta_{eq}$	$\lvert Z_{p2}\rvert < \zeta_{eq}$
第 4 组	$\lvert Z_{p1}\rvert > \zeta_{eq}$	$\lvert Z_{p2}\rvert > \zeta_{eq}$

按表 7.2.1 的分组方法，线束中的所有导线都可分别归类到 4 组等效导线中，即无论线束中有多少根导线，都可将其处理成最多 4 组等效导线，每组等效导线对外的作用与单根导线相当。所以一旦线束的等效模型建立后，线束电磁特性的研究就简化成对最多 4 个导体组成的传输线系统电磁特性的研究，使研究线束的电磁兼容问题得到极大的简化。

7.2.2　线束等效模型的建立

1)等效导线单位长度电磁参数

为了得到等效导线单位长度电感矩阵和电容矩阵，作如下假设：

①效导线 m 上的电流 I_{gcm} (m=1，2，3，4)等于同组所有导线上的电流之和，即

$$I_{gcm}=I_1+I_2+\cdots+I_K \tag{7.2.15}$$

式中，K 为等效导线 m 所包含的导线根数。

②等效导线 m 中的导线 k 上的电流为同组导线电流的平均值，即

$$I_k=\frac{I_{gcm}}{K}\qquad (k=1,\ 2,\ \cdots,\ K) \tag{7.2.16}$$

③等效导线 m 中，所有导线具有相同的电压，即

$$V_{gcm}=V_1=V_2=\cdots=V_K \tag{7.2.17}$$

设 N+1 根导线系统(包含参考地在内)可等效为 4 组等效导线，且 1~α为第 1 组等效导线，共有 N_1 根；(α+1)~β为第二组等效导线，共有 N_2 根；(β+1)~ξ 为第三组等效导线，共有 N_3 根；(ξ +1)~N 为第四组等效导线，共 N_4 有根；故 $N=N_1+N_2+N_3+N_4$。

将式(7.2.16)代入式(7.1.1)，并联立式(7.2.17)，可得

$$\frac{\mathrm{d}}{\mathrm{d}z}\begin{bmatrix}V_{gc1}\\V_{gc2}\\V_{gc3}\\V_{gc4}\end{bmatrix}=-\mathrm{j}\omega[L]_{eq}\begin{bmatrix}I_{gc1}\\I_{gc2}\\I_{gc3}\\I_{gc4}\end{bmatrix} \tag{7.2.18}$$

式中，

$$[L]_{eq}=\begin{bmatrix}
\dfrac{\sum\limits_{p=1}^{\alpha}\sum\limits_{q=1}^{\alpha}L_{pq}}{N_1^2} & \dfrac{\sum\limits_{p=1}^{\alpha}\sum\limits_{q=\alpha+1}^{\beta}L_{pq}}{N_1\cdot N_2} & \dfrac{\sum\limits_{p=1}^{\alpha}\sum\limits_{q=\beta+1}^{\xi}L_{pq}}{N_1\cdot N_3} & \dfrac{\sum\limits_{p=1}^{\alpha}\sum\limits_{q=\xi+1}^{N}L_{pq}}{N_1\cdot N_4}\\
\dfrac{\sum\limits_{p=\alpha+1}^{\beta}\sum\limits_{q=1}^{\alpha}L_{pq}}{N_1\cdot N_2} & \dfrac{\sum\limits_{p=\alpha+1}^{\beta}\sum\limits_{q=\alpha+1}^{\beta}L_{pq}}{N_2^2} & \dfrac{\sum\limits_{p=\alpha+1}^{\beta}\sum\limits_{q=\beta+1}^{\xi}L_{pq}}{N_2\cdot N_3} & \dfrac{\sum\limits_{p=\alpha+1}^{\beta}\sum\limits_{q=\xi+1}^{N}L_{pq}}{N_2\cdot N_4}\\
\dfrac{\sum\limits_{p=\beta+1}^{\xi}\sum\limits_{q=1}^{\alpha}L_{pq}}{N_1\cdot N_3} & \dfrac{\sum\limits_{p=\beta+1}^{\xi}\sum\limits_{q=\alpha+1}^{\beta}L_{pq}}{N_2\cdot N_3} & \dfrac{\sum\limits_{p=\beta+1}^{\xi}\sum\limits_{q=\beta+1}^{\xi}L_{pq}}{N_3^2} & \dfrac{\sum\limits_{p=\beta+1}^{\xi}\sum\limits_{q=\xi+1}^{N}L_{pq}}{N_3\cdot N_4}\\
\dfrac{\sum\limits_{p=\xi+1}^{N}\sum\limits_{q=1}^{\alpha}L_{pq}}{N_1\cdot N_4} & \dfrac{\sum\limits_{p=\xi+1}^{N}\sum\limits_{q=\alpha+1}^{\beta}L_{pq}}{N_2\cdot N_4} & \dfrac{\sum\limits_{p=\xi+1}^{N}\sum\limits_{q=\beta+1}^{\xi}L_{pq}}{N_3\cdot N_4} & \dfrac{\sum\limits_{p=\xi+1}^{N}\sum\limits_{q=\xi+1}^{N}L_{pq}}{N_4^2}
\end{bmatrix} \tag{7.2.19}$$

为等效导线单位长度的电感矩阵，简称为等效电感矩阵。

同样的，将式(7.2.17)代入式(7.1.2)，并联立式(7.2.15)，可得

$$\frac{\mathrm{d}}{\mathrm{d}z}\begin{bmatrix} I_{\mathrm{gc1}} \\ I_{\mathrm{gc2}} \\ I_{\mathrm{gc3}} \\ I_{\mathrm{gc4}} \end{bmatrix} = -\mathrm{j}\omega[C]_{\mathrm{eq}}\begin{bmatrix} V_{\mathrm{gc1}} \\ V_{\mathrm{gc2}} \\ V_{\mathrm{gc3}} \\ V_{\mathrm{gc4}} \end{bmatrix} \tag{7.2.20}$$

式中，

$$[C]_{\mathrm{eq}} = \begin{bmatrix} \sum\limits_{p=1}^{\alpha}\sum\limits_{q=1}^{\alpha}C_{pq} & \sum\limits_{p=1}^{\alpha}\sum\limits_{q=\alpha+1}^{\beta}C_{pq} & \sum\limits_{p=1}^{\alpha}\sum\limits_{q=\beta+1}^{\xi}C_{pq} & \sum\limits_{p=1}^{\alpha}\sum\limits_{q=\xi+1}^{N}C_{pq} \\ \sum\limits_{p=\alpha+1}^{\beta}\sum\limits_{q=1}^{\alpha}C_{pq} & \sum\limits_{p=\alpha+1}^{\beta}\sum\limits_{q=\alpha+1}^{\beta}C_{pq} & \sum\limits_{p=\alpha+1}^{\beta}\sum\limits_{q=\beta+1}^{\xi}C_{pq} & \sum\limits_{p=\alpha+1}^{\beta}\sum\limits_{q=\xi+1}^{N}C_{pq} \\ \sum\limits_{p=\beta+1}^{\xi}\sum\limits_{q=1}^{\alpha}C_{pq} & \sum\limits_{p=\beta+1}^{\xi}\sum\limits_{q=\alpha+1}^{\beta}C_{pq} & \sum\limits_{p=\beta+1}^{\xi}\sum\limits_{q=\beta+1}^{\xi}C_{pq} & \sum\limits_{p=\beta+1}^{\xi}\sum\limits_{q=\xi+1}^{N}C_{pq} \\ \sum\limits_{p=\xi+1}^{N}\sum\limits_{q=1}^{\alpha}C_{pq} & \sum\limits_{p=\xi+1}^{N}\sum\limits_{q=\alpha+1}^{\beta}C_{pq} & \sum\limits_{p=\xi+1}^{N}\sum\limits_{q=\beta+1}^{\xi}C_{pq} & \sum\limits_{p=\xi+1}^{N}\sum\limits_{q=\xi+1}^{N}C_{pq} \end{bmatrix} \tag{7.2.21}$$

为等效导线单位长度的电容矩阵，简称为等效电容矩阵。

2) 线束等效模型的结构参数

由于忽略了绝缘介质的影响，所以线束等效模型的物理结构主要包括：等效导线的对地高度、等效导线的半径、等效导线间的距离。

(1) 等效导线的对地高度为

$$h_{\mathrm{G}m} = \frac{h_1 + h_2 + \cdots + h_K}{K} \tag{7.2.22}$$

式中，K 为等效导线 m 所包含的导线根数；h_1、h_2、…、h_K 为等效导线 m 中各导线的对地高度；$h_{\mathrm{G}m}$ 为等效导线 m 的对地高度，是包含在该等效导线中的所有导线的对地高度的均值。

(2) 等效导线的半径为

$$r_{\mathrm{G}m} = \frac{2h_{\mathrm{G}m}}{\exp\left(\dfrac{2\pi \cdot L_{mm\_\mathrm{eq}}}{\mu_0}\right)} \tag{7.2.23}$$

式中，$r_{\mathrm{G}m}$ 为等效导线 m 的等效半径；L_{mm_eq} 为等效导线 m 的自感，为式(7.2.19)中对角线上的元素。

(3) 等效导线的间距为

$$d_{Gmn}=\sqrt{\frac{4h_{Gm}h_{Gn}}{\exp\left(\frac{4\pi\cdot L_{mn\_eq}}{\mu_0}\right)-1}} \tag{7.2.24}$$

式中，d_{Gmn} 为等效导线 m 与等效导线 n 的间距；h_{Gm}、h_{Gn} 分别为等效导线 m 与等效导线 n 的对地高度；L_{mn_eq} 为等效导线 m 与等效导线 n 之间的互感，为式(7.2.19)中非对角线上的元素。

从式(7.2.23)、式(7.2.24)可知，由于 h_{Gm}、L_{mm_eq}、L_{mn_eq} 存在误差，所以计算等效导线的半径及导线间距是近似结果。在线束等效模型的建立过程中，等效电感矩阵只是用来对线束等效模型的结构参数进行初步的预测估计，一个正确的线束等效模型参数还需要对式(7.2.22)、式(7.2.23)和式(7.2.24)的计算结果进行调整。

(4)线束等效模型结构参数的调整。

在推导线束等效模型结构参数的过程中会引入误差，可能导致 $r_{Gm}+r_{Gn}>d_{mn}$ 的情况出现，这时需要利用等效电容矩阵及等效电感矩阵将结构参数调整到合理范围，调整流程框图如图 7.2.3 所示。

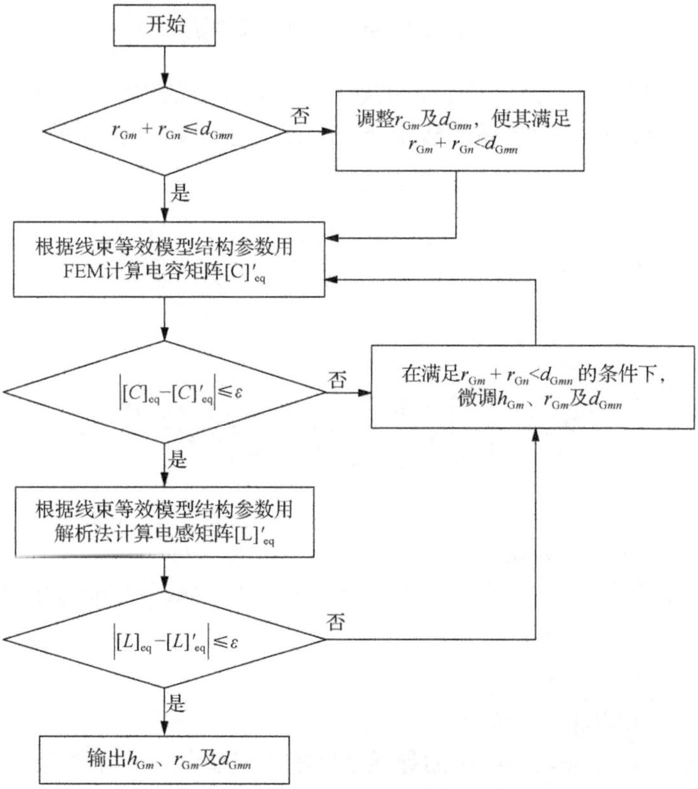

图 7.2.3　线束等效模型结构参数调整过程

图中，ε 为设定的计算误差。经过图 7.2.3 的调整后，输出的结构参数即是用于建立线束等效模型的结构参数。

3) 等效导线终端负载的处理

导线终端负载可分为共模负载和差模负载，即单根导线与参考地平面之间的负载定义为共模负载，导线之间的负载定义为差模负载。以下讨论这两种类型负载的处理方法。

(1) 共模负载的等效。

连接在导线终端与参考地平面之间的共模负载，如图 7.2.4(a) 所示。

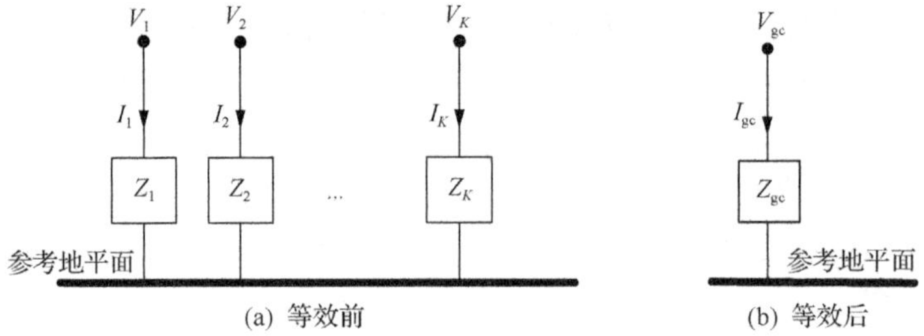

图 7.2.4　导线共模负载的等效

根据式(7.2.15)、式(7.2.17)的假设：等效导线的电流 I_{gc} 为该等效导线中所有导线的电流之和，而等效导线中所有导线的电压相等且等于等效导线的电压，因此，

$$I_{gc}=\frac{V_{gc}}{Z_{gc}}=\frac{V_1}{Z_1}+\frac{V_2}{Z_2}+\cdots+\frac{V_K}{Z_K}=V_{gc}(\frac{1}{Z_1}+\frac{1}{Z_2}+\cdots+\frac{1}{Z_K}) \tag{7.2.25}$$

设

$$Z_{gc}=\frac{1}{\frac{1}{Z_1}+\frac{1}{Z_2}+\cdots+\frac{1}{Z_N}}=Z_1/\!/Z_2/\!/\cdots/\!/Z_N \tag{7.2.26}$$

为等效导线终端共模负载。

因此，终端负载 Z_{gc} 为等效导线所包含的导线终端共模负载的并联值，等效后的电路如图 7.2.4(b) 所示。

(2) 差模负载的等效。

差模负载分以下两种情况。

①连接在同一等效导线中的导线之间的差模负载。设某等效导线中的 4 根导线的终端不仅有共模负载，而且导线间还有差模负载，如图 7.2.5 所示。

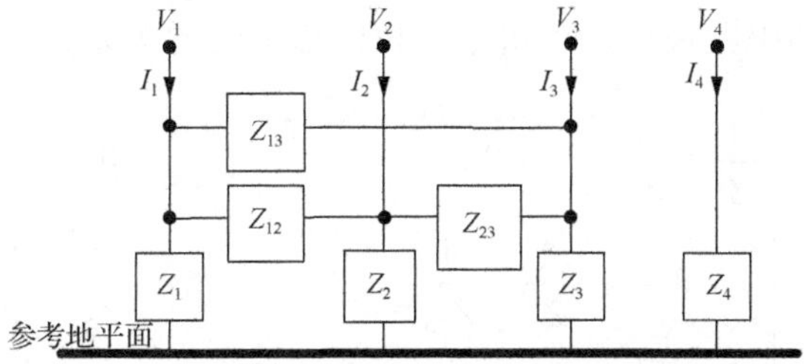

图 7.2.5　同一等效导线中导线间的差模负载的等效

利用电路理论的节点电压法，可得

$$\begin{bmatrix} I_1 \\ I_2 \\ I_3 \\ I_4 \end{bmatrix} = \begin{bmatrix} \dfrac{1}{Z_1}+\dfrac{1}{Z_{12}}+\dfrac{1}{Z_{13}} & -\dfrac{1}{Z_{12}} & -\dfrac{1}{Z_{13}} & 0 \\ -\dfrac{1}{Z_{12}} & \dfrac{1}{Z_{12}}+\dfrac{1}{Z_2}+\dfrac{1}{Z_{23}} & -\dfrac{1}{Z_{23}} & 0 \\ -\dfrac{1}{Z_{13}} & -\dfrac{1}{Z_{23}} & \dfrac{1}{Z_{13}}+\dfrac{1}{Z_{23}}+\dfrac{1}{Z_3} & 0 \\ 0 & 0 & 0 & \dfrac{1}{Z_4} \end{bmatrix} \begin{bmatrix} V_1 \\ V_2 \\ V_3 \\ V_4 \end{bmatrix} \tag{7.2.27}$$

根据式(7.2.15)、式(7.2.17)的假设得

$$I_{\mathrm{gc}} = V_{\mathrm{gc}}\left(\frac{1}{Z_1}+\frac{1}{Z_2}+\frac{1}{Z_3}+\frac{1}{Z_4}\right) = \frac{V_{\mathrm{gc}}}{Z_{\mathrm{gc}}} \tag{7.2.28}$$

由式(7.2.28)可知，在同一等效导线中导线间的差模负载对等效导线的共模电流没有影响，所以此类差模负载阻抗在等效时不予考虑。

②连接在不同等效导线之间的差模负载。图 7.2.6 所示为不同等效导线之间连接有差模负载的情况，其中，Z_{13}、Z_{24} 为不同等效导线之间的差模负载。

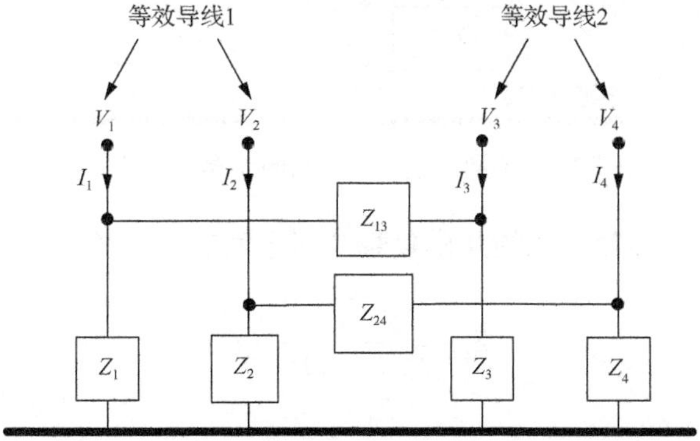

图 7.2.6　不同等效导线之间的差模负载的等效

根据图 7.2.6 的电路模型，可得电流与电压之间的关系为

$$\begin{bmatrix} I_1 \\ I_2 \\ I_3 \\ I_4 \end{bmatrix} = \begin{bmatrix} \frac{1}{Z_1}+\frac{1}{Z_{13}} & 0 & -\frac{1}{Z_{13}} & 0 \\ 0 & \frac{1}{Z_2}+\frac{1}{Z_{24}} & 0 & -\frac{1}{Z_{24}} \\ -\frac{1}{Z_{13}} & 0 & \frac{1}{Z_1}+\frac{1}{Z_{13}} & 0 \\ 0 & -\frac{1}{Z_{24}} & 0 & \frac{1}{Z_2}+\frac{1}{Z_{24}} \end{bmatrix} \begin{bmatrix} V_1 \\ V_2 \\ V_3 \\ V_4 \end{bmatrix} \tag{7.2.29}$$

根据等效导线与原始导线之间的电流关系和电压关系可得

$$I_{\mathrm{gc1}} = V_{\mathrm{gc1}}\left(\frac{1}{Z_1}+\frac{1}{Z_2}\right) + (V_{\mathrm{gc1}} - V_{\mathrm{gc2}})\left(\frac{1}{Z_{13}}+\frac{1}{Z_{24}}\right) \tag{7.2.30}$$

$$I_{\mathrm{gc2}} = V_{\mathrm{gc2}}\left(\frac{1}{Z_3}+\frac{1}{Z_4}\right) + (V_{\mathrm{gc2}} - V_{\mathrm{gc1}})\left(\frac{1}{Z_{13}}+\frac{1}{Z_{24}}\right) \tag{7.2.31}$$

从式(7.2.30)和式(7.2.31)右边第二项可以看出，共模电流与不同等效导线间的差模负载的并联值有关。于是连接在等效导线间的终端负载可以等效为图 7.2.7 所示。

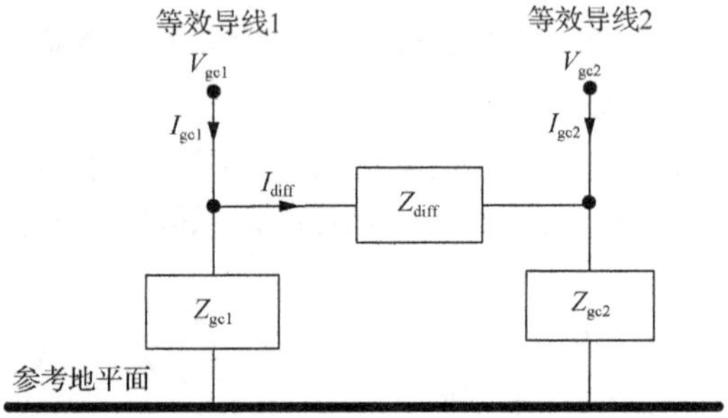

图 7.2.7 不同等效导线之间的差模负载的等效模型

图 7.2.7 中各等效导线的共模负载及其之间的差模负载分别为

$$Z_{\mathrm{gc1}} = \frac{1}{\frac{1}{Z_1}+\frac{1}{Z_2}} = Z_1 /\!/ Z_2 \tag{7.2.32}$$

$$Z_{gc2} = \frac{1}{\dfrac{1}{Z_3} + \dfrac{1}{Z_4}} = Z_3 /\!/ Z_4 \tag{7.2.33}$$

$$Z_{diff} = \frac{1}{\dfrac{1}{Z_{13}} + \dfrac{1}{Z_{24}}} = Z_{13} /\!/ Z_{24} \tag{7.2.34}$$

因此，在一般情况下，当两根等效导线之间存在差模负载时，可以用一个位于之间的等效差模负载代替，而该等效差模负载值为导线之间所有差模负载的并联。

4) 等效导线的激励源

在研究导线的电磁辐射敏感度时，完成终端负载的处理后，线束等效模型的建立也就完成了。但若要研究线束的电磁辐射发射，则还需要对导线的电压激励源、电流激励源进行等效处理。

(1) 激励源为电压源的等效方法。设有一等效导线，其中每根导线上的激励源均为电压源，并且，在该等效导线中所有的导线都具有相同的端电压 V_{gc}，其模型如图 7.2.8(a) 所示。

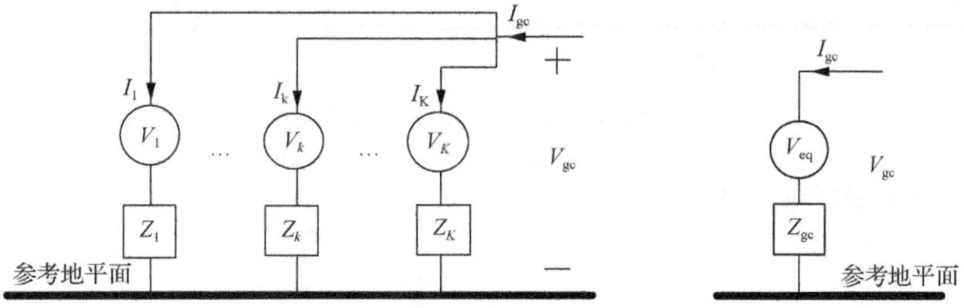

(a) 等效前　　(b) 等效后

图 7.2.8　激励源为电压源的等效

由于第 k 根导线上的电流 I_k 为

$$I_k = \frac{V_{gc} - V_k}{Z_k} \tag{7.2.35}$$

式中，V_k 为第 k 根导线的激励电压源电压；Z_k 为第 k 根导线的终端负载。

对图 7.2.8(a) 所示的电路应用节点电压法可得

$$I_{gc} = I_1 + \cdots + I_k + \cdots + I_K = V_{gc}\left(\frac{1}{Z_1} + \cdots + \frac{1}{Z_k} + \cdots + \frac{1}{Z_K}\right) - \left(\frac{V_1}{Z_1} + \cdots + \frac{V_k}{Z_k} + \cdots + \frac{V_K}{Z_K}\right) \tag{7.2.36}$$

设图 7.2.8(b) 为激励源处理后的等效电路，于是

$$I_{\mathrm{gc}}=\frac{V_{\mathrm{gc}}-V_{\mathrm{eq}}}{Z_{\mathrm{gc}}} \tag{7.2.37}$$

比较式(7.2.36)和式(7.2.37)可得等效激励源电压 V_{eq} 为

$$V_{\mathrm{eq}}=Z_{\mathrm{gc}}\left(\frac{V_1}{Z_1}+\cdots+\frac{V_k}{Z_k}+\cdots+\frac{V_K}{Z_K}\right) \tag{7.2.38}$$

(2)激励源为电流源的等效方法。

若导线上的激励源为电流源，其模型如图 7.2.9 所示。设在等效导线中所有的导线都具有相同的端电压 V_{gc}。

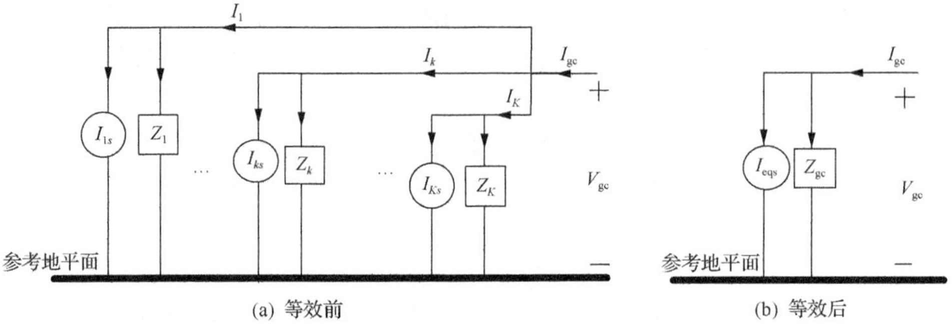

图 7.2.9　激励源为电流源的等效

由于第 k 根导线上的电流为

$$I_k=I_{ks}+\frac{V_{\mathrm{gc}}}{Z_k} \tag{7.2.39}$$

式中，I_{ks} 为第 k 根导线的电流源电流；Z_k 为第 k 根导线的终端负载。

对图 7.2.9(a)所示的电路应用节点电压法，可得

$$I_{\mathrm{gc}}=I_1+\cdots+I_k+\cdots+I_K=\left(I_{1s}+\cdots+I_{ks}+\cdots+I_{ks}\right)+\frac{V_{\mathrm{gc}}}{Z_{\mathrm{gc}}} \tag{7.2.40}$$

设图 7.2.9(b)为激励源处理后的等效电路，于是有

$$I_{\mathrm{gc}}=I_{\mathrm{eq}s}+\frac{V_{\mathrm{gc}}}{Z_{\mathrm{gc}}} \tag{7.2.41}$$

比较式(7.2.40)和式(7.2.41)可得等效激励源电流 $I_{\mathrm{eq}s}$ 为

$$I_{\mathrm{eq}s}=I_{1s}+\cdots+I_{ks}+\cdots+I_{Ks} \tag{7.2.42}$$

在激励源的等效过程中，等效导线终端的激励源均为同一类型(即统一为电压源或电流源)，只是幅值不同而已。如果等效导线同一终端既有电压源又有电流源，则需要转化成统一类型的激励源。

7.3　线束辐射发射敏感度分析

电磁辐射敏感度，即电磁辐射抗扰度，是指对引起设备或系统的性能劣化或非期望的辐射干扰的一种度量，它表示设备或系统的性能对辐射电磁干扰的敏感程度，是电磁兼容问题的一个方面。当外界入射电磁波遇到多导体传输线时，会在导线上产生感应电动势，若导线构成回路，则会在导线上形成感应电流，因此，对闭合回路，可以利用线束上的感应电流作为表征线束的电磁辐射敏感度的评价参数。在仿真计算过程中，因模型复杂而常用数值计算方法，本章选取基于 FEM 的电磁场仿真软件 HFSS，该软件可以计算全频段、各种复杂模型的电磁场，且具有计算精度高、后处理功能强大等优势。

7.3.1　导线感应电流的计算

当电磁波从空气介质进入导线时，由于媒质不连续，电场和磁场在媒质分界面上发生突变，如图 7.3.1 所示。

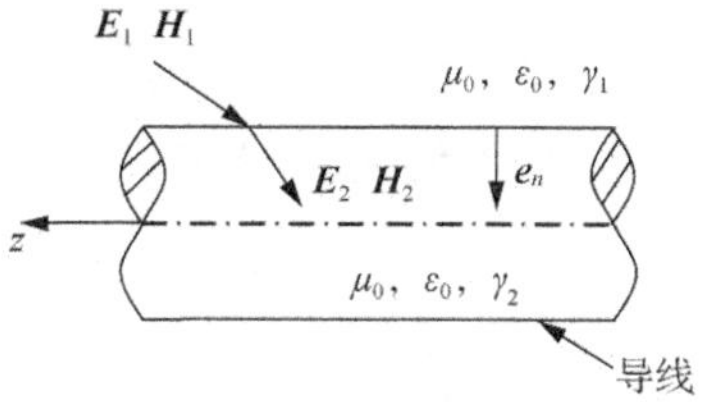

图 7.3.1　平面波从自由空间进入导线

图中，$\boldsymbol{E}_1$、$\boldsymbol{H}_1$ 分别为空气中的电场强度和磁场强度；$\boldsymbol{E}_2$、$\boldsymbol{H}_2$ 分别为导线中的电场强度和磁场强度；$\boldsymbol{e}_n$ 为分界面上的法向单位矢量，由媒质 1 指向媒质 2。分界面上的衔接条件为

$$\begin{cases} \boldsymbol{e}_n \times (\boldsymbol{E}_2 - \boldsymbol{E}_1) = 0 \\ \boldsymbol{e}_n \cdot (\boldsymbol{E}_2 - \boldsymbol{E}_1) = \dfrac{\sigma}{\varepsilon_0} \\ \boldsymbol{e}_n \times (\boldsymbol{H}_2 - \boldsymbol{H}_1) = \boldsymbol{K} \\ \boldsymbol{e}_n \cdot (\boldsymbol{H}_2 - \boldsymbol{H}_1) = 0 \end{cases} \tag{7.3.1}$$

式中，$\boldsymbol{K}$ 为分布在导线表面上的感应电流；σ为分布在导线表面上的面电荷。

为分析方便，设空气为理想介质 $\gamma_1=0$、导线为理想导体 $\gamma_2=\infty$，当电磁波由理想介质进入理想导体时，电磁波迅速衰减为零，仅在导体表面形成一层薄薄的面电流。因此导线中的电磁场为零，场量在分界面上的衔接条件简化为

$$\begin{cases} \boldsymbol{e}_n \times \boldsymbol{E}_1 = 0 \\ \boldsymbol{e}_n \cdot \boldsymbol{E}_1 = -\dfrac{\sigma}{\varepsilon_0} \\ -\boldsymbol{e}_n \times \boldsymbol{H}_1 = \boldsymbol{K} \\ \boldsymbol{e}_n \cdot \boldsymbol{H}_1 = 0 \end{cases} \tag{7.3.2}$$

自由空间的 $\boldsymbol{E}_1$、$\boldsymbol{H}_1$ 是总场，是入射场和反射场(或散射场)之和，即

$$\boldsymbol{E}_1 = \boldsymbol{E}_i + \boldsymbol{E}_s \tag{7.3.3}$$

$$\boldsymbol{H}_1 = \boldsymbol{e}_k \times \frac{\boldsymbol{E}_i}{Z_0} - \boldsymbol{e}_k \times \frac{\boldsymbol{E}_s}{Z_0} \tag{7.3.4}$$

式中，$\boldsymbol{E}_i$ 为入射波的电场强度；$\boldsymbol{E}_s$ 为反射波的电场强度；$\boldsymbol{e}_k$ 为电磁波传播方向上的单位矢量；$Z_0=\sqrt{\mu_0/\varepsilon_0}$ 为空气中的波阻抗。

在分界面上，

$$\boldsymbol{e}_n \times \boldsymbol{E}_i = -\boldsymbol{e}_n \times \boldsymbol{E}_s \tag{7.3.5}$$

导线中的感应电流为

$$I = \oint_l \left(\boldsymbol{K} \cdot \boldsymbol{e}_{l\perp}\right) \mathrm{d}l \tag{7.3.6}$$

式中，$\boldsymbol{e}_{l\perp}$ 为沿导线轴线方向的单位矢量；l 是导线横截面上，且紧贴导线表面的闭合回路。于是有

$$\begin{aligned} I &= \frac{1}{Z_0}\oint_l \left[-\boldsymbol{e}_n \times \left(\boldsymbol{e}_k \times \boldsymbol{E}_i\right) + \boldsymbol{e}_n \times \left(\boldsymbol{e}_k \times \boldsymbol{E}_s\right)\right] \cdot \boldsymbol{e}_{l\perp} \mathrm{d}l \\ &= \frac{1}{Z_0}\oint_l \left\{\left[-\boldsymbol{e}_k\left(\boldsymbol{e}_n \cdot \boldsymbol{E}_i\right) + \boldsymbol{E}_i\left(\boldsymbol{e}_n \cdot \boldsymbol{e}_k\right)\right] + \left[\boldsymbol{e}_k\left(\boldsymbol{e}_n \cdot \boldsymbol{E}_s\right) - \boldsymbol{E}_s\left(\boldsymbol{e}_n \cdot \boldsymbol{e}_k\right)\right]\right\} \cdot \boldsymbol{e}_{l\perp} \mathrm{d}l \\ &= \frac{1}{Z_0}\oint_l \left\{\left(\boldsymbol{e}_k \cdot \boldsymbol{e}_{l\perp}\right)\left[\left(\boldsymbol{e}_n \cdot \boldsymbol{E}_s\right) - \left(\boldsymbol{e}_n \cdot \boldsymbol{E}_i\right)\right] + \left(\boldsymbol{e}_n \cdot \boldsymbol{e}_k\right)\left[\left(\boldsymbol{E}_i \cdot \boldsymbol{e}_{l\perp}\right) - \left(\boldsymbol{E}_s \cdot \boldsymbol{e}_{l\perp}\right)\right]\right\} \mathrm{d}l \end{aligned} \tag{7.3.7}$$

上式展开过程中，利用了三重矢量积的恒等式 $\boldsymbol{A}\times(\boldsymbol{B}\times\boldsymbol{C})=\boldsymbol{B}(\boldsymbol{A}\cdot\boldsymbol{C})-\boldsymbol{C}(\boldsymbol{A}\cdot\boldsymbol{B})$。由式(7.3.7)可知，一旦入射电场与散射电场的关系确定，便可获得导线上的感应电流。

7.3.2　平面电磁波对导线的耦合方式

平面波对导线的耦合方式中，下述三种方式是最基本的，其他任何形式的电磁波与导线的耦合都是这三种方式的叠加。

设导线轴向与参考地平面平行，平面波对导线的三种耦合方式如图 7.3.2 所示。

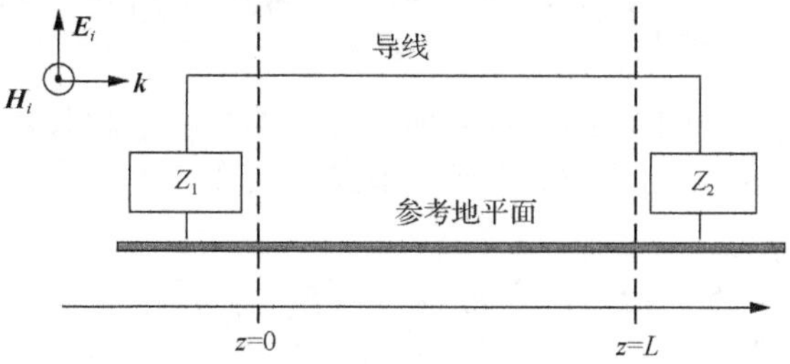

(a) 波的传播方向与导线轴向平行、电场和磁场的方向与导线轴向垂直

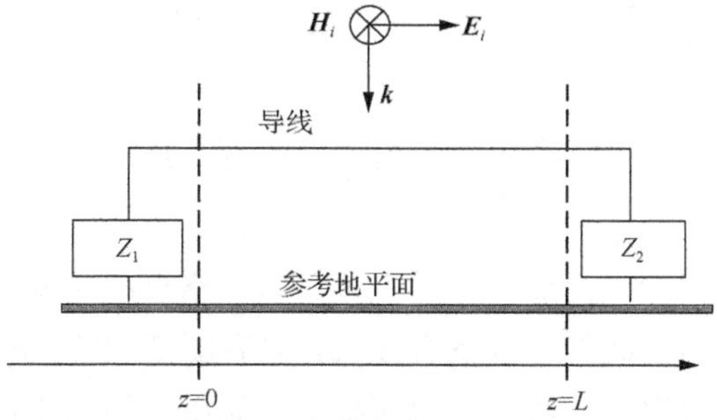

(b) 波的传播方向、磁场方向与导线轴向垂直，电场方向与导线轴向平行

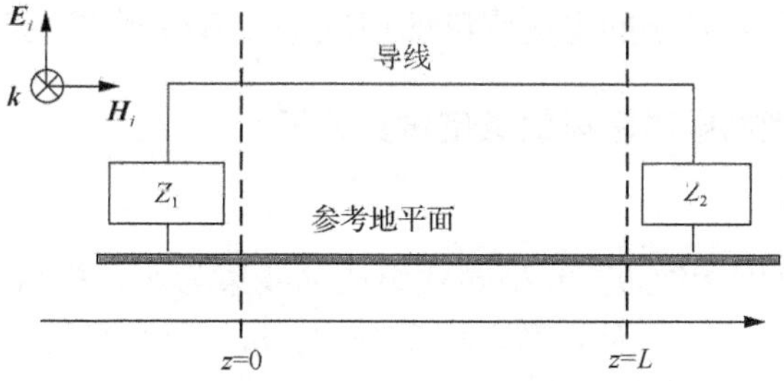

(c) 波的传播方向、电场方向与导线轴向垂直，磁场方向与导线轴向平行

图 7.3.2　平面波对导线的耦合方式

在图 7.3.2(a)中，由于电场与参考地垂直，在工程上将其称为垂直极化波。这时 $\boldsymbol{e}_k$ 与 $\boldsymbol{e}_n$ 垂直，$\boldsymbol{e}_k$ 与 $\boldsymbol{e}_{l\perp}$ 平行，于是根据式(7.3.7)，可得导线上感应电流

$$I=\frac{1}{Z_0}\oint_l\left\{(\boldsymbol{e}_k\cdot\boldsymbol{e}_{l\perp})\left[(\boldsymbol{e}_n\cdot\boldsymbol{E}_s)-(\boldsymbol{e}_n\cdot\boldsymbol{E}_i)\right]\right\}\mathrm{d}l \tag{7.3.8}$$

入射场 $\boldsymbol{E}_i$ 和散射场 $\boldsymbol{E}_s$ 的法向分量存在式(7.3.2)的约束关系，将散设场 $\boldsymbol{E}_s$ 表示成入射场 $\boldsymbol{E}_i$ 的函数，即 $\boldsymbol{E}_s=f(\boldsymbol{E}_i)$，则式(7.3.8)为

$$I=\frac{1}{Z_0}\oint_l(\boldsymbol{e}_k\cdot\boldsymbol{e}_{l\perp})\left[\boldsymbol{e}_n\cdot\left(f(\boldsymbol{E}_i)-\boldsymbol{E}_i\right)\right]\mathrm{d}l \tag{7.3.9}$$

在图 7.3.2(b)中，由于电场与参考地平行，在工程上将其称为水平极化波。这时 $\boldsymbol{e}_k$ 与 $\boldsymbol{e}_{l\perp}$ 垂直，$\boldsymbol{E}_i$、$\boldsymbol{E}_s$ 与 $\boldsymbol{e}_{l\perp}$ 平行，由式(7.3.7)可得

$$I=\frac{1}{Z_0}\oint_l\left[(\boldsymbol{E}_i\cdot\boldsymbol{e}_{l\perp})(\boldsymbol{e}_n\cdot\boldsymbol{e}_k)-(\boldsymbol{E}_s\cdot\boldsymbol{e}_{l\perp})(\boldsymbol{e}_n\cdot\boldsymbol{e}_k)\right]\mathrm{d}l \tag{7.3.10}$$

因为 $\boldsymbol{E}_i\cdot\boldsymbol{e}_{l\perp}$ 和 $\boldsymbol{E}_s\cdot\boldsymbol{e}_{l\perp}$ 为电场在导线上的切向分量，考虑到式(7.3.5)，可将式(7.3.10)写成

$$I=\frac{2}{Z_0}\oint_l(\boldsymbol{E}_i\cdot\boldsymbol{e}_{l\perp})(\boldsymbol{e}_n\cdot\boldsymbol{e}_k)\mathrm{d}l \tag{7.3.11}$$

在图 7.3.2(c)中，$\boldsymbol{e}_k$ 与 $\boldsymbol{e}_{l\perp}$ 垂直，$\boldsymbol{E}_i$、$\boldsymbol{E}_s$ 与 $\boldsymbol{e}_{l\perp}$ 垂直，因此没有感应电流产生。

通过分析电磁波对导线的三种耦合方式，只有图 7.3.2(a)和(b)两种耦合方式才会在导线中产生感应电流，因此对电磁辐射敏感度的仿真中，采用图 7.3.2 (a)或(b)的平面波入射方式进行研究。并且，由式(7.3.9)和式(7.3.11)可知，导线上的感应电流可在已知入射场的电场强度的情况下计算得到。

7.3.3 线束等效模型的电磁辐射敏感度仿真分析

1) 线束等效模型

以半径相同、间距相等的 9 根导线组成的线束为例，横截面结构如图 7.3.3 所示。导线相对于参考地平面的平均高度 h=85mm，导线半径 r=0.5mm，导线间距 d = 2mm。其中导线的坐标分别为(0, 87)、(0, 85)、(0, 83)、(2, 87)、(2, 85)、(2, 83)、(4, 87)、(4, 85)、(4, 83)。

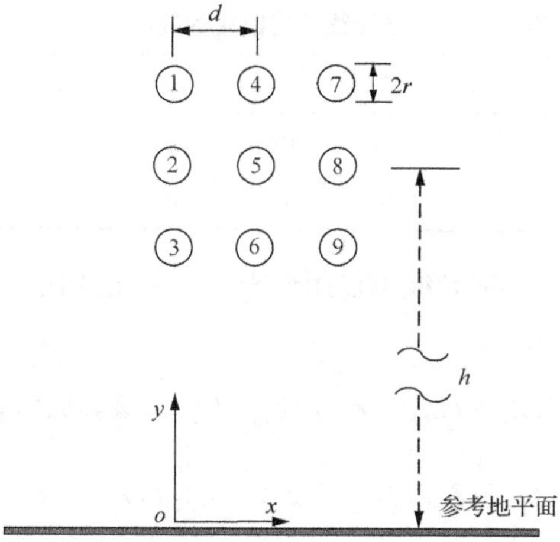

图 7.3.3　9 根导线组成的线束横截面仿真模型简图

利用线束的结构参数，根据 7.2 节中计算方法，可得线束的波阻抗矩阵为

$$[\zeta]=\begin{bmatrix} 351.13 & 267.26 & 224.97 & 267.96 & 246.47 & 218.28 & 226.38 & 218.99 & 204.19 \\ & 349.74 & 265.85 & 246.47 & 266.56 & 245.06 & 218.99 & 224.99 & 217.58 \\ & & 348.31 & 218.28 & 245.06 & 265.13 & 204.19 & 217.58 & 223.56 \\ & & & 351.13 & 267.26 & 224.97 & 267.96 & 246.47 & 218.28 \\ & & & & 349.74 & 265.85 & 246.47 & 266.56 & 245.06 \\ & & & & & 348.31 & 218.28 & 245.06 & 265.13 \\ & & & & & & 351.13 & 267.26 & 224.97 \\ & & & & & & & 349.74 & 265.85 \\ & & & & & & & & 348.31 \end{bmatrix}\Omega \tag{7.3.12}$$

线束的等效波阻抗为

$$\zeta_{\mathrm{eq}}=\frac{1}{\sum_{p=1}^{N}\sum_{q=1}^{N}A_{pq}/|\zeta|}=248.64\ \Omega \tag{7.3.13}$$

(1) 终端负载配置 I(终端负载均比等效波阻抗小)。

①等效导线的终端负载。在第 I 种配置中，所有的终端负载都比线束的等效波阻抗 ζ_{eq} 小，如表 7.3.1 所示(没有特别说明均为共模负载，下文同)。

表 7.3.1　9 根导线组成线束的终端负载　　（单位：Ω）

导线编号	1	2	3	4	5	6	7	8	9
终端 1	50	50	10	100	15	10	20	80	10
终端 2	10	60	20	15	100	10	10	15	100

按照分组方法，该 9 根导线可以用一根等效导线替代，两终端的共模负载由式(7.2.26)计算，分别为

$$Z_{gc1} = Z_{11} // Z_{12} // Z_{13} // Z_{14} // Z_{15} // Z_{16} // Z_{17} // Z_{18} // Z_{19} = 2.087\Omega \tag{7.3.14}$$

$$Z_{gc2} = Z_{21} // Z_{22} // Z_{23} // Z_{24} // Z_{25} // Z_{26} // Z_{27} // Z_{28} // Z_{29} = 1.923\Omega \tag{7.3.15}$$

②等效导线的结构参数。利用解析方法，获得原始导线单位长度的电感矩阵式，以及利用数值计算方法，获得的单位长度电容矩阵，分别代入式(7.2.19)和式(7.2.21)中计算，可得等效导线的单位长度电感和电容分别为

$$L_{eq} = \frac{\sum_{q=1}^{N}\sum_{p=1}^{N} L_{pq}}{N^2} = 843.044 \ \ \text{nH/m} \tag{7.3.16}$$

$$C_{eq} = \sum_{q=1}^{N}\sum_{p=1}^{N} C_{pq} = 8.1376 \ \ \text{pF/m} \tag{7.3.17}$$

由于线束等效为一根导线，所以电感矩阵和电容矩阵均只有一个元素。

等效导线对地高度为

$$h_{eq} = \frac{h_1 + h_2 + \cdots + h_N}{N} = 85\,\text{mm} \tag{7.3.18}$$

将式(7.3.16)和式(7.3.18)的结果代入式(7.2.23)，可得等效导线的半径

$$r_{eq} = \frac{2h_{eq}}{\exp(\frac{2\pi \cdot L_{red}}{\mu_0})} = \frac{2 \times 85\text{mm}}{\exp(\frac{2\pi \cdot 843.044\text{nH / m}}{\mu_0})} = 2.51\text{mm} \tag{7.3.19}$$

③等效导线结构参数的调整。由于等效导线只有一根，并且，利用等效导线的结构参数计算获得的单位长度电感和电容值与等效电感参数和等效电容参数的误差不大，所以等效导线的结构参数不用做调整。

于是，在终端负载配置 I 的情况下，等效导线的横截面结构如图 7.3.4 所示。

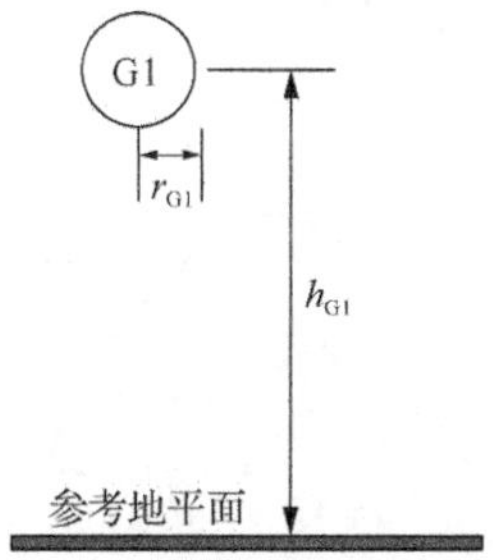

图 7.3.4　终端负载配置 I 时等效导线横截面结构

(2) 终端负载配置 II (部分终端负载比等效波阻抗大)。在第 II 种配置中，导线的终端负载有比线束的等效波阻抗 ζ_{eq} 大的情况，表 7.3.2 为 9 根导线两个终端连接到参考地之间的终端负载。

表 7.3.2　9 根导线的终端负载　(单位：Ω)

导线编号	1	2	3	4	5	6	7	8	9
终端 1	50	50	10	100	15	1M	15k	1k	10k
终端 2	10	1M	150k	15k	100k	10	15	15	100

由于原始导线的结构没有变化，所以线束的等效波阻抗仍为 $\zeta_{eq}=248.64\Omega$。根据表 7.3.2 的导线终端阻抗，将这 9 根导线组成的线束进行分组如下。

第 1 组等效导线 G1：导线 1。

第 2 组等效导线 G2：导线 2, 3, 4, 5。

第 3 组等效导线 G3：导线 6, 7, 8, 9。

利用 7.2 节阐述的方法对导线进行等效，各等效导线的终端负载如表 7.3.3 所示、等效导线的横截面结构如图 7.3.5 所示、调整后的结构参数为：$h_{G1}=86.5\text{mm}$、h_{G2}=84mm、h_{G3}=84.5mm；r_{G1}=0.5mm、$r_{G2}=r_{G3}$=1.5mm；d_{G12}=2.69mm、d_{G13}=4.69mm、d_{G23}=3.28mm。

表 7.3.3　等效导线的终端负载　(单位：Ω)

等效导线	G1	G2	G3
终端 1	50	5.1	856
终端 2	10	11.8k	4.1

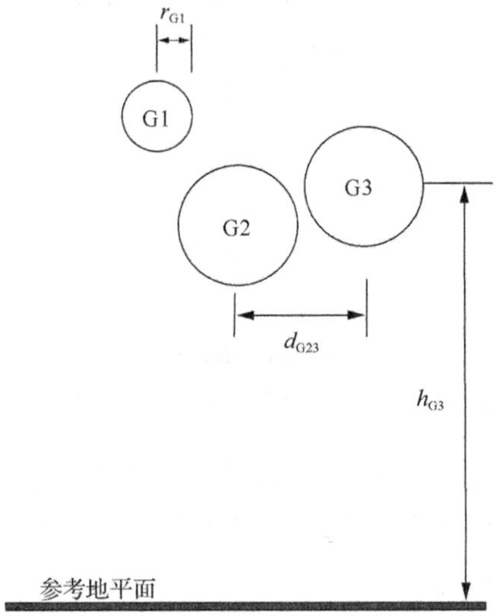

图 7.3.5　终端负载配置Ⅱ时等效导线横截面结构

2) 线束等效前后仿真结果及分析

(1) 终端负载配置Ⅰ。

根据以上的等效方法，将由 9 根导线组成的线束等效为 1 根等效导线进行仿真，平面波沿导线入射且与参考地平面平行，电场方向垂直于导线及参考面，幅值为 1V/m。电磁辐射敏感度的仿真模型示意图如图 7.3.6 所示，9 根导线的横截面及等效导线的横截面示意图分别如图 7.3.3 和图 7.3.4 所示。求解区域的有限元网格如图 7.3.7(a) 所示，为提高计算时迭代误差的收敛速度，在建模时建立了加密网格剖分的区域。线束等效前后构成的多导体传输线系统的有限元网格分别如图 7.3.7(b)、(c) 所示。

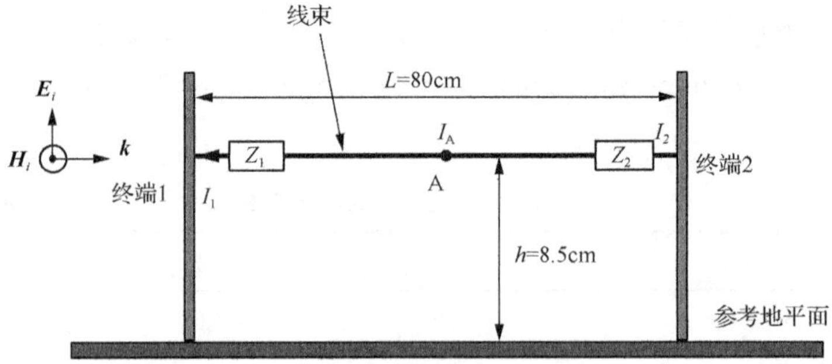

图 7.3.6　线束的电磁辐射敏感度模型

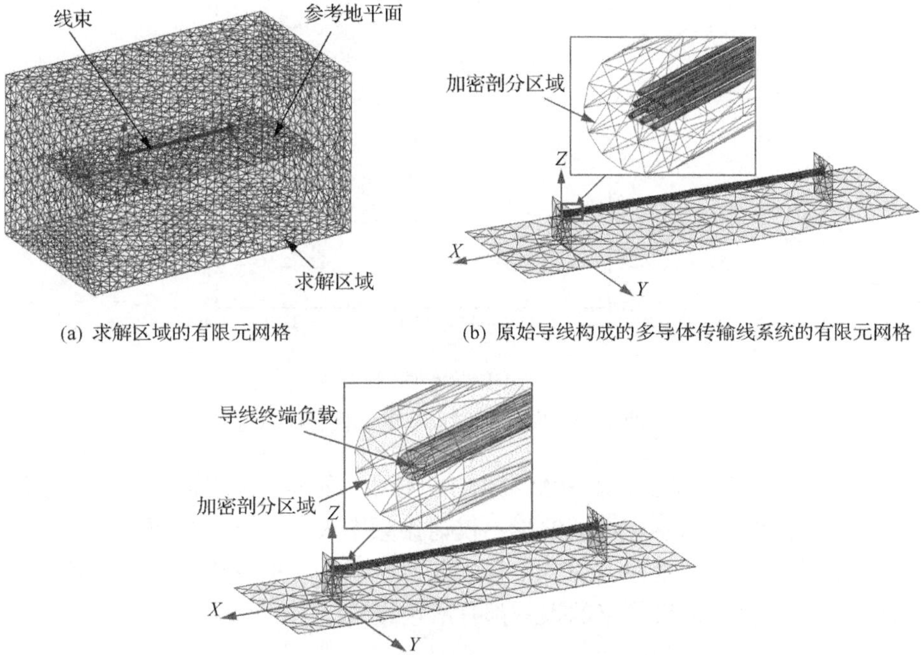

(a) 求解区域的有限元网格　　(b) 原始导线构成的多导体传输线系统的有限元网格

(c) 等效导线构成的传输线系统的有限元网格

图 7.3.7　线束等效前后构成的多导体传输线系统的有限元网格

利用 HFSS 软件对等效前后的导线进行仿真，可得线束等效前后导线终端 1、终端 2 及中央 A 点的共模感应电流随入射波频率(30M~3GHz)变化的曲线如图 7.3.8 所示。

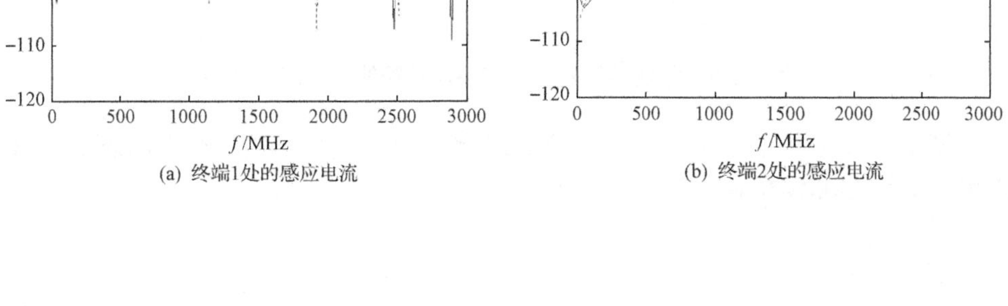

(a) 终端1处的感应电流　　(b) 终端2处的感应电流

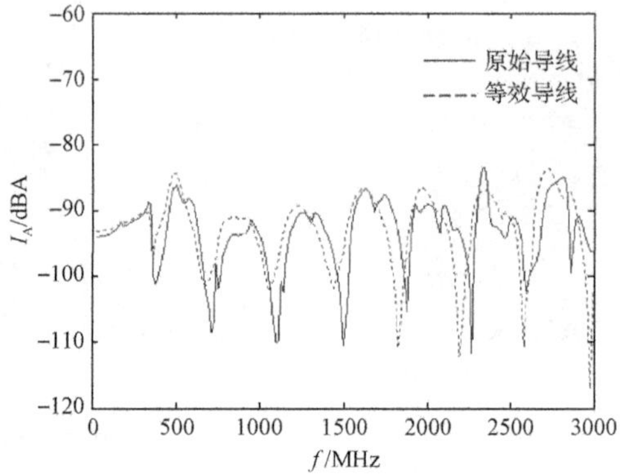

(c) 中央A处的感应电流

图 7.3.8　线束等效前后的共模感应电流

由图 7.3.8 可观察到，在 30M~1.5GHz 频段，外界入射平面电磁波在原始导线和等效导线上产生的感应电流波形不仅谐振频率大致重合，且幅值基本吻合。随着频率的增加，特别是在 1.5GHz 以上，原始导线上的感应电流与等效导线上的感应电流的幅值及谐振频率的误差都有所增大。

(2)终端负载配置Ⅱ。

与导线终端负载配置Ⅰ的入射波方式和电磁辐射敏感度的模型相似，终端负载配置Ⅱ的等效模型如图 7.3.6 所示，此时线束为 3 根等效导线，同样采用相同的平面波入射方式，平面波的幅值为 1V/m。9 根导线的横截面及等效导线的横截面示意图分别如图 7.3.3 和图 7.3.5 所示。等效导线构成的多导体传输线系统的有限元网格如图 7.3.9 所示。

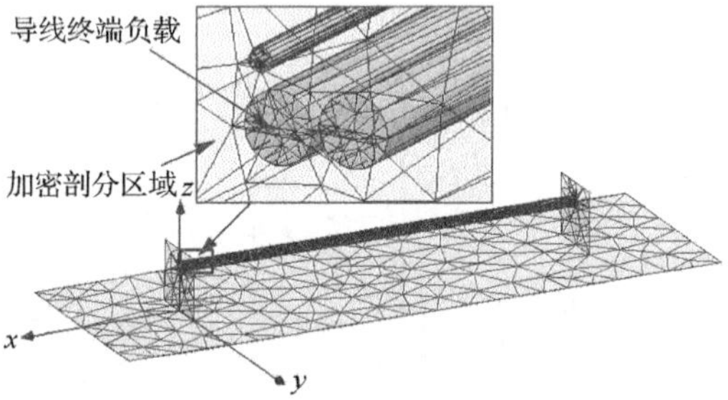

图 7.3.9　等效导线构成的多导体传输线的有限元网格

图 7.3.10 是线束采用等效模型前后终端 1、终端 2 及中央 A 点的感应电流随入射波频率(30M~3GHz)变化的曲线。

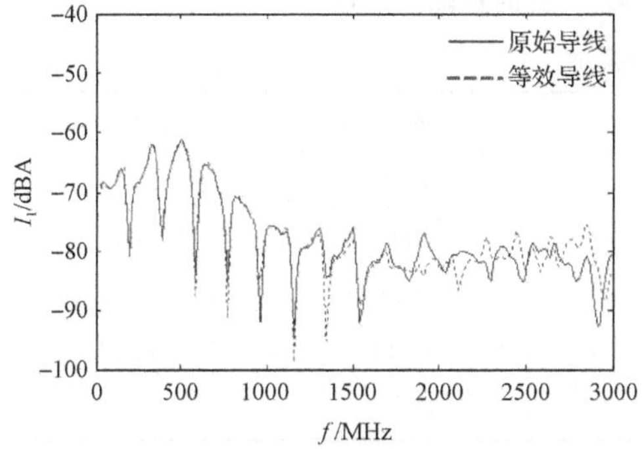

(a) 终端1处的感应电流

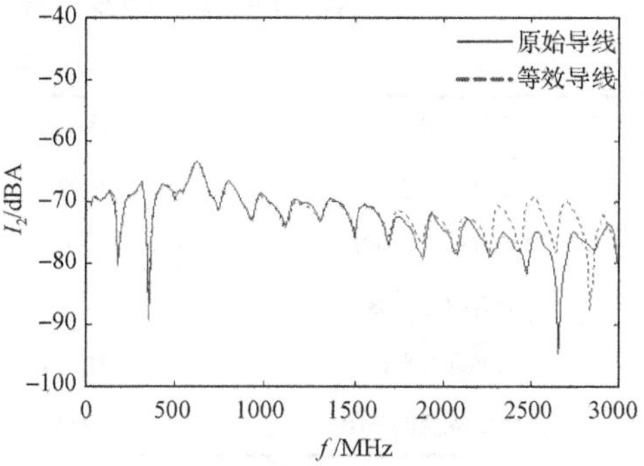

(b) 终端2处的感应电流

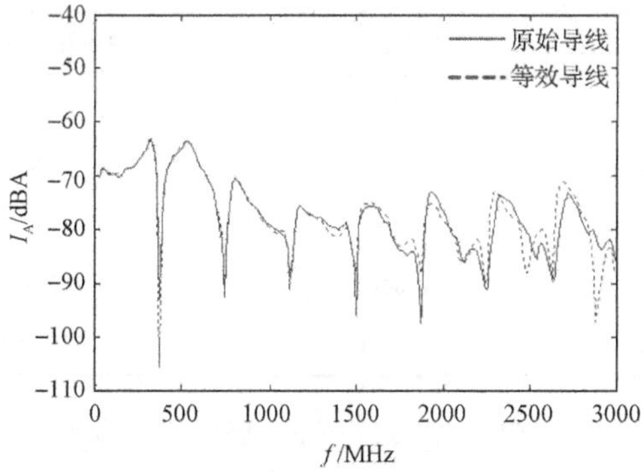

(c) A点处的感应电流

图 7.3.10　线束等效前后的共模感应电流

从上面三幅图中可以看出，在 30M~1.5GHz 频段，外界入射电磁波在原始导线和等效导线终端产生的感应电流，其波形不仅在谐振频率重合，而且幅值几乎没有差异；在 1.5G~3GHz 高频段，则出现较大误差，说明了利用“路”的原理进行等效后再计算“场”的问题时，线束等效模型解决高频场的局限性。

3) 线束等效前后占用的资源

等效方法最主要的目的，是在确保计算结果满足要求的前提条件下，减小计算所需时间、降低计算时占用的计算机内存。就本节的计算来说，在扫频范围(30M~3GHz)、离散点数(201 个)、中心频率(1.5GHz)、最大计算精度(max ΔE=0.1)及计算区域(1400mm×600mm×600mm) 相同的情况下，组成线束的 9 根导线及线束分别等效为 1 根和 3 根导线后计算所需要的时间、占用的计算机内存等具体数据如表 7.3.4(a)、(b)所示。

表 7.3.4　原始导线和等效导线计算时资源占用对比

(a) 终端负载配置 I

资源占用项目	等效导线(1 根)	原始导线(9 根)	百分比/%
剖分网格数量	19934	34501	57.78
单频点计算时间/s	51	75	68
所需内存/MB	700	929	75.35
扫频时间/s	10425	15504	67.24
占用硬盘空间/MB	924	1331.2	69.41

(b) 终端负载配置 II

资源占用项目	等效导线(3 根)	原始导线(9 根)	百分比/%
剖分网格数量	22652	30515	74.23
单频点计算时间/s	40	59	67.8
所需内存/MB	581	796	72.99
扫频时间/s	8485	12195	69.58
占用硬盘空间/MB	958	1198.08	79.96

对比表 7.3.4(a)、(b)可以发现，无论是终端负载配置 I 还是终端负载配置 II 的模型，在计算中，等效模型所占用的各种资源都有所减少。由于计算时采用了局部网格细分和自适应网格剖分技术，每个模型的计算精度不尽相同(终端负载配置 I 中等效导线的计算精度为 0.00986，终端负载配置 II 中等效导线的计算精度为 0.02335)，这使得，终端负载配置 I 的模型等效前后资源占用率，与终端负载配置 II 的模型等效前后资源占用率相比，有所减小，虽然不太明显，但是，由此等效方法带来的线束建模的复杂程度降低特别明显，在数目众多的汽车线束建模过程，此方法带来的优势更为显著。结合 9 根导线的等效过程和仿真结果可以看出，等效后的入射波在导线上产生的感应电流随频率变化的曲线基本吻合，说明线束等效模型在保证计算精度的基础上降低了计算时所需的各种资源，其方法是有效的。

7.3.4　线束等效模型的电磁辐射敏感度实验验证

1) 线束的实验设计

实验线束由 7 根导线组成，导线的横截面结构如图 7.3.11 所示。导线的半径均为 0.5mm，长度均为 80cm，距离参考地平面的高度为 18mm，导线间距 2.6mm，不考虑包裹在导线周围的绝缘介质。导线坐标分别为(单位：mm)：1(–1.3, 20.3)、2(–2.6, 18)、3(–1.3, 15.7)、4(1.3, 15.7)、5(2.6, 18)、6(1.3, 20.3)、7(0, 18)，导线终端的金属支架为 12cm×12cm。7 根导线的终端负载如表 7.3.5 所示，选取 E-96 系列的贴片电阻(精度为 1%)。

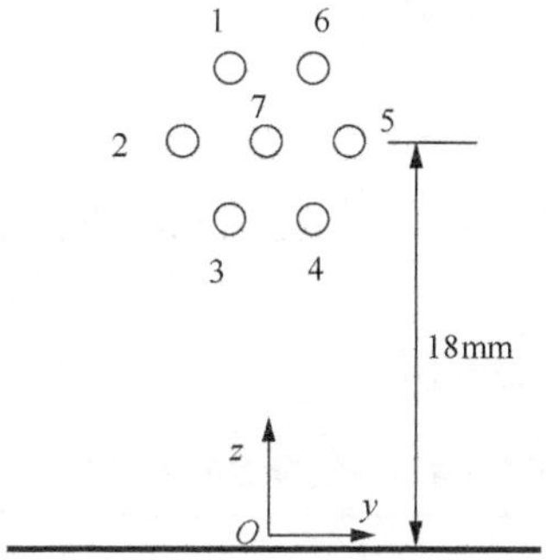

图 7.3.11　7 根导线的横截面结构示意图

表 7.3.5　导线的终端负载　(单位：Ω)

导线编号	1	2	3	4	5	6	7
终端 1	50	50	50	50	50	50	50
终端 2	50	150	20	100	150k	300k	100k

该线束的电磁辐射敏感度实验在半电波暗室中进行，实验布置图如图 7.3.12 所示。其中，发射天线为对数周期天线，频率范围为 80M~3GHz；测量用电流探头为 F-65A，频率范围为 10k~1GHz。测试的感应电流从 80M~1GHz 每隔 20MHz 取一点，共 47 个点；发射电场检测探头用来实时检测线束周围的电场强度，保证其为定值 3V/m。

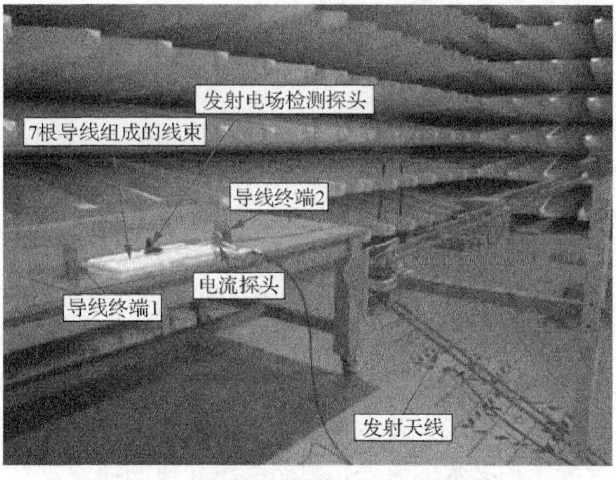

图 7.3.12　电磁辐射敏感度测试布置图

2) 线束的仿真模型

根据导线的结构参数计算获得线束的等效波阻抗为 155.3Ω，再由导线分组方式，此模型中的 7 根导线可分成两组。

等效导线 G1：1、2、3、4。

等效导线 G2：5、6、7。

等效导线的结构参数分别为：h_{G1}=16.7mm，h_{G2}=19.3mm；r_{G1}=2.1mm，r_{G2}=1.5mm，d_{G12}=4.12mm；

等效导线终端负载如表 7.3.6 所示。

表 7.3.6 等效导线的终端负载 （单位：Ω）

等效导线	G1 (1/2/3/4)	G2 (5/6/7)
终端 1	12.5	16.67
终端 2	11.54	50k

在 HFSS 软件中建立等效导线电磁辐射敏感度的仿真模型，如图 7.3.13 所示。入射平面波与参考地平面平行且与导线垂直，电场方向与导线平行且幅值为 3V/m，仿真时的频率为 30M~1GHz，扫频的离散点数为 101 个。

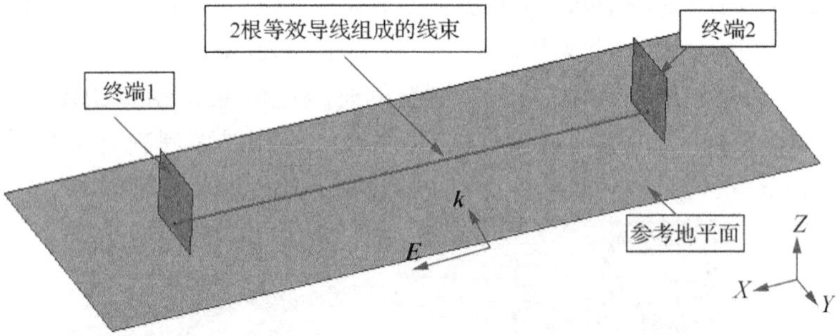

图 7.3.13 HFSS 软件中的电磁辐射敏感度仿真模型

3) 结果及分析

线束终端 2(测试探头放置在距终端 2 的支撑金属板 20mm 处) 及线束中央 A 点处的感应电流的测试和仿真结果分别如图 7.3.14。

从以上两幅图中可以看出，仿真结果和测试结果除个别频点误差较大以外，线束的感应电流随入射波频率的变化基本趋势一致。由于测试的频点较少，测试结果连成的曲线很多拐点。误差主要来源有天线发射电磁波与仿真利用的平面波之间的差异、导线结构参数的误差、忽略绝缘介质的误差及导线排列的随机性的误差、测量误差等。

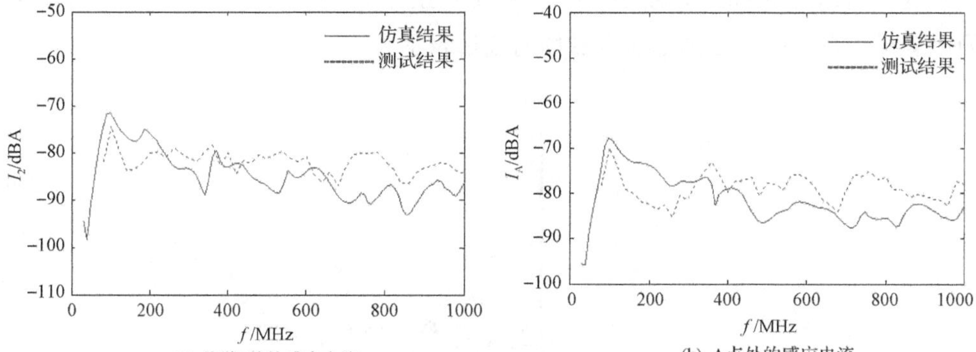

(a) 终端2处的感应电流　　(b) A点处的感应电流

图 7.3.14　线束感应电流仿真结果与实验验证

7.4 线束辐射发射的等效模型及实验验证

电磁辐射发射，指设备中的电磁能量以电磁波的形式由源发射到空间的现象，是设备或系统在正常工作时，对周围环境中任何其他设备构成的电磁骚扰的能力，是电磁兼容问题的另外一个方面。当导线传输的信号频率超过 30MHz 时，就会产生明显的辐射，因此在高频时导线成为效率很高的电磁波发射天线，从而干扰周围电子设备的正常工作。实验研究表明，90%以上的设备不能通过辐射发射试验，都是由于导线的电磁辐射发射造成的，因此，汽车线束的电磁辐射发射也成为汽车电磁兼容研究的主要内容。国内汽车电磁辐射发射测试的频率范围从 30M~1GHz，测试距离为 3m(观察点)。当被测产品在测量低频信号时，观察点处于近场区(即感应区，30MHz 信号的波长为 10m)，而在测量高频信号时，观察点则处于远场区(1GHz 信号的波长为 30cm)。因此发射电磁场的结构复杂，不能用简单的近场和远场区分，在计算时需要采用全波数值计算方法。

7.4.1 导线的电磁辐射发射原理

汽车上的用电设备通常是用导线连接电源，并将车体作为公共地，导线可为各种形状，所以，导线的电磁辐射发射可视为各种形状的线天线的辐射发射。因线天线可以看成是由无数个电偶极子天线组成的，故只要能获得正确的电流分布，即可利用电偶极子产生的电磁场的积分求得导线周围产生的电磁场分布。

对于载流导线的电磁辐射发射模型，设导线沿 z 轴取向，长度为 L，横截面忽略不计，如图 7.4.1 所示。将导线划分为无限多个元电流段构成的电偶极子，位

于 z' 处的电偶极子 $I\mathrm{d}z'$ 在观察点 P 产生的元场强 $\mathrm{d}\boldsymbol{E}$ 和 $\mathrm{d}\boldsymbol{H}$ 可由电磁辐射理论中的电偶极子在空间产生的辐射电磁场的分量表示为

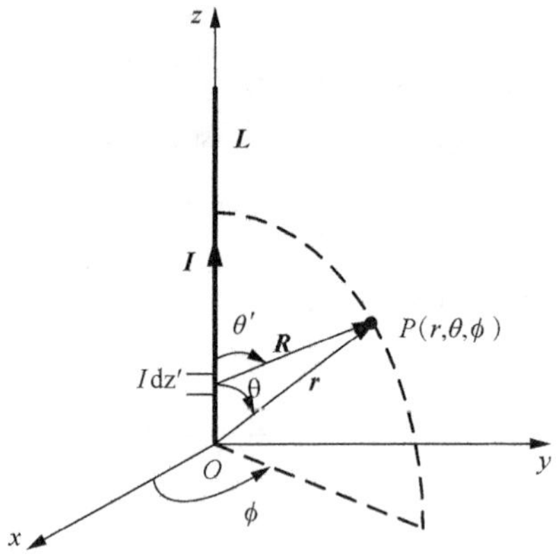

图 7.4.1　载流导线的电磁辐射发射

$$\begin{aligned}\mathrm{d}\boldsymbol{E} &= \mathrm{d}E_r\boldsymbol{e}_r + \mathrm{d}E_\theta\boldsymbol{e}_\theta \\ &= \frac{2I\mathrm{d}z'k^3\cos\theta'}{4\pi\omega\varepsilon_0}\left[\frac{1}{(kR)^2}-\frac{\mathrm{j}}{(kR)^3}\right]\mathrm{e}^{-\mathrm{j}kR}\boldsymbol{e}_r \\ &\quad + \frac{I\mathrm{d}z'k^3\sin\theta'}{4\pi\omega\varepsilon_0}\left[\frac{\mathrm{j}}{kR}+\frac{1}{(kR)^2}-\frac{j}{(kR)^3}\right]\mathrm{e}^{-\mathrm{j}kR}\boldsymbol{e}_\theta\end{aligned} \tag{7.4.1}$$

$$\begin{aligned}\mathrm{d}\boldsymbol{H} &= \mathrm{d}H_\phi\boldsymbol{e}_\phi \\ &= \frac{I\mathrm{d}z'k^2\sin\theta'}{4\pi}\left[\frac{\mathrm{j}}{kR}+\frac{1}{(kR)^2}\right]\mathrm{e}^{-\mathrm{j}kR}\boldsymbol{e}_\phi\end{aligned} \tag{7.4.2}$$

式中，$k=\omega\sqrt{\mu_0\varepsilon_0}$ 为相位常数（ω 为角频率）；$\varepsilon_0=8.85\times10^{-12}$ F/m 和 $\mu_0=4\pi\times10^{-7}$ A/m 分别为自由空间的介电常数和磁导率；$R=|\boldsymbol{r}-z'\boldsymbol{e}_z|$ 为电偶极子 $I\mathrm{d}z'$ 到观察点 P 的距离；$\boldsymbol{e}_r$、$\boldsymbol{e}_\theta$、$\boldsymbol{e}_\phi$ 分别为球坐标下 r、θ、ϕ 方向的单位矢量。

由于 $\sin\theta'=\dfrac{|\boldsymbol{r}|}{R}\sin\theta$、$\cos\theta'=\dfrac{|\boldsymbol{r}|\cos\theta-z'}{R}$，并将 $I=\mathrm{j}\omega q$ 代入电场的积分式中。于是，导线电流 I 在 P 点产生的电磁场为导线上所有电偶极子在 P 点产生电磁场的叠加，即

$$\begin{aligned}\boldsymbol{E} &= \int_L \mathrm{d}\boldsymbol{E} \\ &= \int_L \left(\frac{qk^4}{2\pi\varepsilon_0} \cdot \left(|\boldsymbol{r}|\cos\theta - z'\right) \left[\frac{\mathrm{j}}{(kR)^3} + \frac{1}{(kR)^4} \right] \mathrm{e}^{-\mathrm{j}kR} \right) \mathrm{d}z' \boldsymbol{e}_r \\ &\quad + \int_L \left(\frac{qk^4}{4\pi\varepsilon_0} \cdot |\boldsymbol{r}|\sin\theta \left[-\frac{1}{(kR)^2} + \frac{\mathrm{j}}{(kR)^3} + \frac{1}{(kR)^4} \right] \mathrm{e}^{-\mathrm{j}kR} \right) \mathrm{d}z' \boldsymbol{e}_\theta \end{aligned} \tag{7.4.3}$$

$$\boldsymbol{H} = \int_L \mathrm{d}\boldsymbol{H} = \int_L \left(\frac{Ik^3}{4\pi} \cdot |\boldsymbol{r}|\sin\theta \left[\frac{\mathrm{j}}{(kR)^2} + \frac{1}{(kR)^3} \right] \mathrm{e}^{-\mathrm{j}kR} \right) \mathrm{d}z' \boldsymbol{e}_\phi \tag{7.4.4}$$

导线上的电流、电荷($q = CU$)分布可采用多导体传输线方法计算。已知电流、电荷分布后，由式(7.4.3)、式(7.4.4)可计算导线产生的辐射电磁场。于是，导线向周围空间辐射的电磁能量密度为

$$\boldsymbol{S} = \boldsymbol{E} \times \boldsymbol{H}^* \tag{7.4.5}$$

式中，$\boldsymbol{S}$ 为坡印亭矢量；$\boldsymbol{H}^*$ 为磁场强度 $\boldsymbol{H}$ 的共轭。

单位时间内通过闭面 $\boldsymbol{A}$ 所包围的体积 V 中流出的电磁能量为

$$P = \oint_A \boldsymbol{S} \cdot \mathrm{d}\boldsymbol{A} = \oint_A \left(\boldsymbol{E} \times \boldsymbol{H}^* \right) \cdot \mathrm{d}\boldsymbol{A} \tag{7.4.6}$$

式中，P 为单位时间穿出闭合面 $\boldsymbol{A}$ 的电磁能量，即电功率。若积分面 $\boldsymbol{A}$ 包围了由许多导线组成的线束，则积分结果 P 即为线束的总辐射功率。

在基于有限元法的 HFSS 软件中进行仿真计算时，通常需要建立一个属性为空气的截断区域，使无限大空间成为有限区域，并将截断区域的底面设为理想导体边界来模拟大地，其余的面设为吸收边界来模拟自由空间。本节的吸收边界采用辐射边界，根据辐射边界设置要求，辐射边界至少距离辐射体$\lambda/4$。

7.4.2 线束等效模型的电磁辐射发射仿真及分析

1) 线束的等效模型

以 12 根导线组成的线束为例，说明线束等效模型在电磁辐射发射仿真中的应用，同时验证，当终端负载与等效波阻抗基本相同时的分组方法的可行性。12 根裸导线均长 1m，对地平面的平均高度为 50mm，导线半径均为 0.5mm，导线间距 2.4mm。导线的终端通过高 12cm、宽 10cm 的金属平板支撑。导线的横截面结构

如图 7.4.2(a)所示，导线的终端负载均为共模负载，激励源均为电压源，共模负载和激励源的幅值分别如表 7.4.1、表 7.4.2 所示。

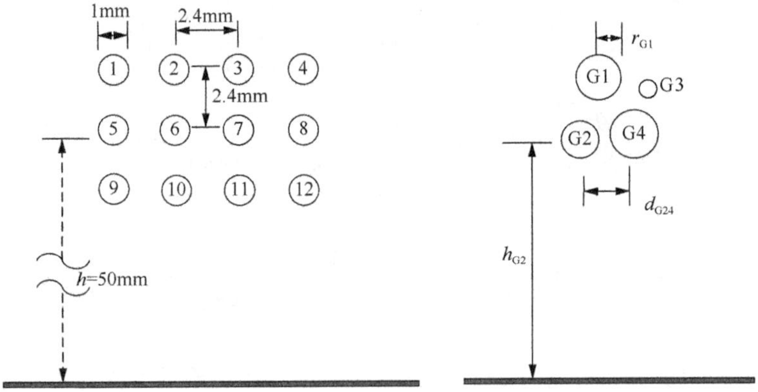

(a) 原始导线　　(b) 等效导线

图 7.4.2　原始导线及等效导线的横截面示意图

表 7.4.1　导线的终端负载　（单位：Ω）

导线编号	1	2	3	4	5	6	7	8	9	10	11	12
终端 1	50	80	**196**	800	100	100	2k	10k	50	150	150	1M
终端 2	50	100	15	50	15k	1M	10k	50k	100k	150k	5k	2k

表 7.4.2　导线的激励源幅值　（单位：V）

导线编号	1	2	3	4	5	6	7	8	9	10	11	12
激励源	1	2	1	2	10	12	5	2	8	10	12	5

利用导线的结构参数，获得线束的等效波阻抗为 ζ_{eq}=196Ω。由于导线 3 终端 1 的负载为 196Ω，与等效波阻抗相同，而终端 2 的负载为 15Ω，小于等效波阻抗，故导线 3 既可与导线 1、2 分在同一组中，也可与导线 4 分在同一组中。于是此 12 根导线有两种分组方案：导线 3 与导线 1、2 分在同一组中；导线 3 与导线 4 分在同一组中。以下分别对两种等效方案进行讨论。

(1)等效模型Ⅰ。

导线 3 与导线 1、2 分在同一组中，导线分组如下：第一组等效导线 G1 为 1，2，3；第二组等效导线 G2 为 5，6，9，10，11；第三组等效导线 G3 为 4；第四组等效导线 G4 为 7，8，12。

利用原始导线的单位长度电感矩阵和电容矩阵及导线的分组，根据 7.2 节线束等效方法可得调整后的等效导线的结构参数：h_{G1} = 52.4mm，h_{G2} = 48.6mm，h_{G3} = 52.4mm，h_{G4} = 49.2mm；r_{G1} = 1.5mm，r_{G2} = 2mm，r_{G3} = 0.5mm，r_{G4} = 1.6mm；d_{G12}=

4.05mm，d_{G13} = 4.3mm，d_{G14} = 4.6mm，d_{G23} = 6.85mm，d_{G24} = 4.74mm，d_{G34} = 3.35mm。

等效导线的横截面结构示意图如图 7.4.2(b)所示。根据表 7.4.1 中导线的终端阻抗，应用式(7.2.26)得等效导线的终端负载，如表 7.4.3 所示。根据表 7.4.2 中导线的激励源幅值，利用 7.2 节的等效方法得等效导线的激励源幅值，如表 7.4.4 所示。

表 7.4.3　等效导线的终端阻抗　　（单位：Ω）

等效导线	G1(1/2/3)	G2(5/6/9/10/11)	G3(4)	G4(7/8/12)
终端 1	26.6	18.8	800	1.6639k
终端 2	10.3	3.517k	50	1.6129k

表 7.4.4　等效导线的激励源幅值　　（单位：V）

等效导线	G1(1/2/3)	G2(5/6/9/10/11)	G3(4)	G4(7/8/12)
激励源	1.3324	9.9013	2	4.5008

(2)等效模型Ⅱ。

导线 3 与导线 4 分在同一组中，导线分组如下：第一组等效导线 G1 为 1, 2；第二组等效导线 G2 为 5, 6, 9, 10, 11；第三组等效导线 G3 为 3, 4；第四组等效导线 G4 为 7, 8, 12。

同样的，利用原始导线的单位长度电感矩阵和电容矩阵及导线的分组，根据 7.2 节线束的等效方法可得调整后的等效导线的结构参数：h_{G1}=52.4mm，h_{G2}= 48.4mm，h_{G3}=52.4mm，h_{G4}=49.2mm；r_{G1}=1mm，r_{G2}=2.1mm，r_{G3}=1mm，r_{G4}=1.5mm；d_{G12}=4.03mm，d_{G13}=4.2mm，d_{G14}=5.93mm，d_{G23}=5.45mm，d_{G24}=4.57mm，d_{G34}= 3.3mm。

等效导线的横截面结构示意图如图 7.4.2(b)所示。等效导线的终端负载及激励源幅值分别如表 7.4.5、表 7.4.6 所示。

表 7.4.5　等效导线的终端阻抗　　（单位：Ω）

等效导线	G1(1/2)	G2(5/6/9/10/11)	G3(3/4)	G4(7/8/12)
终端 1	30.8	18.8	157.4	1.6639k
终端 2	33.3	3.517k	11.5	1.6129k

表 7.4.6　等效导线的激励源幅值　　（单位：V）

等效导线	G1(1/2)	G2(5/6/9/10/11)	G3(3/4)	G4(7/8/12)
激励源	1.386	9.9013	1.1991	4.5008

2) 线束等效前后仿真结果及分析

建立等效前后的线束的电磁辐射发射仿真模型，如图 7.4.3 所示。其中 O 为坐标原点，观察点的坐标为(–500mm, 400mm, 50mm)。

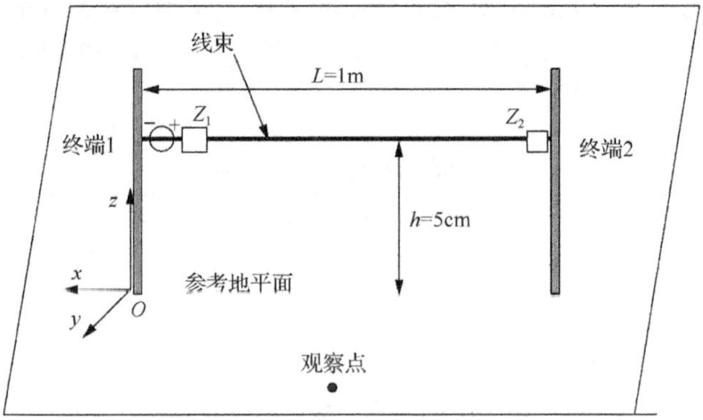

图 7.4.3　线束的电磁辐射发射仿真模型

通过仿真分析，导线等效前后观察点的电磁场及辐射总功率随激励源频率变化(30M ~ 1GHz)的曲线分别如图 7.4.4 所示。

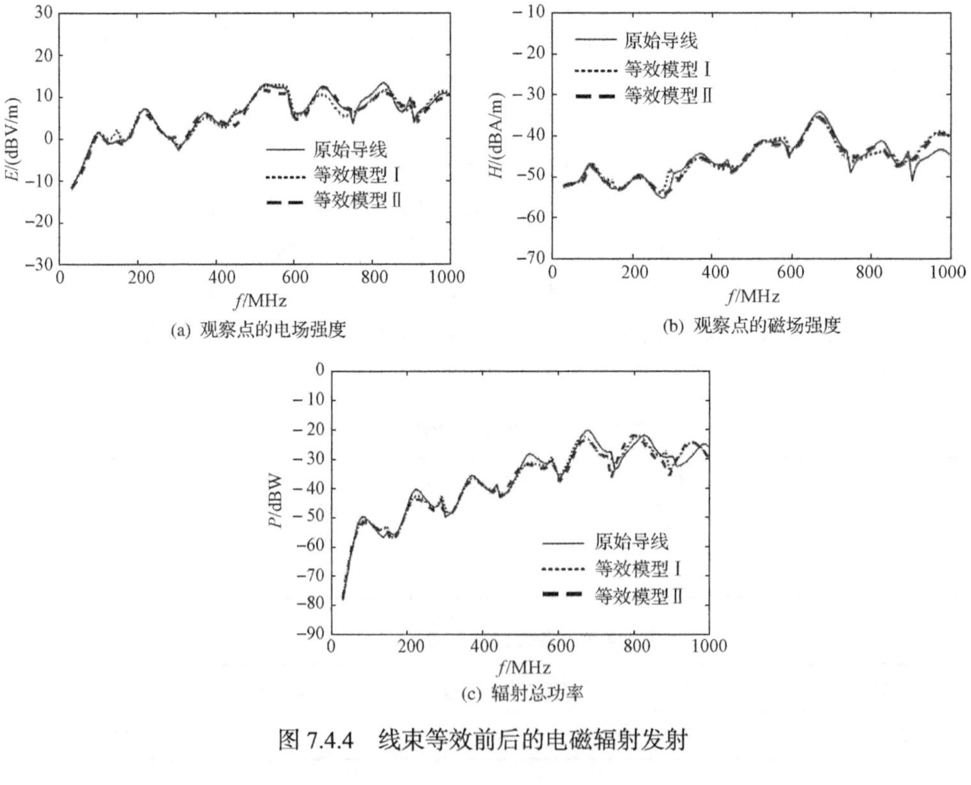

图 7.4.4　线束等效前后的电磁辐射发射

从图 7.4.4 可以看出，导线在等效前后，观察点的电场强度及磁场强度、导线的辐射总功率随激励源频率变化趋势几乎完全重合，说明了当导线终端负载与等效波阻抗相同时，此导线的分组具有灵活性。

3) 线束等效前后占用的资源

由于导线的激励源均为电压源，所以在 HFSS 的求解模式中选取 Driven Terminal 求解类型。在扫频范围(30M~1GHz)、离散点数(101 个)、中心频率(0.5 GHz)、计算区域(1900mm×900mm×900mm)以及计算精度(maxΔE=0.1)相同的情况下，12 根导线组成的线束与等效模型 I 仿真计算时所占用的资源统计数据如表 7.4.7 所示。

表 7.4.7　等效前后电磁辐射的仿真计算占用资源比较

资源占用项目	等效导线(4 根)	原始导线(9 根)	百分比/%
剖分网格数量	12111	26723	45.3
单频点计算时间/s	15	64	23.4
所需内存/MB	263	704	37.36
扫频时间/s	1617	7295	22.17
占用硬盘空间/MB	937	5693.4	16.46

线束进行等效之后，网格剖分数量、单频点计算时间、所需内存、扫频时间、占用的硬盘空间都有大幅度的减少。

从表 7.4.7 及图 7.4.4 可以看出，通过等效的方法对线束模型进行简化后，不仅大大降低了模型的复杂性，节约了计算时间和计算机所需内存，而且不影响其计算结果。随着原始导线根数的增加，线束等效模型所节省的时间和内存相当可观，因此，线束等效模型可作为计算汽车线束电磁辐射发射的一种简化算法。

7.4.3　线束等效模型的电磁辐射发射实验验证

1) 线束的实验设计

实验验证模型仍采用 7 根导线构成的线束，其结构参数与电磁辐射敏感度的实验相同，横截面结构如图 7.3.11 所示。7 根导线中只有 1 号导线的终端 1 接内阻为 50Ω、幅值为 0dBmW(即 1mW)的激励源，终端 2 接 50Ω电阻，其他导线均断开。

在电磁辐射发射的测试中，接收天线使用双锥天线(VHA9103B + BBA9106)

与对数周期天线，如图 7.4.5 所示。其中，双锥天线的测量频段为 30M~300MHz；对数周期天线的测量频段 80M~3GHz。测试天线在天线支架上，该支架会有助于将天线在距离地面 1~4m 的高度之间实现平滑、连续的升高和降低，并且支架的位置还可以在所有高度上实现天线从垂直极化到水平极化的改变。

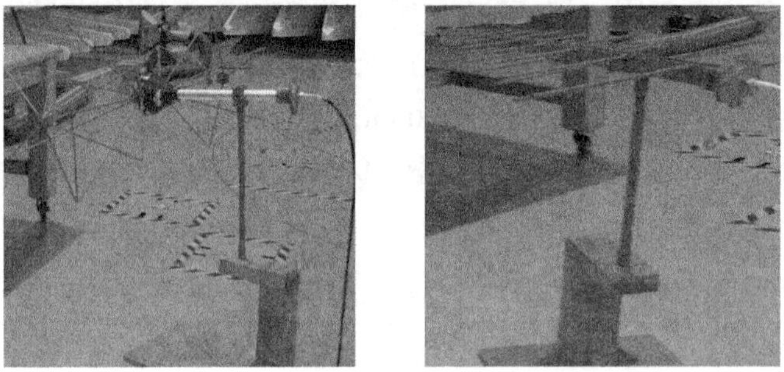

(a) 双锥天线　　(b) 对数周期天线

图 7.4.5　测量天线实物图

在半电波暗室进行 7 根导线的电磁辐射实验，布置图如图 7.4.6 所示。1m 处的电场测试使用双锥天线与对数周期天线，测试频率范围为 30M~1GHz；电流测试使用电流探头 F-65A，频率范围为 10k~1GHz。测试则是从 30M~190MHz 每隔 20MHz 取一个点(使用双锥天线)，200M~1GHz 每隔 20MHz 取一个点(使用周期天线)，共测试了 50 个点。

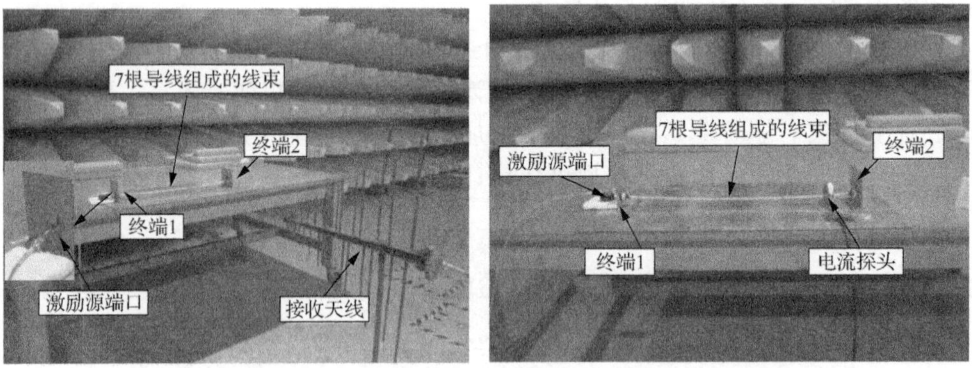

(a) 1m处电场测试布置图　　(b) 终端2处共模电流测试布置图

图 7.4.6　电磁辐射测试布置图

2) 线束的仿真模型

由于线束的等效波阻抗为 155.3Ω，因此此线束可分为两组等效导线：第一组等效导线 G1：1；第二组等效导线 G2：2、3、4、5、6、7。

等效导线的结构参数分别为 h_{G1}=20.3mm，h_{G2}=18mm；r_{G1}=0.5mm，r_{G2}=2.4mm，d_{G12} 3.63mm。

由于原始导线终端除 1 号导线外均断开，且等效导线 G1 中仅有 1 号导线，因此第一组等效导线 G1 的终端 1 处仍为内阻为 50Ω、幅值为 0dBmW(1mW)的激励源，终端 2 接 50Ω电阻，而第二组等效导线 G2 的两个终端均断开。

利用基于有限元方法的 HFSS 软件，可以获得求解域内任意点的电场强度和磁场强度，线束上的电流则可以通过安培环路定理求得，即

$$I = \oint_l \boldsymbol{H} \cdot \mathrm{d}\boldsymbol{l} \tag{7.4.7}$$

式中，I 为穿过闭合曲线 l 所包围面积的电流代数和；$\boldsymbol{H}$ 为辐射场的磁场强度。若选取积分路径包围研究的所有导线，并且紧贴导线表面，则对辐射场磁场强度 $\boldsymbol{H}$ 的积分即为线束上的电流。

在 HFSS 软件中建立等效导线电磁辐射的仿真模型，如图 7.4.7 所示。由于试验使用的激励源为内阻 50Ω、幅值 1mW 的发射源，因此求解模式采用 Driven Terminal，激励端口为 Lumport。设置求解的中心频率为 500MHz，扫频范围为 30M~1GHz 共 201 个频点。

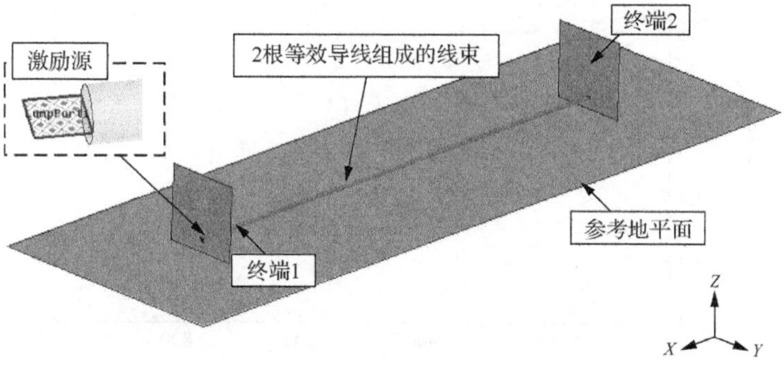

图 7.4.7　HFSS 软件中的电磁辐射仿真模型

3) 结果及分析

水平距离导线 1m 处的辐射电场水平分量和垂直分量的测试和仿真结果如图 7.4.8 所示。

1m 处的辐射电场水平分量和垂直分量在 30M~600MHz 的频段内，测试结果和仿真结果吻合程度较好，而在 600M~1GHz 的频段内，由于高频的终端效应和终端电路中板间寄生效应的影响，导致误差增大，在整个频段内，1m 处的辐射电场的水平分量和垂直分量的变化趋势基本吻合。

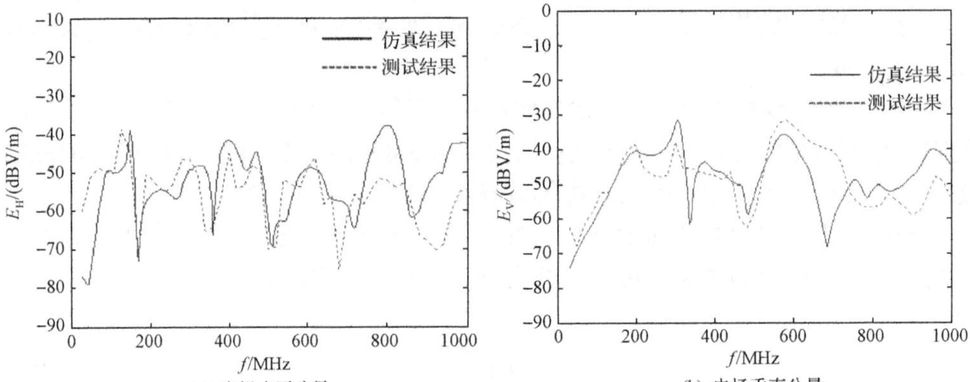

(a) 电场水平分量　(b) 电场垂直分量

图 7.4.8　1m 处的辐射电场

距离导线终端 2 水平位置 10mm 处的线束上的电流可以用电流探头测量获得，仿真结果可以在 HFSS 的后处理器中根据式(7.4.7)求得，其结果如图 7.4.9 所示。

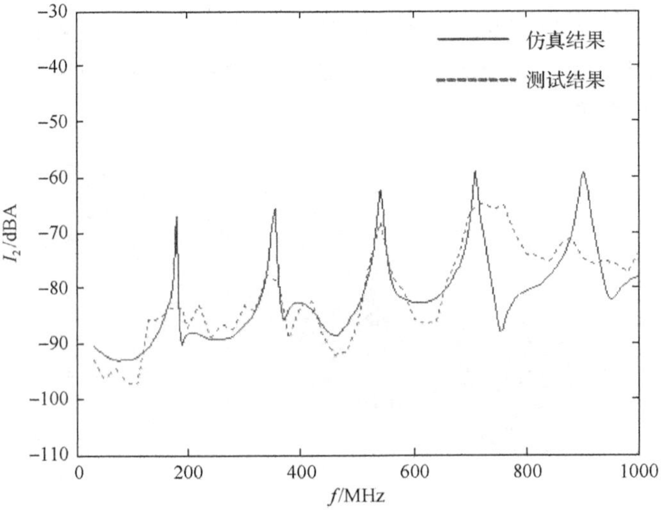

图 7.4.9　终端 2 处的电流

从图 7.4.9 可以看出，共模电流的仿真结果和测试结果在频率 30M~1GHz 的频段内变化趋势接近，但因谐振频点在测试中的漏选，导致谐振频点处的幅值与仿真结果误差较大。

7.5　车内线束对点火系统辐射发射的敏感度分析

将汽车点火系统产生的电磁干扰作为激励源，仿真分析该激励源辐射发射对车内线束的影响，以 7.3 节中的 9 根导线等效为 3 根导线的电磁辐射敏感度模型为例进行分析。

将点火线圈初级侧电流作为辐射激励源，测取点火线圈初级侧电流的实验在半电波暗室中进行，电流测量使用的电流探头为 F-65A，获得的电流频谱如图 7.5.1 所示。由于测量得到的电流频谱取点较密集，在 30M~1GHz 频段范围内每隔 0.06MHz 取一个点，共 16168 个频点，从中选取 108 个点作辐射仿真的干扰源数据。

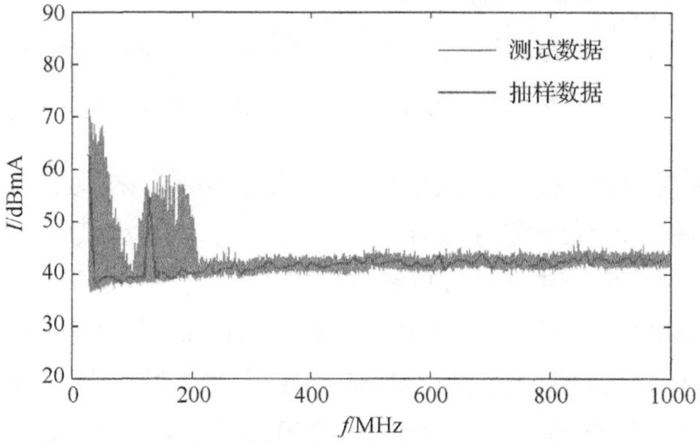

图 7.5.1　点火系统初级侧的电流频谱测试结果

将原始导线与等效导线分别加入车载点火系统的辐射发射模型中，仿真模型如图 7.5.2 所示。仿真计算线束等效前后在导线终端 1、导线中央 A 点处的感应电流随激励源频率(30M~993MHz)变化的趋势如图 7.5.3 所示。

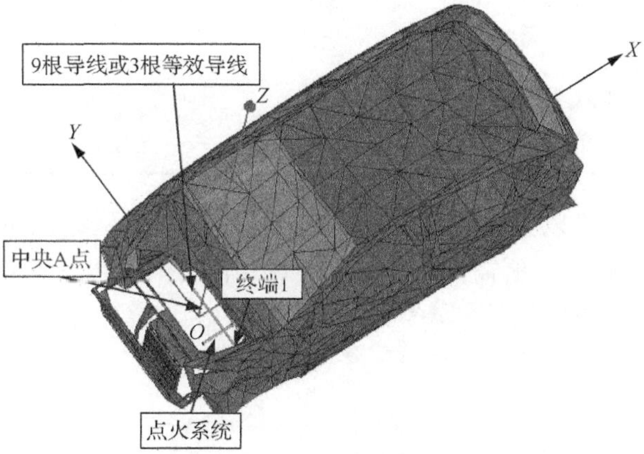

图 7.5.2　线束对点火系统辐射发射敏感度的仿真模型

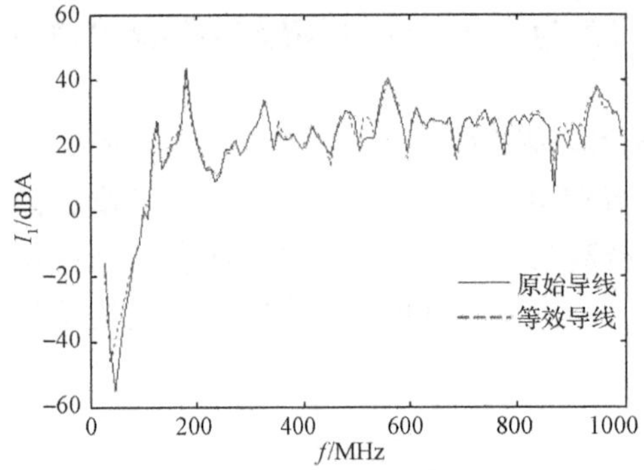

(a) 终端1处的感应电流

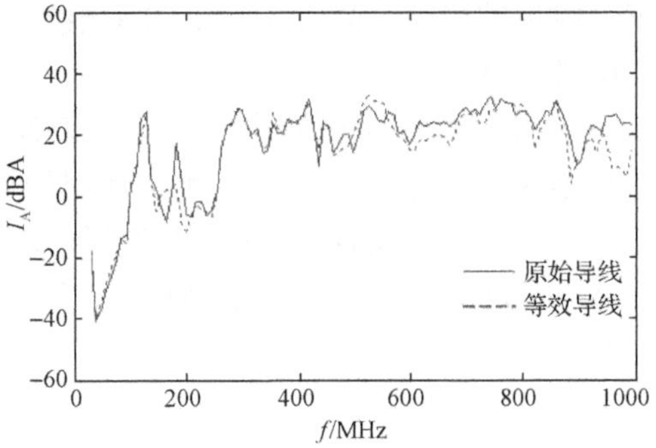

(b) 中央处的感应电流

图 7.5.3　线束等效前后的感应电流

图 7.5.3 的仿真结果，说明了汽车点火系统的电磁辐射发射在车内线束上产生感应电流，并且在原始导线和等效导线上产生的感应电流波形相吻合，表明线束等效模型用于分析汽车电磁兼容性问题是有效的。

由于文中导线的激励源为电流源，因此在 HFSS 的求解模式中选取 Driven Terminal 求解类型。在扫频范围(30M~993MHz)及离散点数(108 个)、中心频率(0.5GHz)及计算区域(4400mm×2800mm×2200mm)、计算精度(max ΔE=0.1)相同的情况下，表 7.5.1 中给出了线束等效前后仿真计算时所占用的资源统计数据。

表 7.5.1　等效前后仿真计算占用资源比较

资源占用项目	等效模型	原始模型	百分比/%
剖分网格数量	145178	452516	32.08
单频点计算时间/s	353	1098	32.14
所需内存/GB	2.97	7.41	40.08
扫频时间/s	38942	125103	31.13
占用硬盘空间/GB	2.54	7.02	36.18

从表 7.5.1 中可以看出，通过等效的方法对线束模型进行简化后，网格剖分数量、单频点计算时间、所需内存、扫频时间、占用的硬盘空间都有大幅度的减少。结合图 7.5.3 的计算结果可知，等效模型并不影响计算结果，且大大降低了模型的复杂程度。

第 8 章　汽车电磁辐射多软件联合仿真建模技术

汽车或电动汽车的电气系统极为复杂，单一的仿真软件无法完成这类复杂系统的电磁计算，因此多软件联合仿真技术是解决这类工程问题最有效的方法。

本章首先对用于汽车电磁仿真的几个主要软件作简要概述，同时介绍这些软件之间如何衔接，以及如何应用这些软件完成对汽车车体的有限元剖分；然后通过实例详细介绍从汽车 CAD 模型的几何数据提取、整车模型的拆分与组合、剖分单元及节点信息的输出与输入，到整车电磁场仿真模型的边界条件的设置等完整的有限元模型的建模步骤；最后，基于整车的有限元仿真模型分别分析了点火系统、雨刮系统、电机驱动系统的整车级电磁辐射。对点火系统还进一步分析了辐射电磁干扰形成的电磁波在车内外的分布，以及在车壳上感应出的涡流。

8.1　主要仿真软件简介

8.1.1　HFSS 软件概述

HFSS(high frequency strutcure similator)是基于电磁场有限元法的三维电磁仿真软件，它以其可靠、快捷的仿真速度和无可比拟的仿真精度，以及方便易用的操作界面、稳定成熟的自适应网格剖分技术，广泛应用在航空航天、半导体、电子、计算机、通信等多个领域。

1)HFSS 仿真步骤

使用 HFSS 软件计算电磁场问题的一般流程如图 8.1.1 所示，其中包括：规划；建模；设置材料属性、边界条件和激励；求解分析和后处理等步骤。

①规划。在进行工程分析之前，必须先明确如何让程序很好地模拟实际的物理模型。如工程分析的目的、模型中将包含的细节、激励源及边界条件等。通常，尽管进行了仔细的规划，但有时还是会忽略掉一些重要的信息，因此在分析的过程中要不断地进行调整与总结。总之，规划这个步骤对以后的具体实施工作有着重要的意义，只有当有限元模型、相应的激励源及边界条件的抽象正确，才能准确地解决相关的工程问题。

②建立几何模型。HFSS 软件是一款三维电磁仿真软件，提供了操作简单的各种基本图形(如圆柱、圆锥、长方体、矩形面等)的画图工具，可以建立由这些基本图形组成的各种复杂立体模型，但对不规则复杂物体模型的建立还存在一定

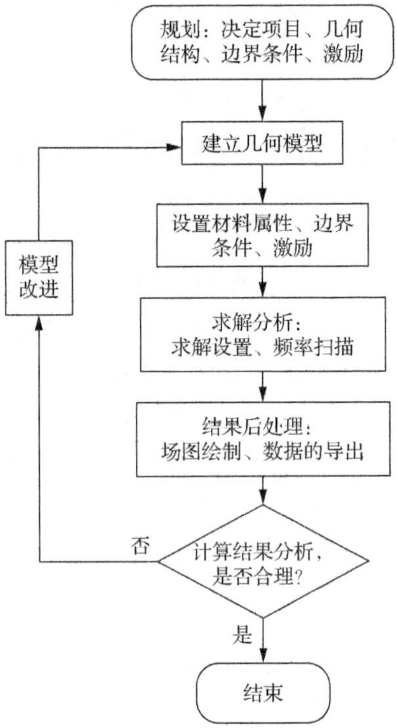

图 8.1.1　HFSS 仿真流程图

局限性。HFSS 支持专业画图工具建立的模型导入，如可以导入某些格式的 CAD 模型。但 HFSS 与 CAD 软件的兼容性较差，直接导入的 CAD 模型，图元丢失较为严重，而且没有专门对导入模型进行修复的工具。

③设置材料属性。HFSS 系统内部自带有各种介质材料，可从材料库中选择需要的材料。如果材料库中没有合适的介质材料，还可以自己添加材料，并设定材料参数。

④设置边界条件和激励源。边界条件定义了分界表面上场的特性，HFSS 软件可定义多种边界条件，包括理想导体边界(Perfect-E)、有限导体边界、阻抗边界、理想磁边界(Perfect-H)、集总 RLC 边界、分层阻抗边界条件、辐射边界(Radiation)等，可根据仿真模型的结构和仿真结果的不同需要来设置边界条件。HFSS 的激励源主要有波端口激励(wave port)、集总端口激励(lumped port)、Floquet 端口激励等。

⑤设置求解。主要是仿真模型的工作频率设置、迭代精度设置及扫频方式设置。

⑥后处理。HFSS 具有强大的后处理功能，可以直观显示各种参数的仿真结果和变量扫描分析结果，并且这些结果都可导入 MS Excel 中做进一步处理。另外

还可显示模型在工作频率上的电场、磁场和电压等参数的动态图。对结果进行后处理时，还可利用功能强大的场计算器，进行标量、矢量、复数的各种计算，并将计算结果以场覆盖图或报告的形式输出，也可将其以文件形式导出。

2) HFSS 的自适应迭代

为在短时间内取得较高的仿真精度，HFSS 一般采用自适应迭代算法，求解一般步骤如下：

①生成初始网格。

②在求解频率激励下，在初始网格基础上计算待求场域内部的电磁场。

③基于当前有限元的解，估算误差较大的问题区域，并细化这些区域的四面体网格。

④利用细化过的网格重新进行计算，产生新的解。

⑤重新计算误差，重复迭代过程(即求解——误差分析——细化)，直至满足收敛条件或完成最大迭代步数。

⑥如正在进行扫频，则在其他频点求解问题，不再细化网格。

自适应迭代剖分算法的求解过程如图 8.1.2 所示。

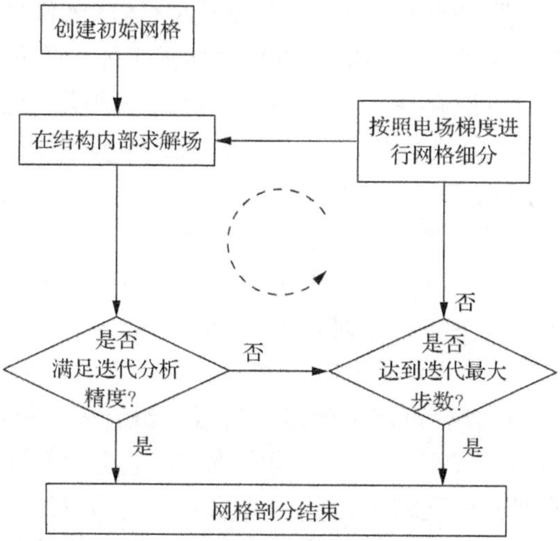

图 8.1.2　自适应迭代算法求解过程

该算法首先对求解区域及几何模型进行较粗的离散化剖分，然后利用加权残数法建立误差泛函以及对应的矩阵方程，并对其进行求解，如计算结果达不到精度要求，则进一步细化剖分，再次进行求解，直到达到给定的精度或完成迭代步数。

3) HFSS 的 VBS 语言

VBS (Visual Basic Script) 语言是 HFSS 中的一个重要组成部分，是基于 VB (Visual Basic) 语言的一种脚本控制语言。脚本语言具有强大的功能，通过使用脚本语言可以控制 HFSS 软件完成模型建立、材料设置、扫频设置、边界设置及运行计算模块、输出计算结果等，一旦待求电磁问题的脚本语言程序建立起来，电脑就能很快地完成重复性工作。

对于三维电磁问题的求解过程，最麻烦的是仿真模型的建立，一旦完成模型的建立，求解只是计算机的计算过程。而 HFSS 软件无法针对无规律、不规则结构进行快捷有效的建模，VBS 语言则为复杂结构物体建模提供了一个有效的解决方法。也就是说，建立一个较为复杂的模型，只需要通过调用一个 VBS 程序文件就可以实现，这就弥补了 HFSS 在复杂结构体建模方面的不足。

8.1.2 Hypermesh 软件概述

Hypermesh 软件是美国 Altair 公司发行的一款世界领先、功能强大的 CAE (Computer Aided Engineering)应用软件包，是 Hyper Works 软件的前、后处理软件，拥有全面的 CAD 和 CAE 求解器接口。Hypermesh 能够建立各种复杂模型的有限元和有限差分模型，它具有高效、强大的几何清理功能以及网格划分功能，并提供了功能强大的后处理工具，可对求解结果进行可视化输出。

Hypermesh 具有很强的输入功能，可直接导入 CAD 软件多种格式的几何模型数据文件，生成有限元模型，从而减少重复性建模工作。但从 CAD 软件导入的模型，其曲面数据有时可能存在重叠、错位、缝隙等缺陷，这些将会影响网格的质量。同时，由于制造工艺或总装工艺的需要，CAD 模型往往包含一些细微的特征，如一些工艺性的小孔，对边或曲面进行的倒角等，如果在进行有限元分析时，对这些特征进行精确模拟，就需要很多细小的网格单元，从而导致求解计算时间变长，同时占用较大的计算机资源。Hypermesh 有专门的几何清理工具，可对上述这些问题进行处理，以提高网格划分的速度和质量。

Hypermesh 具有一个集中的网格生成模块，对应于 Hypermesh 中的 Automesh 面板，即自动网格划分模块，可用来生成二维或三维有限元模型。在划分网格时，Hypermesh 默认的网格生成算法是自动确定算法，它会分析每一个曲面的几何特征，指定每一条边的网格单元密度，然后选择最合适的算法。在自动网格划分过程中，曲面边界上网格单元的节点一般是均匀分布的，当边界线弧度较大时，为了提高单元质量及更好地拟合曲面，可以使用偏置放置节点的方法，使边界线上的节点间隔不均匀，使得弧度大的地方节点密度较大，从而更好地拟合曲面的目的。Hypermesh 中，用来计算节点位置的偏置算法有三种，即线性偏置算法、对称指数偏置算法和指数偏置算法。

Hypermesh 还提供了单元质量跟踪检查工具，可以及时进行网格质量的检查和改进，如果不满意还可以重新进行网格划分。总之，只要对几何模型清理得好，应用 Hypermesh 的网格划分功能就可以得到高质量的剖分网格。

8.2　多软件联合建模方法

要进行有限元分析，关键一步是要建立有限元模型。HFSS 软件基于有限元法，具有解决电磁计算问题的强大功能，但 HFSS 在复杂结构体的建模方面功能不强，与 CAD 软件的兼容性较差。而 Hypermesh 具有很强的前处理功能，和 CAD 软件有很好的接口，可以直接导入 CAD 模型并对其进行修复处理及网格剖分。然而 HFSS 和 Hypermesh 不具有兼容性，无法识别其输出的网格数据文件。HFSS 有一个优势，即支持脚本语言功能，因此可以编写脚本程序利用 Hypermesh 的网格数据在 HFSS 中建立对应的网格模型。

针对汽车这个复杂结构体有限元模型的建模，在已有汽车 CAD 模型的基础上，利用 Hypermesh、HFSS 两款软件联合建立汽车整车电磁辐射仿真模型是可行的。建模的基本思路是：①利用 Hypermesh 软件，对汽车 CAD 模型进行几何清理、有限元三角网格剖分；②利用 MATLAB 软件，提取 Hypermesh 输出网格数据文件的单元及节点信息，并以文本文件存储；③采用 HFSS 的脚本语言，编写脚本程序，利用这些节点信息在 HFSS 中建立车体的三角网格粗剖分模型。具体的建模流程如图 8.2.1 所示。

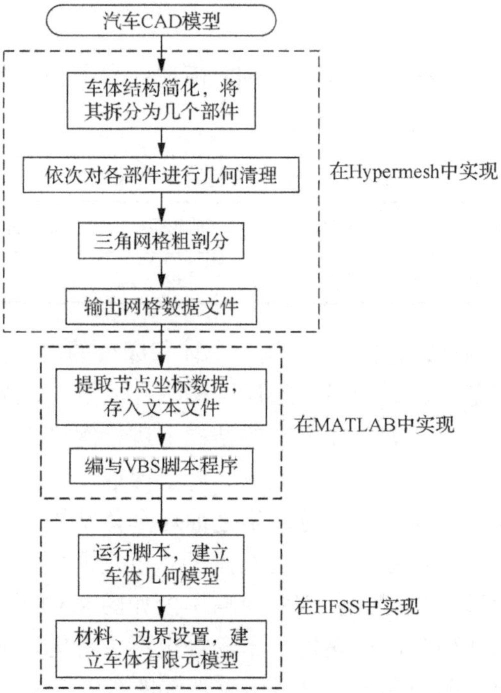

图 8.2.1　汽车车体有限元建模流程

此过程中，Hypermesh 的网格剖分不需要很细，因为这一阶段仅是利用剖分的网格获得一组三角形，用这组三角形拟合汽车车体。虽然网格剖分得越细，越能逼近真实的汽车结构，但在 HFSS 进行有限元求解时，是在现有三角网格的基础上对车体进行细剖分。如果 Hypermesh 中的网格剖分太细，反而会增加 HFSS 求解时剖分的网格数量，从而增加计算量，花费更多的计算时间，同时增大对计算机内存的要求，甚至可能无法进行求解计算。

这种建模方法利用了两款软件的优点进行建模，避免了在 HFSS 仿真软件中直接建立车体模型的繁琐工作，也避免了导入 CAD 模型出现图元丢失不能直接用来进行电磁计算的问题。同时，节点坐标数据的提取和 HFSS 中模型的建立分别采用 MATLAB 程序、VBS 脚本程序实现，一旦写好就具有可重复性。

8.3 车体有限元建模流程

8.3.1 汽车 CAD 模型的处理及剖分

汽车 CAD 模型的处理及剖分在 Hypermesh 软件中完成，主要工作包括简化汽车结构、根据汽车结构拆分车体为若干部件、按部件对 CAD 模型进行几何清理及三角网格粗剖分。

1) 汽车结构简化及拆分

本章进行有限元建模的汽车车体 CAD 模型由汽车公司提供，车身参数如表 8.3.1 所示。

表 8.3.1　车体模型的车身尺寸　　（单位：mm）

名称	长/宽/高	轴距	前轮距	后轮距	最小离地距离
尺寸	3525/1650/1550	2365	1400	1385	155

从表 8.3.1 的车身参数可知，汽车是一个体积庞大的电大尺寸物体，同时汽车结构非常复杂，存在车灯、后视镜、通风网槽、孔洞等。此外，车身表面上还存在翻边等一些细小的部件。如果在原有的结构上进行网格划分和计算分析，剖分网格数量将会很多，很可能导致计算失败。为了保证计算的可行性，在确保汽车真实电磁特性的前提下，需要在划分网格之前对车体结构进行分析和简化。一般来说，若微小结构的几何尺寸和设备的整体尺寸相差很大，且对电磁辐射的影响不大时，建模过程中可以将其忽略。因此忽略车内如图 8.3.1 所示的细小部件结构，车内的一些非金属构件如车内皮座椅、车轮等也不予考虑，而充分考虑引擎室和驾驶室间的主要孔洞，因为孔洞是造成电磁泄漏的重要因素。

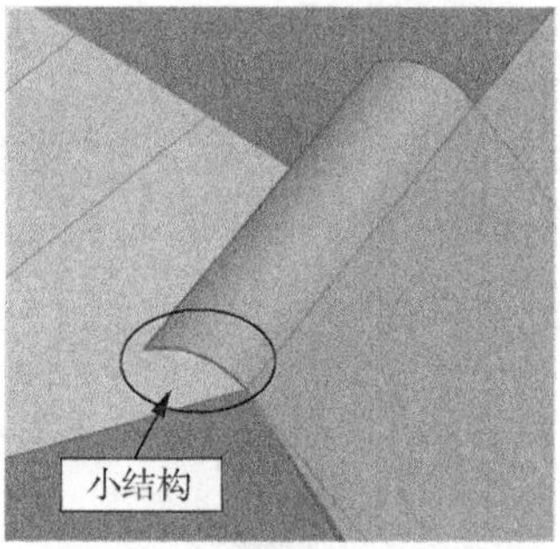

图 8.3.1　细小结构部件

简化后的车体 CAD 模型各视图如图 8.3.2 所示。

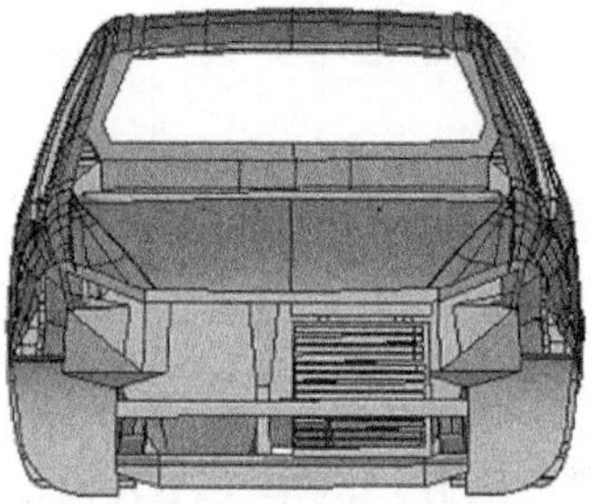

(a) 前视图

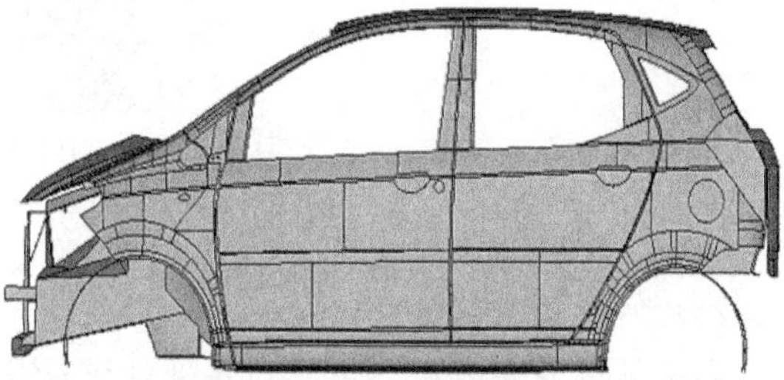

(b) 侧视图

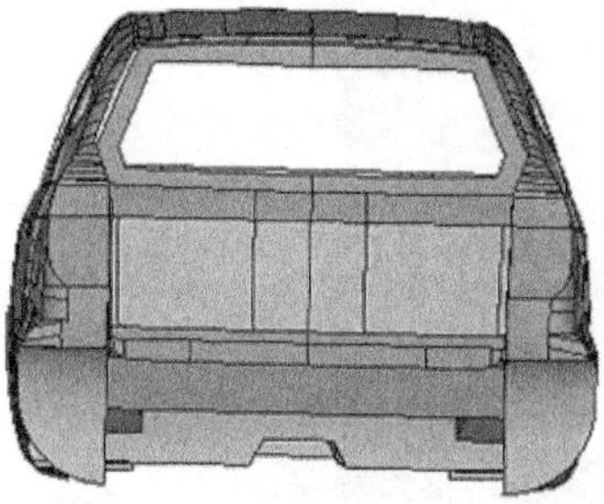

(c) 后视图

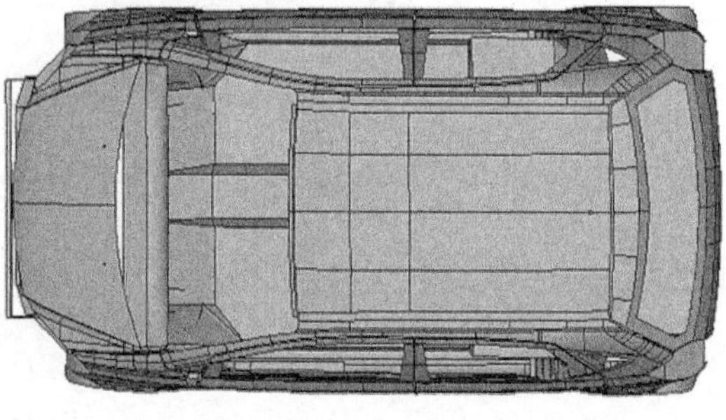

(d) 俯视图

图 8.3.2　简化后的汽车 CAD 模型

由图 8.3.2 可看出，简化后的汽车车体 CAD 模型依然结构复杂、体积庞大，为了操作方便，本章采用“分而治之”的办法对汽车车体进行处理，即先把汽车整车拆分为多个部件，然后依次对各部件进行几何清理及剖分。按照汽车的连接方式将整车拆分为八个部件，如图 8.3.3 所示。拆分后的各个部件仍保持拆分前它们在全局坐标下的位置，即在剖分的整个过程中不改变其坐标位置，便于后面整车的重装。

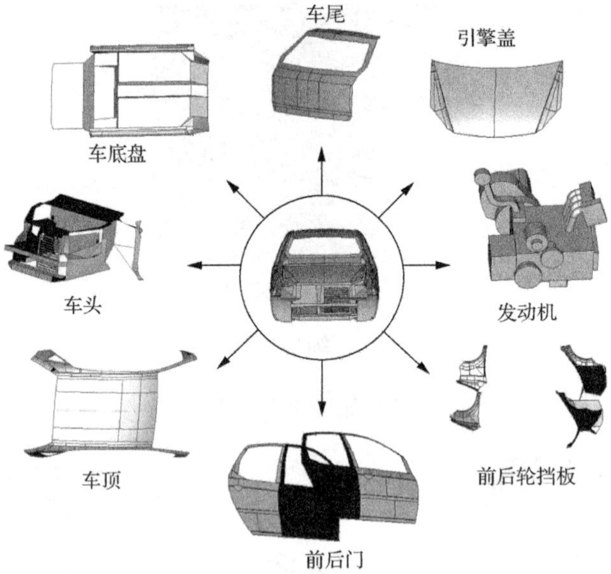

图 8.3.3　车体拆分后各部件图

2) 几何清理及剖分

当车体拆分完成后，依次对各部件进行几何清理及剖分。汽车 CAD 模型中包含了很多倒角以及由公共边围成的小面积等小几何特征，如图 8.3.4 所示。

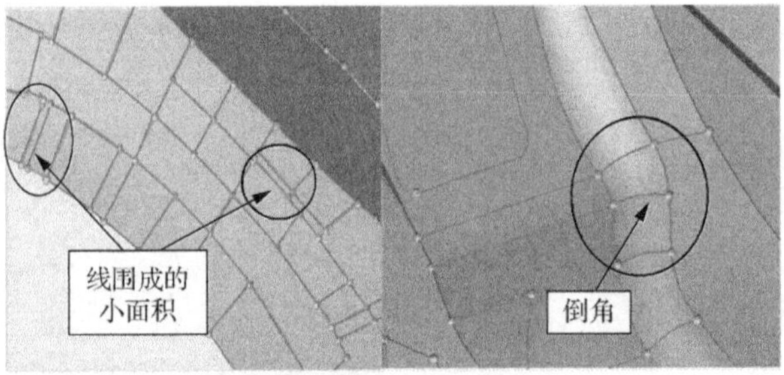

图 8.3.4　小面积及倒角

用 Hypermesh 进行剖分时，这些小特征会产生很多细小的三角网格。HFSS 是在 Hypermesh 剖分的三角网格的基础上，根据计算结果的误差对车体进一步细剖分，这些细小网格在 HFSS 进行求解时不仅会增加计算时间与内存，还会产生畸形网格，影响计算精度，甚至无法进行求解计算。因此，在保证不改变部件基本形状的基础上，需要对这些小特征进行清理。倒角一般连接着几个面，不能直接删除，可当作小面积特征来处理。对于不会影响基本结构的小面积特征，将其某些边删除使之形成较大的面积结构。

Hypermesh 自带的几何清理工具 geometry clean up，可自动进行小几何特征的清理。在 geometry clean up 的 edit parameters 子面板里，根据需要设置 target element size 的值，即设置目标网格单元的大小，然后点击 clean up，小于设定值的小面积的边将被自动删除。这一步执行完后，大部分的小几何特征都将被清理掉，但仍会留下一些会形成畸形单元的线条，因此需要进一步清理。这时利用 toggle edge 命令删除剩下的少许线条，使它们成较大的面积结构。几何清理完成后，利用 Hypermesh 的自动网格剖分模块 Automesh 进行网格剖分。对于面的剖分，Automesh 提供了几种剖分单元类型，如四边形、三角形及两者的混合，考虑到 HFSS 采用的是三角形剖分，此处采用三角形网格单元进行剖分。

图 8.3.5 以车门为例说明几何清理前后的变化。

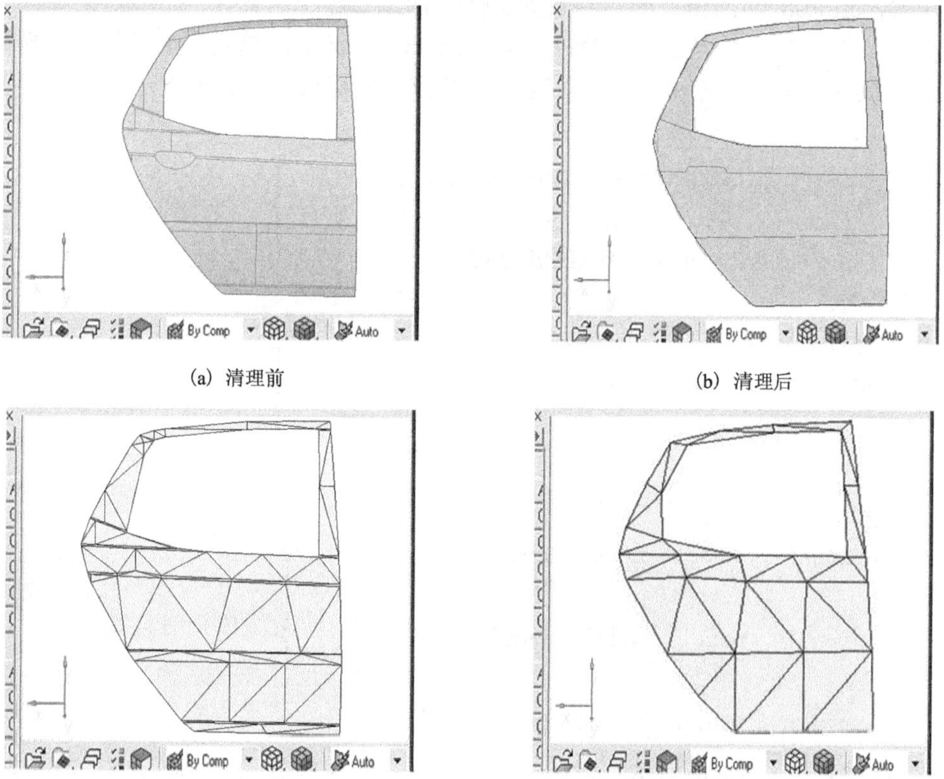

(a) 清理前　　(b) 清理后

(c) 清理前剖分网格　　(d) 清理后剖分网格

图 8.3.5　车门小特征处理及有限元剖分

由图 8.3.5(a)可看出，导入 Hypermesh 的车门 CAD 模型有许多公共边组成的小面积结构，通过几何清理后删除了小面积的边，形成了较大的面积，如图 8.3.5(b)

所示。由图 8.3.5(c)可看出，清理前车门的剖分网格数较多，包含了许多细小网格，图中较粗的黑线实际上是一些细小网格，而经过几何清理后的剖分网格单元数量较少，网格划分均匀，避免了细小网格的生成，并且保持了车门的基本形状，如图 8.3.5(d)所示。

依此对各部件进行几何清理及剖分，完成后在 Hypermesh 中打开所有网格数据文件，组合成车体框架的有限元模型。为避免各部件衔接处出现重叠节点，使用 equivalence 命令合并各部件衔接处同坐标的节点，最后再输出各部件的网格数据文件，以便单元节点坐标数据的提取。

8.3.2　节点信息的提取

Hypermesh 输出模型的网格数据文件包括三个部分：文件头、节点信息、单元信息。节点信息段是节点编号及其对应的 *xyz* 坐标值，单元信息段包含的是单元号及其对应的三个节点编号，而不包含节点的坐标值，格式如下：

```
**ABAQUS.....HyperMeshVersion:8.0SR1
          …     …     …                                 } 文件头
**Template:ABAQUS/STANDARD3D
NODE
 node1      x     y     z
 node2      x     y     z                                } 节点信息段
   …     …     …
 noden      x     y     z
 ELEMENT
 element 1    node1   node2   node3
 …     …     …
 element i    node1   node2   node3                      } 单元信息段
   …     …     …
 element n    node1   node2   node3
```

为了获取各单元的节点坐标数据，采用 MATLAB 语言编程进行提取，然后再以文本文件的形式输出，以便 HFSS 可以读取。方法是先提取单元信息段中每个单元的三个节点编号，再由编号遍历节点信息段提取节点坐标数据，MATLAB 程序的算法如下：

①按顺序从单元信息段的队列中提取出单元 i 对应的节点，读取其三个顶点的编号 node1、node2、node3。

②在节点信息段中寻找单元 i 的三个节点的坐标 (x_{i1}, y_{i1}, z_{i1})，(x_{i2}, y_{i2}, z_{i2})，(x_{i3}, y_{i3}, z_{i3})。

③将单元 i 对应节点的坐标数据按行输出到文本文件中。

值得注意的是，Hypermesh 中长度的默认单位是米(m)，HFSS 建模的单位为毫米(mm)，因此在 MATLAB 程序中要对数据进行单位的转换。

利用程序依次提取各部件所有单元的节点坐标数据，并存入相应的文本文件中。

8.3.3　组建车体有限元模型

利用 HFSS 的脚本语言 VBS 组建车体有限元模型的步骤为：使用 opentextfile 命令打开 MATLAB 输出的节点坐标数据文本文件，用 readline 命令按行读取各单元对应节点的坐标数据，并使用画线命令 CreatePolyline 根据读入的坐标数据绘制三角网格单元。程序中使用循环语句 do loop，依次循环进行单元节点坐标数据的提取及网格单元的绘制，直至文本文件中最后一个单元。脚本程序在 MATLAB 的编辑器中完成，建模的流程如图 8.3.6 所示。

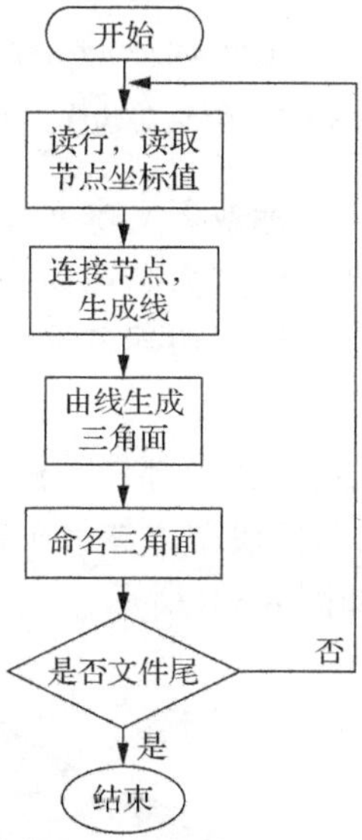

图 8.3.6　VBS 程序流程图

这里按部件进行建模，为了提高程序的灵活性，使之可重复运行而不用对其进行改动，在程序中添加窗口命令，提供一个交互界面。程序运行时将会弹出窗口，按提示在窗口中输入相应的内容，程序将自动建立相应部件的模型。为了方便说明，取引擎盖的建模为例，如图 8.3.7 所示。

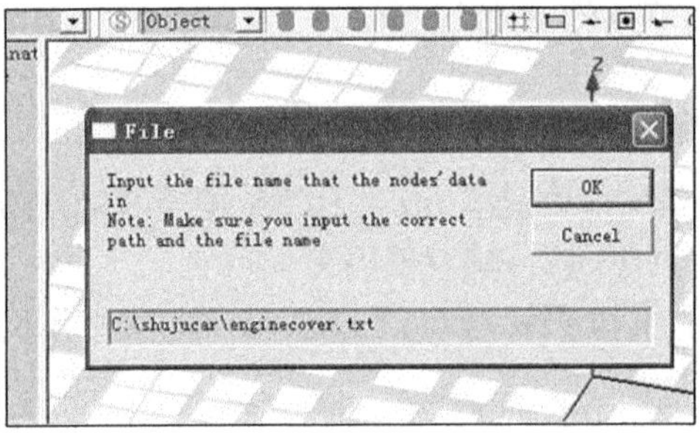

(a) 引擎盖节点坐标数据文件输入窗口

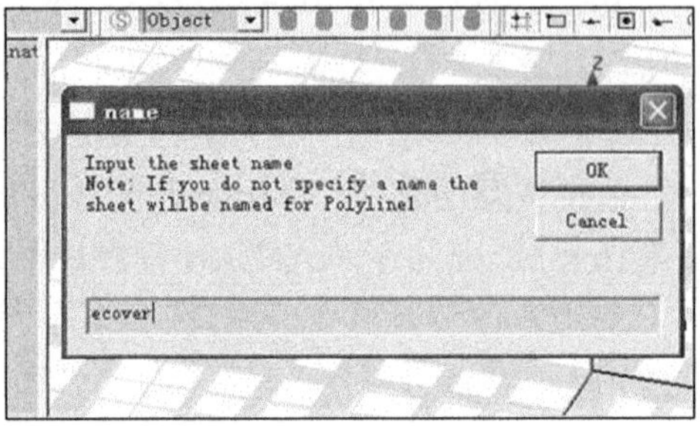

(b) 引擎盖模型命名窗口

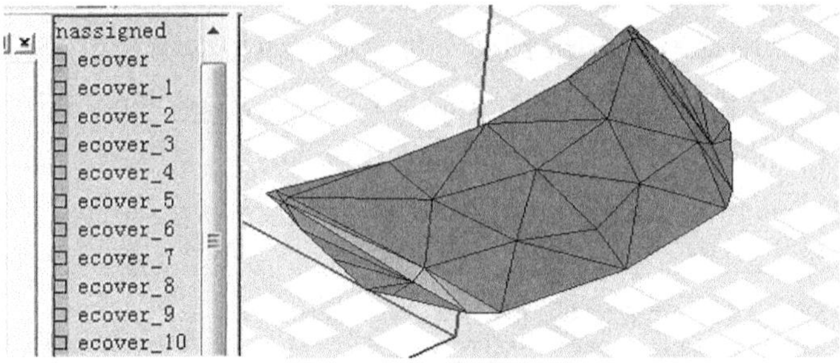

(c) 最终建立的引擎盖模型

图 8.3.7　引擎盖建模过程

程序运行后，首先弹出节点坐标数据文本文件输入窗口，在此输入部件的节点坐标数据文件所在路径及名称，模型命名窗口是给组成部件的三角面命名，因为在以后的仿真计算时需要对部件设置边界条件，所以对各个部件分别命名方便对其进行边界条件的设置操作。

在 HFSS 中运行程序，依次建立各个部件的模型。汽车 CAD 模型中没有车窗玻璃，因此需要在建成后的三维车体模型中加上车窗玻璃(连接对应的节点即可)，最终生成整车有限网格模型，如图 8.3.8 所示。

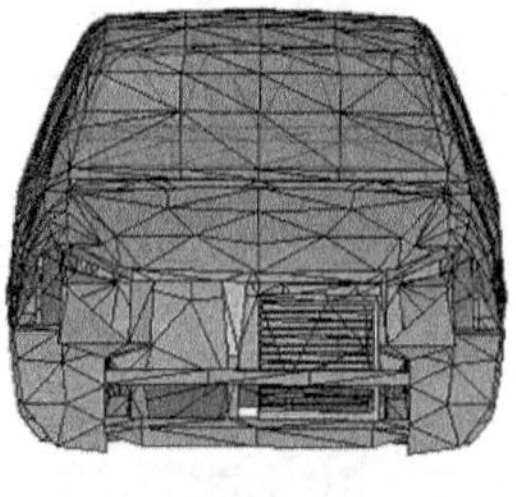

(a) 前视图

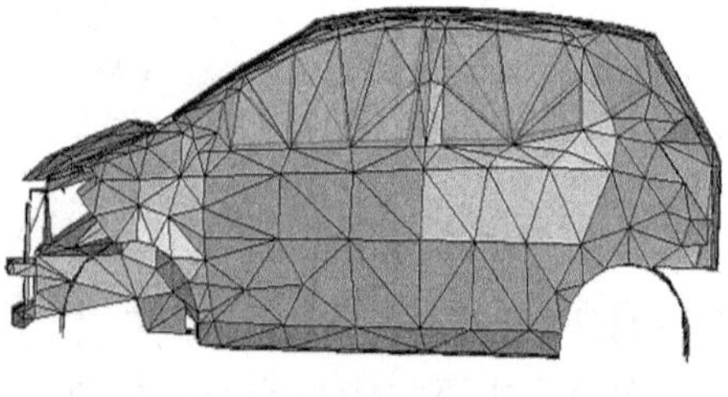

(b) 侧视图

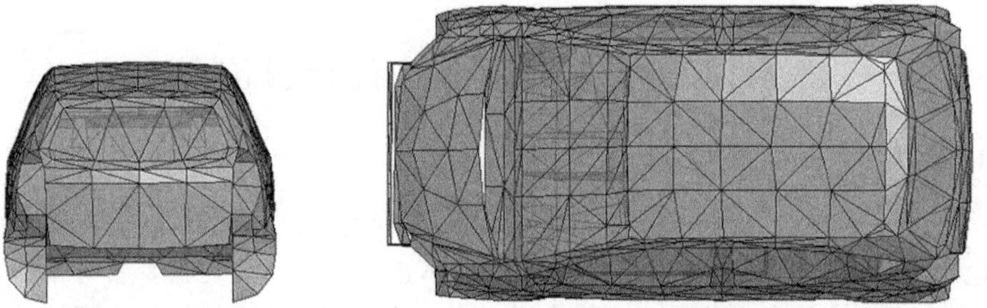

(c) 后视图　　(d) 俯视图

图 8.3.8　HFSS 建立的车体有限网格模型

8.3.4　材料属性与边界条件设置

在车体的有限网格模型中，并不包含汽车车体的材料属性信息。而汽车车体相当于一个不完全封闭的屏蔽体，车体结构、车体形状、车体材料(主要由金属、玻璃等组成)等属性，在有限元仿真计算中都归属边界条件问题，因此还需要对其进行材料属性及边界条件的设置，才完成可用于电磁仿真计算的汽车有限元模型的建立。

有限导体边界和阻抗边界描述的是非理想导体，车身的金属壳体满足有限导体边界条件，玻璃窗满足阻抗边界条件，因此将车身的金属壳体和玻璃窗分别设为有限导体边界和阻抗边界。在这两种边界上，都满足以下的条件：

$$\boldsymbol{E}_{\mathrm{t}} = Z_S\left(\boldsymbol{e}_n \times \boldsymbol{H}_{\mathrm{t}}\right) \tag{8.3.1}$$

式中，$\boldsymbol{e}_n$ 为车体表面外法向单位矢量；$\boldsymbol{E}_{\mathrm{t}}$ 和 $\boldsymbol{H}_{\mathrm{t}}$ 分别是车体表面电场和磁场的切向分量；Z_S 为边界的表面阻抗。在不同的边界条件中表面阻抗 Z_S 的值不同，其中在有限导体边界条件中有

$$Z_S = (1 + \mathrm{j}) / (\delta \sigma) \tag{8.3.2}$$

式中，δ 为导体的透入深度；σ 为导体的电导率。

在阻抗边界条件中有

$$Z_S - R_S + \mathrm{j}X_S \tag{8.3.3}$$

式中，R_S 和 X_S 分别为电阻和电抗，Ω/m^2。

车体前部排列整齐的条形通风口，电磁能量将会穿过通风口向车外辐射。条形通风口具有裂缝天线效应，因此设置成理想磁边界条件，即

$$\begin{cases} E_t = 0 \\ H_t \neq 0 \end{cases} \tag{8.3.4}$$

8.4　整车级点火系统电磁辐射仿真

8.4.1　点火系统辐射源模型

从图 3.4.5 中点火系统电流波形的变化可以观察到，初级侧电流在 0.0052s 时从最大值(约 4A)陡降至 0A，此刻电流变化率 di/dt 非常大，因此，传导干扰电流中会包含有丰富的高频分量。一般来说，点火线圈初级侧电源线较次级侧的高压阻尼线长，天线效应明显，电源线上干扰电流的高频分量将向周围空间辐射电磁能量。具体过程为：火花塞间隙被击穿形成高频火花放电电流，该放电电流以传导的方式流过火花塞与点火线圈，当达到与点火线圈相连的电源线时，由于天线效应而对外发射电磁能量，形成辐射干扰，辐射干扰原理图如图 8.4.1 所示。

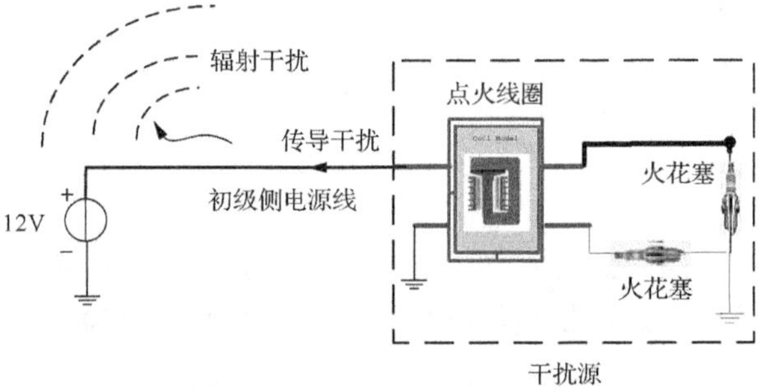

图 8.4.1　点火系统电磁辐射发射原理

从图 8.4.1 可知，点火系统对外的电磁辐射干扰是通过电源线的天线效应实现的，所以电源线上传导干扰电流的高频分量就是点火系统的辐射干扰源。

辐射场的仿真计算需要初级侧干扰电流的幅频特性。如果用第 3 章的高频电路模型预测初级侧电源线上的电流，会受电路模型带宽限制，并且随着频率的升高误差增大，所以在仿真点火系统电磁辐射干扰时，采用实测方法，将测试的电流频谱作为等效干扰源 I，测试结果如图 7.5.1 所示。

初级侧电源线导线为铜线，长度为 0.25m，为点火线圈初级端到蓄电池的距离，忽略导线外面的绝缘介质层，电池内阻 Z_S 作为负载，设为 20mΩ。于是得到点火系统作为电磁干扰辐射源的电路模型如图 8.4.2 所示，终端 1 和终端 2 分别接车壳(车壳为参考地)。

图 8.4.2　点火系统电磁辐射源仿真模型

8.4.2　整车级点火系统辐射模型及实验验证

1)仿真模型的建立

点火系统位于车头引擎盖下，车体结构、形状和材料属性都会对点火系统的辐射电场有较大影响，在 HFSS 仿真软件中这些都归属为边界条件。利用有限元法求解自由空间辐射问题时，可以将求解区域边界设置为吸收边界条件以进行有限截断。由此建立一个属性为空气的矩形框包围车体，矩形框的底面设为理想导体边界来模拟大地(也即模拟电波暗室的地板)，其余的面设为吸收边界来模拟自由空间，求解模型的边界设置如图 8.4.3 所示。

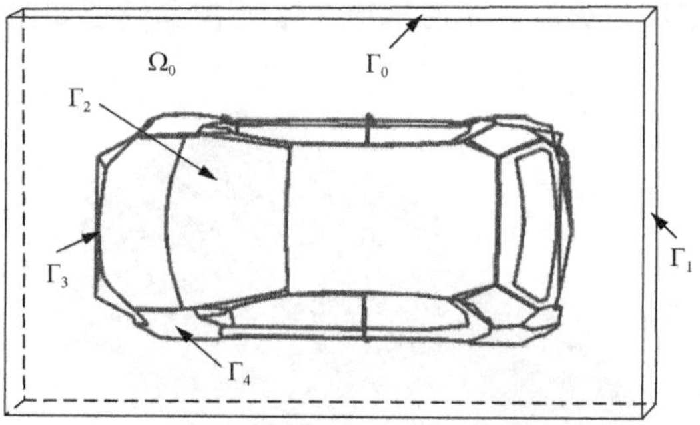

图 8.4.3　求解模型的边界条件

Γ_0. 辐射边界；Γ_1. 理想导体边界；Γ_2. 阻抗边界；Γ_3. 理想磁边界；Γ_4. 有限导体边界

车内空间看作空气介质，在整个求解区域Ω_0内，电场满足矢量 Helmholtz 方程，即

$$\nabla \times \left(\frac{1}{\mu_r} \nabla \times \boldsymbol{E} \right) - k_0^2 \varepsilon_r \boldsymbol{E} = 0 \tag{8.4.1}$$

式中，μ_r 为复相对磁导率；ε_r 为复相对介电常数；$k_0 = \omega\sqrt{\mu_0 \varepsilon_0}$ 为自由空间传播常数。

图 8.4.3 中，车窗Γ_2为玻璃材料，满足阻抗边界条件，其相对介电常数$\varepsilon_r = 5.5$，相对磁导率$\mu_r = 1$；车身Γ_4为金属壳体，满足有限导体边界条件，车身的金属材料设为不锈钢，其相对磁导率$\mu_r = 1$，电导率$\sigma = 1.1 \times 10^6\ \mathrm{S/m}$；车头前面的排风口$\Gamma_3$，满足理想磁边界。各种边界条件的设置参见式(8.3.1)~式(8.3.4)。

值得一提的是，辐射边界条件只是自由空间的近似，这种近似的准确度取决于辐射物体与边界之间的距离。为确保计算精度，辐射框不能设置得太小，但考虑到计算机资源的限制，辐射框也不能设置得太大。根据辐射边界设置要求，辐射边界至少距离辐射体$\lambda/4$，λ为求解中心频率对应的波长。为了将 3m 远处水平和垂直方向电场强度仿真值与实验值进行比较，车身右侧的辐射边界要距离车身右边至少 3m，其他辐射边界面可根据计算机资源而定，一般只要大于$\lambda/4$即可。

2) 激励源设置

图 8.4.2 中，点火系统辐射模型的电源线为铜质材料，铜的相对介电常数$\varepsilon_r=1$，电导率$\sigma=5.8\times10^7\text{S/m}$。电源线沿车体长度方向水平放置，距离车底盘板及车头前部分别为 500mm 和 100mm，电源线的激励端设为电流源激励，电流值如图 7.5.1 所示。

利用 8.3 节介绍的整车有限元模型的建模方法，并加入图 8.4.2 的点火系统辐射模型，建立的整车级点火系统电磁辐射有限元仿真模型如图 8.4.4 所示。

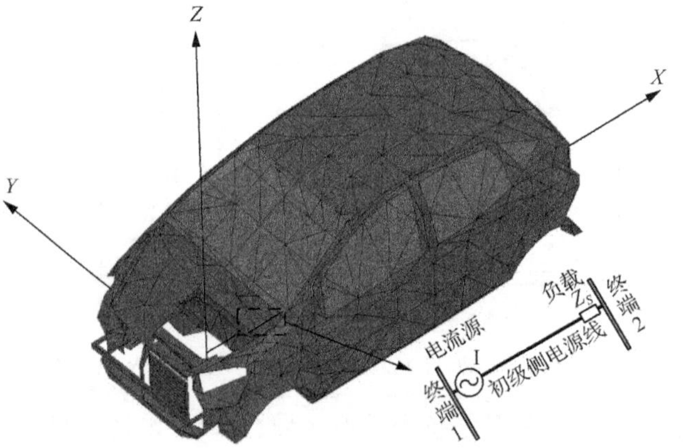

图 8.4.4 车载点火系统电磁辐射发射仿真模型

3) 收敛误差设置

按 HFSS 提供的ΔE最大值判断法进行收敛误差设置。ΔE的定义是：自适应网格剖分过程中，每次网格细化前后计算出的能量误差，是衡量每步迭代之间场量是否收敛的计算标准，随着解的收敛，ΔE将趋于零。电流源激励、电压源激励、磁偏置激励和入射波激励的场问题一般使用ΔE最大值作为收敛误差判断标准。当ΔE最大值小于设定值时，完成自适应分析，否则，分析将一直进行下去，直到满足收敛标准或完成设置的最大迭代步数为止。

在对收敛误差标准进行设置时，理论上收敛误差设置得越小，计算结果越准确。然而，收敛误差设置得越小，意味着迭代步数越多，这将极大增加计算量和对计算机内存的需求，有可能无法进行求解计算。另一方面，实验室的测量值本身存在固有误差，因此，HFSS 只需提供一定水平的精度，这个精度大于测量值的固有误差即可。一般情况下，收敛误差使用 HFSS 系统的默认值或默认值的 1/2

即可满足要求。HFSS 中 ΔE 的默认值为 0.1，所以将收敛误差 ΔE 设为 0.1，并设最大迭代步数为 6。对图 8.4.4 的整车级点火系统辐射有限元模型进行自适应网格剖分，满足 ΔE=0.1 的有限元剖分结果如图 8.4.5 所示。由车体剖分图可看出在电源线附近，电场变化较快，所以剖分网格较密集，而在汽车尾部，网格较稀疏。

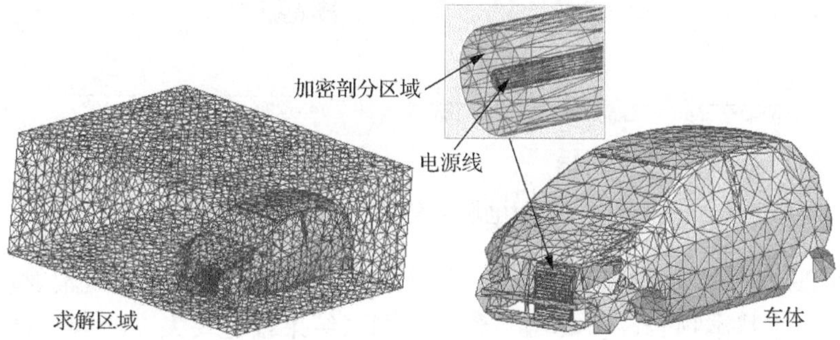

图 8.4.5　整车级点火系统自适应剖分网格剖分图

为模拟半电波暗室的特点将仿真区域外边界设置为辐射边界，根据车体材料属性、结构形状在 HFSS 软件中分别处理成有限导体边界、阻抗边界、理想磁边界、辐射边界等 4 种边界条件。仿真计算的频率范围为 30M~993MHz，为减小计算量，每隔 9MHz 取一个点共计 108 个计算频点。观察点位于汽车右侧 3m 处，对地高度 1.8m，提取该点的电场强度计算结果。

点火系统电磁辐射发射的测试布置方式如图 8.4.6 所示，接收天线位于距车体右侧 3m 远的位置，分别测取了对地 1.8m 处的水平方向和垂直方向的电场强度。垂直方向即为图中的 z 轴正方向，水平方向即为图中的 x 轴正方向。测试的频率范围为 30M~1GHz，每隔 1MHz 取一个点共 971 个频点。

图 8.4.6　车载点火系统电磁辐射发射测试布置图

电场的水平分量和垂直分量的仿真和测试结果分别如图 8.4.7(a)、(b)所示。

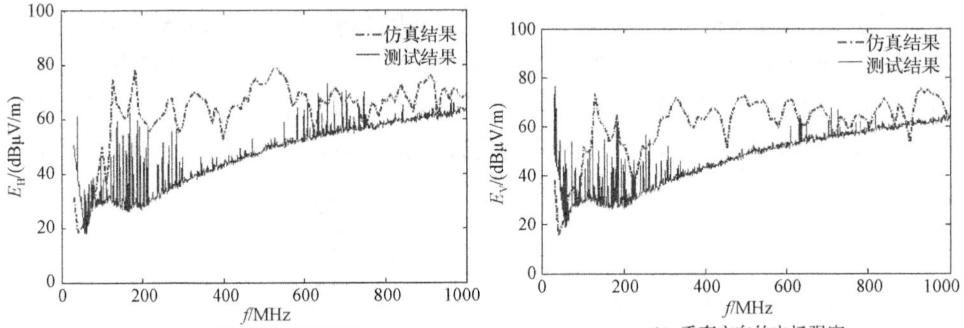

(a) 水平方向的电场强度　　(b) 垂直方向的电场强度

图 8.4.7　辐射电场强度仿真与测试结果对比

从图 8.4.7 中可以看出，3m 远处水平方向和垂直方向点火系统辐射场强随频率变化的规律基本吻合。仿真结果整体比测试结果幅值要大，低频段误差较小，变化趋势吻合度较好，高频段误差增大，主要原因是高频段测量的固有误差较大。

8.4.3　车内外电场空间分布及车壳面电流密度

1) 车内外电场空间分布

选择 200MHz 和 500MHz 两个频点，这两个频点场强在车内外的分布云图如图 8.4.8 和图 8.4.9 所示。

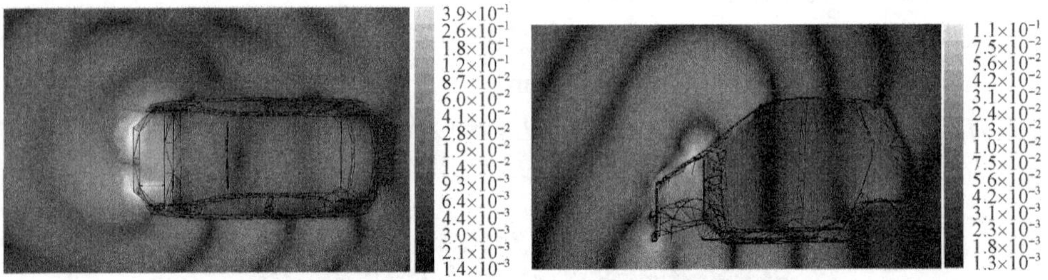

(a) 水平剖面　　(b) 纵向剖面

图 8.4.8　200MHz 电场强度分布云图(单位：V/m)

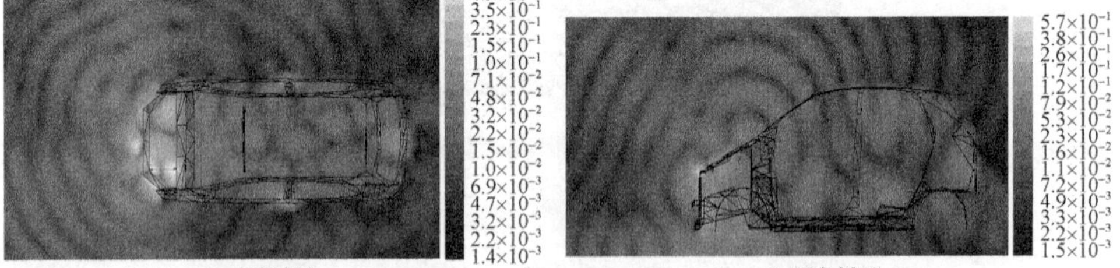

(a) 水平剖面　　(b) 纵向剖面

图 8.4.9　500MHz 电场强度分布云图(单位：V/m)

从云图可以看出，车外电场的波动性比较规则、明显，干扰源所在的车头场强较大，车尾场强较小；随着频率的增加，辐射有所增强；车内电场分布受车壳影响，电场在金属车壳上发生多次反射形成了驻波，有些地方电场被明显加强，且频率越高越显著。

2) 车壳面电流分布

当电磁波到达车壳时，因电磁感应现象车壳金属材料中出现感应电场，进而出现感应电流，感应电流呈涡旋状，因此称为涡流。由于高频集肤效应的作用，感应电流仅分布在金属表面，形成面电流分布。金属壳体表面的电流由电磁感应定理式(8.4.2)和介质分界面衔接条件式(8.4.3)求解得到：

$$\nabla \times \boldsymbol{E} = -\mathrm{j}\omega\mu\boldsymbol{H} \tag{8.4.2}$$

$$\boldsymbol{e}_n \times \left(\boldsymbol{H}_2 - \boldsymbol{H}_1\right) = \boldsymbol{K} \tag{8.4.3}$$

式中，$\boldsymbol{H}_1$ 和 $\boldsymbol{H}_2$ 分别为金属与空气分界面上的磁场强度；$\boldsymbol{e}_n$ 为分界面上的法向单位矢量，方向由金属介质指向空气介质。

由于空气为绝缘介质，电导率 $\sigma = 0$，可将金属视为理想导体，因此有 $\boldsymbol{H}_1 = 0$，于是将式(8.4.3)化简为

$$\boldsymbol{K} = \boldsymbol{e}_n \times \boldsymbol{H}_2 \tag{8.4.4}$$

得到电场空间分布后，通过式(8.4.2)和式(8.4.4)的简单计算，可得汽车壳体金属表面的面电流分布，图 8.4.10 和图 8.4.11 分别给出了 300MHz 和 500MHz 两个频点上车底板、引擎盖和车顶棚外表面的面电流密度矢量分布图。

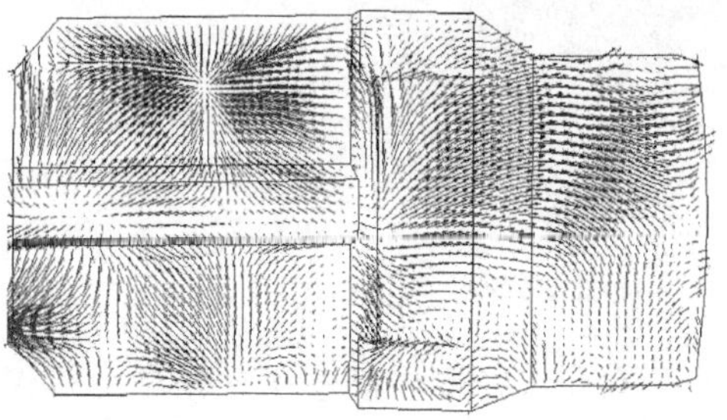

(a) 车底板(10^{-5}~10^{-3}A/m)

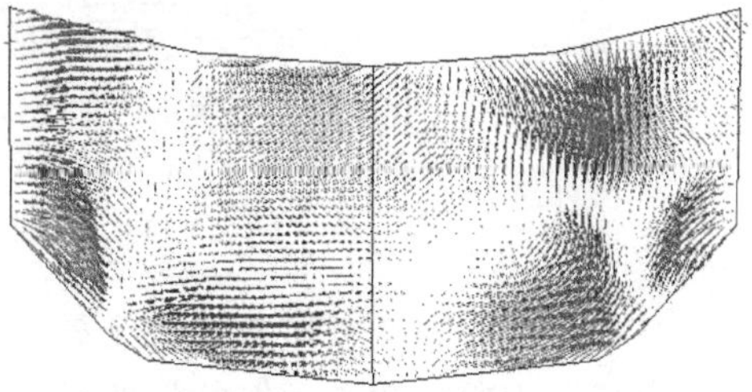

(b) 引擎盖(10^{-6}~10^{-4}A/m)

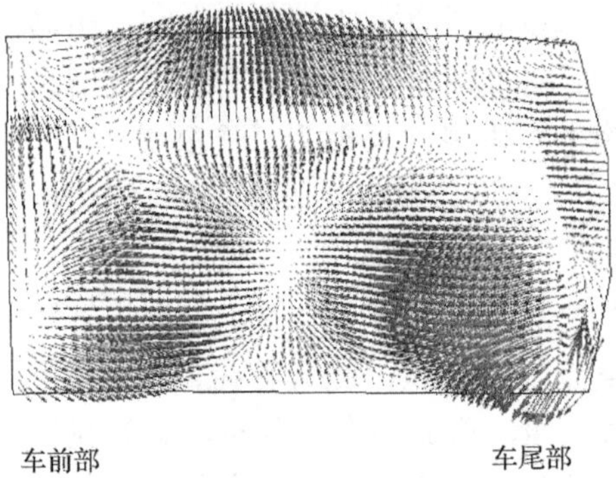

(c) 车顶棚(10^{-7}~10^{-5}A/m)

图 8.4.10　300MHz 面电流密度分布

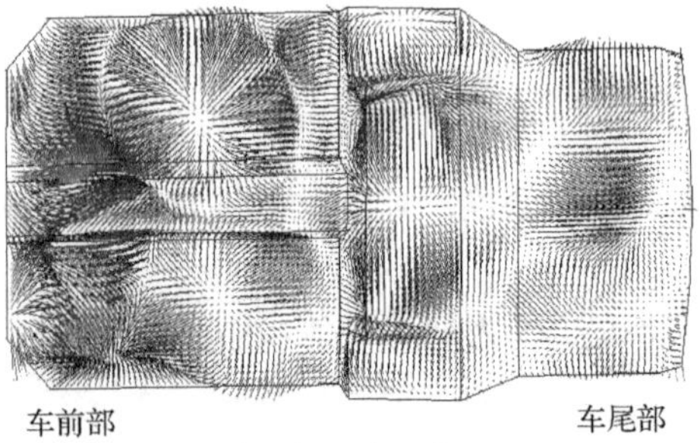

(a) 车底板(10^{-5}~10^{-3}A/m)

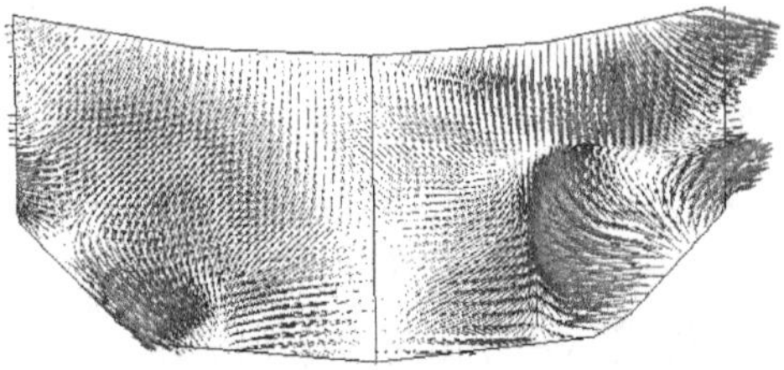

(b) 引擎盖(10^{-5}~10^{-3}A/m)

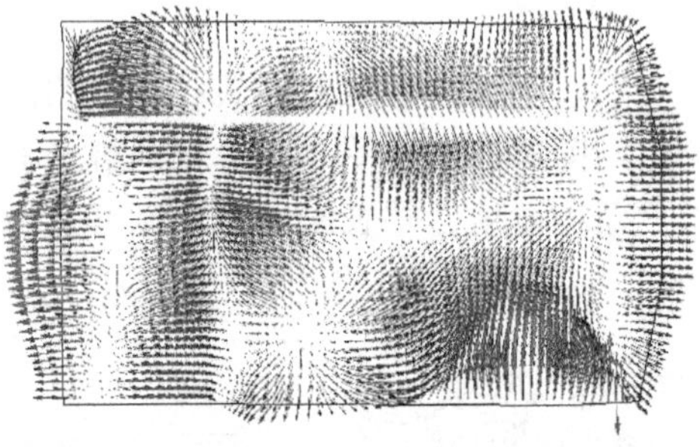

(c) 车顶棚(10^{-7}~10^{-5}A/m)

图 8.4.11　500MHz 面电流密度分布

为便于观察电流密度在车壳金属表面的分布状况，图中隐去了三角单元，仅留下底板、引擎盖和车顶棚的轮廓线。由图 8.4.10 和图 8.4.11 可看出，当频率较低时，车底板、车顶棚上面电流分布较均匀，而引擎盖在 300MHz 和 500MHz 时右边面电流密度都较大，这是因为引擎盖右下方为点火系统干扰源，使得越靠近干扰源，面电流密度越大。此外，随着频率的增大，面电流的漩涡状越明显。

8.5　整车级雨刮系统电磁辐射仿真

8.5.1　干扰源测量

从第 4 章的分析可知，雨刮系统的辐射发射来自于雨刮电机端电压的干扰信号。为测试其干扰源，选择被测试的雨刮电机是永磁直流电机，其输出功率为 40W，额定电压为 12V，额定转速为 2750rpm。雨刮电机端电压测量原理如图 8.5.1 所示，测量布置如图 4.4.9 所示。

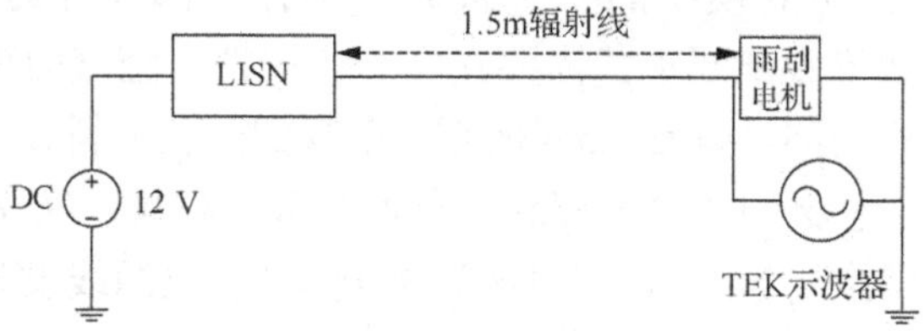

图 8.5.1　电机端电压测量原理图

将示波器记录的端电压时域数据导入 MATLAB 中，进行傅里叶变换，由于受 TEK 示波器带宽的限制，得到电机端电压的幅频特性曲线为 30M~350MHz 频段，仿真计算也只考虑这个频段的辐射干扰电压。为了减少仿真的计算时间，在这一频段内从 30MHz 起每隔 1.5MHz 取一个频点，得到的电机端电压幅频特性如图 8.5.2 所示。

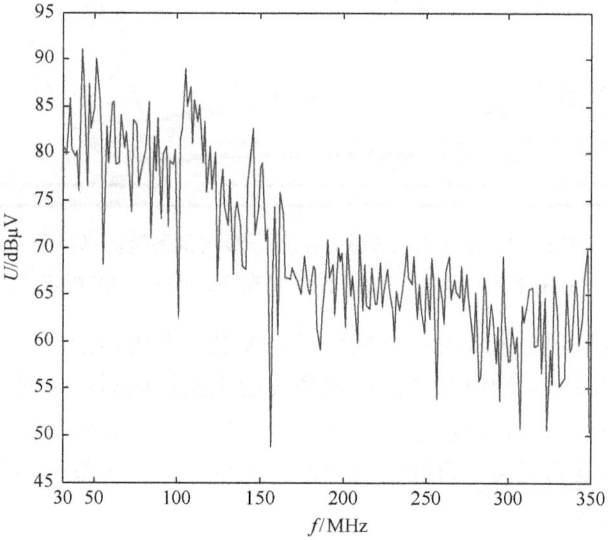

图 8.5.2　雨刮电机端电压

8.5.2　整车级雨刮系统辐射干扰仿真模型

在雨刮系统辐射模型中，雨刮系统电源线两端分别接负载(蓄电池内阻)和激励源(雨刮电机端电压)。因此，在 HFSS 仿真模型中，电源线激励端口接电压源激励，电压源激励定义在两层导体之间的平面上。定义电压激励时，需要设置电压的幅度、相角、电场方向等参数，同时要求电压源激励所在的平面必须小于工作波长。

为进行仿真分析，做如下设置：

①设置辐射干扰仿真模型的相关参数。车体外部尺寸为 3.43m×1.65m×1.436m，根据辐射边界设置要求，需要建立一个属性为空气的矩形框包围车体，用来确定仿真的计算空间，如图 8.5.3 所示。车身的金属材料设为不锈钢，其相对磁导率 $\mu_r=1$，电导率 $\sigma=1.1\times10^6$ S/m。车窗为玻璃材料，在 HFSS 软件中，车窗玻璃的相对介电常数 $\varepsilon_r=5.5$，相对磁导率 $\mu_r=1$。电源线设为理想导体，其长度为 0.7m。电源线接的负载阻值为蓄电池内阻值，设为 20mΩ。电压源激励通过实验获得，实验使用的雨刮电机为永磁直流电机，由 12V 车用蓄电池供电。

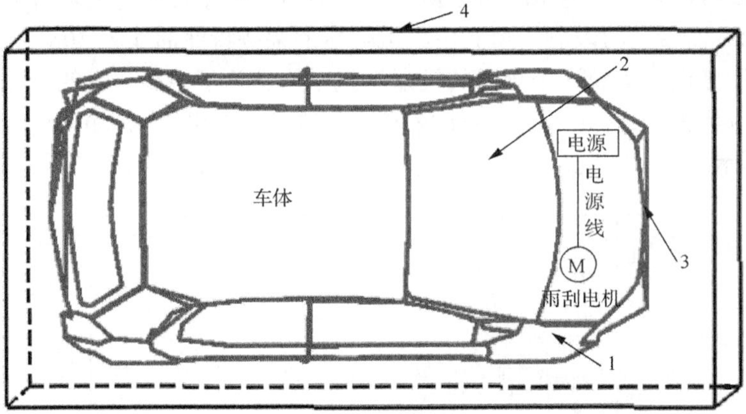

图 8.5.3　基于 HFSS 软件的整车级雨刮系统仿真模型

1. 有限导体边界；2. 阻抗边界；3. 理想磁边界；4. 辐射边界

建立整车级雨刮系统辐射干扰模型时，关键要考虑雨刮电机和电源在汽车内的位置，以及雨刮电机和电源之间的电源线的走向，同时还要避免它们与车体之间的重合、穿插问题。在建模中，雨刮电机和电源的位置由各自在汽车上的实际位置决定，电源线的走向以直线方向为准，建成后的整车级雨刮系统辐射干扰模型如图 8.5.4 所示。

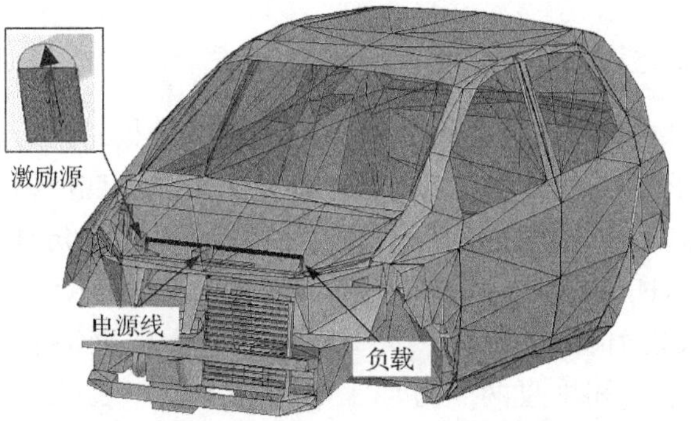

图 8.5.4　整车级雨刮系统系统辐射干扰有限元模型

②有限元模型的离散化设置。HFSS 软件采用自适应网格剖分技术来完成仿真模型的离散化。当整车级雨刮系统系统辐射干扰的仿真模型形成之后，需要选择一个频率作为自适应网格剖分的频率，在该频点上进行自适应网格剖分，其他频点的场量求解都是在这一频点场量计算的基础上进行的。雨刮电机产生的电磁干扰虽然属于宽频干扰，但是求解场量采取的是单频点计算方式，同时考虑到计算时间、所需内存、求解精度等综合因素，将自适应网格剖分频率选在计算频段的中间。在开始进行计算之前，需事先设置收敛条件，在对每一个频点求解的过程中，如果某个区域的误差不能满足收敛条件，软件自动对该区域网格进行细分，然后重新计算，直至求解结果满足收敛条件为止。这里设自适应剖分频率为 $f = 189\text{MHz}$，收敛条件为 $\Delta E = 0.1$，最大迭代步数为 8。仿真的结果表明，此模型通过 6 步迭代求解场量便满足了收敛条件，此时剖分的网格数为 292219 个，占用内存 7.22G，计算时间为 126min，剖分结果如图 8.5.5 所示。在电源线附近，因为电场变化很快，所以剖分的网格非常密集，而在汽车尾部，网格则很稀疏。

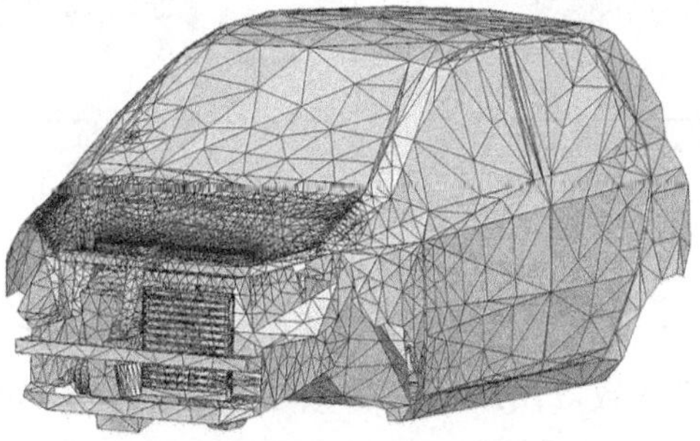

图 8.5.5　整车级雨刮系统自适应剖分网格剖分图

8.5.3　仿真和实验验证

在 HFSS 软件中完成整车的雨刮系统辐射干扰建模工作后，并且对模型的材料、边界条件和求解精度等参数进行了设置，利用自适应网格剖分技术对仿真模型进行了离散化。要进一步获得整车的雨刮系统辐射干扰仿真模型在各个频点的辐射场强，只需将图 8.5.2 实测的雨刮电机端电压每个频点的电压值依次设为仿真模型的电压源激励值，便可直接计算获得。对于电磁辐射干扰，通常需要分析在观察点处的水平和垂直两个方向上的辐射场强，通过对整车级雨刮系统仿真计算及后处理，分别得到了距车身 3m 处的水平方向和垂直方向的电场强度仿真值。

为了验证仿真结果的正确性，在电波暗室对整车级雨刮系统辐射干扰进行实验测量，实验按照 GB14023-2006《车辆、船和由内燃机驱动的装置 无线电骚扰特性 限值和测量方法》的测试规范要求进行。为防止汽车开动导致其他电子器件工作产生辐射干扰影响测量，在车中根据雨刮电机的电源线走势另设独立电路对其供电。电波暗室的接收天线位于距汽车 3m 远的位置，分别对水平和垂直两个方向进行测量。整车级雨刮系统辐射发射标准测试布置参见图 8.4.6。

仿真与实验获得的 3m 远水平和垂直方向的辐射电场如图 8.5.6 所示。

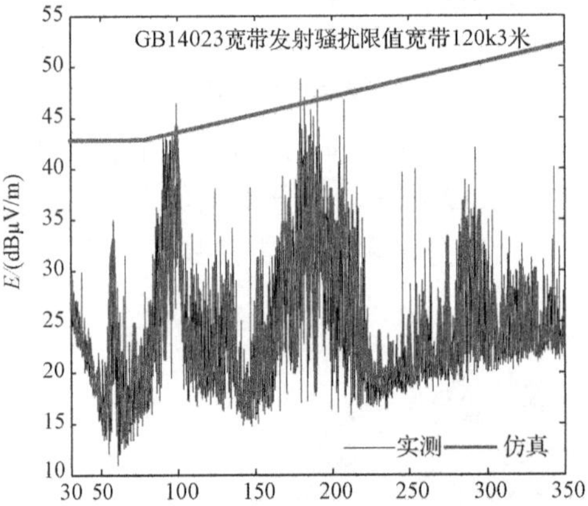

(a) 水平方向辐射电场

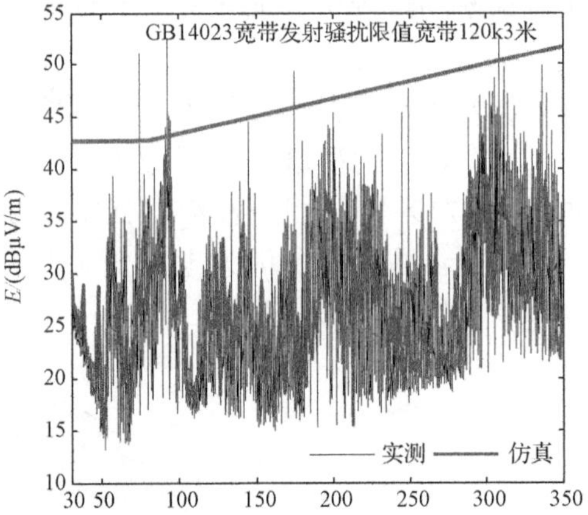

(b) 垂直方向辐射电场

图 8.5.6　距车身 3m 处辐射电场仿真与实测对比

从图 8.5.6 可以看出，在 30M~349.5MHz 频段内，水平方向辐射电场的仿真值和实测值变化趋势一致，出现峰值的频点大部分是相当吻合的，仿真与实测的最大误差出现在 250.5MHz 附近，为 20.09 dBμV/m。垂直方向辐射场强仿真结果与实测值总体上看，两者变化趋势也是基本一致的，其最大误差与水平方向的相比有所减少，误差较大的场强值出现在 286.5M~349.5MHz 频段，但在 15 dBμV/m

以内。仿真结果与实测值的误差主要来自三个方面：①仿真模型的激励源是实测的雨刮电机端电压，端电压的实际测量过程中，因为测量仪器的精度等原因可能带来的误差。②在建立仿真模型前，对汽车车体模型进行了简化，忽略了许多次要因素，如车内座椅、车轮等非金属部分；雨刮电机电源线走势不可能完全与仿真模型相同，仿真模型仅是真实汽车的近似。③在建模过程虽然考虑了汽车车体孔缝问题，但不可能保证仿真模型与实际车体的孔缝的形状、大小完全一致，导致误差增大。

综合上述分析，在雨刮系统容易超标的 100MHz 频段附近，水平和垂直方向的辐射场强仿真结果与实测值吻合较好，误差在 5dBμV/m 以内。在 30M~349.5MHz 的整个频段，仿真结果均能较好地反映实际的整车级雨刮系统辐射场强的频谱特性。

8.6　整车级电机驱动系统电磁辐射仿真

8.6.1　电机驱动系统的辐射干扰

1) 干扰源

电机驱动系统对外部空间的辐射干扰，主要来自变换器和电机之间流过的干扰电流，并通过三相电缆的天线效应对外辐射。三相电缆上的电流由差模电流和共模电流构成的，但由于差模电流方向相反，产生的辐射场互相抵消，而共模电流方向相同，产生的辐射场则互相加强。有数据表明对于 1m 长的带状双导线传输线，导线间距 1.27mm，频率 30MHz，电流幅值 20mA 的差模电流产生的辐射发射与只有 8μA 的共模电流产生的辐射发射大小一致，电流幅值前者却是后者的 2500 倍，也就是 68dB。

对于电机驱动系统的三相电缆辐射来说，电流辐射机理和双导线相同，虽然干扰电流的共模部分和差模部分的幅值相差不大(参见图 6.5.4 和图 6.5.5)，但三相电缆对外辐射主要是共模电流引起的。电机驱动系统模型中的电流辐射干扰源在半波暗室中测量得到，测量三相电缆共模电流的实验如图 8.6.1(a)所示(电流探头的型号为 F65-A，带宽为 10k~1GHz)。

由图 8.6.1(a)可见，电动汽车前端主要有电机驱动系统和电源变换系统(DC/DC)。通常情况下，在车辆正常工作时，这两个系统是产生辐射干扰的主要干扰源，为了抑制 DC/DC 系统工作时产生的电磁干扰，在保证蓄电池电量充足的情况下，调试整车控制器在短时间内保证电源变换系统的控制电路处于不工作状态，这样车内的电磁辐射主要由电机驱动系统产生。在电动汽车转速为 40km/h 情况下，测试到的三相电缆共模电流在 30M~200MHz 的频谱特性，如图 8.6.1(b)所示。

这里将共模电流频谱最高频率取到 200MHz 出于两方面的考虑：①受阻抗分析仪带宽的限制，第 6 章中建立的电机端部共模阻抗 Z_{CM} 的最高频率只能达到 108MHz，当电机驱动系统辐射干扰仿真频率超过 108MHz 时，误差随着频率的增加而增大；②实际电机驱动系统的辐射干扰主要集中在 200MHz 以内。所以将三相共模电流的辐射干扰源的频谱限制 200MHz 是合适的。

在 30M~200MHz 频段范围内，测试到的电流频谱取点间距为 0.017MHz，因此一共有 10001 个点，若将测试数据直接导入仿真软件中，极其耗费计算时间。因此，从原始数据中每隔 2MHz 取一个点，共 86 个点，作为仿真模型中的干扰源，这样便可降低计算时间，提高计算效率。

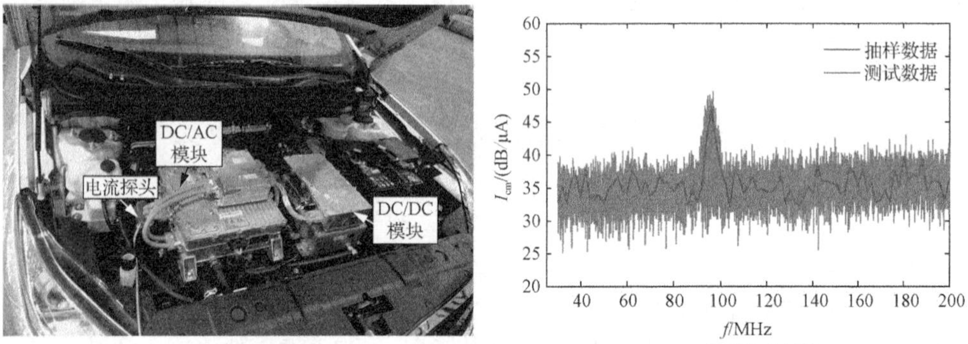

(a) 共模电流测量　　(b) 共模电流频谱

图 8.6.1　获取电机驱动系统三相电缆共模电流

2) 驱动系统的辐射模型

电机驱动系统的电磁辐射发射原理如图 8.6.2 所示。将电机驱动系统三相电缆靠近变换器端的共模电流作为干扰源，将三相电缆看成一根导线，把电机端部共模阻抗 $Z_{motor\text{-}CM}$ 作为负载，共模阻抗电路及其参数通过矢量匹配法获得，则电机驱动系统的电磁辐射模型如图 8.6.3 所示，终端 1 和终端 2 分别接地，地为车体。

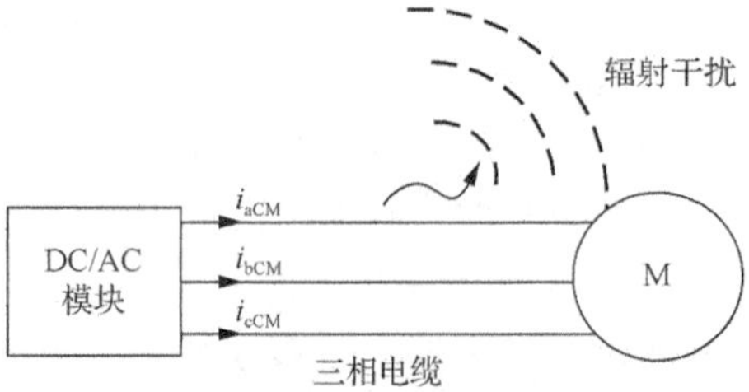

图 8.6.2　电机驱动系统辐射干扰原理图

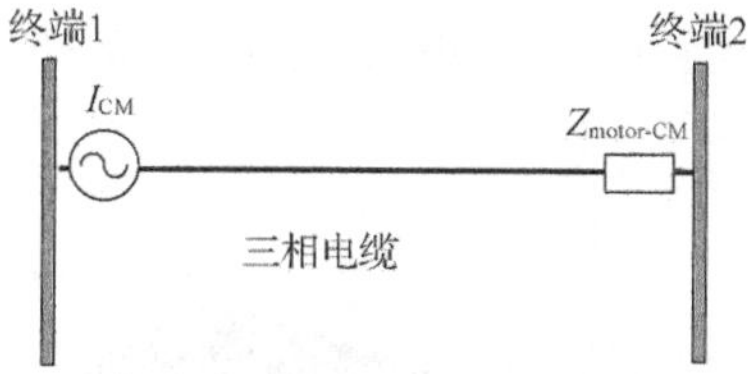

图 8.6.3　电机驱动系统电磁辐射模型

8.6.2　电动汽车的有限元仿真模型

在厂商提供的电动汽车 CATIA 模型中，车身结构和材料参数为：车体尺寸为 4.62m×1.82m×1.490m，轴距为 2.66m，车身的金属材料为不锈钢，相对磁导率μ_r= 1，电导率σ= 1.1×10^6 S/m；车窗为玻璃材料，相对介电常数ε_r= 5.5，相对磁导率μ_r= 1。与 CAD 软件一样，Hypermesh 与 CATIA 软件有很好的接口，可以直接导入 CATIA 模型并对其进行修复处理及网格剖分，所以建立车体有限元模型的方法与 8.2 节和 8.3 节完全相同。

建模首先需要提取电动汽车 CATIA 模型中有关车身结构的文件，考虑到计算机的运行能力和用于电磁场分析的目的，可以对车身模型进行简化，保留主要部件，忽略一些细小的零件。这里所说的主要部件指能够大致刻画整车外形的车身的各种结构件和覆盖件，同时又是对于电磁场分析影响较大的部件。在分析整车电磁场分布时，边界条件是求解电磁场分布问题的关键，边界条件通常需要设置在面上，但在实际 CATIA 模型中，各种零部件都存在一定厚度，因此需要提取主要部件的外侧面，“消除”这些零部件的厚度，用这些部件的外侧面组装形成整车的“车壳”结构，如图 8.6.4 所示。

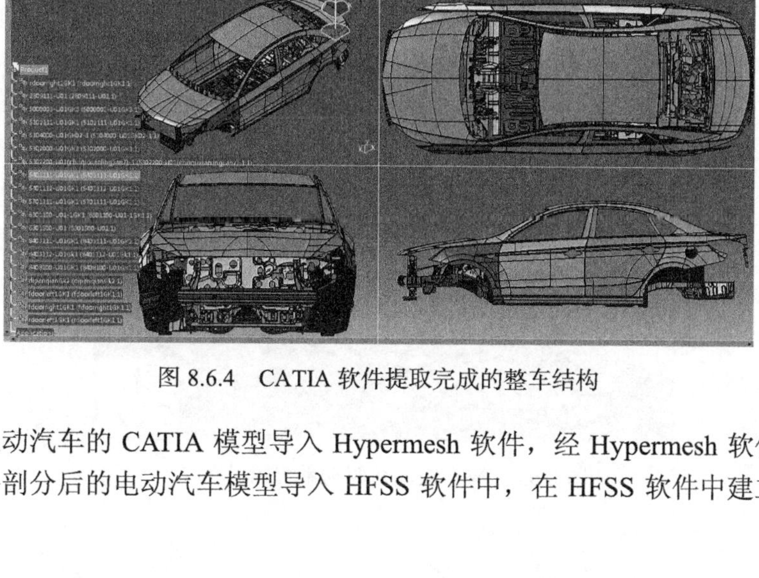

图 8.6.4　CATIA 软件提取完成的整车结构

将电动汽车的 CATIA 模型导入 Hypermesh 软件，经 Hypermesh 软件修复处理和网格剖分后的电动汽车模型导入 HFSS 软件中，在 HFSS 软件中建立的电动汽车有限元仿真模型如图 8.6.5 所示(电机驱动系统的辐射模型已加入车体有限元仿真模型中)。

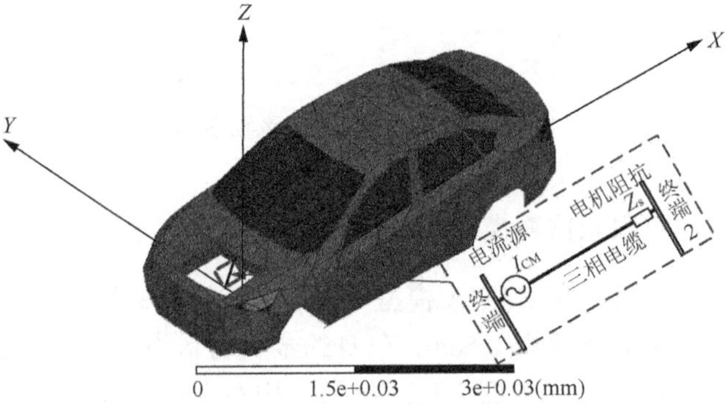

图 8.6.5　整车级电机驱动系统辐射模型

8.6.3　整车级电机驱动系统电磁辐射仿真模型及实验验证

为模拟半波暗室的特点，将仿真区域外边界设置为辐射边界，根据车体材料属性、结构形状在 HFSS 软件中分别处理成有限导体边界、阻抗边界、理想磁边界、辐射边界等 4 种边界条件。仿真计算的频率范围为 30M~200MHz，将观察点设置在车体模型右侧 10m 处，对地高度 3m，计算该点电场强度的水平分量和垂直分量。

电机驱动系统电磁辐射的实验布置图如图 8.6.6 所示，电动汽车固定在转台上，并使汽车前轮位于转鼓上，将汽车转速稳定在 40km/h 的状态，确保 DC/DC 电源变换系统处于非工作状态，测量电动汽车的电磁辐射状况。接收天线位于距车体右侧 10m 远的位置，分别测取了对地 3m 处的水平方向(x 轴正方向)和垂直

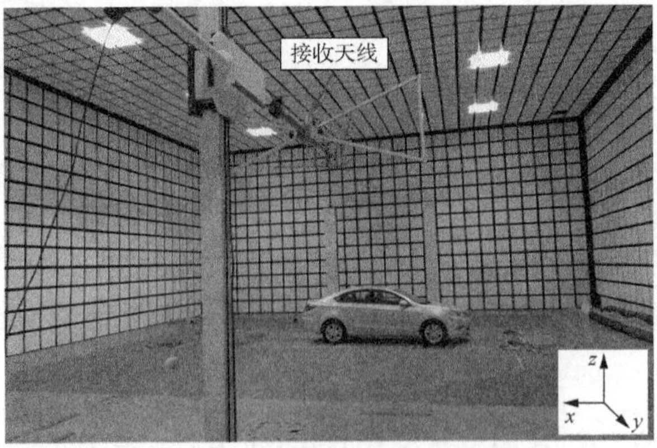

图 8.6.6　整车级电机驱动系统辐射实验

方向（z 轴正方向）的电场强度。测试的频率范围为 30M~200MHz，每隔 0.05MHz 取一个点，共 3401 个频点。电场的水平分量和垂直分量的仿真和测试结果如图 8.6.7 所示。

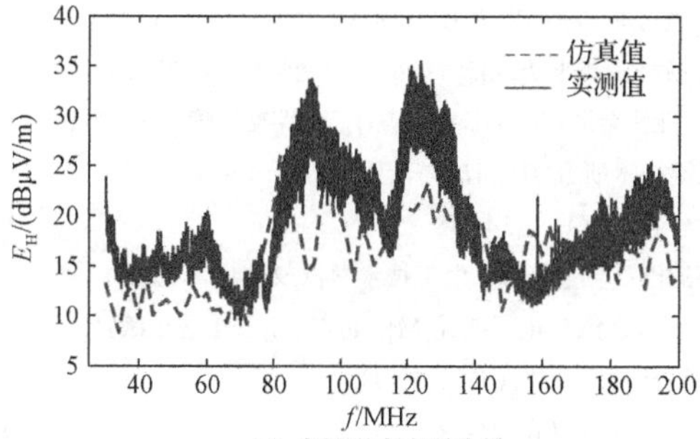

(a) 电场强度水平分量

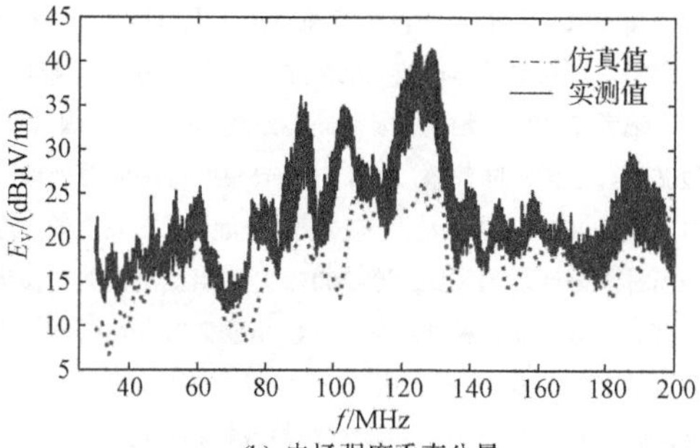

(b) 电场强度垂直分量

图 8.6.7　电场强度的仿真结果与测试结果对比

从图 8.6.7 可以看出，10m 远处测试点水平方向和垂直方向电机驱动系统的电场幅值在 30M~200MHz 频段范围内仿真结果与实测结果随频率的变化规律基本吻合。实际测量值的幅值整体比仿真的幅值大，在某些频点处幅值相差可达 20dB，这是因为在实际测量过程中，虽然排除了电源变换系统的辐射干扰，但是电动汽车内其他的部件产生的电磁辐射并没有完全被屏蔽。此外，实际电磁辐射测量结果中，不仅仅包含驱动系统共模干扰电流产生的辐射，还有差模电流产生的辐射效应，而在仿真模型中，只考虑共模电流产生的电磁辐射，这也是仿真值小于测试值的原因。

参考文献

安群涛，姜保军，孙力等. 2009. 感应电机传导干扰频段Ⅱ型共模等效模型[J]. 中国电机工程学报, 29(36): 73-79.

安宗裕. 2014. 混合动力汽车直流电源变换系统传导电磁干扰分析与抑制研究[D]. 重庆大学博士学位论文.

安宗裕，汪泉弟，彭河蒙. 2012. 汽车雨刮电机电磁兼容干扰特征提取方法[J]. 电机与控制学报, 16(7): 1-6.

本刊记者. 2010. 因地制宜发展新能源汽车——访中国汽车工业协会助理秘书长叶盛基[J]. 道路交通管理, 9: 18-19.

边弘晔，李鹤，闻邦椿. 2008. HyperMesh 有限元前处理关键技术研究[J]. 机床与液压, 4(36): 160-161, 164.

曹秉刚. 2007. 中国电动汽车技术新进展[J]. 西安交通大学学报, 41(1): 114-118.

陈恒林，陈玮，冯利民，等. 2007. 基于阻抗测量的共模扼流圈高频建模[J]. 电工技术学报, 22(4): 8-12.

陈立辉，朱文立，杨林，等. 2014. 电磁兼容(EMC)设计与测试之汽车电子产品[M]. 北京：电子工业出版社.

陈柳钦. 2010. 国外新能源汽车产业发展的政策支持[J]. 高科技与产业化, 6(7): 46-48.

陈清泉，孙立清. 2005. 电动汽车的现状和发展趋势[J]. 科技导报, 23(4): 24-28.

陈全世. 2007. 先进电动汽车技术[M]. 北京：化学工业出版社.

陈淑凤，马蔚宇，马晓庆. 2012. 电磁兼容试验技术[M]. 北京：邮电大学出版社.

陈志鑫，汪晓健. 2010. 我国电动汽车产业化发展策略研究[J]. 上海节能, 8: 1-6.

冯慈璋. 1997. 电磁场(第二版)[M]. 北京：高等教育出版社.

高新杰，李国珍，李燕侠，等. 2015. 电动汽车常见的 EMC 问题与特性[J]. 安全与电磁兼容, 3: 15-19.

高攸纲. 2001. 电磁兼容总论[M]. 北京：北京邮电大学出版社.

葛德彪，闫玉波. 2002. 电磁波时域有限差分方法[M]. 西安：西安电子科技大学出版社.

葛彦竹. 2010 基于 Hypermesh 的某中型货车车架仿真分析与改进设计[D]. 吉林大学硕士学位论文.

工信部. 中国汽车将以纯电动汽车为战略转型方向. http://news.163.com/10/1028/18/6K3RVNAU00014JB5.html.

韩永杰，傅振兴，张恒，等. 2013. 电动汽车电磁兼容研究概述[J]. 上海汽车, 7: 3-5.

黄怡然，孙悦，尹成群. 2009. 基于混沌理论的蓄电池内阻检测的研究[J]. 系统仿真学报, 33(5): 415-416.

贾晋. 2010. 汽车点火系统电磁干扰预测方法研究[D]. 重庆大学硕士学位论文.

贾晋，汪泉弟，俞集辉，等. 2010. Wideband equivalent circuit model and parameter computation of automotive ignition coil based on finite element analysis[J]. Applied Computational Electromagetics Society Journal, 25(7): 612-619.

蒋洪林. 2010. 海外各国政府促进电动车发展优惠政策一览[J]. 轻型汽车技术, (5/6): 57-58.

久陵. 2010. 电动汽车发展中的政治经济学——中国工程院院士陈清泉一席谈[J]. 汽车与配件, 35: 14-17.

李明洋. 2010. HFSS 电磁仿真设计应用详解[M]. 北京：人民邮电出版社.

李旭. 2008. 汽油发动机点火系统电磁干扰的仿真与实验研究[D]. 重庆大学博士学位论文.

李旭，俞集辉，汪泉弟，等. 2007. 电磁场对导线贯通屏蔽箱体内电路干扰的建模和仿真[J]. 系统仿真学报, 19(17): 3891-3894.

李旭，俞集辉，汪泉弟. 2007. 基于 CAD 技术实现汽车电磁兼容的建模和仿真[J], 重庆大学学报(自然科学版), 30(12): 21-24.

梁凌红. 2012. 汽车整车有限元建模及其电磁辐射干扰仿真研究[D]. 重庆大学硕士学位论文.

凌永程，李淑英. 2010. 汽车电气设备(第二版)[M]. 北京：北京大学出版社.

刘庆升. 2010. 汽车点火系统的电磁骚扰抑制方法研究[D]. 重庆大学硕士学位论文.

路宏敏. 2003. 工程电磁兼容[M]. 西安：西安电子科技大学出版社.

吕文红，郭银景，唐福华，等. 2008. 电磁兼容原理及应用教材(第 2 版)[M]. 北京：清华大学出版社.

马羚媛. 2014. 电动汽车直流变换系统的传导干扰建模与抑制方案设计[D]. 重庆大学硕士学位论文.

马伟明. 2004. 地电流的分析、预测、实验及控制技术[J]. 舰船电子工程, 24: 145-149.

马伟明，张磊，孟进. 2007. 独立电力电子系统及其电力电子装置的电磁兼容[M]. 北京：科学出版社.

马喜来，许维，程传河. 2010. 整车电磁兼容性计算机仿真分析研究[J]. 安全与电磁兼容, 3: 51-56.

孟进, 马伟明. 2005. 基于 IGBT 开关暂态过程建模的功率变流器电磁干扰频谱估计[J]. 中国电机工程学报, 25(20): 16-20.

米切尔·麦迪圭安. 2004. 电磁干扰排查及故障解决的电磁兼容技术[M]. 北京：机械工业出版社.

倪光正，杨仕友，邓婕，等. 2010. 工程电磁场数值计算[M]. 北京：机械工业出版社.

彭河蒙. 2015. 电动汽车电机驱动系统电磁干扰预测模型的研究[D]. 重庆大学博士学位论文.

彭迎，阮江军，张宇，等. 2005. 脉冲变压器特快速暂态电压分布计算[J]. 中国电机工程学报, 25(11): 140-145.

钱照明, 程肇基. 2000. 电力电子系统电磁兼容设计基础及干扰抑制技术[M]. 杭州：浙江大学出版社.

秦传明. 2011. 汽车雨刮电机传导电磁干扰的仿真与抑制研究[D]. 重庆大学硕士学位论文.

曲维本, 刘铁墉. 1981. 光电耦合器的原理及其在电子线路中的应用[M]. 北京：国防工业出版社.

全国无线电干扰标准化技术委员会. 2006. 车辆、机动船和火花点火发动机驱动装置无线电干扰特性的测试方法及允许值(GB/14023-2006)[S].北京：中国标准出版社.

盛剑霓. 1991. 工程电磁场数值分析[M]. 西安：西安交通大学出版社.

孙亚秀. 2013. 电动机驱动系统电磁干扰技术[M]. 哈尔滨：哈尔滨工程大学出版社.

覃延明，刘青松，李彬，等. 2012. 我国电动汽车电磁兼容测试标准存在的问题及发展趋势[J]. 客车技术与研究. 1: 1-4.

谭志良，王玉明，闻映红，等. 2013. 电磁兼容原理[M]. 北京：国防工业出版社.

汤蕴缪，史乃. 2004. 电机学[M]. 北京：机械工业出版社.

唐任远. 1997. 现代永磁电机理论与设计[M].北京：机械工业出版社.

滕添益，缪文泉，杨东，等. 2014. 国内外电动汽车电磁兼容测试标准体系比对与研究[J]. 上海汽车, 2: 58-61.

万钢. 2008. 我国节能与新能源汽车发展模式的思考与探索[J]. 交通与运输, 2: 1-3.

汪泉弟，安宗裕，郑亚利，等. 2014. 电动汽车开关电源电磁兼容优化设计方法[J]. 电工技术学报, 29(9): 225-231.

汪泉弟，李飞，周尚华，等. 2010. 汽车雨刮器电机电磁辐射干扰预测模型[J]. 重庆大学学报, 33(4): 26-30.

汪泉弟，刘春燕，俞集辉，等. 2007. 汽车火花点火系统电磁干扰的抑制方法[J]. 重庆大学学报(自然科学版), 30(7): 146-49.

汪泉弟，刘庆升，贾晋，等. 2011. 抑制汽车点火系统电磁干扰的光电隔离方法[J]. 重庆大学学报, 34(2): 14-18.

汪泉弟，秦传明，郑亚利，等. 2011. 低压永磁直流电机的传导电磁干扰模型[J]. 电机与控制学报, 15(1): 55-59.

汪泉弟，孙宏，郑亚利，等. 2012. 电机宽频等效电路模型的快速建模方法[J]. 重庆大学学报, (35): 34-39.

汪泉弟，张飞，彭河蒙，等. 2015. 基于向量拟合法的永磁同步电机 EMI 高频模型[J]. 电工技术学报, 30(6): 77-84.

汪泉弟，郑亚利，刘青松，等. 2012. 汽车线束等效模型及其在电磁辐射敏感度仿真中的应用[J]. 电工技术学报, 27(7): 160-168.

王囤. 1997. 现代汽车点火系统[M]. 西安：西安交通大学出版社.

王洪武，张戟，杨腾飞. 2011. 电动汽车驱动系统 EMC 问题研究现状[J]. 电子测量技术, 34(6): 18-22.

王立颖. 2009. 电动汽车的关键技术及发展前景[J]. 汽车工业研究, 8: 12-15.

向云秀，覃开宇. 2011. 汽车电磁兼容：标准、现状、措施与建议[J]. 磁性材料及器件, 42(4): 10-13.

谢拥军，刘莹. 2009. HFSS 原理与工程应用[M]. 北京：科学出版社.

徐立. 2003. 我国汽车电磁兼容技术发展状况[J]. 安全与电磁兼容, 1: 35-36.

徐立. 2006. 发展汽车电子与电磁兼容技术[C]. 中国汽车工程学会汽车电子技术分会第七届年会暨学术研讨会，山东青岛, 47-49.

杨继深. 2014. 电磁兼容(EMC)技术之产品开发及认证[M]. 北京：电子工业出版社.

杨建国. 2006. 小波分析及其工程应用[M]. 北京：机械工业出版社.

杨克俊. 2004. 电磁兼容原理与设计技术[M]. 北京：人民邮电出版社.

杨秦建，李玮华. 2008. 计算机控制系统中光电隔离电路的 CAA 方法研究[J]. 机电一体化, 14(6): 66-68.

杨裕生，陈清泉，陈立泉，等. 2010. 关于我国电动车的技术发展路线建议[J]. 新材料产业, 3: 11-17.

尹华平. 2011. 汽车雨刮电机辐射干扰建模与仿真研究[D]. 重庆大学硕士学位论文.

俞集辉，郑亚利，邹志星. 2008. 车内导线串扰和辐射仿真研究[J]. 系统仿真学报, 20(17): 4737-4739.

俞集辉，周尚华，汪泉弟，等. 2009. 永磁直流电动机传导干扰的建模与仿真[J]. 重庆大学学报, 32(5): 539-543.

袁义生，钱照明. 2003. 分析传导 EMI 的功率 MOSFET 建模[J]. 浙江大学学报(工学版), 37(2): 198-201.

翟丽，王志福，李合非. 2012. 车辆电磁兼容基础[M]. 北京：机械工业出版社.

张飞. 2014. 电动汽车电机驱动系统传到电磁干扰的建模和实验研究[D]. 重庆大学硕士学位论文.

章桐，贾永轩. 2010. 电动汽车技术革命[M]. 北京：机械工业出版社.

郑亚利. 2011. 汽车线束等效模型分析及其在电磁兼容仿真中的应用[D]. 重庆大学博士学位论文.

郑亚利，俞集辉，汪泉弟，等. 2011. 面向点火系统电磁兼容预测的火花塞动态电路模型[J]. 电工技术学报, 26, (2): 8-13.

周尚华. 2009. 汽车雨刮电机电磁干扰的仿真与实验研究[D]. 重庆大学硕士学位论文.

周守昌. 1999. 电路原理(上、下册)[M]. 北京：高等教育出版社.

朱学军，张逸成，沈玉琢. 2007. 大功率直流/直流变换器的电磁兼容试验方案[J]. 同济大学学报(自然科学版), 35(6): 788-791.

Ala G, Piazza M C D, Tine G, et al. 2006. Numerical simulation of radiated EMI in 42V electrical automotive architectures[J]. IEEE Transactions on Magnetics, 42(4): 879-882.

Ala G, Piazza M C D, Tine G. 2007. Evaluation of radiated EMI in 42V vehicle electrical systems by FDTD simulation[J]. IEEE Transactions on Vehicular Technology, 4(56): 1477-1484.

An Z Y, Wang Q D, Jia Z. 2013. EMI Analysis and suppression method of hybrid electric vehicle ignition system[J]. Int. J. Electric and Hybrid Vehicles, 5(2): 166-176.

An Z Y, Wang Q D, Zheng YL. 2013. An investigation of maximum EMI path inside the hybrid electric vehicle[J]. Int. J. Electric and Hybrid Vehicles, 5(3): 253-259.

Andersen P. 2006. An Overview of Automotive EMC Standards[C]. IEEE International Symposium on Electromagnetic Compatibility, Portland, Oregon. USA, 3(8): 14-18.

Andrieu G, Kone L, Bocquet F, et al. 2008. Multiconductor reduction technique for modeling common-mode currents on cable bundles at high frequency for automotive applications[J]. IEEE Transactions on Electromagnetic Compatibility, 50(1): 175-184.

Andrieu G, Reineix A, Bunlon X, et al. 2009. Extension of the “Equivalent Cable Bundle Method” for modeling electromagnetic emissions of complex cable bundles[J]. IEEE Transactions on Electromagnetic Compatibility, 51(1): 108-118.

Ankarson P, Carlsson J. 2002. FDTD-Simulation of the electrical environment for vehicles by using CAD—data[J]. IEEE thirth International Symposium on Electromagnetic Compatibility, 272-275.

Chaiyan J, François C, Christian V. 2009. Common-mode emissions measurements and simulation in variable-speed drive systems [J]. IEEE Trans. on Power Electronics, 24 (11): 2456-2464.

Cláudio H G Santos, Marcia M Afonso, Úrsula C Resende. 2009. Simulation of Automotive Vehicles EMC Experiment Considering Neamess to an Anechoic Wall[C]. Microwave and Optoelectronics Conference, 2009 SBMO/IEEE MTT-S International, Belem, Brazil, 9: 751-755.

Clemens M, Weiland T. 2001. Discrete electromagnetism with the finite integration technique[J]. Progress in Electromagnetics Research, 32: 65-87.

Constantine A B. 2005. Antenna Theory: Analysis and Design (3rd Edition) [M]. Hoboken: John Wiley & Sons, Inc.

Engel T G, Donaldson A L, Kristiansen M. 1989. The pulsed discharge arc resistance and its functional behavior[J]. IEEE Transactions on Plasma Science, 17 (2): 323-329.

Frank K, Stephan F. 2010. Simulation of Emissions of Power Electronic Devices in Electrical and Hybrid Electrical Vehicles [C]. 2010 Asia-Pacific Symposium on Electromagnetic Compatibility (APEMC), Beijing, China.

Frei S, Jobava R G, Topchishvili D. 2004. Complex Approaches for the Calculation of EMC Problems of Large Systems[C]. IEEE International Symposium on Electromagnetic Compatibility, Silicon Valley, California, USA, 3 (8): 826-831.

Funato H, Liang S, Torigoe M, et al. 2008. Overview of Component Level EMC Characteristics Overview of Component Level EMC Characteristics for HEV Application for HEV Application[C]. IEEE International Symposium on Electromagnetic Compatibility, Detroit, Michigan, USA.

Gustavsen B. 2006. Improving the pole relocating properties of vector-fitting[J]. IEEE Transactions on Power Delivery, 21 (3): 1587-1592.

Gustavsen B, Semlyen A. 1999. Rational apparoximation of frequency domain responses by vector fitting[J]. IEEE Transactions on Power Delivery, 14 (3):1052-1061.

Hsu H P. 1964. Automotive ignition interference[J]. IEEE Transaction on Electromagnetic Compatibility, (6) 3: 15-20.

Jobava R, Frei S, Bogdanov F, et al. 2001. Pre-processing of 3D CAD data for electromagnetic simulations by the method of moments[J]. IEEE International Seminar/workshop DIPED-2001 Lviv, Ukraine: 191-194.

Jobava R G, Bogdanov F G, Gheonjian A L, et al. 2003. Analysis of influence of vehicle bodyshell on the characteristics of wire antennas using a new MOM-based EMEMC solver[J]. IEEE Antennas and Propagation Society International Symposium, 4: 831-834.

Lee Y J, Rajashekara K S. 2008. Power electronics and motor drives in electric, hybrid electric, and plug-in hybrid electric vehicles [J]. IEEE Transactions on Industrial Electronics, 55 (6): 2237-2245.

Leitman S. 2001. 插电式混合动力电动汽车开发基础[M]. 王震坡，孟祥峰译. 北京：机械工业出版社.

Li X, Yu J H, Wang Q D, et al. 2007. Noise Spark Current Cause by Capacitive Discharge in an Automotive Secondary Ignition System[C].2007 IEEE International symposium on Microwave, Antenna, Propagation and EMC Technologies for Wirless Commulations, 8: 1319-1322.

Mallat S. 2002. 信号处理的小波导引[M]. 杨力华等译. 北京：机械工业出版社.

Nasiri A. 2005. Different Topologies of Active EMI/ripple Filters for Automotive DC/DC Converters [C]. IEEE Conference on Vehicle Power and Propulsion, Chicago, Illinois, USA, 9: 7-9.

Nguyen D L. 2015. A volume integral equation method for periodic scattering problems for anisotropic maxwell's equations[J]. Applied Numerical Mathematics, 98: 59-78.

Patel V, Steffka M. 2005. Vehicular Spark Ignition Systems Radiated Emissions and Reception Performance[C]. Electromagnetic Compatibility, 2005 International Symposium on, Chicago, Illinois, USA, 1: 19-23.

Paul C R. 1989. A comparison of the contributions of common-mode and differential-mode currents in radiated emissions[J]. IEEE Transactions on Electromagnetic Compatibility, 31 (2) 2: 189-193.

Paul C R. 2007. 电磁兼容导论(第 2 版)[M]. 闻映红译. 北京：人民邮电出版社.

Rosales A, Sarikhani A, Mohammed O A. 2011. Evaluation of radiated electromagnetic field interference due to frequency swithcing in PWM motor drives by 3D finite elements [J]. IEEE Trans. on Magnetics, 47 (5): 1474-1477.

Rybak T, Steffka M. 2004. Automotive Electromagnetic Compatibility (EMC) [M]. Kluwer Academic Publishers.

Schuhmann R, Weiland T. 2001. Conservation of discrete energy and related laws in the finite integration technique[J]. Progress in Electromagnetics Research, 32: 301-216.

Shibuya Y, Fujita S. 2002. High Frequency Model and Transient Response of Transformer Windings [C]. IEEE/PES Transmission and Distribution Conference and Exhibition Asia Pacific，Yokohama, Japan, 3: 1839-1844.

Wang Q D, An Z Y, Zheng Y L, et al. 2013. Parameter extraction of conducted EMI prediction model and optimization design for a DC-DC converter system[J]. IET Power Electronics, 6 (7): 1449-1461.

Yang Y M, Peng H M, Wang Q D. 2015. Common model EMI prediction in motor drive system for electric vehicle application[J]. Journal of Electrical Engineering and Technology, 10 (1): 205-515.

Yang Y M, Wang Q D, Peng H M. 2014. Electromagnetic radiation emission analysis of electric vehicles motor drive systems [J]. Electronics World, 120 (1944): 32-35.